# 大学生创业实用教程

## （第二版）

主　编　嵇建珍
副主编　黄金成　魏跃进　苗福涛

南京大学出版社

**图书在版编目(CIP)数据**

大学生创业实用教程 / 嵇建珍主编. — 2 版. — 南京 : 南京大学出版社,2016.7
ISBN 978 - 7 - 305 - 17331 - 8

Ⅰ. ①大… Ⅱ. ①嵇… Ⅲ. ①大学生－创业－教材
Ⅳ. ①G647.38

中国版本图书馆 CIP 数据核字(2016)第 171229 号

出版发行　南京大学出版社
社　　址　南京市汉口路 22 号　　　　邮　编　210093
出版人　金鑫荣

书　　名　**大学生创业实用教程(第二版)**
主　　编　嵇建珍
责任编辑　梅　爽　王抗战　　　　编辑热线　025 - 83592123
审读编辑　尤　佳

照　　排　南京南琳图文制作有限公司
印　　刷　南京理工大学资产经营有限公司
开　　本　787×1092　1/16　印张 16.75　字数 373 千
版　　次　2016 年 7 月第 2 版　2016 年 7 月第 1 次印刷
ISBN 978 - 7 - 305 - 17331 - 8
定　　价　32.00 元

网址：http://www.njupco.com
官方微博：http://weibo.com/njupco
微信服务号：njuyuexue
销售咨询热线：(025) 83594756

# 前　言

随着高等教育大众化进程的加快,大学生就业形势日趋严峻,大学毕业即失业的现象屡见不鲜。为此,越来越多的大学生把择业的目光投向创业,变被动接受用人单位挑选为主动创造就业机会,变寻找就业为投身创业,变给他人"打工"为自己当"老板"。一股前所未有的创业潮流在"天之骄子"的心头涌动,形势喜人,形势逼人,形势激人。

相应的理念、知识、素质和能力是创业的基础、成功的保证。创业教育是现代大学理应承担的责任,这种责任是时代所赋予,是高等教育功能所要求,是人才培养模式改革之必需。

高校实施创业教育,可以向学生普及创业知识,提高创业素质,培养创业能力,激发创业热情,催生创业实践。它将教会学生适应社会、提高生存能力和进行自我创业的方法途径。

《大学生创业实用教程》(第二版)是为适应高校创业教育的需要而编写的。在编写过程中,作者力求做到以下几点:

一是实用性。从开篇引例到课后配套复习思考题,皆根据教学内容有针对性地对学生加以引导、训练。内容取舍上注重创业技能的传授和操作方法的指导,使学生学到实用的知识。

二是系统性。按照创业活动的流程,安排了创业理论准备、创业必备素养、创业机会识别、创业项目选择、创业团队组建、创业计划编制、创业资金筹集、创业企业申办、创业企业管理、创业企业成长等篇章,从工作任务到知识要求,力求系统全面,避免缺失遗漏。

三是科学性。在结构设计和内容编排上,尊重人的认识规律、教学活动规律和创业实践发展规律,以科学的观点为学生提供有益的帮助和指导。

四是可读性。根据年轻大学生的阅读特点和接受喜好,本书采用了真实生动的案例、简洁明快的文字、形象生动的语言、新颖活泼的结构,在展示最新研究成果的同时充分调动了读者的学习兴趣,增强了教材的阅读效果。

本书由嵇建珍任主编,黄金成、魏跃进、苗福涛任副主编。主编负责全书

1

的总体策划，设计框架结构，指导具体写作，进行统稿审稿。各章的编写者分别为：嵇建珍（第1章，第10章）；张倩倩（第2章）；黄金成（第3章）；杨立（第4章）；李金灵（第5章）；周娟（第6章）；丁宁（第7章）；苗福涛、魏跃进（第8章）；嵇然（第9章）。

本书在编写过程中，参阅和借鉴了一些专家学者的理论研究成果，并引用了一些教材、文献资料以及创业者的案例，不能一一注明，在此谨向这些原著者表示衷心的感谢。

本书可作为高等院校开设创业教育课程的教材，也可作为大学生和想要创业人员学习的读物，还可作为创业教育工作者的教学参考书籍。

由于时间仓促，作者水平有限，书中内容难免有不妥和疏漏之处，敬请读者批评指正。

编　者
2016 年 5 月

# 目　录

课件 PPT

# 第一章 认识庐山真面目

## ——大学生创业的理论准备

## 学习目标

1. 了解创业内涵及其相关概念。
2. 认识大学生创业的时代背景和环境条件。
3. 懂得创业对国家、社会和人生的意义。
4. 熟悉创业的一般过程及其影响因素。
5. 了解创业教育在我国的发展,积极投身创业课程的学习。

## 案例导入

### 大学生卖电脑年销售额超过 700 万

大学毕业后,杨明选择了自主创业。他靠借来的 12 万元在市区开了一家电脑 DIY 装机店,虽然经历不少坎坷和挫折,但他从不言败、愈挫愈勇,经过两年多的努力,如今他的公司年销售额超过了 700 万元。

**校园里就开始创业**

杨明从大二开始尝试做一些小生意。当时 U 盘刚出来,MP3 也没有普及,他看准了这两个产品在校园里的商机,用生活费进了些货,开始在学生中销售。杨明说,当时一切都很辛苦,为了以更低的价格进货,他学会了讨价还价;为了扩大销路,他硬着头皮拉生意。就这样,他第一个月赚了 1 300 元,这让他第一次体会到了成功的喜悦。

到了大三,杨明决定自己创业开一家电脑店。在得到亲戚的资金支持后,杨明以较低的价格租到了位于市中心数码广场里的一间店面。

**边做边学,打开市场**

没有经验,杨明就边做边学。他一有时间就到别人店里去观察取经,看看别人怎么跟顾客交谈,怎样介绍产品,店里的布置怎样,商品如何摆放等。回来后他增加了显示器、机箱等显眼的商品,不到一个月,店里陆续有了生意。

杨明逐渐发现，仅做装机生意赚钱很少，而做配件生意利润较高，于是他又陆续进了不少鼠标垫、键盘、光驱等小配件。经过3个月的亏损期，店里的生意渐渐地好了起来。

**在真诚服务上下功夫**

随着行业竞争日趋激烈，当今的计算机销售已进入微利阶段，只能靠技术服务争取利润。认识到这一点，杨明开始在服务上下功夫。生意做得久了，杨明也了解了不少商家多赚钱的"秘诀"，但他却不愿意那样做。杨明靠自己的真诚，吸引了不少回头客，并开始为一些企事业单位提供技术支持或上门包年服务。

现在，杨明已与6家单位签订了维修服务协议，建立了良好的客户关系。谈到自己的创业经历，杨明深有体会地说："在跟各行各业的客户接触中，我学到了不少公司发展和管理方面的经验，这也给了我不少的帮助。"

# 第一节　明确创业内涵

在当前世界经济发展不景气的大背景下，一方面，随着我国经济增长速度放缓，加之新一波就业高峰的冲击，就业职位供不应求，人才市场出现饱和。面对严峻的就业形势，越来越多的大学毕业生转变就业观念，从习惯于"求人"开始倾向于"求己"，变给别人"打工"为自己当老板。另一方面，国家大力实施人才发展战略，倡导"以创业促就业"，积极支持、鼓励和引导大学生创业，为大学毕业生提供了自主创业的舞台，通过创业铸造有价值的人生成为越来越多大学生的共识。

## 一、创业的含义和特征

### （一）创业的内涵

什么是创业，这是我们在本书中首先提出的问题，也是当代大学生应该了解的问题。《现代汉语词典》对创业的解释是："创办事业。"事业是指人能从事的，具有一定目标、规模和系统而对社会发展有影响的经常活动。由上海辞书出版社出版的《辞海》(1989年版)对创业的解释是："创立基业。"基业是指事业的基础。由此可见，创办事业是创业的根本。

创业有广义和狭义之分。广义的创业是指人类的创举活动，或指带有开拓、创新并有积极意义的社会活动。广义的创业包括的内容很广，涉及政治、经济、军事、文化、科学、教育等各个方面。只要是人们以前没有做过的，对社会产生积极影响的事业，都可以说成创业。从大的方面看，苏联的社会主义革命，开创了社会主义事业；毛泽东领导中国人民推翻了压在中国人民身上的三座大山，建立了社会主义新中国，开创了中国革命的事业；邓小平、江泽民、胡锦涛、习近平等几代领导人领导中国人民建设具有中国特色的社会主义事业，使中国人民富裕起来，使中国强大起来，这更是创造了中国的千秋大业。从小的方面讲，开创家业也是创业，中国古代的"耕读传家久，诗书济世长"是创业，今天个人开办一个餐馆，在淘宝网上开一个小店，都是创业的形式。一个人根据自己的性格、兴趣、知识与能力等选择自己的角色、职业和工作岗位，在这一岗位上创造性地发挥自己的特长和才干，实现个人价值并为社会带来财富的活动，都属于创业，因而职业也有创业的含义。

就狭义创业来讲,不同学者给出了不同的定义。美国的荣斯戴特提出:"创业是一个创造增长的财富的动态过程。"美国的斯蒂文森认为:"创业是一个人——不管是独立的还是组织内部——追踪和捕捉机会的过程,这一过程与其当时控制的资源无关。"我国学者罗天虎主编的《创业学教程》对创业定义为:"创业是指社会上的个人或群体,为了改变现状,造福后人,依靠自己的力量创造财富的艰苦奋斗过程。"郁义鸿、李志能在《创业学》一书中则认为:"创业是一个发现和捕捉机会并由此创造出新颖的产品和服务,实现其潜在价值的过程。"

本书中所讲的创业是指狭义范畴的创业,特指个人或团队自主创办企业。我们将其定义为:创业即创办企业,指创业个人或创业团队通过寻找和把握各种商业机会,投入已有的知识、技能和社会资本,调动并配置相关资源,创建新企业,为消费者提供产品或服务,具有创新或创造性的、以增加财富为目的的活动过程。

因此,创业的内涵可总结为以下几点:

(1) 创业的主体是个人或小规模群体。

(2) 创业的关键是对商业机会地发掘和把握。

(3) 创业者的身份是资源(知识、能力、社会资本等)所有者和资源(资本、技术、人员、机会等)配置者。

(4) 创业需要创立新的社会经济单元。

(5) 创业的价值实现有赖于将所提供的产品和服务在市场上转化为商品。

(6) 创业是一个创造性的过程,具有鲜明的创新性和很强的实战性。

(7) 创业的目的是增加财富,包括个人和社会的物质财富和精神财富。

**(二) 创业的特征**

**1. 自主自觉性**

创业是创业者的自主行为,是创业者自觉做出的选择,是其能动性的反映。

**2. 开拓创新性**

创新是创业的主旋律。创业过程是一个不断创新的过程,创业人才首先要有创新动机、创新意识和创新精神。只有不断创新,企业才会有活力。

创业者必须明确创业是一个从无到有的过程。在这个过程中,一般有两个突出的特点:一是增量,即在同样的技术水平基础上,创办一个过去并不存在的新的单位,使社会物质财富的生产、服务和供应更加丰富多彩,如新的加工厂、新的商店或饭店等,丰富了社会供给,满足了社会需求,繁荣了经济,同时方便了消费者;二是增质,即应用了新的技术条件,创办了一个过去从未有过的企业,如碳纳米管光源产品类的企业、太阳能汽车公司等。这类企业不仅为社会创造了新的产品或新的服务,而且推动了新技术的应用,促进了社会生产力的发展。大学生只有具备了创新能力,创造出有价值的新颖产品或新型服务,才能在激烈的竞争中抢占市场的制高点,立于不败之地。

**3. 鲜明的时代性**

改革开放以来,我国的政治、经济环境发生了深刻的变化,这种变化为社会主义市场经济的建立与发展提供了非常有利的条件,使人们的创业环境得到了显著改善,使人们的职业观念发生了深刻的变化。一系列鼓励经济发展的政策和法律、法规,如《私营企业暂

行条例》《公司法》《合伙企业法》《个人独资企业法》等的颁布，为大学毕业生自主创业提供了重要的政策和法律保障。

**4. 社会公益性**

创业者的创业初始动机可能是利益驱动、个人价值实现的驱动或两者皆有，但是其客观上具有突出的社会公益性，主要表现在两个方面：一是创造社会就业岗位，为社会公民创造了就业机会；二是创造了新的社会财富。创业者的个人需求和消费是有限的，创业者的最终价值体现在社会公众利益的实现上。

**5. 艰苦曲折性**

创业者在整个创业过程中，往往要接受重重挫折，经过多年艰苦奋斗，倾注大量心血，才能获得成功。创业者必须做好吃苦耐劳的思想准备，只有在困难面前不屈不挠，在挫折面前愈挫愈勇，才能成为笑到最后的成功者。

**6. 风险性与高收益性**

创业之所以"难"，是因为风险大。创业一般都有成功与失败两种可能性。一旦创业失败，要么损失巨大，要么倾家荡产。创业的过程是一个充满风险的过程，创业风险包括市场风险、技术风险、财务风险、管理风险、精神风险、社会风险等，从某种意义上讲，创业就是风险投资。对此，创业者要有足够的心理准备，要有战胜困难的勇气。

创业的根本动力是利益。创业的高收益性对人们具有很大的吸引力，一旦创业成功，将会改变一生，甚至改变世界的生存方式，举世皆知的比尔·盖茨就是因为创办了微软公司而一举成为世界级富豪。

**7. 机遇性**

把握机遇是创业成功的起点，也是创业成功的前提。为什么有的人能抓住机遇，一举成功；有的人却往往与机遇擦肩而过，望洋兴叹呢？机遇只给有心人，这个"心"就是对事业的信念、追求、渴望与必要的准备。

## 二、创业的要素和类型

### (一) 创业的要素

由创业的概念可知，创业的要素应包括创业者、商业机会、技术、资源、人力资本、组织、产品服务，如图1-1所示。

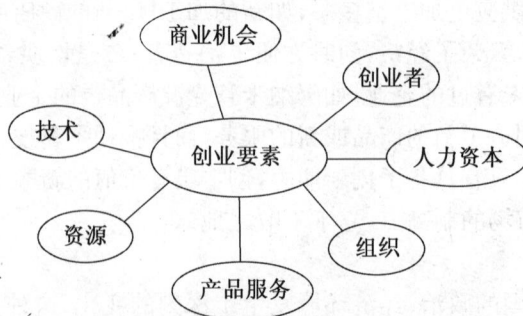

图1-1 创业要素

### 1. 创业者

创业者是在创业过程中处于核心地位的个人或团队,是创业的主体。创业者在创业过程中起着关键的推动和领导作用,包括识别商业机会、创建企业融资、组织开发新产品、获取并有效配置资源、开拓新市场等。因而创业者的素质和能力是决定创业能否成功的第一要素。

### 2. 商业机会

商业机会是创业过程中的核心,创业者从发现和识别商业机会起开始创业。商业机会是指没有被满足的市场需求,它是现有企业留下的市场空缺。商业机会就是创业机会,它意味着顾客能得到比当前更好的产品和服务的潜力。

### 3. 技术

技术是一定产品或服务的重要基础。产品与服务当中的技术含量及其所占比例,是企业能够满足市场需求的重要保障,是企业的核心竞争力。

### 4. 资源

资源是组织中的各种投入,包括各种人、财、物。资源不仅包括有形资产,如厂房、机器设备,也包括无形资产,如专利、品牌;不仅包括个人资源,如个人技能、经营才能,也包括社会网络资源,如信息、权利影响、情感支持、金融资本。

### 5. 人力资本

人力资本是创业的重要资源投入。创业成功的关键在于创业者的识人、用人、留人。形成创业的核心团队,建立有利的政策制度和有效的组织机构,营造良好的企业文化是建立人力资本的核心。

### 6. 组织

组织是协调创业活动的系统,是创业的载体,是资源整合的平台。创业型组织的显著特征是创业者强有力的领导。从广义上说,创业型组织是以创业者为核心而形成的关系网络,不仅包括新设组织内的人,还包括组织(企业)之外的人或组织,如顾客、供应商、投资人等。

### 7. 产品服务

产品服务是创业者为社会创造的价值,它既是创业者对社会的贡献,又是创业者成功的必要条件。

总之,创业是具有创业精神的创业者发掘和利用商业机会,以新创企业(公司)为平台,通过对技术、资金、人力资本等资源的有效配置,创造产品和服务的动态过程。

## (二)创业的类型

依据不同的标准,可以将创业划分出不同类型。

**1. 根据创业动机,可分为机会型创业和就业型创业。**

(1)机会型创业,指创业的出发点并非谋生,而是为了抓准、利用市场机遇。它以市场机会为目标,能创造出新的需要或满足潜在的需求。因而机会型创业会带动新的产业发展,而不是加剧市场竞争。

(2)就业型创业,指为了谋生而走上创业之路。这类创业是在现有的市场上寻找创业机会,并没有创造新需求,因而大多属于模仿型和尾随型。

2. **根据创业者人数,可分为独立创业型和合伙创业型。**

(1) 独立创业,指创业者独立创办自己的企业。其特点在于产权为创业者个人独有,企业由创业者自由掌控、独立决策。但它需要创业者独自承担风险,创业资源准备相对比较困难,也会受到个人才能的限制。

(2) 合伙创业,指与他人共同创办企业。其优劣势与独立创业正好相反。优势在于资源准备相对容易,风险共担,决策制衡,可以发挥集体智慧。但缺点在于权力分散,决策时间长,响应速度慢,需要强调协调配合、通力合作。

3. **根据创业项目性质,可分为传统技能型、高新技术型和知识服务型。**

(1) 传统技能型,指使用传统技术或工艺的创业项目,如酿造、饮料、中药、工艺美术品、服装与食品的生产加工、修理等与人们日常生活紧密相关的行业和项目。其特点在于具有永恒的生命力,许多现代技术都无法与之竞争。

(2) 高新技术型创业,指知识密集度高的,带有前沿性、研究开发性的新技术和新产品创业项目。

(3) 知识服务型创业,指为人们提供知识、信息服务的创业项目。现代社会知识更新快,信息覆盖面广,各类知识性咨询服务的机构层出不穷且日益细化,如律师事务所、会计事务所、管理咨询公司、广告公司以及各种中介服务机构等。这类项目投资少、见效快,对于初次创业者而言较为合适。

4. **根据创业方向和风险,可分为依附型、尾随型、独创型和对抗型创业。**

(1) 依附型创业,可分为两种情况:一是依附于大型企业或产业链而生存,为大企业提供配套服务,如专门为某个或某类企业生产零件,或生产、印刷、包装材料。二是特许经营权的使用,如利用麦当劳、肯德基的品牌效应和成熟的经营管理模式,减少经营风险。

(2) 尾随型创业,即模仿他人创业。其特点,一是短期内只求维持,随着学习的成熟逐步进入强者行列;二是在市场上拾遗补阙,不求独家承揽全部业务,只求在市场上分得一杯羹。

(3) 独创型创业,指提供的产品或服务能填补市场空白,大到商品的独特性,小到商品的某种技术独创性。独创型企业也有一定的风险,因为消费者对新事物有一个认可和接受的过程。

(4) 对抗型创业,指进入其他企业已形成垄断地位的某个市场与之对抗较量。这类创业风险最高,初次创业者或实力较弱的创业者不宜选用。

此外,根据创业主体可将创业分为大学生创业、失业者创业和兼职者创业;根据创业融资形式,可分为独资创业、合资创业、引进各类(风险)投资基金创业等;根据创业者与事业的关系,可分为个人创业、家族创业、合伙创业、参与创业等;根据创业的行业领域,又可分为餐饮、娱乐、批发零售、广告设计、装饰装潢、信息咨询、法律服务、金融衍生服务等行业领域的创业。

大学生在创业时,应根据自身实际情况,综合各种因素,选择合适的创业领域和创业类型。

### 三、认识行业和企业

#### (一) 什么是行业

##### 1. 行业的概念

行业是指从事国民经济中同性质的生产或其他经济社会的经营单位或个体的组织结构体系,如农业、汽车行业等。

##### 2. 行业分类

所谓行业分类,就是有规律地按照一定的科学依据,对从事国民经营生产和经营的单位或者个体的组织结构体系的详细划分。2011 年 4 月 29 日,国家质量监督检验检疫总局批准了国家统计局重新修订的国家标准《国民经营行业分类》(GB/T4754—2011),并于 2011 年 11 月 1 日正式实施。

我国国民经济各行业划分为 20 个门类:

(1) 农、林、牧、渔业;

(2) 采矿业;

(3) 制造业;

(4) 电力、热力、燃气及水生产和供应业;

(5) 建筑业;

(6) 批发和零售业;

(7) 交通运输、仓储和邮政业;

(8) 住宿和餐饮业;

(9) 信息运输、软件和信息技术服务业;

(10) 金融业;

(11) 房地产业;

(12) 租赁和商务服务业;

(13) 科学研究和技术服务业;

(14) 水利、环境和公共设施管理业;

(15) 居民服务、修理和其他服务业;

(16) 教育;

(17) 卫生和社会工作;

(18) 文化、体育和娱乐业;

(19) 公共管理、社会保障和社会组织;

(20) 国际组织。

##### 3. 大学生创业行业选择

创业市场商机无限,但对能力、资金、经验都有限的大学生创业者来说,并非"遍地黄金"。大学生创业只有根据自身特点,找准"落脚点",才能闯出一片真正适合自己的新天地。

选择方向一:高科技领域

身处高新科技前沿阵地的大学生,在这一领域创业有着"近水楼台先得月"的优势,但

并非所有的大学生都适合在高科技领域创业,一般来说,技术功底深厚、学科成绩优秀的大学生相对更有成功的把握。有意在这一领域创业的大学生,可积极参加各类创业大赛,在脱颖而出的同时吸引风险投资。

推荐商机:软件开发、网页制作、网络服务、手机游戏开发等。

选择方向二:智力服务领域

智力是大学生创业的资本,在智力服务领域创业,大学生得心应手。例如家教领域就很适合大学生,一方面,这是大学生勤工俭学的传统渠道;另一方面,可使自己充分利用高校教育资源赚到"第一桶金"。此类智力服务创业项目成本较低,容易上手。

推荐商机:家教、咨询、中介、设计工作室、翻译事务所等。

选择方向三:连锁加盟领域

有统计数据显示,在相同的经营领域,个人创业的成功率低于 20%,而加盟创业的成功率则高达 80%。

创业资源有限的大学生,借助连锁加盟的品牌、技术、营销、设备优势,可通过较少的投资、较低的门槛实现自主创业。但连锁加盟也不是毫无风险、稳赚不赔,在鱼龙混杂的市场现状下,大学生涉世不深,在选择加盟项目时更应注意规避风险。一般来讲,大学生创业者资金实力较弱,适合选择启动资金不多、人手配备要求不高的加盟项目,从小本经营开始。此外,最好选择运营时间在 5 年以上,拥有 10 家以上加盟店的成熟品牌。

推荐商机:快餐业、家政服务、校园小型超市、数码速印等。

选择方向四:开店

大学生开店,一方面可充分利用高校的学生顾客资源;另一方面,由于对同龄人的消费习惯较为熟悉,入门相对较容易。需要指出的是,由于大学生资金有限,不可能选择繁华地段的店面,需要特别注意货物(产品和服务)的推广工作。

推荐商机:高校内部或周边地区的餐厅、咖啡屋、美发屋、文具店、书店等。

总的来说,制约大学生行业选择的因素主要分为外在和内在两个方面。外在因素主要包括该行业的发展前景和潜力,具体为利润率、风险性与创新性、竞争的激烈程度、政府对该行业的政策扶持力度等。内在因素则来自于大学生本身,包括所学的专业、自己的兴趣爱好、自身特长、资金数量等。

**(二) 认识企业**

企业是创业活动的场所和平台。整个创业的过程、创业价值的创造都依靠企业来进行。大学生了解创业知识,做好创业准备后,就要考虑应该创办一个什么样的企业。

**1. 企业的含义**

企业是从事生产、流通或服务性活动的独立核算经济单位。它是依法设立的经济组织,是在商品经济范畴中,按照一定的组织规律,有机构成的经济实体,一般以盈利为目的,以实现投资人、客户、员工、社会大众的利益最大化为使命,通过提供产品或服务满足社会需求,以换取收入和盈利。企业是社会发展的产物,因社会分工的发展而成长壮大。

**2. 企业的类型**

企业根据不同的标准可分为不同类型:

(1)根据企业规模,可分为大型企业、中型企业、小型企业。

（2）根据企业组织形式，可分为个体企业、合伙制企业、股份制企业。

（3）根据经济成本，可分为国有企业、集体企业、私营企业。

（4）根据资源密集程度，可分为劳动密集型企业、资金密集型企业、技术密集型企业。

（5）根据经营性质，可分为工业企业、商业企业、农业企业、金融保险企业、房地产开发企业、交通运输企业、旅游服务企业、餐饮娱乐企业、邮电企业、中介服务企业等。

### 3. 企业的法律形式

创业者在创立企业的时候，必须解决的一个重要问题是企业应选择什么样的法律组织形式。这个决策主要取决于创业者和公司投资者的目标，并考虑纳税地位、承担的法律责任及在企业经营和融资活动中的灵活性。

依据我国现行法律规定，个人创立新企业的法律形式主要有：有限责任公司、合伙企业、个人独资企业、个体工商户等。不同的企业类型有着不同的设立条件和注册资本限额。

### 4. 企业的生命周期

企业的成长过程，如同人的成长要经历幼年、少年、青年、中年、老年等阶段一样，也要经历不同的阶段，在每一个阶段都需要具有与之相适应的组织特征并遇到不同的问题，这就是通常所说的企业生命周期。

一般来说，企业的生命周期分为以下四个阶段：

（1）新生儿阶段。企业一旦建立，就进入企业的新生儿阶段，其主要特征是幼小，各方面都不稳定。在这个阶段，厂长（店长）或者经理几乎掌握全部权力。这是一个由期望转变为实际有效的产品和服务的时期。在这个阶段，需要筛选最早的职工队伍，进口原材料，建立组织架构和开发产品、服务项目。及早地考虑设计企业发展策略，对于初创企业显得极为重要。

（2）生长发育阶段。这一阶段，企业的年龄和规模都在增长，同时也遭遇新的管理问题。这种增长给企业带来的最大难题是：企业本身迅速发展的要求，与缺乏经营经验难以满足市场和社会需要产生了矛盾。这是此阶段制约企业发展的主要矛盾。

（3）成熟阶段。这一阶段持续时间长短不一，企业的内外环境可以提供足够的资源让企业得到持续、稳定和调节性的发展。但这一阶段企业的生长和增量都比较少，企业本身对变革也具有一定的惰性。在行业和市场的竞争中，虽然成熟的企业有实力，但同时也背负着沉重的包袱，这时的企业容易显得活力不足。在这一阶段，如何激发员工的工作积极性和参与管理的热情，如何实现制度管理和心理管理显得特别重要。

（4）衰老阶段。企业进入衰老阶段的重要特征是适应性减弱，竞争意识和竞争能力减退。企业进入衰老期与它所受到的压力有直接关系，企业成熟阶段的包袱得不到良性调节。日益加重的内外环境压力使企业不堪重负而进入衰老期。企业衰老与人衰老的情况不一样，企业在进入衰老期后，仍然会保持甚至会扩大企业的组织结构和各种规章制度。所以看一个企业组织是否衰老，臃肿程度是一个判别指标。作为一种合乎逻辑的推论，衰老到一定程度必然是死亡。但要指出的是，企业生命周期的每个阶段都有直接进入死亡的可能性，新生企业照顾不周会夭折，成熟企业劳累过度也会猝死。

# 第二节 认清创业环境

一提到创业，人们立刻会想到与之相关的话语，做老板挣大钱、曲折艰难、激情梦想、人生价值等。创业，如同蒙娜丽莎的微笑，深邃、神秘、令人陷入沉思，产生遐想。人们欣赏创业者成功时的光环，或感叹创业历程的艰辛，或因此产生自己的创业动机，或满足于创业故事本身带来的传奇色彩。在创业的队伍中，有人知难而退，有人乐此不疲，有人一蹶不振，有人东山再起。无论如何，近年来，创业声浪铺天盖地，创业成为政府、学校、媒体关注的焦点，成为人们生活中的重要元素。

## 一、创业是世界的潮流

20世纪90年代以来，美国出现了新一轮的创业高潮，创造了大约2 200万个就业机会。据美国新闻报道："成年人掀起的经商热潮已逐渐在高中生和初中生中出现，甚至连一些小学生也在开商店和自封执行官。"

美国创业教育和研究的先驱者蒂蒙斯教授提出：创业革命对21世纪所产生的深远影响将相当于甚至超越工业革命对19世纪和20世纪所产生的影响。

美国的创业革命震撼了世界。1994年，联合国大会一致通过了一项决议，支持并鼓励所有新兴国家和发达国家把促进创业作为一项国策。

为此，许多国家都提出，吸收美国的经验，鼓励大学毕业生创业。如英国自1981年起实施了"企业创办计划"、"小工程公司"、"小工场计划"等一系列项目；1990年以来，法国一些地区已经开展了诸如"在中学里办企业"、"教中学生办企业"的活动，培养学生的创业意识和兴趣；德国政府明确提出，高等院校要成为"创业者的熔炉"，要求在今后5～10年间，每届20%～30%的毕业生要独立创业；在亚太地区，许多国家已经开始有目的地将创业教育渗透到普通教育中去。

GEM（全球创业观察组织）在2003年调查了31个国家的创业活动，全员创业活动（TEA）指数（即每100位年龄在18～64岁的成年人中，参加创业活动的人数）世界平均值为8.8%，美国为11.4%，英国为6.4%，而1999年时英国的TEA指数仅为3.3%，美国为8.5%。可见，英美等世界一些发达国家的创业活动正呈现强烈的增长趋势。

## 二、创业在中国的发展

当代中国人的创业史是从1978年改革开放开始的。党的十一届三中全会果断摒弃"以阶级斗争为纲"的错误指导思想，明确提出把党和国家的工作重心转移到经济建设上来，中国人由此迈开了拓荒的步伐，走进了创业时代。

我国的创业大潮最早从温州兴起。1979年，在"让一部分人先富起来"的政策感召下，一些贫苦农民率先以家庭为单位，办起了手工小作坊。他们的行为收获了高出农业生产几倍的营业收入。人们在惊羡的同时，纷纷争相效仿，这种家庭小作坊模式迅速推广遍及温州，这便是后来被经济学家称为"温州模式"的创业道路。温州人的举动影响了他们

的近邻。生活在长江南岸的苏州人以更加稳妥的方式,创办了带公有制性质的自负盈亏的乡镇企业,在全国引起高度关注,这便是后来被经济学家所津津乐道的"苏南模式"。紧接着,1980年,随着深圳特区的建立,位于珠三角的顺德、中山、三水等地的农民纷纷走上创业之路,成为先富起来的一部分人。就在人们对不断出现的"万元户"、"千万村"、"亿万镇"颇有微词并感到不可思议之时,党和国家的一系列"富民政策"陆续出台,逐渐打消了人们的顾虑,解放了人们的思想,数以千万计的人离开农村,汇入创业大军行列。从此,中国的创业之路如春潮澎湃。

2004年,《中国青年报》与新浪网共同推出创业问卷调查,其结果显示:受访网民中,70%的人年龄在20～30岁,近90%"有创业的打算"。2007年新增创业企业60多万家,新增注册资本1万亿元,平均每天有1500多家企业诞生,有30亿资本下海淘金。GEM中国报告显示:中国的全员创业活动指数达到13.7%,在全球35个创业观察成员国中排名第15位,属于创业活跃的国家,以至于有人惊呼:"中国正在跨越西方国家'管理型经济'的台阶,快速迈向'创业型经济'时代,即创新和创业驱动发展经济的阶段。"

在浩浩荡荡的创业大军中,大学生群体可谓异军突起。在我国,大学生就业的巨大压力推动大学生创业的风潮。找岗位不如创造岗位,跑就业不如搞创业,这越来越成为当代大学生的共识。

1999年7月29日,由4名在校大学生创办的校园企业——视美乐公司在清华大学挂牌。他们以自己研制的"多媒体超大屏幕高清晰度投影电视技术"入股,争取到上海第一百货公司5000万元的风险投资。由此为起点,掀起了一场空前的大学生创业热潮。

视美乐的举动打破了校园的宁静,全国高校大学生再也按捺不住对财富的渴望和冲动,于是一大批在校大学生创办的公司层出不穷,他们凭借着自己的聪明才智和火热激情,凭借着信息和技术优势,在较短时间内创造出骄人的成绩,涌现出一大批全国闻名的"知本家"。

四川联大研究生林炜在第五届"挑战杯"全国大学生科技作品大赛中获一等奖,其参赛作品被重庆农药化工集团以700万元的天价独家买断,林炜一举成为全国大学"首富"。华中理工大学新闻专业三年级学生李玲玲,放弃到深圳电视台工作和出国留学的机会,决定走自主创业之路。她的发明专利——"高杆喷药器"和"防撬锁"被武汉世博投资公司看中,从而获得10万元的风险投资用以创办自己的公司。

湖南大学建筑系学生腾云,利用自己的专业技术创业,从建筑装潢设计公司开始做起,逐渐发展成为湖南建筑模型市场的一朵"奇葩"。他的产品成了模型中的"极品",受到建筑商的青睐,他自己也一跃成为身家百万的"校园企业家"。

以上事例说明,我国大学生正作为一股新的力量出现在经济社会舞台,他们的大胆举动,为我国的创业大潮增添了一朵朵鲜丽耀眼的浪花。

### 三、大学生创业的环境

#### (一) 创业环境概述

创业环境是指开展创业活动的范围和领域,是创业者所处的境遇和情况。它是对创业者创业思想的形成、创业活动的开展能够产生影响和发生作用的各种因素和条件的

总和。

创业环境有三方面的含义：第一，创业环境是创业活动的领域。所有的创业活动都是具体的、现实的，都要有一个明确的方向和目标。在哪个行业里创业，创什么样的业，都要从实际出发，受环境的支配，不能随心所欲。创业环境在很大程度上决定创业的性质和活动范围。第二，创业环境是创业者面临的处境，创业者要根据环境条件的变化，不断研究新情况，解决新问题。这就决定了创业是一项变革创新的活动。第三，创业环境是创业活动的基本条件。创业环境对创业活动的决定性作用在于它能为人们的创业活动提供各种精神的或物质的条件，能从各个方面影响创业活动的进程，决定着创业活动的成败。

我国当前的创业环境具有四个显著特点：(1) 群体创业潮兴起，进入平民创业时代；(2) 创业教育蓬勃发展；(3) 多种形式的创业培训作用巨大；(4) 创业孵化器迅速扩展。

### (二) 当代大学生创业环境分析

#### 1. 大学生创业的教育环境

创业教育是开发和提高学生创业基本素质的教育，是一种旨在培养学生事业心、进取心、开拓精神、创新精神和创业技能的教育。创业教育的说法虽已提出多年，但从来没有受到像今天这样的重视。

在我国，创业教育符合当前市场经济发展与经济结构战略性调整的需要，对于构建创新型国家，培养大批拔尖创新型人才和千百万创新创业型专门人才也具有重要战略意义，更对于深化我国高等教育改革和高校人才培养模式的改革具有重要作用。

创业教育是创业活动得以开展的必要条件，也是创业者将潜在商业机会变为现实的基础。接受的培训越多，关于创业的知识越丰富，把握创业机会的能力就越强。

#### 2. 大学生创业的经济环境

我国社会经济的稳步发展，为创业者提供了广阔的发展空间和优越的物质条件。

首先，市场经济体制在中国的确立，一方面使人才得以自由流动，资源得以优化配置，对创业者非常有利；另一方面，也让一部分大学生面临毕业即失业的压力，迫使大学生转变就业观念，走上自主创业之路。

其次，知识经济时代为大学生提供了创业机遇。知识经济时代的社会财富被新的知识创新阶层所控制。一些新的就业方式和财富增长方式也将出现，知识就业者、信息就业者、网络就业者、数字化就业者大量涌现。大学生作为我国的高素质群体，在知识经济时代将拥有更多的创业机会。

再次，融资环境的不断改善有利于大学生创业。融资是大学生创业过程中相当关键的一步。大学毕业生自身经济实力薄弱，想要通过一般的商业贷款获得资金是相当困难的。但是，我国银行目前已经逐步开展了大学生小额创业贷款业务，大学生创业者可以通过这种方式获得数万元资金，实现自己的创业梦。同时，近年来，风险投资在我国如雨后春笋般迅速崛起。由于风险投资能够解决中小企业发展中的融资问题，因而成为当前推动创业发展的关键因素之一。

最后，第三产业成为我国一个极具魅力的投资领域。随着市场经济的进一步发展，第三产业可以为创业者提供大显身手的舞台。此外，第三产业投资少，见效快，很适合被中小型企业选择作为创业领域。第三产业的发展带动中介服务、社区服务、文化服务、科技

服务、家政服务等一大批新的职业需求发展,而这些都是适合大学生创业者的。

### 3. 大学生创业的政策环境

政府的创业政策是指激励的政策,包括对创业活动和成长企业的规定、就业的规定、环境和安全的规定、企业组织形式的规定、税收的规定等。政府政策包括中央政府和地方政府的政策。创业政策对大学生是否选择创业有多方面的影响,主要表现在:

(1)创业政策对大学生的创业意识有显著影响。据相关研究表明:鼓励大学生创业政策、税收优惠政策、政府新企业信贷政策、创业基金政策等对大学生的创业意识都有显著影响。

(2)创业政策对大学生的创业机会有显著影响。新企业创立政策、税收优惠政策和创业基金政策有利于大学生,大学生参与创业的可能性就增大。营造大学生创业的良好环境,确保对大学生创业的金融支持,对于大学生把握创业机会具有重要作用。

(3)创业政策对大学生的创业质量有显著影响。税收优惠政策和创业基金政策对大学生创业质量的影响最为显著。有关政策甚至直接影响到创业企业的生死存亡。

近年来,我国创业相关的法律、政策环境不断改善。党提出要以创业带动就业,把劳动者培养成创业者,并且要突破个体、微型中小企业发展的体制障碍和融资瓶颈。为了鼓励和支持大学生自主创业,国家和地方各级政府纷纷出台相关政策,给予创业者更多支持。例如,人力资源和社会保障部已经在全国百家创业试点城市搭建创业平台,通过开展创业培训、强化创业指导、优化创业环境、培育创业文化、设立创业激励等途径进行重点扶持。

目前,我国创业的政策环境可归纳为以下几个方面:

首先,国家从宪法上对私营经济的存在和发展予以保障。其他有关非公有经济发展的法律也逐渐制定并付诸实施,随着法制建设的推进,私营经济发展的法律条件有了很大改善。

其次,创业门槛不断降低。行政审批制度改革不断推进,为创业开辟了快速通道,更多的行业领域许可民营进入,一些经营手续办理程序得到简化,企业自主的经营范围更为宽泛和自由。

第三,国家和地方各级政府的人力资源和社会保障、财政、金融、工商、税务等机构,纷纷推出各类政策促进就业;为解决创业过程中融资难的问题,有关机构还为创业者提供开业贷款担保和贴息的业务。

第四,创业载体和创业服务机构发展加快。创业载体,如各类企业孵化器、园区建设、社区建设、企业服务中心、指导机构等不断涌现。风险投资机构、担保服务机构、信用评级机构、顾问咨询机构等服务机构得到发展,更有利于大学生创业项目的启动和发展。

### 4. 大学生创业的社会环境

当今中国,人们对私营经济的看法和态度发生了根本性的改变,"创业光荣、致富光荣"已成为共识,一种鼓励创新创业的社会观念正在形成。比较而言,我国的文化和社会规范对鼓励个人创业具有积极作用,提倡自立,鼓励人们通过个人努力取得成功,鼓励创业者承担创业过程中可能产生的风险。

21 世纪是高科技革命的时代,也是世界经济一体化的时代;是高速度、快节奏、个性化、开放、竞争、自主的时代,也是一个充满潜在利润诱惑和挑战的全新时代。创业是时代的产物,创业代替就业,时代正以强烈的震撼力改变着人们的思维。只有适应时代要求,响应社会变革的召唤,才有望实现自己的人生价值,大学生创业者不妨在这样一个时代的大舞台上一显身手。

# 第三节　懂得创业意义

创业活动是促进经济可持续发展的重要引擎,创业型经济已成为 21 世纪的重要经济形态。自主创业,不仅对大学毕业生自身的发展和成长具有重大意义,而且对社会发展和国家繁荣具有重大的现实意义和深远的历史意义。

## 一、创业对社会的贡献

只要简单回顾一下近二三十年间,创业者所创造出的新行业,诸如个人电脑、生物科技、闭路电视、电脑软件、办公自动化、手机服务、电子商务、互动网络、虚拟技术等等,我们不难想象出创业者是如何深刻地改变了世界的发展进程和人们的生活、工作和学习方式的。

### 1. 创业是社会生产力发展的助推器

创业者是现代生产力的催生者。从人类文明史来看,社会历史实质上就是一部生产力发展和演进的历史,社会发展进步的基本动力是生产力的发展和提高。以受过高等教育的大学生为主体的广大知识分子,是科技发明创造的实施者,是推动生产力发展的决定性力量。

目前,我国科技创新成果很多,但产业转化率较低,仅为 6%～8%。即使是北京中关村这样一个人才密集度远高于美国"硅谷"的地方,科技成果转化率也仅为 20%,而发达国家达到 50%,美国"硅谷"科技成果转化率更是高达 60%～90%。因此,鼓励和支持高等专业技术人才投身自主创业大潮,是实现科技成果转化、促进社会生产力发展、建设创新型国家的有效途径。

### 2. 创业是增加社会财富的聚宝盆

创业过程是增加社会财富的过程。企业在生产经营的过程中,为社会创造了财富,增加了社会价值,并大大增加了国家的财政税收。企业的产品和服务拉动了国内市场需求,满足了人们生活的需要,丰富了市场,促进了社会经济的繁荣。创业还改变了传统的产业格局,催生了很多新兴行业,加速了经济结构的调整。在创业过程中,社会资源得到优化配置,市场体系得到不断完善,市场竞争活力得以保持。

### 3. 创业是经济高速增长的动力源

据统计,美国 95% 的财富是由创业的一代于 1980 年以后创造的。可以想象,如果没有 20 多年前的这一大批创业者的创业活动,很难有今天美国经济的繁荣。目前,我国大学生创业的项目虽然大多数属于中小企业,但这是一支不可估量的新兴力量。

大学生是知识经济的一支劲旅。大学生创业不仅有利于在全社会营造一种鼓励科技创新的氛围，而且能够直接推动我国科技成果的产业化发展，增强我国企业的国际竞争力，为社会带来财富和价值。

### 4. 创业是促进科技创新的驱动力

创新是创业的主要驱动力量，创业是新理论、新技术、新知识、新制度的孵化器，也是新理论、新技术、新知识、新制度形成现实生产力的转化器。

企业内的创业活动是获得并强化创新能力和核心竞争力的重要途径。TCL 本是家电企业，由于内部的团队创新，开发了新的手机产品，为企业在通讯产品市场找到了发展机会和新的利益增长点，促进了集团的良性发展。

### 5. 创业是缓解就业矛盾的减压阀

大学生创业有利于缓解国家就业压力，为更多的人提供新的就业机会。创业不仅解决了自身就业问题，还为社会创造了就业岗位，解决了他人就业的问题。

据测算，通常 GDP 每增长 1 个百分点，就会创造 80 万到 100 万个就业岗位。今后 5年，我国经济以每年 7％左右的速度增长计算，每年新增岗位近 560 万个，这远不能满足我国丰富的人力资源特别是大学生的就业需求。而一个人创业成功，至少可以带动 10 人就业，何况自主创业又增加了中小企业数量，开创了新的创业领域，为经济发展注入动力。据统计，目前我国中小企业已超过 800 万家，中小企业提供了大约 75％的城镇就业机会，是解决就业问题的主力军。大学毕业生创业就是利用自己的知识、才能和技术，以自筹资金、技术入股、寻求合作等方式创立新的就业岗位，为自己、为社会、为更多的人创造出就业的机会。

## 二、创业对自身的价值

创业是一项伟大的工程，是一个精彩的舞台，创业起步可高可低，创业空间广阔无垠。通过创业，大学生能有效地实现人生价值，把握人生航向。

### 1. 创业使大学生从中获得无穷乐趣

大学毕业生通过自主创业，可以把兴趣与职业紧密结合，在"乐为"中实现人生价值。创业实践告诉我们，创业者选择创业项目，通常都会从个人感兴趣且较为熟悉的领域着手，将其与自己的知识技能、专业特长等结合起来，做自己喜欢做的事本身就是一种享受。在多彩缤纷的事业舞台上，"海阔凭鱼跃，天高任鸟飞"。

### 2. 创业为大学生施展才华提供了舞台

许多上班族之所以感到厌倦，积极性不高，其重要原因之一是给别人"打工"，个人的创意、想法得不到肯定，个人的才能无法充分发挥，愿望得不到实现，工作缺乏成就感。而创业则可以完全摆脱原有的种种羁绊，打破在行为上受制于人的局面，充分施展自己的才华，发挥最大潜能。

### 3. 创业可以积累财富，拥有自主人生

工薪阶层的收入有高有低，但都是有限的，没有太多提升的空间。而摆脱这些烦恼的最佳途径就是开创一家完全属于自己的企业，它提供的利润是没有极限的。根据资料统计，在美国福布斯富豪榜的前 400 名富豪中，有 75％是第一代的创业者；在中国富豪榜

中,以创业起家的也不在少数。

**4. 创业可使大学生获取回馈社会的成就感**

创业者创办的企业一方面为社会提供了产品或服务,一方面为个人、社会创造了财富。企业融入社会再生产的大循环中,从多个环节为国家做出了贡献。这种贡献使创业者个人能够从中收获巨大的成就感。

**5. 创业可以享受过程,激励人生**

在创业过程中,创业者可以感受到无穷的变化,遭遇到无数的风险、挑战和机遇,这本身就是令人兴奋的。更重要的是,在这个过程中,创业者可以不断积累经验,为日后的成功和长足发展奠定基础。

总之,大学毕业是人生的重大转折和突变时期,是大学生开始走向独立生活,开始担负社会、家庭和个人的责任的起点。要成才,走艰苦创业之路很有必要。通过自主创业,大学生可以直接做企业的老板,在实践中按照自己的意愿来实现理想。创业者在创业中会面临许许多多的困难和挫折,历经千辛万苦方能获得成功。所以,创业过程是一个人的意志锻炼过程,是学习提高和自身发展的过程,更是自我价值充分实现的过程。

### 三、创业对教育的促进

大学生创业潮流的兴起,对我国高等教育观念的更新和人才培养模式的变革具有巨大的促进作用。有一些创业的大学生发出感慨:我们在学校所学的知识与职业市场所需的知识相差太大,在学校所获取的知识和能力根本无法应付创业中出现的问题。其原因是办学的指导思想、培养目标与社会对人才的需求目标不匹配。创业是多学科知识的运用,既需要专业知识,也需要各方面的综合知识,尤其是需要商业运作知识,创业还需要有良好的心理素质和职业道德。

因此,要从创业对人才素质的要求和建设创新型国家的需求出发,对高等教育进行系统改革和创新,包括教育思想、人才培养模式的转变,以及教学内容、教学方法、课程设置和考试制度等方面的改革。同时,开展创业教育,开发大学生的创业意识,提升大学生的创业素质,培养大学生的创业精神,提高大学生的创业能力,使之成为实用型、复合型人才,由"求职者"转变为"创业者"、"企业家",实现育人理念和培养模式的重大突破。

## 第四节  熟悉创业规律

### 一、创业的一般过程分析

#### (一) 产生创业动机

一个人能否成为创业者,直接受三方面因素的影响。一个是创业动机。每个人都具有创业精神,但其强度不同。二是创业机会。创业机会的增多会形成巨大的利益驱动,促使更多的人创业。三是创业机会成本评估。

### （二）识别创业机会

创业机会可分为两种：一种是意外发现的，一种是经过深思熟虑后才发现的。国家产业政策的调整、新技术的出现、人口和家庭结构的变化、人的物质和精神需要的变化、流行时尚等都可能形成商业机会。及时、准确地识别创业机会之后，还要对机会进行评价和提炼。

### （三）建立创业团队

企业的创办者不可能万事皆通，因此，建立一个由各方面的人才组成的合作团队，对创办企业是十分必要的。一个平衡的、有能力的创业团队，应当包括具有管理和技术经验的经理，财务，销售，工程以及软件开发、产品设计等领域的专家。

创业团队的组建主要有两种模式：一是一个人为主导，寻找其他团队成员。即一个人想到了商业点子或有了商业机会，然后去组成所需要的团队。二是群体性创业，创业之初是合作伙伴，创业团队的成员主要来自于因为经验、友谊或共同兴趣而结缘的伙伴，一起发现商业机会。

### （四）选择创业项目

对大量创业成功者的实际研究证明，选定适合的创业项目是创业成功的前提和基础。选择创业项目，不仅要对自身的兴趣、特长、实力进行全面客观地分析，而且要善于发现市场机会，把握未来发展趋势。

### （五）拟定创业计划

选定创业项目是指决定创业"干什么"；拟定创业计划则是决定创业"怎么干"。好的计划是创业成功的一半，只有拟出切实可行的创业计划，创业活动才能有的放矢，减少失误，提高创业成功的把握度。

### （六）筹集创业资金

常言道，巧妇难为无米之炊。创业也是一样，必须有一定的资金保障，否则创业活动就无法开展。但是，由于创业者一般都缺乏资金，筹集创业资金就成为创业者必须解决的一大难题。

### （七）选定经营场所

创业企业都需要有经营场所，企业的选址与未来的经营发展有着很大的关系。对于创业者来说，创业的地点选在哪个城市、哪个区域是一件先决性的事情，尤其是以门店为主的商业型或服务型企业，店面的选择往往是成功与否的关键。

大多数创业者都会选择在热闹的市、地（家乡或者学习的城市等）开展创业。在选定目标城市后，还需要进一步选择具体的经营地点。

在选择经营场地时，各行业的考虑重点各不相同，但其中有两项因素是不可忽略的，即租金给付的能力和租约的条件。经营场地租金是最固定的运营成本之一，即使休息不营业，也得支出租金。有些对货物流通迅速、空间要求不大的行业，如精品店、高级时装店、餐厅等，负担得起高房租，就设在高租金区；而家具店、旧货店等，因为需要较大的空间，最好设在低租金区。

### （八）办理企业的注册登记

投资创办企业必须按照有关法律法规的要求，办理有关手续后方能开业。主要是办理工商登记注册手续、税务登记手续、银行开户手续等。

**（九）做好新创企业的运营管理**

新创企业要在市场上取得成功，就需要在企业营销策略、组织调整、财务管理等方面做出努力，这是企业成长管理的重要内容。从成长走向成熟的标志之一是能够建设好自己的品牌，形成名牌，在品牌、知识和企业文化等方面形成竞争优势。

**（十）收获创业结果**

创业结果是指在预期阶段内可感知的成功或失败。对创业者来说，回报可能是多种多样的，必须从中进行仔细选择，以使收益最大化。对回报的满意程度在很大程度上取决于创业者的创业动机。有调查发现，多数创业者的创业动机首先是自己当老板，然后才是追求利润和财富，对这些人来说，当老板的感受就是回报。

## 二、大学生创业的优势与劣势

**（一）大学生创业的优势**

"创业当老板"成为大多数人孜孜不倦的奋斗目标，对于高校毕业生来说，自主创业是一条光明之路、希望之路，他们拥有创业的相对优势。

（1）具有较好的文化基础和专业知识。大学毕业生在校期间学习的文化基础和专业知识可以为他们的创业提供明显的专业导向，不至于在创业实践中感到茫然。

（2）认识深刻，心理成熟。目前，有越来越多的高等院校举办了形式多样的创业活动，这对于大学生创业心理的成长是很好的锻炼，使他们能够以积极的心态应对将来创业中遇到的挫折和失败。

（3）思维活跃，思想开放。大学生正值青春年少，精力充沛，思维活跃，思想开放，接受新事物的能力强，善于分析生活中出现的新事物。这些特点对大学生创业非常有利。

（4）与时俱进，敢于创新。创业本身就是一项创新性很强的事业，需要大学生在实践中不断摸索，而大学生的创新意识和创造性思维在他们自主创业、抓住机遇的过程中发挥着明显的优势。

（5）政府的大力支持。目前大学生创业的社会环境已经成熟，国家和地方行政主管部门和高校相应出台了一系列针对大学生创业的保护性法规和优惠政策，为学生提供信息咨询、商务顾问等多方面服务，这为大学生创业营造了很有利的社会环境。

**（二）大学生创业的劣势**

大学生既有进行创业的独特优势，也存在着自身素质和外在环境方面的一些劣势。主要表现在六个方面：

（1）缺少启动资金。资金匮乏是许多大学生进行创业的短板。一项调查显示，有四成大学生认为："资金是创业的最大困难。"对于家庭经济困难者更为明显。没有资金这一创业的必要条件，再好的创意也无法转化为现实的生产力，因此不少大学生表现出对启动资金的渴望。

（2）社会阅历浅，缺乏经验。大学生长期待在校园里，虽然有很高的创业热情，有远大的理想抱负，但缺乏对具体市场的开拓经验和相关知识，缺乏有效组织产业资源、企业运营的能力，不熟悉创业环境中变化无常的"游戏规则"，在创业过程中遇到困难和挫折

18

后,才知道自己才疏学浅,只会纸上谈兵。

(3)创业心态有待改变。大学生对创业中的机会分析往往表现出很强的理想化色彩,认为中国消费市场广阔,不管生产何种产品都会有不错的市场前景。往往只凭主观判断行事,不愿做深入细致的市场调研,一旦遇到挫折失败,又表现为心灰意冷,感觉前途暗淡,一蹶不振。这种不健全的创业心态,直接影响自己的创业实践及其结果。

(4)对创业必备资源若明若暗,不甚了解。长期的应试教育,使不少大学生虽然有着很好的创意,但与创业相关的营销、沟通、管理、经营方面的能力普遍不足,缺乏对创业所需各种资源的准确理解,导致的直接后果是无法把自己的创意清晰准确地表达出来。比如,在撰写和落实商业计划书方面,对计划会带来什么样的市场效益分析得不够明确,所采用的数据不准确,编制的计划书缺乏可操作性。这些都说明大学生在创业实践方面存在不足。因此,大学生要想使自己创业获得成功,必须增强对创业资源的熟悉和理解,可以从合伙创业、家庭创业或低成本的虚拟店铺开始,提高自己的实践能力。

(5)缺乏对自主知识产权的创造发明能力。大学生要想创业成功,首先要有自主知识产权的创造发明,然后才能将这一发明转化为有市场前景、有预期销路的产品。一些风险投资家往往就是因为看中大学生所拥有的自主知识产权,而愿意对其创业计划进行资助。但这一方面还没引起大学生的充分重视,创业仅仅局限于步别人后尘,这是许多大学生创业失败的一个重要原因。

(6)耐挫力明显不够。许多大学生空有创业热情,缺乏吃苦耐劳的品质,稍有闪失便瞻前顾后,害怕失败,更害怕一败涂地,实际上这是创业精神缺失的表现。坚定自信、顽强不屈的创业者,应当像在旷野中的过客一样,为了心中的梦想一路奔波一路艰辛而不知倦怠、毫不退缩。一旦将创业提上自己的人生日程,只有咬定青山不放松,在挫折中吸取教训,在成长中积累经验,才能够在经历风雨过后见到彩虹。

### 三、影响大学生创业的因素

#### 1. 社会因素

社会因素对大学生创业的影响表现在两个方面,一是政府出台的与大学生创业相关的各种优惠政策、法律保护措施以及风险投资机构提供的各项支持。二是大学生创业的舆论影响。年轻的大学毕业生从众心理较强,在行动之前往往会参考周围同学朋友对创业持有的观念,尤其愿意听取已经有创业成功或失败经历的大学生对创业的看法,然后再决定自己的行动。

#### 2. 学校因素

近年来,各高校已经注意到学校教育对大学毕业生创业的影响,并推出了有针对性的措施和各种教学、训练活动,这对大学生创业起到了直接的推动作用。此外,学校的所有教学活动,尤其是以创新为主题的教育教学改革,虽然不会对大学生创业产生直接的影响,但是在潜移默化中起到了积极作用。

#### 3. 家庭因素

家庭是大学生创业过程中不可忽视的因素。虽然几乎所有的大学生都进入了成人阶段,但是在经济上甚至心理上都无法摆脱家庭的影响。首先,家庭的经济状况会对大学生

创业选择产生不同的影响。家庭经济条件好的大学生，一种情况是生存和就业危机感较少，创业需求不高；一种是考虑创业的顾虑较少，敢冒风险，认为家庭可以为自己的创业提供一定的经济后盾。如果家庭条件不太好，大学毕业生很想尽快改变自己及家庭的经济条件，创业愿望迫切，但在最终决定创业时又会顾虑太多，谨小慎微。其次，父母的价值观也会影响到大学生创业的心态。如果父母能够以平常心看待孩子创业的失败，鼓励大胆尝试，失败了从头再来，那么他们就会以积极的心态选择创业，遇到挫折也不会灰心丧气。相反，如果父母总是担心孩子失败，反对孩子冒险，那么，他们在创业的道路上就难以发挥自身的潜力。

### 4. 个人因素

首先是个人的性格、气质、个性、爱好和特长。这些因素与创业项目结合，会极大地提升创业成功的可能性。回顾一下，不少创业成功者正是从他们的爱好和特长出发开始创业脚步，最终结出丰硕的成果。其次是个人能力与素质。在创业成败的各种因素中，起决定作用的是大学生本身的个人能力和素质，因为创业是一项极具挑战性的社会实践活动。只有具备足够的创业实力，排除其他因素的影响，坚定地走创业之路，才能在真刀真枪的社会竞争中站稳脚跟，美丽梦想才有可能转化为现实。

## 四、从容应对创业失败

### （一）创业常见的失败原因

如果说，创业成功的故事我们可以如数家珍，那么失败的案例也是不胜枚举。如今就业形势依然严峻，尽快创业已成为解决就业问题的重要途径。尽管有不少大学生通过成功创业为后来人树立了榜样，尽管有越来越多的优惠政策和措施为大学生创业排忧解难，但创业是一件实打实的活动，哪个环节出现了问题，经营过程稍有不慎，都会导致创业失败，对此我们必须保持清醒的认识，从容地应对。

一般来说，创业过程中最常见的失败原因有以下几种：

### 1. 流动资金短缺

一般情况下，创业流动资金至少要能维持半年以上的运作。许多创业者在创业之初没有考虑到流动资金的重要性，在没有筹措到足够流动资金时就贸然创业。在创业之初经营不太顺利，需要坚持一段时间的时候，往往因为没有充足的流动资金而无力维持。

### 2. 市场分析不够

不了解潜在市场的需求量，错误估算自己产品的市场占有率，对销售渠道和竞争对手的情况了解不足等，都是市场分析出现的问题。在没有进行深入的市场调研、没有准确获取市场信息的情况下，做出的营销策略就会脱离市场实际，偏离市场，从而导致营销失败。

### 3. 产品质量不高

不良产品太多或者不良率太高，成本和损耗过大，产品质量不强，加之缺乏知名度，会导致产品滞销，造成大量库存，终因资金回笼问题而导致失败。

### 4. 经营策略失误

不当的创业价值观，落后的经营管理，错误的营销策略、竞争策略等，也是导致创业失败的重要因素。

### 5. 产品淘汰太快

如果产品的生命周期过短,投放市场不久就面临淘汰危机,创业产品未取得应有效益就要下架,消耗大量研发和生产成本得不到回报,创业者自然难逃失败命运。

### 6. 管理出现混乱

创业者管理经验不足,规章制度缺失,或者有规不循、用人不当造成内耗严重;财务管理不健全,漏洞百出;生产管理不到位,存在严重质量问题;安全管理不到位,造成重大伤亡事故等。管理出现混乱,创业必然失败。

### 7. 法规意识模糊

创业者对国家的法律法规和行业的相关规定不了解,导致创业走了弯路。对于许多行业,国家有经营限制或需要特别许可方能经营。也有一些行业原先允许经营,因政策改变而受影响,甚至会无限期对某个行业进行停业整顿等等。这些法律法规都需了如指掌,否则在不知情的情况下盲目创业,必然会遭遇失败。

### (二)从容应对创业失败

#### 1. 理智选择创业项目,力避眼高手低、盲目跟风

眼高手低、盲目跟风是许多大学生创业的"通病"。比尔·盖茨的神话,使高科技行业成为大学生看重的创业金矿,以致不少学生不屑于从事服务业或技术含量较低的行业。其实,高科技创业项目往往需要一大笔启动资金,创业风险和压力都非常大。大学生期望值过高,对行业缺乏深度审视,对市场缺乏深刻了解,很容易失败。另外,很多人在确定经营方向时爱盲目跟风,哪行赚钱做哪行,总觉得这样能减少投资风险,少走弯路。然而,市场运作有其自然周期,当市场过于饱和时,利润空间就会缩小,"一窝蜂"有时正意味着"恶性竞争"的来临。

#### 2. 做好市场调研,切忌"纸上谈兵"

实践中,不少大学生创业者不习惯对其产品或项目做市场调查,而是一厢情愿地进行理想化的推断。例如:"如有2万人需要我们的产品,每件赚20元,我们就有40万元的收入。"这种想当然的方法显然是站不住脚的。同时又没有切实可行的创业计划,缺乏从专业角度整合资源、实施管理的能力,这是大学生创业失败的一个重要原因。

大学生在创业初期一定要做好市场调研,一些可行性研究也可委托专业机构进行。在了解市场的基础上,要制订详细、周密的创业计划。同时还应具备一定的企业管理和市场运营的知识和经验,即使是两三人的"办公室式"小企业,也必须有明确的财务、人事制度。有条件的话,可聘请有管理经验的咨询顾问把关。

#### 3. 构建协作高效团队,谨防感情用事、刚愎自用

由于创业团队的成员大多是自己熟悉的人,在创业初期,大学生社会与人生经验不足,常感情用事,对于创业中出现的经营方向问题、用人问题、财务问题等,大多以忍让、和解的方式处理,而忽视必备的契约签订和严格的约束制度。同时,大学生又正值年轻气盛,个性和自信心较强,在创业中又容易出现自以为是、刚愎自用的问题。随着企业的成长,这种工作关系引发的矛盾和问题会逐渐暴露,不利于企业的发展,甚至会导致企业步入破产境地。

在强调团队合作的今天,团队精神已经成为大学生创业者不可缺少的素质。因此,在

创业过程中，大学生要头脑清醒，事事讲求章法，切勿感情用事；要摆正自己在团队中的位置，虚心听取其他成员的不同意见，相互取长补短，积聚创业实力。这样的企业才能步入正轨，健康发展。

### 4. 追求稳健发展，不要急功近利，只顾眼前

企业创建后，很多创业者容易出现过分追求成长速度的问题。尤其是当企业效益逐渐凸现后，创业者只看到眼前的利益，缺乏周密的分析，倾其全部人力、物力、财力，希求一举成功，对随之而来的资金吃紧、原材料供应紧张、人手不够、销售不畅等可能出现的问题避而不谈。当这些问题出现时又不会以退为进、及时调整战略策略，最后将企业推到崩溃边缘。

须知，没有长远战略规划的企业是走不远的。对于小企业的发展来说，稳健永远要比成长更重要。如果每年能有盈利，更要放眼长远，妥善处理资金预算、市场预测，以及材料、人员相关要素的协调管理问题。出现问题时，要善于总结和吸取教训，做出适当的调整和"退却"，为将来的发展积蓄力量。要为自己制订一个可持续发展的创业计划，扎扎实实，按部就班，逐渐把事业做大做强。

### 5. 重视科技创新，加强自我保护

大学生是一个特殊的群体，其教育背景影响了创业行为的选择，他们创业首选技术项目。因此，创业项目是否具有创新性，就成为创业能否成功的首要条件。以往不少大学生创业失败，一个重要原因就是忽视技术创新，拿不出有自主知识产权的创造发明；或是有了发明却缺乏自我保护意识，没有及时申请专利。

大学生创业应选择自主知识产权明确的项目，并根据市场的动态做好产品的创新工作，即产品的更新换代。同时还应加强自我保护，及时申请专利，使企业有序、稳步发展。

### 6. 讲求诚实守信，不能不讲信用，随意毁约

大学生创业要讲求职业道德。有的大学生之所以创业失败，就是因为缺乏商业信用，稍有不满就肆意毁约，造成两败俱伤。这种不负责任的态度，很容易上业界"黑名单"。

当今市场经济已进入诚信时代，作为一种特殊的资本形态，诚信日益成为企业的立足之本与发展之源。大学生既然选择了创业之路，就要恪守这一行的规则。创业之始，更应把信用放在第一位，以赢得客户的信赖，这样才能使自己的企业得到长久的发展。

### 7. 正视挫折与失败，避免心理脆弱，意志不坚

有的大学生心理承受能力较差，对创业中可能出现的困难和挫折估计不足，一旦遇到困难就一筹莫展，手足无措，垂头丧气，意志动摇。

须知，成功与失败往往只有一步之遥，创业过程中遇到各种问题和麻烦，是十分正常的现象，大学生要正确看待，不要遇到挫折就放弃，要有良好的心理承受能力和坚强的创业毅力，要能够经得起挫折和失败的打击。吃一堑长一智，及时振作起来，找出失败的原因，找出弱点和不足加以改正，企业自然很快就会走出困境，焕发新的活力。

### 8. 加强时间管理，防止管理混乱，安排不当

大学生首次创业，没有工作经验，对企业经营管理知之不多。创业团队在较短时间内组建，没有经过较长时间的磨合期，在时间管理上易出现时间观念不强的现象，也存在自我约束不力的情况。不懂得怎样合理地利用时间，工作少时自由散漫，工作多时手忙脚

乱,这都是管理混乱和工作安排不当的表现。

创办企业就像居家过日子,必须精打细算,安排合理,要养成长时间工作的习惯。白天用来做销售业务、管理日常事务、拜访客户等必需的工作,而把整理账目、整理方案等工作留到夜晚去做。对每一天的工作情况、进度做出总结,对第二天的工作做出计划,这样工作才能井然有序。

# 第五节　接受创业教育

## 一、国外创业教育的启示

创业教育在欧美等发达国家已有 20 多年的历史,在亚洲的一些国家和地区也有所发展。通过对世界各国成功经验与特点地分析,既可以看出创业教育在全球的发展脉络,又可以为我国创业教育的发展提供借鉴。

### 1. 美国的创业教育

从 20 世纪 60 年代起,美国大学中的一些院校就开展了创业教育课程。20 世纪末,美国已有 1 100 所学院和大学开设创业教育课程。

近 20 年来,创业教育领域在美国非常活跃,也得到了极大的发展,并创造和形成了大学出人、企业出项目、基金出钱、研究中心提供指导的合作研究和咨询模式,这种模式在全国得到推广,并取得了显著成效。商业计划竞赛在美国高校中由来已久,一批批的创业者在比赛中得到锻炼和成长,风险投资家们蜂拥而入,在大学校园寻找未来的技术领袖和创业领域。从某种意义上说,高校的商业计划竞赛已经成为知识经济时代里美国经济的直接驱动力量之一。

在美国基础教育领域内的创业教育计划,在小学(6～11 岁)期间,由当地商界人士讲授商业基础知识,如商业组织、商业管理、生产管理和市场,总学时为 4 小时。在初中(12～13 岁)期间,每星期有一次商业课程,向学生介绍较复杂的内容,如供给与需求、公司财务、全球市场、劳动力市场和为个人提供的银行服务。在高中(14～18 岁)期间,讲授实用经济学,授课时间长达一个学期,内容全面。讲课形式除学校专职教师外,每周还有商界志愿人士讲授经济体制课一次,并且帮助指导学生创办和经营公司。在高等教育领域内的创业教育计划,许多学校开设了创业教育课程,有的设为必修课,有的设为选修课,甚至有些学校成立了创业学系。在高等学校中创业教育的教学方法主要是案例教学、创业计划模拟实践和开展创业小组活动。

纵观美国创业教育的发展历史,明显表现为这样一些特点:创业课程覆盖面广;创业教育已经形成了较完整的体系结构;有较为完整的《创业学》教材;高等院校非常重视创业教育教学方法的改革;高校创业计划竞赛成为创业教育的有效载体。

### 2. 韩国的创业教育

近年来,韩国大学校园里正在出现一股创办风险企业的热潮。韩国中小企业厅发布的一项统计结果表明,仅 2000 年头 3 个月,韩国大学通过"创业同友会"创办的风险企业

就达 80 家。韩国媒体认为,大学生创办风险企业"正迅速成为一股潮流"。

韩国大学生创办风险企业大致有两种方式。第一是依靠各大学学生自己组织的"创业同友会"。来自全国各大学的 100 多名代表会聚首尔,成立了"全国大学生创业同友会联合会",决定建立自己的因特网网站,共享各会员的设想项目和技术开发成果,并建立风险企业学校,举办创业经验交流会,促使大学生创业扎实稳步向前发展。第二是依靠各大学的"创业支援中心"。目前,韩国有 25 所大学成立了这种中心,学校里富有经验的教授是这些中心的主要成员。这些中心不仅帮助校内的风险企业获得校外投资机构的资金和经营技术,而且还协助大学生们进行创业的可行性调查,并为刚成立的风险企业提供必要的设备和场地。韩国经济学家们认为,大学内创办风险企业有利于学生通过实践获得创业的专门知识和经营方法,使他们在走上社会时能有所作为。

### 3. 英国的创业教育

英国通过政府计划推动创业教育,支持新兴产业和中小企业发展。自 1981 年起实施了"企业创办计划"、"小工厂计划"、"小工程公司"等一系列推动创业的措施。英国政府主张把增加就业与改革社会保障制度相结合,强调加强职业培训,提高就业能力,鼓励人们通过劳动养活自己,消除对福利国家的依赖,并从 1998 年 4 月开始全面实施"从福利到工作"的就业计划。

### 4. 法国的创业教育

鼓励农村青年创业是法国创业政策的突出特点。法国除了通过农业中学、农业职业中学和高等农业学院等正规教育机构发展农业教育外,还创办了多种形式的农民技术培训班,对农民进行职业能力的培训,并鼓励农民就地创业。1973 年,法国政府曾规定,凡是有条件的 25～35 岁的青年农民在落后地区创业,可获得调整农业结构社会行动基金颁发的 2.5 万法郎的创业定居补助金,农业互助银行提供各种低息创业贷款。

除了学校职业教育、企业继续教育培训外,法国还非常重视社会职业培训,通过全国职业培训协会、地方工商工会等专门机构,根据个人特点及拟要发展的职业进行有针对性的培训。

可见,创业教育在西方发达国家的大学已经有较长的历史,基于西方的经济、社会背景,大学生不乏创业精神。高校对在校大学生的创业精神持鼓励态度,并尽可能提供条件,组织教师开设有关课程,传授创业的知识和技能,为今后的创业打下坚实基础。

## 二、我国创业教育的现状

与世界发达国家相比,中国大学校园创业教育起步较晚。1989 年,在"面向 21 世纪教育国际研讨会"北京会议上,联合国教科文组织提出了"创业教育"概念。1998 年,在清华大学组织开展创业计划竞赛后,1999 年和 2000 年,由共青团中央、中国科协和全国学联主办,清华大学、上海交通大学分别承办了第一、第二届"挑战杯"中国大学生创业计划竞赛。从 2002 年起,教育部也成为主办单位之一,至今已举办了多届。2008 年 11 月 18日,由成都市人民政府、四川大学承办的第六届"挑战杯"中国大学生创业计划竞赛吸引了社会各界尤其是企业界和风险投资界的广泛关注。在闭幕前一天的投资意向签约仪式上,共有 5 个项目与企业正式签约,风险投资总额达 10 570 万元。

"挑战杯"竞赛的成功举办在全国高校中掀起了创新、创业的热潮,产生了良好的社会影响,唤起了高等教育系统对创业教育的重视。

我国政府对大学生创业教育高度重视,早在 1999 年 1 月公布的《面向 21 世纪教育振兴行动计划》中就明文规定:"加强对教师和学生的创业教育,鼓励他们自主创办高新技术的企业。"

2002 年 4 月,为了响应国家推行创业教育的号召,在确定 9 所创业试点高校的基础上,教育部高教司在京召开了由国内 9 所著名高校代表参加的"创业教育"试点工作座谈会,就高校创业教育的实施问题进行了初步探讨。会议代表一致认为,实施创业教育并广泛开展大学生创业活动将成为我国高校今后教学与教育改革的重要任务之一,也将是社会主义市场经济条件下教育改革和发展的必然趋势。2002 年 8 月,教育部高教司又委托北京航空航天大学举办了"高等学校创业教育研讨会",全国 37 所院校和省教育厅共有 60 余名与会代表参加了此次会议。会议围绕创业教育的实施展开了探讨,充分表明了我国对创业教育的重视。2003 年 10 月,教育部在北京航空航天大学举行了首届全国创业教育师资培训班,来自全国各地的 108 所高等院校的 180 多名教师参加了该培训班的学习。这次培训班取得了很好的效果,创业教育搞得比较好的院校进行了广泛交流。此次培训班为全国高等院校开展创业教育奠定了坚实基础。

可见,我国大学生创业教育的开展虽然已取得了可喜的成绩,但与国外发达国家相比,还存在着一定的距离。大学生创业教育起步较晚,尚未形成制度化体系,创业教育的科研和师资力量尚显不足,相关的政策法规建设还有待进一步规范和完善等,这是在今后的工作中需要解决的。

### 三、创业教育的深远意义

创业对于社会的发展有着十分重要的意义。开展创业教育对于立志创业或存在潜在创业意识的人来说具有非常现实的意义。尤其是对当代大学生,开展创业教育的意义更为深远。

#### 1. 创业教育可以推进人才培养模式的改革

改革开放以来,伴随着经济体制改革的深入,我国的创业教育也正在从社会的边缘走向社会的中心。然而不可否认的是,目前高等教育培养出来的人才同现代化社会发展的需要之间仍存在着一定的距离,主要体现之一是培养出来的毕业生素质普遍不高,对国家和社会依赖性有余,开拓性和自主性不足,传统能力有余,创新精神不足。当一个社会的经济发展水平较低的时候,这种毕业生可能还能在一定程度上适应社会发展;当社会进入知识经济时代,这种人就无法适应社会发展。因为知识经济时代的竞争更为激烈,竞争制胜一定程度上取决于"创业"。在人才质量上,特别强调重视人的创业能力和开拓精神,如果我们的高等教育还囿于传统的人才培养观念,无异于故步自封,难以避免被淘汰的命运。面对如此严峻的挑战,关键在于转变教育思想,改革人才培养模式,在教学内容、教学方法、课程设置及考试制度等方面进行探索,通过开展创业教育,开发和提高学生的创业素质,培养和提高学生的生存能力、竞争能力和创业能力。

### 2. 创业教育是推进高等教育大众化的需要

高等教育大众化既是当今世界高等教育发展的趋势，也是我国社会进步、经济发展、国民素质提高的重要途径。然而，随着大学生数量的急剧膨胀，我国的就业压力加大，"大学生失业"已成为一种客观现象。本来，在市场经济条件下，极少数大学生"毕业即失业"在所难免，然而失业面过大将成为一个很大的社会问题，将对学校、家庭和社会造成很大压力。更为严重的是，高等教育属收费教育，如果大学生在接受高等教育后无法找到工作，高等教育的个人投资无法得到补偿，就会严重挫伤他们接受高等教育的积极性，进而影响我国高等教育大众化目标的实现。而推进创业教育，鼓励大学生从就业走向创业，可在一定程度上缓解大学生数量增长过程中的就业难问题，改善大学生的择业质量，形成良好的社会舆论，推动高等教育大众化的实现。

### 3. 创业教育是传授创业知识的重要途径

创办企业涉及多个环节多个方面，不仅创业者自身需要具备一定的条件，还涉及资金的筹集，项目的选择，人员的录用，市场的开拓，法律的运用，各项手续的审批、办理，等等。这些知识在专业教学中恰恰没有讲到。通过开设创业教育课程，满足大学生对这方面知识的需求，使大学生尽早接触创业知识，激发创业意识，提高创业者的自身素质和创业技巧，准备创业条件，在未来的创业过程中少走弯路。

### 4. 创业教育是更新大学生就业观念的需要

在长期的计划经济时代，大学毕业生由国家包分配，进了大学就等于有了"铁饭碗"，进了就业的"保险箱"，个人无需为就业发愁，更无需去创业。随着改革开放和市场经济的发展，国家不再对大学生统包分配，尤其是大学扩大招生后，就业形势日趋紧张，在这种形势下，自主创业随之产生。高校开展创业教育，可以帮助大学生认识就业形势，改变就业观念，树立正确的就业思想，明确"自主创业利国利己"、"创业为了更好就业"的现代职业观，确立创业可以更好地实现人生价值的思想。

### 5. 创业教育是培养大学生积极乐观的创业精神的需要

埃森哲公司在其调查报告中指出："20世纪80年代，中国企业最缺什么？结论：创新意识。21世纪中国企业又缺什么？答案是：创业精神。"换言之，21世纪中国的大学生缺什么？答案是：创业精神。

我们可以通俗地将创业精神理解为这样一种特质：有资源利用资源，没有资源开发资源；有条件利用条件，没有条件创造条件；在困境、杂乱、无序、矛盾中积极进取，坚韧持守。通过创业精神的培育，在校园形成讲创业、想创业、崇尚创业、以创业为荣的舆论氛围，形成鼓励创新、开拓进取、宽容失败、团结合作、乐于奉献的创业文化氛围。

通过教育培养大学生坚强的意志，为实现梦想而执着追求的精神。当今社会充满竞争和挑战，年轻人要大胆展示自己，充分发展自己，敢想、敢做、敢闯、敢冒险，持之以恒才能梦想成真。自卑、胆怯、畏缩是弱者的代名词。自信、进取、坚持是强者的座右铭。要培养创业精神，人格教育不容忽视。

### 6. 创业教育是培养创业能力的需要

人们欣赏创新创业，希望创新创业，但是不一定会创新创业。创业教育要完成这一任务，首先是培养学生对知识的获得与运用能力。基础知识是创业的根本，理论知识是实践

活动的指导,实践知识是解决现实问题的法宝。将知识转换为运用能力,是创业教育的主要任务。其次是培养学生扎实的组织和管理能力。管理水平影响到一个企业的前景,组织能力决定着一个企业的运营效率。最后是提升学生的思考能力。勤思考、会思考、善思考,创新创业才会有突破,思想懒惰只会让大好的创新创业机会失之交臂。

### 7. 创业教育是增强大学生创业信心的需要

刚毕业的大学生接触社会不多,社会经验、工作经验缺乏,创业信心不足。通过创业教育,通过介绍创业成功的案例、创业成功人物的事迹,使大学生受到感染,创业的激情受到激发。当然,我们不是要求大学生一毕业就非去创业不可。创业教育给学生的是一种创业理念,一种创业思维方式,一种创业技能技巧。有了这些理念、思维方式、技能技巧,可以使大学生终身受益,一旦创业条件成熟,他们就有可能立即加入到创业大军行列,成为一个企业家,成为社会就业岗位的创造者。

### 8. 创业教育是指导大学生创业实践的需要

目前,很多高校在开展创业教育的同时,积极组织学生开展创业实践。在校园内成立"孵化器",为大学生开展创业实践创造条件。创业指导教师在技术上、业务上指导帮助大学生进行创业实践。创业指导教师有的是高校中专门从事创业教育教学的专职教师,有的是本校学生毕业后创业成功的企业家,将这些成功人士请回学校,对在校生进行创业指导,其榜样和示范引领作用是很大的。一些高校开展的"创业计划"竞赛是大学生进行创业实践锻炼的好机会,也是对大学生进行创业教育的一种特殊形式。仅 2010 年,高等院校和教育部门就举办了 2 万余场创业大赛、创业论坛活动,参赛大学生超过 300 万人次。

## 本章小结

创业即创办企业,指创业个人或创业团队通过寻找和把握各种商业机会,投入已有的知识、技能和社会资本,调动并配置相关资源,创建新企业,为消费者提供产品或服务,具有创新或创造性的、以增加财富为目的的活动过程。创业具有自主自觉性、开拓创新性、鲜明时代性、社会公益性、艰苦曲折性、风险性与高收益性、机遇性的特点。创业既是当今世界的时代潮流,也是国家社会发展、大学生实现有价值人生的有效途径。创业离不开理论和实践的指导,创业教育对大学生学习创业知识,培养创业精神,提高创业能力,参与创业实践,都发挥着巨大而深远的作用。

## 复习思考题

1. 创业的含义、特点、要素与类型。
2. 大学生创业的重要意义。
3. 影响大学生创业成功的因素有哪些?
4. 创业的一般过程是什么?
5. 创业教育有哪些深远意义?

# 第二章　天生我材必有用

## ——大学生创业的必备素养

### 学习目标

1. 了解创业精神的内涵。
2. 掌握创业者的知识结构、素质结构、能力结构要求。
3. 掌握创业知识获得途径、创业素质提升途径、创业能力获得途径及创业精神的培养途径。

### 案例导入

拥有全国学生联合会执行主席、天津大学学生会主席、天津大学十佳青年等诸多头衔及荣誉,进入政府机关,获得一份安稳工作,是多数人的梦想,然而,他却出人意料地选择了自主创业。马赛,"真金家教咨询中心"的创始人,以他的胆识和才干,站在了大学生自主创业大潮的浪尖上。

马赛,大学毕业后投身创业并非一时冲动,也非机遇的巧合,他从思想上和实践上早就做了充足的准备。最初他的创业动力来自家境的窘迫。大学初期,他是学校的特困生,他意识到自己需要别人的资助才能延续学业,他在逆境中实践了"男儿当自强"这一千年古训。大学四年,他不仅成功地解决了学业和生活所需费用,而且还当选了天津大学学生会主席、中华全国学生联合会执行主席等职务,他的领导能力和工作能力也获得了质的飞跃,为日后创业打下了良好基础。2004年,他毕业之时,家人期待他能进入政府机关,而他却毅然选择了自主创业,把面向基础教育阶段的培训作为自己创业的方向。当时,他敏锐地抓住了所在地城市鼓励大学生创业的政策机遇,顺利地获得了市里主管部门的认可和支持。

然而,创业的路并非一帆风顺。没有场地,没有资金,没有人才,没有市场,对毫无经验的马赛来说,每做一件事都具有风险和挑战;而每解决一个问题,都被他视为是在考验自己的创造能力、协调能力以及承受巨大压力的能力。真金家教咨询中心刚成立时,马赛为了找到理想的办学场地,白天讲课,晚上骑摩托车转遍市区的大街小巷,足足跑了两个

半月才有了眉目。创业过程中,由于缺乏经验,出现过很多失误,这让马赛及团队成员付出过很大代价。天道酬勤,今日的马赛在创业路上已经拨云见日,由最初只有"小班课"一种教学形式,发展到目前具有"名师伴读"、"艺术生高考冲刺"等四个项目,学员人数稳步增长。

一路艰辛,可他从不言悔。他说,创业过程每天都有挑战,在新的体验中可以感受到快乐。真金家教名牌大学生团队的杰出创造,使真金家教的规模和影响越来越大。马赛在创业路上更是义无反顾地选择了"向前"。

# 第一节　创业知识

## 一、创业者的知识结构要求

随着改革开放的纵深推进,大学生创业的外部形势趋紧,竞争日益激烈,单凭热情、胆识、经验或单一专业知识,想成功创业难度非常之大。宏观环境不确定性、微观形势深刻变化双重影响因素叠加,创业者若要闯出一条路、开辟出一片天地,就必须要有全局战略眼光和创造性思维,能审时度势做出正确决策,这就要求创业者必须掌握广博的知识,具有一专多能的知识结构。具体要掌握以下几类知识:

### (一) 熟练掌握创业的专业职业知识

专业、职业知识是创业者对创业领域专门知识和技能的学习,涉及范围广泛全面。专业知识是寻找创业机遇的切入点,而创业是全面外化和施展自己才华的全过程。对于一名创业大学生来讲,除了要学好创业所涉及领域的专业知识外,更要注重该领域的职业知识学习。

#### 1. 夯实专业知识基础

大学生在校学习期间,要刻苦学习本专业技术知识,为自己走出校门施展创业才华奠定理论基础。在当前形势下,大部分人往往会选择与自己的专业背景相吻合或相近的领域进行自主创业,而这种契合性较高的创业要想获得成功,其前置条件就是我们大学生必须具有丰富的专业知识储备,唯有如此,创业成功才有较大的可能性,否则,创业只能是无源之水、无本之木。如你是一名财务管理专业的学生,毕业后想自己创立一家理财公司,那么,你除了要知晓创设公司的基本流程和条件,更要有丰富的财务管理等相关专业知识,只有这样,创业才具有可行性。

#### 2. 广泛涉猎职业知识

如果说过硬的专业知识是大学生创业成功的基石,那么拥有广泛的职业知识就是创业成功的助推剂。职业知识相对于专业知识来讲,具有领域宽广、归口特殊等特征。对于大学生来说,首先要学好自己的专业知识,掌握一技之长,但对于立志自主创业的大学生来说,仅仅掌握一技之长,难以让"一叶扁舟"在无垠的大海上有所作为,这就需要我们大学生充分利用在校时间广泛涉猎,认真研究自主创业领域的相关职业知识。如你是一名建筑专业的大学生,想自主创业,首先要确定创业的目标,如成立一支建筑施工队,那么你

必须要有过硬的专业知识,同时更要有建筑行业的职业知识,比如你要了解建筑施工队的职能、如何才能获得进入工地施工的资质等。

**3. 寓职业知识于专业知识**

需要说明的是,大学生在校期间要立足当前、着眼长远,确定创业目标,脚踏实地,认真钻研专业知识,积极利用各种业余时间广泛涉猎相关知识,寓职业知识于专业知识,为自己未来创业打下坚实的理论基础。对于大学生来说,在校期间的求学经历会给他们的一生增添无穷的色彩,更会为他们带来机遇和财富。立志创业施展抱负,必须要内外兼修、苦练内功,即在夯实专业基础知识的同时,全面掌握各领域准入的相关职业知识,唯有如此,创业胜算才能具有可预期性。

**(二) 深刻钻研企业经营管理知识**

**1. 学习经济学知识**

了解基本的经济学常识,如经济政策、市场构成、项目投资、市场营销与广告等相关知识。

**2. 学习商业知识**

掌握经营企业所不可或缺的财务、税收、金融、营销、人力资源、企业组织结构与战略等专门知识。

**3. 学习企业经营管理知识**

创业者要掌握科学的经营管理方法,提高企业管理水平。如企业战略管理、生产管理、市场研发管理、人力资源管理以及助推企业持续发展的融资渠道等相关知识。作为企业的所有者和经营决策者,创业者虽然可以聘用职业经理人来管理企业,但熟练掌握企业管理知识乃至成为涉足领域的行家里手,无论是对于企业长远发展还是自身创业能力的提升都具有重大的现实意义。比如一家金融服务公司,创业者应该是金融理财的专家;而一家快速消费品公司的老板,应该是市场行销的行家里手。

**(三) 全面了解社会综合知识**

**1. 熟谙创业的相关法律法规**

主要包括:(1)关于设立企业的相关法律知识;(2)关于出资的相关法律知识;(3)关于会计、财务、税收等的相关法律法规知识;(4)关于知识产权的相关法律法规知识;(5)关于劳动人事关系方面的法律法规。以上只是简单列举创业常用的法律,在企业实际运作中还会遇到大量法律问题,一些专业的问题可以由律师去处理,但是,作为创业者或者企业经营者,还要对这些问题有一些基本的了解,知法守法,合法经营,学会用法律手段保护自己的合法权益。

**2. 学习借鉴前人的成功经验**

作为刚出象牙塔的大学生,创业是展现自我活力风采、提升人生价值境界的创新之举。当你在运筹帷幄,筹谋着创业宏图时,似乎感觉创业并非像外界所说的“成少败多”,但你发现当创业蓝图遇上现实,似乎进程并非一直如此顺利。你可能会说大名鼎鼎的比尔·盖茨、乔布斯等创业名人大学没毕业就开始其创业过程并大获成功,但你往往忽略了一点,就是他们经历过无数痛苦的失败,并在不断总结经验教训的基础上,逐步散发出让世人刮目相看并加以膜拜的成功之光。可见,积极借鉴他人创业成功经验,汲取自我创业

教训,融合内外积极因素,创业之旅必定是事半功倍。

(1)积极借鉴他人创业成功经验。大学阶段是人生的黄金学习时期,扎实的专业知识基础会让你的创业之路如虎添翼,但相信大部分的大学生创业者都有一个疑问,那就是:"为何我一切准备工作做得都很完美,而我的成功来得这么曲折?"其实,对于这一疑问,可以用"三人行必有我师"这句话加以解答。也就是说,世界上任何人都有自己的优势和劣势,如何扬长避短就成为决定成功的关键法则;每个人并非是全能的,正如牛顿所言:"如果说我比别人看得远一些,那是因为我站在了巨人的肩上。"换言之,我们完全可以从前人那里获得创业相关的经验,这样就可以最大限度地少走弯路,从而使创业更加便捷。譬如你是一名电子商务专业的学生,想通过自己的努力建立一个 B2C 平台,那么你首先要做足"功课"。但仅此还是不够的,因为"功课"只能解决你的技术问题,如何能让你的平台更易被人认知、信任?这就需要你借鉴一些成功的案例,如淘宝、京东等电子商务平台的做法,这样既可以让你的创业更易成功,又能让你节约成本、提高利润。

(2)科学认知自主创业的优势和劣势。大学生创业之前,应对自己的创业计划、实施步骤等环节进行可行性分析,并根据 SWOT(即企业优势 strength、劣势 weakness、机会 opportunity 和威胁 threats)理论分析企业内外部环境,对于这些因素要高度重视,认真加以对待,并在创业过程中努力化解威胁。假如你想创立一家特色餐饮店,首先你要制定一个创业实施细则,理清每一步骤需要做哪些事情,并对这一实施环节进行风险评估,即你的饭店所处位置如何、人流量怎么样、当地消费者的喜好等等因素,综合分析后进而得出你的饭店优势是什么、劣势是什么、机会如何、威胁是什么,从而做到有的放矢,有所为有所不为。

(3)让借鉴成功经验成为创业的内生动力。学习借鉴创业成功经验,固然可以让我们少走弯路、错路,但要把握一个度。如果照搬照抄他人经验,难免会"水土不服"导致创业"半路夭折";如果埋头苦干,而不借鉴成功、先进经验,难免会"一条路走到黑",导致创业迷失方向。因此,大学生创业者要科学把握自力更生与学习借鉴的关系。

**3. 关于大学生创业的相关优惠政策**

近年来,为支持大学生创业,国家和各级政府出台了许多优惠政策,涉及融资、开业、税收、创业培训、创业指导等诸多方面。对打算创业的大学生来说,了解这些政策,才能走好创业的第一步。

(1)工商优惠政策。大学毕业生在毕业后两年内自主创业,到创业实体所在地的工商部门办理营业执照,注册资金(本)在 50 万元以下的,允许分期到位,首期到位资金不低于注册资本的 10%(出资额不低于 3 万元),1 年内实缴注册资本追加到 50% 以上,余款可在 3 年内分期到位。

(2)税收优惠政策。大学毕业生创办从事咨询业、信息业、技术服务业的企业或经营单位,经税务部门批准,免征企业所得税两年;创办从事交通运输业、邮电通讯业的企业或经营单位,经税务部门批准,第一年免征企业所得税,第二年减半征收企业所得税;创办从事公用事业、商业、物资业、对外贸易业、旅游业、物流业、仓储业、居民服务业、饮食业、教育文化事业、卫生事业的企业或经营单位,经税务部门批准,免征企业所得税一年。

(3)贷款优惠政策。各国有商业银行、股份制银行、城市商业银行和有条件的城市信

用社要为自主创业的毕业生提供小额贷款，并简化程序，提供开户和结算便利，贷款额度在 2 万元左右。贷款期限最长为两年，到期确定需延长的，可申请延期一次。贷款利息按照中国人民银行公布的贷款利率确定，担保最高限额为担保基金的 5 倍，期限与贷款期限相同。

（4）劳动人事优惠政策。政府人事行政部门所属的人才中介服务机构，免费为自主创业毕业生保管人事档案（包括代办社保、职称、档案工资等有关手续）2 年；提供免费查询人才、劳动力供求信息，免费发布招聘广告等服务；适当减免参加人才集市或人才劳务交流活动收费；优惠为创办企业的员工提供一次培训、测评服务。

以上优惠政策是国家针对所有自主创业的大学生所制定的，各地政府为了扶持当地大学生创业，也出台了相关的政策法规，而且更加细化，更贴近实际。了解这些优惠政策，会让大学生感受到国家和政府的支持力度，更加坚定创业的决心。

## 二、创业知识的获得途径

### 途径一：大学

大学教育最独特的功能在于，通过教育和辅导，开启青年学生的思维能力，使他们能够广纳新知，思维活跃，同时让他们能够利用自己的才智和学识为自己的人生目标服务。

因此，创业者可以通过大学课堂的学习为将来铺垫道路，树立正确的人生观和道德观，扎实地学好专业知识和职业知识；通过大学图书馆能找到创业指导方面的报刊和图书，广泛阅读能增加对创业市场的认识；通过参加大学社团活动，可以锻炼各种综合能力；通过大学的自由生活能建立广泛的人际关系网，能结交志同道合的朋友。大学生活是创业者积累经验必不可少的实践过程。

### 途径二：媒体资讯

一是纸质媒体，人才类、经济类媒体是首要选择。例如比较专业的《21 世纪人才报》、《21 世纪经济报道》、《IT 经理人世界》。

二是网络媒体，管理类、人才类、专业创业类网站是必要选择。例如中国营销传播网、中华英才网、中华创业网等。此外，各地创业中心、创新服务中心、大学生科技园、留学生创业园、科技信息中心、知名的民营企业的网站等都可以学到创业知识。

### 途径三：创业实践

真正的创业实践开始于创业意识萌发之时。大学生的创业实践是学习创业知识的最好途径。

直接的创业实践学习主要可通过课余、假期在外的兼职打工；也可通过举办创意项目活动、创建电子商务网站、谋划书刊出版事宜等多种方式来完成。

间接的创业实践学习主要可借助学校举办的某些课程的角色性、情景性模拟参与来完成。例如，积极参加校内外举办的各类大学生创业大赛、工业设计大赛等，对知名企业家成长经历、知名企业经营案例开展系统研究等也属间接学习范畴。

### 途径四：曲线创业

"边当水手，边学做船长"，刚毕业的大学生，由于自己各方面阅历和经验都不够，可以

到实体单位锻炼几年,积累一定的知识和经验再准备创业。先就业、再创业是很多创业大学生的选择。先就业再创业可以积累经验和人脉,为以后创业奠定良好的基础。

**途径五:小本创业**

在创业前期,或者是大学生初入社会创业,可以选择小本创业,甚至是无本创业,这样即使你的投入没有回报,也不至于将自己的资金丢到水里。在创业的过程中,不断积累创业知识与经验。

因此,大学生创业一定不要好高骛远,一定要脚踏实地从点滴做起,慢慢沉淀自己,总结经验。比如利用网络,在淘宝网等处开设网店,经营自己比较熟悉的业务也是一个很不错的实践创业的选项。

总之,创业知识广泛存在于大学生学习、生活的视野之中,只要善于学习,总能找到施展才华的途径,但在信息泛滥的社会里,"去粗取精,去伪存真"也是很重要的。善于学习和总结永远是赢者的座右铭。

# 第二节 创业素质

## 一、创业者的素质结构要求

大学生创业方兴未艾,其中的成功者为我们树立了榜样,受此影响,当代大部分大学生纷纷摩拳擦掌、跃跃欲试,努力成为创业大军中的一员。《孙子兵法》告诉我们,"道、天、地、将、法"是决定一场战争胜败的基本要素。商场如战场,大学生创业者们,准备好了吗?创业者们,你们本人的核心竞争力如何呢? 如果你正准备进行创业,期待有朝一日能够成为一名优秀的创业者、成为社会争相效仿的创业榜样,那么,你是否已具备了以下基本素质要求?

### (一)矢志不渝的创业毅力

"只要功夫深,铁杵磨成针。"大学生要想取得创业成功,必须要具备追求卓越、持之以恒的强烈创业意志。创业成功看似容易,实则是思想上长期准备的结果,而创业成功也必然属于意志坚定、矢志不渝、臻于至善的人。

爱迪生将成功总结为:成功=99%的努力+1%的灵感。他认为,一连串的失败,无不是不断尝试错误的探索性实验,是成功的创新所必需的。从哪儿跌倒就从哪儿爬起来,经历一次又一次的失败而决不放弃是成功者的意志特质。

对于大学生来说,创业领域没有任何捷径可走,只有专心致志和坚持不懈的人,才能克服在通往目标的道路上所遇到的危机和障碍。大学生要有创业必胜的理想信念;要有不怕吃苦、迎难而上、勇于奋起的人生魄力;要有放眼未来的战略眼光,加强对社会需求、经济发展规律的敏锐洞悉和精准把握,做到"运筹帷幄之中,决胜千里之外";要有"千里之行,始于足下"的实践特质,真抓实干,不达目的誓不罢休,有条件上,没条件创造条件也要上,努力将自己储备的一切知识和社会实践有机结合,走出一条有自己特色的创业之路,决不做"语言上的巨人,行动上的矮子"。

### （二）驾驭风险的创业魄力

在市场经济大潮中，风险与机遇共存。只要从事创业活动，就必然会有某种风险伴随，且事业的范围和规模越大，取得的成就越大，伴随的风险越大，需要承受风险的心理负担也就越大。成功的创业者总是先对成功的可能性和失败的风险进行分析比较，选择那些成功的可能性大而失败的可能性小的目标。为此，大学生创业者要有创业的魄力，这就要有敢冒风险、驾驭风险的勇气。但魄力不等于鲁莽、草率，在创业的过程中，创业者还要拥有理性的探求欲，要具有评估风险程度的能力和驾驭风险的有效策略。而创业者的魄力还来源于其自身的诚信和自信的品质。

#### 1. 勇气

创业需要勇气，很多人总是说想创业但却没有行动，最大的障碍也许不是他们不知道该怎么做，而是没有创业的勇气。他们总是有很多的顾虑，面对未来的许多不确定因素，越想越可怕，而无数的可能性也许就在这些犹豫和等待中化为乌有。阿里巴巴创始人马云的创业经验让我们看到的都是他在互联网创造的辉煌和光环，如果多年前他只安分地做着自己的外语教师，他也就没有创造互联网神话的机会。在创业的道路上，没有付出就没有改变；没有走出来，创业的梦终究是个梦。所以，怀揣着梦想的创业者要勇于踏出创业的第一步。

创业的道路不会是一帆风顺的，往往风险与机会并存。硅谷有着"创业大本营"的美誉，在这儿，每年都有数以万计的企业倒下，同时也有成千上万的创业者一夜暴富。美国知名创业教练约翰·奈斯汉说："造就硅谷成功神话的秘密，就是失败。失败的结果或许令人难堪，但却是取之不尽的活教材，在失败过程中所累积的努力与经验，都是缔造下一次成功的宝贵基础。"

在创业的过程中，创业者必须善于发现新生事物，并对新生事物有强烈的探求欲；必须要有敢于冒险的勇气，即使没有十足把握，也应果断地尝试。

#### 2. 理性

大学生创业中，往往最迷茫的就是行业的选择，不知道自己到底该投身于何处，哪里更适合自己的发展，那么到底该如何选择呢？激烈的市场竞争宣告"暴利时代"已经结束，取而代之的是"微利时代"。市场经济刚起步时，机会特别多，好像做什么都能赚钱，只要你有足够的胆量和能力。但如今每个行业每个领域都有人做，因此，创业机会必须靠创业者自己发掘。

大学生创业之初，项目考虑不谨慎，匆忙上马，加之对市场需求情况掌握不够，是导致风险的第一步，这也就不难理解为何有些创业者输在了"开局"。作为刚刚毕业的大学生，血气方刚、勇于拼搏是其身上特有的精神品格，值得推崇，但也就是这种"初生牛犊不怕虎"的意气，导致对项目的选择不太科学和理性，总想着只要激情在，成功只是时间问题。因此，大学生创业者可以放手一搏，但必须谨慎求证。

#### 3. 诚信

创业者的魄力与人的诚信是相关的。人无信而不立，诚信作为市场经济的重要内容，日益成为创业者的立足之本与发展源泉。所以对于一个成功的创业者而言，在创业之初，都要经受诚信的考验。诚信是塑造创业者形象和赢得企业信誉的基石，是竞争中克敌制

胜的重要砝码,能够支持企业由小变大,由弱变强。

因此,诚信是创业者必须的品质,其品质决定着企业的市场声誉和发展空间。"信则人任焉。""人而无信,不知其可也。"诚信是个人处世之宝,缺失诚信,不仅欺骗自己,而且也必然欺骗别人,这种自欺欺人既毁坏了健全的自我,也破坏了人际关系。不守"诚信",或可"赢一时之利",但必然"失长久之利"。反之,则能以良好口碑带来滚滚财源,使创业渐入佳境。

### 4. 自信

俗话说得好:自信是一个人的胆,有了这个胆,你就会所向披靡! 自信是对自我能力和自我价值的一种肯定。日本八佰伴集团创始人和田一夫最初仅经营一家小水果铺,还被一场大火烧得一无所有。但是,在"不摧毁旧的,就不能建设新的"信念支持下,他最终东山再起,成为名噪一时的创业家。

对创业者来说,自信就是创业的动力。有了自信,就能够激发起强烈的成功欲望,在战胜困难时,能够表现出果断的勇气和必胜的信心。创业者的自信来源于其正确的自我认知,即对自我的尊重和接纳,能够认识到自己存在的价值,能够发挥自身的优势,能够更好地战胜困难。

### (三) 扎实强劲的创业内力

打铁还需自身硬。大学生创业者要想取得成功,不仅要具备矢志不渝的毅力、驾驭风险的魄力,更要有扎实强劲的内力。

### 1. 扎实的理论知识

大学生创业者要夯实专业理论知识,广泛涉猎创业领域职业知识;掌握科学、先进的管理方法,提高企业管理水平;掌握创业领域的科学技术知识,增强企业核心竞争力;掌握市场经济知识,自觉形成敏锐精准的市场战略眼光;掌握国家法律法规政策,做到用足、用活政策,依法经营管理,维护自身合法权益;了解世界各地民俗风情、文学艺术等等。

### 2. 善于学习的态度

刚刚踏入社会的大学生,虽有一定的理论基础知识,但社会经验不足却是不争的事实。创业是一种实现自我价值的社会行为,仅靠大学生的理论知识是难以成功的。大学生不要盲目地认为,自己是天之骄子,具有将理论知识与创业实践融会贯通、有机结合的运用能力,这样只会让自己成为"井底之蛙"、"夜郎"。因此,大学生创业者要虚心向其他创业者,特别是成功的创业者学习经验,善于总结,并将学习成果内化为自己创业成功的源泉动力。

### 3. 提升创业技能

很多大学生创业者眼高手低,当创业计划转变为实际操作时,才发现自己是"行动上的矮子",根本不具备解决问题的能力,这样的创业无异于纸上谈兵,创业风险也就会随之加大。为此,大学生在校期间应充分利用假期去企业打工或实习,积累相关的管理和营销经验;积极参加学校、社会组织的创业培训,积累创业知识,接受专业指导,提高创业成功率。

### 4. 和谐的人际交往

俗话说:一个篱笆三个桩,一个好汉三个帮。天时不如地利,地利不如人和,人际关系

在创业中的作用愈发明显。过去，人们总认为创业就是单纯的自力更生干一番事业，而如今这种观念正在逐渐发生变化。人际交往所形成的交际圈正日益成为创业成功的助推剂，有时甚至会成为创业成功的第一动力，人脉圈日益成为创业信息、资金、经验的"蓄水池"，通过朋友掌握更多信息、寻求更大发展，日益成为成功创业的捷径。

对于大学生创业者来说，在创业过程中，需要与客户、公众媒体、外界销售商、企业内部员工打交道，这就要求大学生要讲信用、够真诚，清晰地认识到人际交往的重要性，学习掌握娴熟的人际交往技巧，增强人际沟通能力，排除障碍，化解矛盾，降低工作难度，学会尊重和欣赏别人，增加信任度，这样有利于增强凝聚力，提高创业成功率。

**5. 健康的身体体格**

身体健康是创业成功的本钱和必要条件。虽说大学生精力充沛、体格健壮，但随着工作的日益繁忙，久而久之，身上担子重了，锻炼身体的时间逐渐减少，如果身体素质不能同时跟进，必然会导致力不从心、难以承受创业重任。因此，无论在什么情况下，大学生创业者都不能放弃锻炼身体，同时还要培养一种积极乐观的心态、宽广坦荡的胸怀，做到身体健康、精力旺盛。

**6. 良好的心理素质**

心理素质是指创业者的心理条件，包括自我意识、性格、气质、情感等心理构成的要素。作为大学生创业者，其自我意识特征应为自信和自主；其性格应刚强、坚忍、果断和开朗；其情感应更富有理性色彩。成功的创业者大多是不以物喜，不以己悲的，成功时不沾沾自喜，得意忘形；在碰到困难、挫折和失败时不灰心丧气、消极悲观。

## 二、创业素质的提升途径

### （一）未雨绸缪，做好创业思想准备

凡事预则立，不预则废。大学生创业必须牢固树立投身创业的理想和志向，未雨绸缪，认真做好创业的各项准备，否则，在真正开始甩开膀子准备大干一场时，易被现实的困难、挫折所吓倒。有创业志向的大学生在校期间就应树立创业的志向，有意识地培养创业的意志品质。大学生创业者要将创业理想与实际学习目标有机结合，不怕困难和挫折，严于律己，顺利完成学业；积极参加各种社会实践活动，在确定目标、制订计划、选择方法、执行决定和开始行动的整个实践活动中，锤炼意志品质；加强意志的自我锻炼，注意培养提高自我认识、自我监督、自我评价、自我鼓励的能力；积极参加体育活动，在锻炼身体的过程中磨炼自身坚强的意志品质。

### （二）寓学于行，提高创业素质水平

创业之难，有目共睹；创业成功，难上加难。大学生要想取得创业成功，不光要做好思想准备，还要自觉培养商业意识，潜心钻研相关商业知识。特别是要在创业实践中敏锐观察、科学分析，探求事物发展规律，去伪存真，把握事物本质；要自觉培养自身的信息处理能力，善于收集和利用信息，摸清市场运行的基本规律，积极主动寻找和创造商业机会；纵深挖掘智慧潜能，激发创业活力，自觉形成立足现在、着眼未来的战略理念。因此，大学生创业者在锻炼和培养自己的创业才能时，绝不能仅仅从让自己成才的方面去寻求提高的捷径，而必须在多方面打好扎实的基础，既要通过理论学习增长知识和智力，也要通过创

业实践来增长职业技能,更要通过创业的竞争和自我否定增长才能,以求得创业才能的综合性提高,努力做到寓学于行,知行合一。

**(三)坚持不懈,科学调整创业心态**

人生在世难得几回搏。创业之路充满荆棘,成功和失败并存,大学生创业者要有面临创业顺境时的忧患意识,更要有面临创业逆境的抗压能力。在整个创业过程中大学生创业者一般都会经历如下阶段:首先是,不甘学习、生活和发展现状—建立创业发展规划目标—组织创业团队—为目标实现奋斗;接下来,不考虑任何物质利益的尝试—挫败—失败—再尝试—挫折—局部成功;最后,成功点逐步增多—成功从量的累积到阶段性的飞跃—最终走向成功。伴随着创业的发展历程,大学生创业者的心态也将发生变化,由起初的兴趣、特长和爱好—目标和热情—团队工作的乐趣—梦想和理想化的前景激励;接下来是挫折、怀疑和信心的反复摧残和重建;最后是重新评估和对目标、自身的再认识—责任—新的乐趣和兴奋点。为此,大学生创业者要坚信"天生我材必有用",增强创业自信心;在创业实践中科学调整心态,增强面对创业逆境时的思维反应能力和抗挫抗压能力。正所谓"长风破浪会有时,直挂云帆济沧海"。

# 第三节 创业能力

## 一、创业者的能力结构要求

如果说学习能力是衡量一个在校学生综合实力的重要指标,那么,创业能力作为一种特殊的技能,就是直接影响创业效率、成功与否的主要因素。一般说来,创业能力主要包括职业驾驭能力、组织领导能力和社会综合能力等。

**(一)职业驾驭能力**

职业驾驭能力是一个涵盖专业技术、职业职场等的综合性概念。具体来说,职业驾驭能力就是创业者运用所学的一切知识,使之"嫁接"至创业领域,实现"开花"和"结果"的本领。职业驾驭能力主要包括专业技术能力、经营管理能力、综合协调能力和勇于创新能力等。

**1. 专业技术能力**

专业技术能力是指创业者在掌握进入某一职业领域所必需的专业技术知识的基础上,能将专业知识进行内化,并将内化成果"外化",从而顺利进行专业生产的本领。简而言之,专业技术能力就是创业者运用专业知识进行专业生产的本领和能力。

对于大学生创业者来说,专业技术能力的提高并非一朝一夕就能实现的,而是专业技术知识的日积月累、创业实践的艰苦探求和能量经验的厚积薄发。大学生创业者要具有较强的理论学习能力,扎实打牢专业理论基础,广泛涉猎创业领域的职业知识,为专业技术能力的提高奠定坚实的理论基础。积极参与创业实践活动,博采众长,认真分析利弊,科学归纳总结,逐步探索出具有个性色彩的创业之路。坚持知行合一,在学习中实践,将学习专业知识与创业实践相结合,自觉将学习成果转化为实践动力;在实践中学习,科学

准确定位,高度重视创业实践过程中专业技术知识和创业经验的积累,适时调整创业战略,努力形成个性创业经验特色,逐步完善创业理论知识体系。

**2. 经营管理能力**

经营管理能力是指创业者对创业项目的内部运营、资金、人力资源的管理能力。在现代社会中,经营管理能力既涉及对企业内部的运营管理,也涉及对企业发展所需资金的筹集、核算、分配、使用,更是涉及对人、财、物、时间、空间的合理组合。

在竞争日益激烈的市场经济中,经营管理水平正逐渐成为影响创业成功与否的直接因素。可以说,经营管理能力是一种较高层次的运筹性能力,更是促进企业发展的生产力。

(1) 懂得经营。大学生创业者要想取得创业成功,不仅要有锐意进取的创业精神,还必须要精通经营之道。大学生创业者要遵循市场规律,通过消费者需求分析、市场定位分析、自我实力分析等过程,了解和掌握生产经营活动的内容、策略和手段;要具有信息管理能力,信息是企业生存发展的重要资源,是企业管理活动赖以展开的前提,要能够准确快速地掌握信息和传递信息,对比选优,多设方案,做到兼收并蓄;要知晓市场经营策略、销售策略、定价策略,熟悉生产经营的组织和管理等。

(2) 善于管理。所谓管理就是根据企业的内在活动规律,综合运用企业中的人力及其他资源,从而有效地实现企业目标的过程。大学生创业者要具有项目管理能力,通过任务项目化,将任务切割成各个项目,并加强对其的管理,着力化解企业需跨领域解决的复杂问题,提高企业运营效率;要具有目标管理能力,通过项目目标化,将目标划分为组织目标和个人目标,实现系统管理与整体管理的有机结合,从而盘活关键的管理活动;要具有节点管理能力,通过目标节点化,将目标完成的进度切割为各个时间节点,加强计划管理,实行倒逼机制,促进目标实现。此外,大学生创业者还必须了解生产环节,掌握管理的窍门,精通经营核算,做好生产管理与质量控制等工作。

(3) 科学理财。理财是对资金运动过程进行正确的组织、指挥和调节,保证生产活动顺利进行,从而减少劳动和物质资源的耗损,降低产品成本,提高资金利润率的重要环节,也是创业成功的重要保证和标志。为此,大学生创业者要具有理财分析能力,通过精确的理财分析,比较项目的优劣,确保企业不因盲目上马的项目导致企业经营运作陷入困境;要具有运用财务杠杆的能力,财务杠杆是解决企业盈利、实现利润最大化的有效举措,为此,创业者要充分运用财务杠杆原理,确定杠杆支点,在控制企业风险的前提下,以较低的代价获取较高的利润收益。

(4) 知人善用。在生产力的诸要素中,人是最活跃的、起决定作用的因素,也是企业能否发展的决定性因素。善于用人,就能调动人的积极性,使人尽其能,人尽其才,使个人的长处得到充分的发挥。对于大学生创业者而言,要做到知人善用,任人唯贤,必须建立和完善企业的人力资源管理制度,统一思想,权责相配,建立规章,民主管理,信守承诺,按劳取酬。

**3. 综合协调能力**

综合协调能力是指能够妥善处理和有效协调企业与公众(政府部门、新闻媒体、客户等)、企业内部人员之间关系的能力。良好的外部环境(企业与政府、新闻媒体、客户等的

关系)与内部环境(企业内部的人际关系)是创业成功的必要条件。

大学生创业者要努力营造良好的外部环境。积极争取工商、税务等部门的支持与理解,同时要善于团结一切可以团结的人,团结一切可以团结的力量,求同存异、共同协调地发展,做到不失原则、灵活有度,善于巧妙地将一切有利于企业发展的积极因素调动起来,为我所用,要倾力打造和谐的内部环境。

正确协调企业内部人际关系是决定创业成功与否的重要条件。协调交际能力作为一种社会实践能力,仅凭书本是学不到的,需要在实践活动中学习,不断积累,总结经验。大学生创业者要敢于冒险和接受挑战,敢于承担责任和压力,对自己的决定和想法要充满信心、充满希望。要养成观察与思考的习惯,特别是在复杂的人和事面前更要多观察、多思考,做到三思而后行,才能掌握准确的信息,才能为思考做准备,进而做出正确的决策。要正确处理好内部人际关系,特别是上下级关系,可以说,企业的科学发展就是靠这种关系来维持的,要动之以情、晓之以理,把诚意传达给下属,使其受到感应,并产生共识,自愿接受自己的观点,同时要严于律己、率先垂范,为企业内部员工树立榜样。总之,大学生创业者要搞好内外团结,处理好人际关系,才能建立有利于自己创业的和谐环境,为成功创业打好基础。

**4. 勇于创新能力**

创新是一个民族前进的不竭动力,创新也是企业发展的动力源泉。创新是指主体为了一定的目的,遵循事物发展的规律,对事物的整体或其中的某些部分进行变革,从而使其得以更新与发展的活动。

创新能力是创业能力素质的重要组成部分,主要有两层概念维度:一是大脑活动的能力,即创造性思维、创造性想象、独立性思维和捕捉灵感的能力;二是创新实践的能力,即人在创新活动中完成创新任务的具体工作的能力。创新能力作为一种综合能力,与人们的知识、技能、经验、心态等有着密切的关系。具有广博的人文社会知识、扎实的专业基础知识、熟练的专业技能、丰富的实践经验、良好的心态的人容易形成创新能力,它取决于创新意识、智力、创造性思维和创造性想象等。

**(二) 组织领导能力**

**1. 战略决策能力**

战略是依据企业的长期目标、行动计划和资源配置优先原则设定企业目标的方法。一个及时、果敢、英明的战略决策是创业成功的最初推动力,相反,错误的战略决策会葬送一家企业。换言之,战略决策能力是一个创业者的核心领导能力。因此,大学生创业者要具有权衡取舍的魄力和能力,在瞬息万变的市场竞争中,有果断做出决策的能力。当创业者需要在一个目标与另一个目标之间有所取舍时,就必须将决策建立在对现实条件充分分析的基础上,选择一种风险较小、较为满意的目标方案的战略,实现现实性与先进性的无缝对接。

**2. 决策学习能力**

正确决策是确保创业活动顺利进行的前提。尤其是创业机会的识别和选择,创业团队的组建,创业资金的融通,企业发展战略以及商业模式的设计等重大决策,直接关系着对创业全局的驾驭和创业的成败。若要决策正确,大学生创业者必须具有较强的信息获

取和处理能力,能敏锐地洞察环境变动中所产生的商机和挑战,形成有价值的创意并付诸创业行动。特别是要随时了解同行业的经营状况及市场变化,了解竞争对手的情况,做到"知己知彼",以便适时调整创业中的竞争策略,使所创之业拥有并保持竞争优势。同时,通过不断的创新思维和创新实践,进行反思和学习,总结创新经验,汲取失败教训,及时修正偏差和错误,进一步提高决策能力,促进企业健康成长。

### 3. 化危为机能力

当创业者面对与社会大众或顾客有关的重大事故时,处理事故时所采取的态度和决策,以及企业在面对危机时所采取的不同的态度和方法,将对塑造良好的企业形象产生不可估量的效果。企业经营运作中的一个小小的意外或者事故影响可能会迅速扩大到全国,甚至更大的范围内,产生恶劣后果。所以,创业者要有随机应变、化危为机的能力,要灵活机动,能根据社会舆论的风向标迅速做出回应,并采取相应对策,将企业危机减少到最低限度。

### (三) 社会综合能力

### 1. 自我管理能力

要具有剖析自我和企业、超越自我的勇气和能力,能够将自己和企业适时地交给专业的咨询管理公司,通过专业公司一层层地剖析自己和企业,查找不足,并积极解决问题。要具有持之以恒的学习能力,"未来最成功的企业将是一种学习型组织,企业未来唯一持久的竞争优势,就是具备比竞争对手更快的学习能力",大学生创业者要不断地自我充电、自我加压,吐故纳新,始终以学习者的姿态从容面对纷繁复杂的环境变化。

### 2. 商务谈判能力

商务谈判是指不同的经济实体为了自身的经济利益和对方的需要,通过沟通、协商、妥协、合作、策略等各种方式,把可能的商机确定下来的活动过程。通过商务谈判所获得的效益,都是企业的纯利润,是创业成功的助推剂。为此,大学生创业者要认真学习商务谈判知识,掌握制定客观、全面的谈判策略的能力;要注重"柔道战略"运用,掌控商务谈判的主动权;要善于施加心理策略,"知己知彼,百战不殆",准确抓住对方心理,提高谈判成功率。

### 3. 社会交往能力

社交能力是指学会认识人际关系,正确理解人际关系,培养良好人际关系的能力。创业的过程就是不断熟悉社会,同时让社会了解自己、接纳自己的过程。为此,创业者一定要敢于面向社会,闯入社会,把社会看成是自己获得支持的来源,在实践中逐步提高自己的创业意识,从而获取创业能力。同时,必须把社会的需要、利益、价值标准与评价原则作为自己行动的一个参照系,把自己所从事的事业与集体的、社会的事业联系起来,提高自己的社交能力,扩大交往,与人合作,取信于他人,取信于社会,为自己创造一个开放的创业环境。

### 4. 恪守道德能力

创业不仅涉及法律,还涉及道德层面的相关内容,而严格遵守职业道德正是彰显创业能力的重要体现。道德与责任同在,大学生创业者在任何时候都不能透支自己的道德,相反,应该认真践行职业道德,决不做出危害祖国、人民、社会的不道德行为,始终自觉培养

严于律己的道德风尚。

## 二、创业能力的获得途径

在当前严峻的就业形势下,有哪些途径能让大学生创业者提升自主创业能力、提高创业成功率呢？以下建议供大家参考。

### (一)端正认知态度,更新创业观念

一直以来,我国高校传统的"精英式"培养模式,让广大的大学生存在一个隐形的心理契约惯性,认为自己就是"天之骄子",毕业后将拥有常人所没有的就业、创业优势。但当大学生们即将毕业,纷纷涌入人才市场时,才如梦初醒般地意识到自己并非那么优秀,抑或心理评估与社会现实背道而驰,甚至严重脱节,此时往往就会怨天尤人,发泄不满情绪。作为大学生创业者,不应把主要精力都聚焦在社会机会和规则的不均等方面,而应当正确认识现实,从分析市场需求着手,从中找到创业灵感与机会;要端正认知态度,更新创业观念,科学合理定位,找准目标方向;应该理性规划个人的职业生涯,有效规避盲目竞争,弥补能力不足,脚踏实地从一点一滴做起,逐步提升自身的创业能力,提高创业的成功率。

### (二)分析市场需求,科学选择行业

尽管当今高校专业设置方面仍在一定程度上残留下计划经济时代的烙印,个别专业社会生存空间狭小且需求量小,并没有针对市场经济环境做出相应的调整,但作为大学生创业者,应当将此作为创业契机,认真分析各专业的市场需求,科学探究行业发展规律,进而合理选择创业领域。

因此,在创业选择上,创业者要保持清醒的头脑,不要光凭想象、冲劲、理念做事。选择创业项目时,要尽量选择与自己的专业、经验、兴趣、特长相符合的创业项目;创业者要具备敏锐的市场洞察能力,在确定创业项目之前,创业者要考察当地市场,了解市场的特征与需求。尤其是在这个信息充斥的时代,创业者对于收集来的信息要进行考察、分析,懂得取舍,不能人云亦云,没有经实地考察了解,不要轻易投资;创业者要坚持从实际出发,不贪大求全,不可求富心切,专门挑看上去轻而易举就赚大钱的项目去干,越具有诱惑力的项目,风险往往也越大。

### (三)掌握必备技能,助推创业成功

#### 1. "通识能力"培养与"专业能力"培养齐头并进

所谓"通识能力",就是社会岗位范围内通用的技能,在此并没有文理科或专业的界限,诸如语言表达、文字组合、思维、创新、应变、适应、沟通、外语水平、计算机操作等方面的能力。对此,大学生创业者可以通过日常教学的引导,校园文化的深化,社会实践的锤炼逐步得到提升。"专业能力"即从事具体岗位必备的特定技能,大学生创业者可通过课堂听讲提高理论功底,借助教师的案例教学和师生互动环节加深理解;通过实验室情景模拟由感性认识向理性认识飞跃;借助实习基地的操作演练达到专业培养的无缝对接。对上述两者统筹安排、恰当匹配,大学生创业者必能克服传统教学模式偏重理论讲解、"务虚"成分过多的弊端,不断增强自身的创业能力。

#### 2. 自觉强化创业实践能力

21世纪的成功创业者,应当是心智技能与动作技能的完美结合。既要有较强的理论

基础、构想能力、创新能力、适应能力、领悟力，同时又要有较理想的经验积累、设计能力、动手能力和实践能力。大学生创业者应刻意加强创业研讨、互动、实训等项目的锻炼，积极借助高校的大学生创业载体，如大学生创业培训中心、大学生创业园区、大学生创业街等平台，自觉提高动手能力、实战能力和社会适应能力。

通过这一系列的认识，可以明确的是，当代大学生的创业，应该是对事物全面客观的认识、对事物发展真正意义上的创新，更是大学生创业之路应有的特质。创业之路虽然艰难，但是大学生创业者应当拿出"舍我其谁"的创业精神和"长风破浪会有时，直挂云帆济沧海"的创业意志，坚持不懈，持之以恒，努力走出一条展现我们大学生自己精神风貌的创业之路！

# 第四节　创业精神

## 一、创业者的创业精神内涵

### （一）何为"创业精神"

在世界经济论坛中国企业高峰会议上，一份由埃森哲公司 Accenture（全球领先的管理及信息技术咨询机构）提交的、对 26 个国家和地区的企业如何鼓励企业的创业精神出具的报告中指出：20 世纪 80 年代的中国企业最缺什么？结论是：创新意识。21 世纪的中国企业又缺什么？答案是：创业精神。该报告指出：中国有相当多的企业和政治领导人已经能够全面认识创业精神的重要性，中国 97％的企业高层管理人员认为创业精神非常重要，88％的人认为他们的企业在未来三年里将会变得更富创业精神。而据相关权威资料显示，大学生的创业能力决定了创业的总体水平和创业成功率，尽管大学生创业意愿强烈，但对创业的理解还存在偏差，实际的创业动力并不高，特别是创业精神等核心能力不强。

那么，什么是真正的创业精神？对此，理论界和学术界众说纷纭，莫衷一是。哈佛大学商学院对其的定义是："创业精神就是一个人不以当前有限的资源为基础而追求商机的精神。"从这个角度上来讲，创业精神代表着一种突破资源限制，通过创新来创造机会、创造资源的行为，而不是简单地体现为创造新企业，可以理解为"没有资源创造资源，没有条件创造条件，用有限资源去创造更大资源"。

当今大多数经济学家都认为，创业精神是在各类社会中刺激经济增长和创造就业机会的一个必要因素，成功的小企业是创造就业机会、增加收入和减少贫困的主要动力。

不难看出，创业精神是一个涵盖创业者意识、意志、品质等主观意识的科学理论体系。换言之，创业精神是指在创业者的主观世界中，那些具有开创性的思想、观念、个性、意志、作风和品质等。据此，创业精神实质上反映的是创业者对于创业实践的主观反映，这种主观的反映恰是创业成功的重要动力。

### （二）创业精神的科学内涵

创业精神的科学内涵主要包含创业思想和观念、创业个性与意志、创业作风与品质三

个维度。其中,创业思想和观念是创业者对于创业的理性认识,属于哲学层次;创业个性与意志是创业者创业的心理感观,属于心理学层次;创业作风和品质是创业者创业的行为路径,属于行为学层次。

### (三) 创业精神的主要内容

#### 1. 信念坚定

美国成功学奠基人、最伟大的成功励志导师奥里森·马登说过这样一段耐人寻味的话:"如果我们分析一下那些卓越人物的人格品质,就会看到他们有一个共同的特点,他们在开始做事前,总是充分相信自己的能力,排除一切艰难险阻,直到胜利!"所有创业失败者都是被自己打败的,而不是被竞争对手打败或者因为商业环境等条件导致失败,所有创业的失败首先都因为丧失了创业精神或者说失去了取得成功的信心。

大学生创业过程中免不了出现危机和困难,越是危急当头,就越需要我们付出更大的热情和勇气。正如比尔·盖茨所说,面对挑战,微软员工几乎达到了乐此不疲的境界,这就是微软帝国赖以构建的坚实基础。

(1) 大学生创业者要有创业成功的自信。一个人如果连创业成功的自信都没有的话,那么他也就不可能争取和追求卓越。"创业中国"认为,成功的开始不过就是一个想法,一个强烈成功的想法,是奋斗拼搏的动力,没有破釜沉舟不留后路的意识,是不可能发挥自己的潜能的。那些失败后能够东山再起的创业者,每天支撑自己向前的正是一种持续的精神力量,这种精神力量就是相信自己,相信自己仍旧能转败为胜,创造更大的商业传奇。美国地产大亨唐纳德·川普曾经是全世界最穷的人,负债最高时达92亿美元,但是不到10年的时间里,他凭借自己的顽强信念和精神,不仅还清了债务,而且再次成为亿万富翁。这些都源于他顽强的创业必胜的精神信念。

(2) 大学生创业者要有创业必胜的信念。很多人往往思前顾后,患得患失,害怕失败,因而总是迈不开步子,创业之路总是显得步履维艰。从事任何开创性的工作都是关隘遍布、险阻林立的,没有坚定的必胜信念做精神支柱,不可能克服一个又一个困难,顺利到达彼岸。遐迩闻名的苹果电脑公司的两个创始人,当年创业时靠的是400美元贷款,租借一间废旧汽车库,在旧货摊上购买一些元器件。他们抱着定能成功的信念,连续两年每周工作7天,每天干15个小时,克服了许多困难,争分夺秒地搞出新产品才获得成功。

#### 2. 臻于创新

创新是新事物战胜、替代旧事物,并成为事物发展主旋律的扬弃过程。作为社会发展的微细胞,企业的任何一点变化都会通过有序的叠加对整个社会的经济发展产生很大影响,而这微小的变化,可能是正能量,推动社会进步;也可能是负能量,对社会发展产生阻碍。这两种正负能量的较量就是创新的过程,同样也是社会发展的内生动力。

企业创新是以新思维、新发明和新描述为特征的一种概念化过程。

在如今的知识经济和智慧经济时代,一个企业要生存、发展和繁荣,必须紧紧依靠创新,针对市场变化,敏锐做出反应,寻求能够及时发现并解决问题的新方法、新工具、新模式、新主意,唯有如此,企业才能在波涛汹涌的市场竞争中生存下来。

创业精神作为创业特有的意识特质,是创业成功的第一源泉动力。就大学生创业者而言,丰富的知识储备、日趋成熟的心智、强烈的创业渴望,都是形成创业精神、助推创业

成功必不可少的要素。为此，大学生创业者就应该是"天马行空"、独树一帜、在梦想之路上狂奔的人。

在 20 世纪 20～30 年代，福特一世以大规模生产黑色轿车独领风骚十余载。但随着时代变迁，消费者的需求也发生着变化，人们希望有更多的品种、更新的款式、更加节能的轿车。而福特汽车公司的产品，不仅颜色单调，而且耗油量大、废气排放量大，完全不符合日益紧张的石油供应现状和日趋紧迫的环境治理的要求。此时，通用汽车公司和其他几家公司则紧扣市场脉搏，制订出正确的战略规划，生产节能降耗、小型轻便的汽车，在 20世纪 70 年代的石油危机中，后来居上，而福特汽车公司一度濒临破产。福特公司前总裁亨利·福特深有体会地说："不创新，就灭亡。"

为此，大学生创业者要有强烈的创新意识，要树立知识价值观念，确立"终身学习"理念，高度重视自身知识结构的更新，顺应企业的变化，不断改进思维方式和工作思路，以一个战略家的姿态预测发展趋势，抢占制高点，从而在新的变化面前从容不迫；注重创新能力提升，创新能力并非与生俱来，在很大程度上取决于后天的学习和训练，大学生创业者要高度重视自身素质提升，积极参与专题培训活动，着力加强创新方面的学习、训练，提升创新技能，提高企业的创新水平和持续发展能力；建立健全创新激励机制，通过新产品（服务）开发项目负责制、岗位竞争、人才流动等激励措施，体现责任大、贡献大、回报大的经济报酬原则；着力构建创新型企业文化，对待他人新颖、合理的想法，要积极支持，鼓励冒险，宽容失败，使员工在这种文化氛围中具有开阔的视野、丰富的想象力、锐意进取的雄心，使管理方式更为多元化、人性化。

诺基亚总裁曾说："如果我的员工生活在恐惧之中，那他就不会有创造力。"诺基亚以鼓励创新、宽容失败营造了让每一个员工发挥创造力，将自己的想法转换为集体行动的环境。英利中国从 20 世纪 90 年代末进入光伏行业，到今天占据世界光伏产业十分之一的市场，靠的也是这种"失败了算我的，成功了是你的"的企业文化精神。

### 3. 执行落实

纸上得来终觉浅，绝知此事要躬行。执行力，通常是指企业的各个管理层次、各个经营单位、各个岗位的员工，贯彻并执行经营者制定的战略决策、方针政策、制度措施、方案计划和实现企业经营战略目标的能力。它是连接企业的战略决策与目标实现之间的桥梁，是把意图和规划化为现实的具体执行效果的体现，其强弱程度将直接制约着企业经营目标的实现。

创新思路能否付诸实践，产生预想或更好的效果，靠的就是执行力。再伟大的目标与构想、再完美的操作方案，如果不能强有力地执行，就只能流于形式，成为一纸空文。

就大学生创业者而言，执行力就是把想干的事情干成功的能力；对企业团队而言，执行力就是将企业战略规划一步步落实到位，提高企业经营能力和市场竞争力的能力。

深圳华为公司老总任正非有个非常著名的理论：在引进新管理体系时，要先僵化，后优化，再固化。他对手下的干部讲："5 年之内不允许你们进行幼稚创新，顾问们说什么，用什么方法，即使认为不合理，也不允许你们动。5 年以后，把系统用好了，我可以授权你们进行局部的改动。至于结构性改动，那是 10 年之后的事。"正是因为这种对制度的尊重和始终如一的贯彻，才创造了华为的春天。遇到这样的企业做客户，遇到这样的老总，咨

询公司除了担心自身能力,唯恐辜负了企业的厚望外,还有什么好顾虑的呢?

大学生创业者要想提升企业执行力,提高市场竞争力,可以从以下几个方面入手:一是做事要干脆利落,绝不拖泥带水,想客户之所想,做客户之所需,表述简约扼要,行事干净利落;二是要言必行,行必果,以身作则,信守承诺,掷地有声,率先垂范,努力在企业内部形成和谐有序的工作氛围;三是一以贯之,服从大局,对于企业所做出的决策,绝不可朝令夕改,对于企业发布的命令,不仅要求员工坚决执行,而且自己更要带头执行,服从企业发展大局;四是要智勇双全,严格落实,企业决策的执行者既是服从性强的"勇者",也是找方法的"智者",难的不是如何用思维工具激发出更好的想法,而是怎样将想法付诸实践;五是定期回顾考核,客观评估落实情况,机制决定心态,执行力不是做出来的,而是检查出来的,用科学的考评和全面的监督促进执行力的提升。

### 4. 社会责任

市场经济承认个人利益,重视物质利益。但是这绝不意味着市场经济等于物欲横流或者创办企业一定唯利是图。实际上,创业具有"修身、齐家、治国、平天下"的意义,规划人生目标,反映人生价值,实现社会责任,体现崇高理想和远大志趣。大学生创业者要有强烈的社会责任感,吃水不忘挖井人。大学生作为祖国的未来、民族的希望,担负着复兴中华民族、实现"中国梦"的历史责任,为此,必须要增强社会责任感。而就大学生创业者而言,勇于担当,践行社会责任,上能为国家添砖瓦,下也能为自己谋出路,还可以为企业赢得良好的口碑、树立业内模范典型,有利于吸引人才集聚。

创业的愿景就是一件事情:清楚地描绘出需要并愿意购买某种产品和服务的消费者,并对欣赏和使用我们产品的客户心怀感激。谁都无法否认,每个人都有自己的理想,都有自己的生活,其区别只在于:有的人心中只有他自己,想到的是个人的名利;有的人心中只有少数与己有关的人,想到的是小集团的利益;而有的人心中装着的是融入社会的事业、渴望帮助的大众。

事实证明,个人的理想总是在无私和忘我中升华为人类的共同理想,进而在奋斗中熔铸理想信念的力量,开创出美好的未来。当前我国许多地方政府出台一系列政策,鼓励年轻人创业,鼓励退休的老年人创业,营造了一个良性的创业、就业环境,这是对创业价值的积极肯定。从这个观点延伸开去,企业一个不可或缺的目的就是让员工实现自己的价值。"让更多的人成功才是企业的成功。"华旗总裁冯军说,"我们一直鼓励员工'内部创业',团队里的每个人都能够独立把自己的工作做好,就是创业精神。"

阿里巴巴的总裁马云指出,老板要把员工当作自己的第二客户,要创造独特的价值,让员工感受到他不是机器,而是一个活生生的人。

### 5. 敢为人先

敢为人先,才有机会。善于尝试、敢冒风险是开启创业成功大门的钥匙。敢为人先是理智基础上的大胆决断,是自信前提下的果敢超越,是新目标面前的不懈追求。很多时候,只要积极地尝试过、努力过,人的精神意志就会在不断尝试的过程中得到锻炼和提升。大学生创业者不可能在安全的等待中成功,而应当在冒险中创造机遇,获得成功。伟大的创业者与平庸的创业者之间的差别就在于捕捉机会和规避风险的能力。创业者不是要万无一失地去做事情,而是要尽量去规避风险获得高回报。

下面与大家分享一下独具特色的温州创业精神。

**案　例**

### 敢为人先的温州精神

温州是一个特别能创业的城市，联合国工业发展联合组织确定温州为"全球最具活力的城市"。活力何在？一方水土养一方人，特定的历史传统加上特定的地理环境，形成温州人特定的人文环境，进而成为温州民营经济发展的内生条件。正如江泽民同志说的那样："世界上的人都知道温州人会做生意，沿海靠山赋予他们这种开放的精神，冒险的精神，最主要的是温州人能吃苦。"

温州人特别能创业，具体表现为"三强"：

创新意识特别强。具有第一个"吃螃蟹"的冒险精神，曾经涌现了"胆大包天"、"胆大包地"、"胆大包海"、"胆大包江"等一批典型。创业欲望特别强。"人人想当老板，人人争当老板，人人都有创业冲动。"他们能够义无反顾地打拼天下，哪里有市场哪里就有温州人，哪里有温州人哪里就有市场。吃苦精神特别强。"白天当老板，晚上睡地板"、"白天吃冷馒头，晚上睡车站码头"，是温州人艰苦创业的真实写照。

温州人特别能创业的精神集中体现在"四敢"：敢想、敢干、敢闯、敢为人先。

敢想。市场经济的规律告诉我们：唯思路常新才有出路。温州人能想别人不敢想、行别人不敢行、做别人不敢做的事，自然就能发现别人视而不见的商机，赚别人赚不了的钱，钱来源于头脑，钱会往有头脑的人口袋里钻。正所谓："脑袋空空口袋空空，脑袋转转口袋满满。"成功与失败，富有与贫穷，只不过一念之差。温州人借力（脑）赚钱，集思广益，多想对策。经济学家把温州民营经济蓬勃发展现象比喻为"草根"经济，"一有土壤就发芽，给点阳光就灿烂"。

敢干。"不唯书，只唯实。"温州人兴办企业，做生意赚钱，不看伟人讲了没有，也不看别人做过没有，只看实践中需不需要，实践中能不能做得通。只要实践中需要的而且又能做通的，法律明文没有禁止的，他们就会千方百计地去做。对一些是非一时难以说清楚的事，他们不是先争论清楚再干，而是不争论，先干起来，理论总结以后再说。温州人思维中，没有"等、靠、要"这些概念，白手起家当老板，从小老板到大老板，生意从国内做到国外，能做别人不愿做的事，能吃别人不愿吃的苦，能忍别人无法忍受的事，就能挣别人挣不了的钱。

敢闯。温州人血液中流淌的都是"时间就是金钱"、"时间就是效率"、"时间就是商机"等信条，因而其创业意识与众不同：敢闯敢试。不管做什么生意，只要能使企业生存发展，只要能赚钱，不管别人怎么讲，都要试一试、闯一闯。特别是温州人生活观念与众不同：把吃饭睡觉叫生活，把做工创业叫"做生活"。这种原始的主观能动性无疑就是推动温州民营经济发展的内在动力。

敢为人先。有人说，淘金者要有梦想，发财者要有胆量。温州企业家恰好具备这两种素质。他们认为，创业本身就是一项冒险活动，需要有胆量，有赚钱的强烈意愿，也要有不怕输的心理素质，敢拼的人最适应创业。凭着"胆大敢为，高人一等"的见识，温州人先后

创造了一个又一个"全国第一"。随着企业的发展和新时期的新要求,很多成功企业家都在抓紧时间充电。如今,有的经过几年努力,由原来的小学、初中文化程度变为硕士、博士;有的每月一次坐飞机到北京、上海、深圳等地听专题讲座,更新知识,提升能力。他们认定一个理:"打天下"主要靠胆量,长久地"坐天下"必须靠见识。

## 二、创业精神的培养途径

创业精神是创业的灵魂,是推动社会发展的精神动力。作为中国特色社会主义建设的主力军和接班人,当代大学生不仅要有创业的一腔热血,而且要有为实现中华民族伟大复兴献身的精神灵魂,而这种精神灵魂就是创业精神。

### (一) 坚持知识、能力、素质的辩证统一

知行合一、德才兼备是当代创业精神的时代特质。大学生创业者要成为具有独立创业精神的新型人才,真正担负实现"中国梦"的历史使命,必须坚持知识、能力、素质的辩证统一。知识是能力和素质的载体,包括科学文化知识、专业基础与专业知识、相邻学科知识;能力是在掌握了一定知识的基础上经过培养和实践锻炼而形成的,丰富的知识可以促进能力的增强,能力的增强可以促进知识的获取,能力主要包括获取知识的能力、运用知识的能力、创新能力;素质是指人在先天生理基础上,受后天环境教育影响,通过个体自身的认识和社会实践,养成的比较稳定的身心发展的基本品质,高的素质可以使知识和能力更好地发挥作用,促进知识和能力进一步扩展和增强。坚持知识、能力、素质的辩证统一,注重素质教育,重视创新能力的培养,才能适应 21 世纪经济社会发展对人才的需求。

### (二) 培养自身创新能力

创新是一个社会实现发展的永恒动力。大学生,特别是大学生创业者,作为国家未来发展的接班人和推动社会进步的生力军,理应自觉担负起改革创新的重担。为此,大学生创业者要自觉培养自身的创新能力。

#### 1. 牢固树立创新理念

大学生创业者要始终坚信,一成不变,注定不会进步;而开拓创新,成功只是朝夕问题。思维的独立性是增强大学生创业者创新能力的必备前提,这就要求大学生创业者要在学习和创业实践中,自觉发展独立思考的能力;在思维实践中不迷信前人,不墨守成规、依赖已有经验,独立发现问题、思考问题,着力培养独立解决问题的能力;对待创业实践中的新问题,要独立思考、独立研究,独辟蹊径找寻解决问题的有效方法。

#### 2. 加强创新学习

坚持用最新、最先进的理论成果武装自己。创新作为创造性思维的活动指向,必须要以丰富的知识占有为前提条件。没有坚实的知识储备,就不可能产生联想,也就不可能引发"头脑风暴"、实现思维创新。

#### 3. 积极借鉴成功经验

坚持扬弃原则,取人之所长,补己之所短,切不可照搬、照抄或全盘否定他人经验,在借鉴中学习、在学习中创新。

### (三) 提高创业实践能力

理论与实践的脱节、动手能力不强是导致当前大学生创业失利的重要原因。为此,在

高等教育中,要充分尊重学生的主体创新地位,要转变长期以来形成的单向传授知识、以考试分数作为衡量教育成果的唯一标准以及过于呆板的教育制度。创立、创建学生能进行综合动手试验的外部环境,鼓励学生利用课余时间参加一定的社会实践活动,增强学生对社会的了解并进而加强对社会的适应能力。21世纪是信息的时代,要重视和加强培养学生收集处理信息的能力、获取新知识的能力、分析问题和解决问题的能力。另外,创新创业培养的途径很多,比如:开设创新创业课程,形成创新创业人才培养的课程体系,开展研究性学习与创新性实践,推出创新实验室,课堂教学和课外培养双环节相结合的方法等。总之,创新创业教育是当前大学教育的重中之重。说到创新创业问题,哈佛商学院教授斯蒂文先生总结得非常好,他说:"创业是不拘泥于资源约束的前提下把握机会,整合资源。"课堂教学和课外培养都是培养学生创新创业精神和实践必不可少的环节。要想培养具有创新创业精神和实践能力的新时期大学生,必须从教育、学习、生活等各个方面入手,才能塑造出综合素质过硬、适应未来经济社会发展需求的创新创业人才。

总之,创业精神的培养既取决于客观条件的许可,又依赖于学生主观的努力,无论社会、学校还是个人,都要积极营造有利于人才脱颖而出的氛围,努力培养学生的独立创业精神,为打造现代社会所需要的人才而努力。

## 本章小结

俗话说,打铁还需自身硬。准备创业的大学生应努力学习创业知识,自觉提升创业素质,注意获取创业能力,培养勇于创新的精神品格。创业知识包括专业职业知识、经营管理知识和社会综合知识。创业素质包括矢志不渝的创业毅力、驾驭风险的创业魄力、扎实强劲的创业内力。创业能力主要有职业驾驭能力、组织领导能力和社会综合能力,其获取途径在于端正认识态度、分析市场需求和掌握必备技能。创业精神包括坚定的信念、创新的理念、持续的实践、高度的社会责任感和开拓进取的气魄。而要具备创业精神,只能靠坚持知行统一、培养创新能力、投身创业实践。

## 复习思考题

1. 你认为创业者应该具备哪些素质? 为什么?
2. 创业者应具备怎样的能力? 这些能力的获得途径有哪些?
3. 创业精神的内涵包括哪些? 如何培养?

# 第三章 众里寻他千百度

## ——大学生创业机会的识别

### 学习目标

1. 了解创业机会的概念和特征。
2. 理解和掌握创业机会的来源。
3. 掌握识别和评估创业机会的方法。
4. 了解创业机会及信息的收集、检验方法。

### 案例导入

　　100年前,在美国的加利福尼亚州掀起了一股淘金热潮,许多人因淘金而成为百万富翁。因此,越来越多的人都来这里淘金。一时间,这里成为一个人口密集的城市。随着人口的增多,经营淘金工具、生活用品也成了热门行业。

　　这时,一个名叫施特劳斯的打工者也来到了这座大城市。但是,与别人不同的是,他带来的不是淘金工具和日用百货,而是线团、帆布等用品。

　　一到达目的地,他的缝纫用品就被大家抢购一空,因此他认识了很多裁缝,可是他的帆布却始终无人问津。

　　这曾使他非常着急,但经过一番细致观察,他发现机会来了。

　　一天,施特劳斯正和一位疲惫不堪的淘金者坐在一起休息,这个矿工抱怨说:"唉!我们一天到晚拼命工作,我们就连吃饭睡觉的时候都担心别人抢在自己前头去,裤子破了也没有工夫补。这个鬼地方,裤子破得又特别快,一条裤子穿不了几天就扔了。"

　　听到这里,一个念头突然跑入施特劳斯的脑子里。"是吗?如果有一种非常耐磨的裤子……"施特劳斯陷入了沉思。帆布不就是一种非常耐磨的材料吗?对,就这样,让裁缝把帆布做成裤子不就行了吗?

　　他立即行动起来,找到裁缝,裁缝按照他的意思,做成了世界上第一条牛仔裤。在此基础上,施特劳斯不断改进和提高牛仔裤的质量,帆布牛仔裤逐步演变成一种流行时尚。牛仔裤也迅速从一个小镇传至整个美国,不久便传遍整个世界。就这样,施特劳斯成了闻

名于世的"牛仔裤大王"。

# 第一节 了解创业机会

## 一、创业机会的概念

创办企业意味着大学生要去从事具体而实际的企业经营活动,其过程既有成功的喜悦,也有诸多的烦恼和困难。大学生在实施创业行为之前,需要从源头做好充分的创业准备。

首先要把握好真正"好"的创业机会。因为人的一生中,幸运之神只会出现一两次,如果她发现一些人没有做好迎接她的准备,她便会从前门进来,从后门溜出去。

创业机会是指大学生可以利用并实施创业的时机。创业机会在社会经济活动过程中形成和产生,大学生可以利用其契机成功实施适时的创业项目。这里的大学生是指有创业愿望或者是有创业意识的群体,并且具备利用相应创业机会的潜能。适时创业项目,是指适当的时期内可以有效实施的创业项目。创业机会往往是创业者在有意识或无意识中发觉而产生的,甚至是一种稍纵即逝的灵感。这要求大学生具备相应素质和技能的同时,对身边所发生的事物信息有所留意、用心体会并加以利用。倘若如此,从创业的角度来讲就相当于成功了一半,从而开启自己人生中的转折点。

## 二、创业机会的特征

成功的创业往往始于正确的创业机会,并且要从小做起、实事求是、量力而行。那么,如何判断一个创业机会是否正确呢? 结合社会实际环境和自身具备的资源,正确的创业机会有以下特征:

### 1. 创业机会必须隐含足够的顾客群

企业的利润是由顾客创造的,没有顾客,你的企业就会倒闭。企业的顾客有直接顾客和潜在顾客。大学生创办的企业所提供的服务、商品必须是能够满足顾客相应需求的,如顾客购买你的按摩服务,是因为你的企业满足了他们的保健和情感交流需求;顾客购买你的鞋帽、服装,是因为你的企业满足了他们的外表美观得体的需求;顾客购买你的家具,是因为你的企业满足了他们的居家物品保管和存放的需求……

你的创业机会满足了顾客的需求,解决了顾客的切身问题,你所选择的创业机会就是正确的,你的创业行为就很有可能成功。

### 2. 创业机会必须具备市场机会

一个企业所面对的市场,至少包括三个方面:顾客、同行业竞争者和供货商(供货渠道)。如果忽略了某一个因素,就将使创业面临巨大风险。创业机会所产生的创业项目在实施后,在相当大的市场或地域范围内,不仅可以生存,而且将具备很好的发展潜力和空间,比如会有越来越多的人成为你的顾客,目前存在的竞争者和将来新产生的竞争者对你的企业不足以产生大的威胁,你企业的产品将持续得到更新,同时你企业员工(包括你自

己)的技能水平、财力物力不断提升,经营管理信息能够及时准确获取,这都是你企业的市场机会。

**3. 创业机会必须在机会存在的有效期间被及时利用**

这也是大学生常说的市场先机,是指自产生创业机会至实施具体创业项目的全过程所需要的周期。如果竞争者已经有了同样的创业机会,并将创业项目付诸行动,那么市场先机也就不复存在了。因此,创业机会对于每个人都是均等的,也是实时存在的。但创业机会同时具有时限性,在存在期间如果没有被及时实施,就丧失了。现实生活中,有相当人群拥有创业的资源,同时也觉察到适时的创业机会,但往往在徘徊和踌躇中失去了可贵的创业机会,当看到别人成功创业时,他们莫名地感叹:"我也可以的呀!我怎么就没有去做呢?"只有被及时利用的创业机会,才是正确的创业机会。

**4. 创业机会必须切合你的意愿、你所拥有的优势和社会环境**

适合自己的创业机会才是正确的创业机会。这里的"适合"是指与自己的兴趣爱好、技能、人脉资源等相匹配。创业成功与否取决于自己,在你决定创业之前,完全有必要分析评价一下自己,确定你自己是否具有创业的素质、技能和物质条件。成功的创业者之所以成功,绝对不是因为他们幸运,而是因为他们态度积极、工作努力,并具有经营企业的素质和能力。事实上,你的愿望是你人生动力的源泉,你的态度是你人生根本的保证,创业的成功也是由个人造就的。

## 三、创业机会的来源

大学生要善于把握创业机会,创业机会总是偏爱有准备、有头脑的人。有些人认为商业机会就是创业机会,实际并不尽然。想要清楚地理解这个问题,要涉及三个概念:机会、商业机会和创业机会。

机会是指在实现某种目标的过程中骤然产生或经创造的可行的突破口、切入点、解决办法和条件等。

商业机会是指为达到某种商业盈利目的,在商业等活动过程中出现可行的方式、方法或途径,比如某个企业为推销其产品,积极利用公共活动和节假日开展促销行为,该企业就是以公共活动和节假日作为企业的商业机会。商业机会有短暂的,也有较长周期的。

创业机会的结果是产生可以实施创业的具体项目,它应该具有四个重要特点:第一是大学生的可利用性。也就是符合大学生的个人实际情况,与大学生的兴趣、性格、技能和优势相吻合,也只有如此才是真正意义上的创业机会。第二是具有相当长的周期性。创业机会所形成的创业项目,一旦实施后必然经历若干年甚至是永久性的,并非三五年就没有市场机会了。只要经营得当,至少可以生存 20 年以上的项目,才是可以实施的创业机会。第三是具备市场发展潜力。不论是什么类型的企业,其面对的市场永远是在变化的,不论市场如何变化,只要目标顾客是增加而不是减少,就是具备市场发展潜力的创业机会。第四是成果性。创业机会不单纯是一个机会,它是最终可以入行入市的直接创业项目,这些创业项目存在的形式就是一个企业。能够成功创办具备法律形态企业的创业机会,才是名副其实的创业机会。

创业机会有以下六种来源:

### 1. 变化、变革就是创业机会

社会形态和环境的变化、变革，会给各行业带来冲击和机遇，人们透过这些变化和变革，就会发现新的机会。变化、变革包括：人文、产业结构的变化，科技、通信的革新，经济信息化、高节奏化，价值观与生活形态的变化，消费行为和习惯的变化等。比如人们生活水平提高了，对保健、美容、养生的需求日益增长，应运而生的足浴店、美容院、健生馆、游泳馆就出现了；居民收入水平提高，私人轿车的拥有量将不断增加，这就会衍生出汽车 4S 店、配件销售、修理厂、车辆美容装潢、租赁、洗车、陪驾、二手车交易等诸多创业机会；人口老龄化程度加深，城市就有养老院、家政服务公司、陪护等企业和服务产生。

创业机会要在信息的交流获取中才能有所发现。这就意味着大学生必须了解社会形态和环境在变化、变革过程中的不同需求，学会理解和控制各阶段创业机会的未知因素，做好信息采集工作，用具体真实的信息内容衡量和洞悉创业机会，从而能够更及时捕捉创业机会。

### 2. 问题就是创业机会

企业以提供服务、商品来满足顾客的需要，并以解决社会的问题来求得自己的生存和发展。在有创业愿望却不知道如何创办企业时，有一个便捷而有效的方法，就是认真去观察你身边的（或发生在你周围的）一些人群，发现在满足他们的需求或解决他们的某些问题时所存在的难处，这些难处往往可能就是你的创业机会，优秀的大学生善于从别人的问题中发现创业机会。你可以从以下的问题来探索创业机会：

你自己遇到过的问题：想一想你在购买物品或需要服务时，是否存在什么问题。

别人遇到过的问题：通过倾听别人的抱怨，了解别人存在的问题和需求；着眼于那些让大家"苦恼的事"和"困扰的事"；人们总是迫切希望解决的问题。如果能提供解决办法，实际上就是找到机会。

工作中存在的问题：你在某个单位工作，是否注意到有些因素（可能是内部的也可能是外部的）会影响到你的形象或者工作效率，比如单位卫生管理不够到位，你可以做保洁；单位的某些材料供应不及时，你可以寻求相对廉价的替代品等。

你所在的地域出现的问题：所谓"靠山吃山，靠水吃水"，就是这个道理。你所处的地域有什么客观问题，特别是具有一定消费群体量的普遍共性问题，就可以以这些问题来作为创业机会。

### 3. 竞争中隐藏创业机会

大学生在创业之前最好也要仔细分析你所准备介入的行业中典型企业的成功模式，在了解其创业成功因素和经营理念的同时，更要寻找其弊端和缺陷，考量这些问题是不是自己的优势或长处。如果你能弥补竞争对手的缺陷和不足，这就会成为你的创业机会。看看你周围的同类企业，你能比他们更快、更可靠、更便宜地提供产品或服务吗？你能做得更好吗？若能，你也许就找到了创业机会。只有把这些了解清楚，你才会知道自己该怎么做，该怎么起步，这样更容易满足市场的需求，也更容易成功。

### 4. 有"心"者，志易成

所有的成功都是由"企图心"造就的。不想当将军的士兵很少能够成为将军；一个不想取得好成绩的学生，那么他的成绩肯定好不到哪里去。只要大学生对身边的事物时时

留意和用心感受,机会总是有的。曾经有一个人对我说:"我没读过多少书,学历不高,也没有什么技能。"我说:"不是学历才是优势,也不是会这个会那个才是优势,只要你用心,一切都可能成为你的优势,比如细心。"

**5. 学习中有创业机会**

学习可以长见识。见识指的是一般人所想不到的看法,但是当有人把它说出来时,会令人惊奇叫绝,并感叹为什么自己事先没有想到。大学生要有见识,一是要坚持学习,还要勤学好问,善于学习;一是要努力实践,即勤劳。一个人独到见解的形成,充分证明了学习与实践的重要。

学习可以长知识。这里不是专指传统的看书,有条件可以出去走走,去大都市感悟它的忙碌,去风景区领略大山的气势,感受生活的美好,让自己的心灵打开,对人生因满怀憧憬而产生创造的激情。然后再回去看书,不要限制自己看书的范围,什么书都可以看看,哪怕是漫画。更多的时间要和成功的大学生、见多识广的人多交流,其结果必然会得到意想不到的收获。

"读万卷书不如行万里路,行万里路不如阅人无数,阅人无数不如名师指路,名师指路不如踏着成功者的脚步,踏着成功者的脚步不如自己心中有数。"

**6."机"在身上要知借,要充分利用自身的优势**

"遍地寻春不见春,芒鞋踏破几家门。归来笑折梅花嗅,枝头春色已十分。"对于有强烈创业愿望而又无所适从的大学生来说,任何一种成功都不是偶然的,除了自己努力,还要有时间去认知自己、去挖掘自己、去发挥自己。而在人的本性上,往往容易忽略自己所拥有的,但又努力去追求所谓人生目标,总以为得不到的才是最好的,够不着的才是最美的。于是,有许多人雄心万丈,背井离乡甚至是颠沛流离,也要千方百计地去追求那海市蜃楼般的梦想。经历了千辛万苦之后,最终却突然发现所追求的,原本就是自己拥有却未加珍惜的。有时候创业机会可能就在你自己身上,有时候成功也可以向内挖掘,而不是向外部寻求。

很多人整天疲于奔命,忙碌于生活和工作,应付各种事务,没有时间停下来思考一下,我的优势是什么,我的才能是什么。自己的优势极有可能就是你的创业机会,要发挥个人优势先要找到自己的个人优势,从哪些地方去找自己的优势呢? 首先,从自己的记忆里去找,找那些令你有优越感、成功感的东西,那就是你的优势;再从日常别人对你的反应上找,那些令他们心动的方面,就是你的优势了。大学生需要准确了解自己,才更有利于通过发挥自身优势而成功获取创业机会。

### 四、我国创业机会发展的特点

就我国经济环境而言,创业机会的发展具有以下几个特点:

(1) 创业的氛围好。中国社会经济状况已经发生了变化,自入世后,市场竞争日益规范化,政府的引导趋向透明,法律更加健全,竞争环境更公平、宽松。我国还在创业教育、企业登记、税费优惠、创业贷款、后续服务等方面给予大学生极大的便利,为大学生营造了良好的创业氛围。

(2) 创业的门槛低。大学生的创业主体具备大众化色彩,只要是有创业愿望、拥有创

业资源的群体,时机成熟后都可以创业。这种大众化的创业主体格局顺应了我国社会主义初级阶段的经济特征和多数大学生起步阶段的实际情况,因此才能形成群体性创业潮。这些都使创业的门槛非常适宜大学生的进入。

（3）创业的机会多。我国经济发展日新月异,行业市场转型瞬息万变,给予了大学生更多的创业机会。就大学生创业而言,创业行为以机会型创业为主导,对创业资金、创业条件要求并不高,大都能在自己创业的过程中坚持个性化的视角和经营思路,实行行业专业化的价格定位和发展模式,体现了大学生创业的机会特点。

（4）创业的成功率高。大学生由于对自己的创业项目想法多,理性地结合自己的实际情况,所以项目选择准确、市场定位科学,同时自己不断有创新,所以比较容易获得较大的市场资源和市场空间,因此发展迅速,显示了专业化和个性化创业定位的渠道优势和竞争优势,展现了旺盛的创业生命力。

# 第二节　甄别创业机会

## 一、机会识别和开发理论

现代大学生的职业感知底蕴具有得天独厚的优势。作为社会劳动者中的一员,无论是选择创业还是就业,都需要具备一定的职业素质。对于大学生来说,这一点更为重要。"不经历风雨,怎能见彩虹",创业是很艰辛的,但是经历过后结果又是很美丽的。机会只是引路,而是否能够抓住适时的创业机会,只能看大学生的能力了。那么大学生需要具备怎样的职业素质才能使创业获得成功? 创业机会又有哪些形态?

### （一）大学生的职业素质

#### 1. 首先要有明确的人生目标,只有目标确立后才能有所追求

人生如劈浪行舟,如果没有明确的航向,船可能就永远靠不了岸。每个人都会有自己的梦想,大学生更是如此。既然有梦想,那就要努力把它变为现实,不要限制自己的梦想,也不要害怕梦想实现不了,因为没有尝试过的人是没有资格害怕的。大学生要想成功,必须根据自己的特长、志趣等条件,结合自己的梦想,确定为之努力的方向,为自己设计一条奋斗之路,一旦目标确定,你就要全力以赴,以积极执着的态度来完成各项工作。

#### 2. 创业需要激情、需要韧性,同时要有一定的风险意识

一旦决定创业,往往都要投入大量激情,这也是创业成功的关键因素。与其整天花费大量的时间去空想,还不如想一些实际的问题,比如你要做什么? 你可以做什么? 如果你不热爱你现在所做的事,那么你也就不会全力以赴地完成你的工作,与其这样,还不如赶快想一想诸如自己到底擅长什么,应该将特长运用到什么地方等问题。

创业是有风险的,如缺乏管理的知识、技能和经验,不会管理员工,不会抓住顾客,出货多但收钱少,成本费用过多,固定资产过多导致现金不足,存货过多,选址不好,风险防范不够等。如果你选择了创业,就应该知道以后要承担许多风险,甚至是许多巨大的风险。"风险越多,报酬就越大",这或许也是"财富险中求"的一种诠释吧!

**3. 正确认知自己，充分发挥自身优点，改正缺点或者规避缺点**

"金无足赤，人无完人。"生活中每个人都有自己的长处，甚至还具有别人所不具备的优势，如果我们愿意去发现、挖掘，并渐渐地把它放大，你可能会得到意想不到的硕果。这又有什么不可能呢？大学生可能在许多方面确实不如有工作经验的人，或许一时也不知道自己有何优点，但只要相信自己，不灰心、不气馁，持之以恒地去发现，并充分发挥自己的优点，哪怕是微不足道的一个优点，终究会等来成功的那一刻。

缺点谁都有，关键是自己如何面对，自欺欺人的刻意隐藏绝对不是明智的。首先要清楚地认识到自己的缺点所在，这也是难能可贵的，聪明的人往往会努力去克服和改正，甚至还懂得怎么去规避。成功的大学生唯一的做法就是"扬长避短"，有所取舍。

**4. 项目选择要结合自己的优势，选择自己熟悉或者有兴趣的行业做**

大学生从社会发展的趋势和潜力中应善于发现自己的资源。创业项目的选择要结合自己的优势，要做到与个人素质相应，至少比较懂行；个性偏好相合，至少也要肯干；经济能力相当，不贪、不躁、不冒。要做你熟悉的行业，要做有市场需求的行业，要做力所能及的行业，投资少、风险小、回报稳、贴近生活、市场份额多。

**5. 多和可以做你"好参谋"的人士交流，以获得更多的创业灵感和能力**

大学生欠缺社会经验是客观存在的事实，"好参谋"就可以很好地解决这个问题。经常和可以做你"好参谋"的人士交流，如教授（师）、成功创业的老板、政府或税务官员、律师、见多识广的人、账务会计、信贷员等，必然会让你得到有价值的创业灵感和创业能力的提升。

**（二）创业机会的形态**

**1. 偶然性或特殊性事件中存在的创业机会**

某市开发区有一家彩钢瓦厂本来打算购置大型高挂复合式轧钢瓦机，因为资金不足不得不采购小型轧钢瓦机，后来竟然意外发现小型轧钢瓦机的利润率要高于大型高挂复合式轧钢瓦机。经成本核算和账务分析，才发现该市的彩钢瓦市场结构已产生变化，小型轧钢瓦机的产品刚好顺应了市场需求。因此，这家彩钢瓦厂就将企业后续的投资重点放在能快速反应市场需求的小型轧钢瓦机产品上。

**2. 某些矛盾或现象中存在的创业机会**

目前网络购物已经很流行，也是大学生和现代年轻人追求时尚的一种方式。这种机遇显然为开网店和快递公司等提供了服务投资的巨大市场潜力。

**3. 人们行为习惯和传统思维方式中存在的创业机会**

有个姓张的大学生在南京专门做"病房"业务，诸如有老人去世的、有自杀被杀的、有所谓风水等"问题"的商用商住房，他便积极联系以最低的价格购买，重新装修后再以高价出售，从差价中牟取暴利。

**4. 社会产业结构与行业政策中存在的创业机会**

在国有企业民营化、国有资产重组的开放市场和自由竞争的趋势中，大学生可以在文、教、卫、交通、电信、能源产业中发现极多的创业机会。在政府推出的行业经济政策中，也可以得到很多的创业机会，如我国在"三农"政策中，积极提倡并推行农业"千亩良田、万亩良田"计划，这就促成了农村土地向现代性的集约化和机械化方向发展。

**5. 社会特殊群体的变化趋势中存在的创业机会**

妇女就业的现状、老龄化社会的逼近、社会教育程度的变化、青少年人生观的形成、婴幼儿的护理……其中必然产生出许多新的创业机会。

**6. 新知识、新观念中存在的创业机会**

思路决定出路，观念决定贫富。随着我国经济、科技和教育的快速发展，现代社会对创新型、创造型、创业型人才需求越来越大，这一明显趋势要求大学生不仅是求职者，而且更应是工作岗位的创造者。从择业、谋业到创业，大学生的就业观念被深深触动了，并正在发生根本性的转变，大学生创业已经成为一种新型的就业模式，成为我国经济发展的潜在力量，成为促进就业的重要途径。新时代的大学生应该用发展变化的观点看社会；用新生事物的观点看新知识；用优胜劣汰的观点看新生事物。

## 二、识别创业机会的影响因素

创业机会的识别是实施创业的第一步。面对创业机会，大学生有必要进行机会识别。所谓机会识别，就是大学生要借助自己的职业经验和资源，进行理性的分析与思考，了解创业机会的方方面面，进而判断大学生可利用的创业机会的市场潜力，大学生的个人因素直接影响创业机会的识别质量。

### (一) 大学生的观念和思维

**1. 大学生的强烈成功欲望**

创业成功的开始不过就是一个想法，一个强烈追求成功的想法，就是奋斗拼搏的源泉和动力。没有破釜沉舟不留后路的决心，是不可能发挥自己的潜能的。抱有"我能、我行、我成功"的必胜信念，要对自己有信心，对未来有信心，不怕任何困苦险阻，满怀劈波斩浪的豪情气势就是成功大学生的信念。

**2. 近朱者赤，近墨者黑**

经常与有见识、有远见、有学问、有经验的人接触互动，多在他们身上汲取营养，大学生的思维必然会得到快速提高，创业决策也必然符合市场实际和自身条件。当大学生面对困难或遇到超出自己能力的事时，这些人就是大学生实施创业的"好参谋"、"智囊团"。如果能取得这些人的指引和帮助，大学生在创业道路上会少走弯路，最大限度地避免处处碰壁、劳民伤财甚至贻误企业机会。哪怕是普通朋友的一句鼓励的话，有时候也是有益处的。

**3. 成功是一种习惯**

一个好的习惯能成就一个人的事业。一个成功的大学生，往往具备良好的行为和思维习惯，这些现象在我们身边还是比较常见的。

**4. 制定目标计划，理性利用经验**

大学生应该养成"每个行为前必有计划、每个行为必践行计划、每个计划必有相应结果"的好习惯，为实现目标做出计划和步骤，这样可以更有效地工作，能清晰地知道工作的进度，使目标更明确。

在今天这个千变万化的世界，有时候经验并不是完全可靠的，毕竟社会经济的脚步是不停息、不间断地向前发展的。

### 5. 讲求诚信，牢记风险

诚信作为一种特殊的企业资本，日益成为企业的立足之本与发展源泉，是企业的魅力和形象所在，决定着企业的社会声誉和发展空间。不守"诚信"或可"赢一时之利"，但必然"失长久之利"。诚实守信是大学生创业成功的根本保证。大学生在创业过程中，要言出必践、以诚实动人、以守信感人；如不讲信誉，就会寸步难行，就无法开创出自己的事业，甚至一事无成。

世上没有绝对保险的生意，企业失败的风险随时可能发生。作为大学生必须树立企业风险意识，具备"冒险"精神，甘愿承担风险，但又不能盲目地去冒险。所以大学生必须审视自己及企业可以冒什么样的风险。

### 6. 失败是财富

失败有挫折性和毁灭性两种性质，其结果或许令人惋惜、难堪甚至是痛心，但却是大学生宝贵的经历，在失败过程中所累积的经验，都是缔造下一次成功的前奏。

### 7. 交际能力和创新思维

在提倡合作双赢的当今时代，过去那种单枪匹马的创业方式已越来越不适应时代需求。扩大社交圈，通过朋友掌握更多信息、寻求更大发展，日益成为成功创业的捷径。

在竞争激烈的市场中，改革和创新永远是企业活力与竞争力的源泉。缺乏创新的企业很难站稳脚跟，一些细小的改变也许能成为你企业的出路或产品的卖点。成功大学生有许多优秀理念：一个好的习惯、交个好朋友、有个好心态，这些都能成为你创业路上的垫脚石，成为创新思维的切入点或突破口。

### （二）大学生的创新意识

在企业竞争中，如果总是模仿别人的成功痕迹，也就是平常所说的"跟风"，成功的机会就会比较小，要走别人没有走过的路，这就需要创新意识。创业的本质就是创新，而创新必然挑战某些规则或模式，包括企业的产品、技术以及市场的方方面面。

大学生不仅要有激昂的创业热情，理性而客观的事物规律判断力，还要有积极乐观、朝气蓬勃的精神状态。萧伯纳有句名言："理性的人适应世界，非理性的人让世界适应自己。"大学生在开始创业旅程之前，要为自己确立一个高标准的人生坐标，一个高目标的奋斗方向，并做一个理性的人。理性的人时常调整方法而增强其积极创新的意识，但决不会轻易改变目标。

### （三）大学生的创业素质

### 1. 健康的体魄

几乎所有成功的企业家都认为，健康的身体是成功创业的首要前提和基础。大学生在创业之初，客观上受业务开展、企业资金、创业环境等各方面条件的影响，许多具体的企业事务都需要亲力亲为而奔波劳碌，他们要经过不断地思考并以实际行动来改善经营，获取更好的企业效益，所以不得不去做诸如谈判、记录、采购、保管、清洁等具体的工作，时常不分昼夜地长时间工作，甚至生病也得不到休息，同时精神上还要承受巨大的创业风险与压力。如果大学生没有充沛的精力、旺盛的体力，必然会感到力不从心，难以承受创业的重担。

### 2. 自信心和企图心

自信就是对自己充满信心。自信心能赋予大学生积极主动的人生态度和进取精神。自信产生的信念是生命的力量，是创业之本，信念是创业的原动力。要相信自己有能力、有条件去开创自己未来的事业，相信自己能够主宰自己的命运，成为成功的创业者。大学生要想取得创业的成功，还必须具有追求成功的企图心。企图心就像大学生心中的一面旗帜，它能帮助大学生克服创业道路上的各种艰难困苦，将创业成功的企图作为自己人生的奋斗目标。只要具备了创业企图心，大学生才能不断地去挖掘和寻找创业资源，并不断地去解决创业经营过程中遇到的各种问题。

### 3. 创业心理素质

创业的过程中难免会遇到诸多的挫折、困难、压力甚至是失败，这就需要大学生具有非同一般的心理调控能力，能够始终保持一种积极、沉稳、自信及果敢的心理素质。特别是在创业初期，创业行为犹如"播种"，播种者要耐心等待它发芽、长叶、开花和结果，这个等待的过程是痛苦的，需要极大的耐心。如果种子还没发芽，播种者就想扒出来看看，不等到成熟期，就想收获，一看这个不行再改干那个，结果注定一无所成。

### 4. 创业相关知识素质

在机遇与风险并存的创业海洋里，大学生要能够抓住机遇、规避风险，必须掌握创业方面的相关知识，具有缜密的创业知识素质。从广泛的角度来说，大学生应该具备以下几方面的创业相关知识：熟悉并充分应用行业政策、法规，保证依法经营并维护自己的合法权益；学习并汲取科学的经营管理知识和手段，提高企业经营管理水平；掌握与本行业本企业相关的科学技术知识，依靠科技能力增强企业竞争能力；具备市场经济方面的知识，如采购、财务管理、市场营销和人力资源知识等。

### 5. 创业竞争意识

随着全球市场经济的迅猛发展和我国社会主义经济建设节奏的加快，社会行业竞争越来越明显、愈来愈激烈，大学生需要具备竞争意识和竞争技能。大学生只有敢于并善于竞争，才能取得创业的成功。在今天"优胜劣汰"的商业潜规则里，行业竞争实质上已经变成了一种人与人之间的智力角逐，是斗智斗勇的经济性智力游戏，也是企业间的策略比拼。面对空前惨烈的市场竞争，大学生必须考虑如何运用自己的商业智慧，制定全面系统的、可操作的和切实有效的经营策略，提高自身竞争能力，以便找准自己的立足点和切入点，使创办企业得以立地生根并发展壮大。

### 6. 创业诚信度

诚信是大学生综合素质的灵魂。成功企业最大的特点就是具有很高的诚信度，诚信不仅包括对企业顾客、供应商、业务单位等外部人员讲诚信，还包括对企业内部员工讲诚信。企业如果重诚信、守诚信，企业声誉就好，就能招揽越来越多的业务；企业声誉好，就更容易打造企业品牌，赢得更多的利润。

### （四）大学生的创业能力

创业是极具挑战性的社会实践过程，大学生要想抓住机会获得创业成功，必须具备基本的创业能力。大学生基本创业能力包括创业目标的设定能力、创业行业的适应能力、创业技术的拓展能力、个性的掌控能力和创新能力。

（1）创业目标的设定能力。大学生在开始创业之前，有必要问自己一些问题：为什么要创业？有什么样的创业目标？想要把创业目标做成什么样的程度和状态？如果说大学生还没有明确具体的创业目标，或者说创业行为只是一时的冲动，只是觉得自己应该去做点什么，对自己所做的事情又没有太多的热爱，那么创业就只能成为一种意气、一种盲目，而绝非现实，这种创业是不太容易成功的。

（2）创业行业的适应能力。大学生的行业适应能力主要包括专业技术能力和市场营销能力。首先，大学生对所进入的行业要掌握一定的专业技能，比如你开一个软件设计公司，自己懂软件的话，便既可以把控设计质量，又可以把控所聘用的人才，会很省心。大学生白手起家、资金有限的时候，要记住一个重要前提：你必须是这个行业中的专家，至少需具备相当的专业知识，才能有对企业的专业把控能力。其次，大学生一旦开始创业就涉及营销，大学生如何利用营销能力把企业产品推销出去，把企业品牌推销出去，把自己推销出去，变成了企业发展的一个重要策略，这也是大学生必须具备的能力。

（3）创业技术的拓展能力。所谓创业技术的拓展能力包含以下几个方面的意义：第一是指大学生社会角色的转变能力。第二是指社交能力。第三是指企业人力资源管理能力。要"知人识人"、"知人善用"，核心是"合适的人，做合适的事，放在合适的岗位"。

（4）创新能力。创新就是推陈出新。如果创业者安于现状，满足既有的成就，觉得做成目前这样已经不错了，那么他的企业就会很危险，至少不会有更大的发展空间。

### 三、识别创业机会的方法

创业机会的识别是创业领域的关键问题之一，从创业历程角度来说，它是创业的起点；从创业本质的角度来说，一半是天赋一半是科学。创业的过程就是围绕着创业机会进行识别、开发、利用的过程。正确识别创业机会是大学生应当具备的重要技能。当大学生面对创业机会时，需要进行机会识别。所谓机会识别，就是创业者要借助职业经验和企业市场知识，再加上理性的分析与思考，去了解该机会的方方面面，如创业机会隐含的市场利润率、起始企业规模、存在的生命周期及企业发展前景等，进而判断该创业机会的市场价值和潜力。创业难，挖掘并识别创业机会更难。大学生需要了解以下两个问题。

**（一）创业机会在哪里**

（1）现有的创业机会。对于大学生来说，在现有的行业市场中发现创业机会，是很现实、便捷、自然而且比较经济的选择，特别是经熟人介绍更易成功。一方面，它与我们的生活息息相关，我们能真切而直观地感受到市场机会的存在；另一方面，任何行业总有尚未满足的市场需求。在现有的行业市场中创业，能减少机会挖掘成本，容易控制创业风险，有利于创业的成功。现有的创业机会往往存在于行业市场覆盖面中的竞争空隙、行业市场规模下的经济空间、行业市场集群下的企业空缺等。

行业市场覆盖面中的竞争空隙。除国家垄断性行业外，行业市场中存在的现实需求具有变化性、层次性、多样性和区别性，任何企业不可能完全满足该行业市场所有需求，这就使小微企业具有行业市场的生存空隙，形成各类型企业共存、互补、竞争的行业格局。行业市场对产品细化、系列化和便利化的需求是不同规模企业并存的理由，它也使得小微企业的存在更有价值。

行业市场规模下的经济空间。不同行业市场中的企业都存在经济规模大小的差异，那么企业效益和成本也存在差异，这是由行业的特征决定的。行业市场内的企业选择适合自身发展的行业，企业从事的不同行业决定了企业的规模，而企业经济效益与规模是成正比的。

行业市场集群下的企业空缺。行业市场集群主要指某个地区的某个行业类型企业集群，是有一定数量的在地理位置上靠近的相互联系的企业，由于具有共性和互补性的经营目标而联系在一起，企业之间是高效发展的竞争与合作关系。近几年，在全球经济和我国市场经济发展的影响下，企业用工难问题已愈来愈严重，而越来越多机灵的打工者却发现了创业机会：从打工企业拿订单、带技术回到农村开办外包性的来单加工企业。特别是电子类企业和服装类企业，以前是到集群企业中打工，现在是集群企业提供创业机会。

（2）潜在的创业机会。主要来源于科学新技术的应用和社会的多样化需求。大学生不一定是创业者，但创业者中一定会有大学生。大学生中的创业者能敏锐地感知社会中各种需求的变化，并能够从中捕捉到创业机会。科学新技术的应用正在改变人们的工作和生活方式，出现了新的社会需求，在多样化的需求里，可以挖掘潜在创业机会：一方面根据市场趋势或潮流的变化，捕捉可能出现的创业机会；另一方面根据市场顾客的心理，通过产品和服务的创新，引导需求并满足需求，从而产生一个全新的创业机会。

（3）衍生的创业机会。衍生的创业机会来自于行业市场经济活动的多样化和政策性产业结构的调整等方面。

首先，经济活动的多样化为创业拓展了新途径。一方面，第三产业的发展为中小企业提供了非常多的成长点，现代社会人们对信息情报收集、咨询、文化教育、金融、服务、修理、运输、娱乐等行业提出了更多更高的需求，从而使社会经济活动中的第三产业日益发展。第三产业一般不需要较大的资本投资，这为中小企业的经营和发展提供了广阔的空间。另一方面，行业市场需求的易变性、高级化和个性化，使产品向优质化、多样化、小批量、更新快等方面发展，有力地刺激了中小企业的发展。

其次，产业结构的调整与国企改革为创业提供了新契机。党的十六大报告指出："要深化国有企业改革，进一步探索公有制特别是国有制的多种有效实现形式，大力推进企业的体制、技术和管理创新。除极少数必须由国家独资经营的企业外，积极推进股份制，发展混合所有制经济。"因此，随着国企改革的推进，民营中小企业除了涉足制造业、商贸业、餐饮服务业、房地产等传统行业领域外，还将逐步进入中介服务、生物医药、大型制造等有更多创业机会的领域。

**（二）把握创业机会的条件**

具备相同创业价值和潜力的创业机会，并非所有大学生都能适合把握。好的创业机会识别是创业愿望、创业能力和创业环境等多因素综合作用的结果。

首先，创业愿望是创业机会识别的前提。创业愿望是大学生创业的动力，它能促使大学生去积极发现和识别市场机会。没有创业意愿，再好的创业机会也会视若未见，以致错失良机。

其次，创业能力是创业机会识别的基础。识别创业机会在很大程度上取决于大学生的个人（或团队）能力，与创业机会识别相关的能力主要有：行业前景洞察能力、信息获取

能力、技术发展趋势预测能力、模仿与创新能力、建立各种关系的能力等。

最后,创业环境是创业机会识别的关键。创业环境是指围绕创业者的创业和发展的变化,并足以影响或制约创业行为的一切外部条件的总称。一方面指影响人们开展创业活动的所有政治、经济、社会、文化等要素;另一方面指获取创业帮助和支持的可能性。创业环境是创业过程中多种因素的组合,包括政策法规、社会经济条件、社会关系能力、创业资金和非资金支持等方面。创业者的愿望是主观的,创业能力是个人所具备的,而创业环境是创业机会发现、分析、利用和持续实施的必要条件。变数极大的创业环境能给创业者带来机遇甚至是保障,也能给创业者造成威胁。创业者必须清楚认识到宏观的、微观的、行业中的等各种环境因素及其发展趋势,以及全球环境、国内环境对具体行业和企业的影响。只有这样,创业者才能真正抓住机遇,创业成功。

综上所述,创业机会的初步识别可以回答一些直接的问题:是否是你所熟悉的行业?创业机会是否有较大的市场需求潜力和前景?创业机会造就的创业项目是否是你能力所及的?创业的威胁来自哪方面,自己是否可以解决或降低到不足以影响你创业的程度?

# 第三节　评估创业机会

## 一、创业机会的评估标准

了解创业机会的评估标准有助于大学生认识和理解创业机会的特性,对创业机会及时的把握、有效的实施和企业可能产生的效益之间的关系形成系统的认识。结合以上内容可以形成切实可行的创业计划,为创业的成功提供可靠的保障。

### 1. 创业机会所处的行业市场状态

第一是进入行业市场的障碍。主要是看竞争对手是否容易进入这个行业,如规模、成本、政策法规等方面的限制。如果行业市场有越来越多的人进入,就说明该市场是有潜力的,但同时给自己带来了竞争压力,竞争对手不容易进入当然对自己有利。市场规模大,则进入障碍相对低,市场竞争激烈程度也相对低,但如果市场没有较明显的前景,利润空间又较小,并不值得进入。第二是行业市场供应商。与供应商建立良好的合作关系,尽可能地开拓多元化的进货渠道,这是在行业市场中立足并取得发展的一个根本保证。第三是行业市场的消费者。如果一个行业市场里的消费者讨价还价能力增强,导致竞争者互相争斗,那么这个行业市场就没有吸引力了。创业机会是要提供消费者无法拒绝的好产品或者是新服务。第四是行业市场替代竞争产品的威胁。如果替代产品种类多,质量较好,那么要进入这个行业市场就要谨慎,最好回避。第五是行业市场内部的竞争程度。如果竞争较激烈,则表示该行业相对处于稳定或衰退期,说明这个行业的市场在走下坡路,不宜进入。第六是市场渗透力。这是一个最难评估的指标,一般情况下,当市场需求年增长率达到30%～50%时,该市场属于高速增长时期,是创业者的最佳进入时机。第七是行业市场占有率。创业者有必要在创业前预估企业的市场占有率,以考量企业未来的市场竞争力。市场占有率根据市场潜力和容量来预计,通常低于5%是不适合进入的市场。

第八是行业市场产品的成本结构。如果企业的产品成本低于竞争对手，这样的创业机会就比较合适。

**2. 创业机会隐含的企业盈利能力**

好的创业机会至少要创造 15% 以上的净利润。初创企业的创业者要特别谨慎，一般在企业开办 4 个月时要保证有一定的净利润，而且要保证企业的净利润呈明显上升趋势，1 年内足以维持企业的生存。相对全年总投入成本而言，要有 10% 以上的回报利润率，损益平衡应该在 2 年时间内达到。考虑到创业将面临诸多风险，企业运营到第 3 年，投资回报率应达到 25%，而且企业后期持续投入资金、资产的额度与投资回报率成正比，这样才能真正体现好的创业机会，值得利用。根据有关行业调查结果显示，技术型和知识型创业者创办的企业，投资额度较小但投资回报率却较高。所以一般创业者事先需要制订并完善切实可行的创业计划，最大限度地降低创业风险，提高创业成功率。

**3. 创业机会的竞争优势**

首先是行业市场的控制能力，如果企业能够在产品（商品或者是服务）的价格、投入成本和销售渠道等方面实现强有力的控制，那么竞争者就占据了行业市场的先机，比如拥有 40% 以上行业市场份额的企业，就可以实现对行业市场的控制。通常只有创新型企业才有可能具备这样的优势。其次是阻挡其他企业介入的能力，一个行业市场内的企业数量越少，那么企业的利润越多，但这是极少数垄断性行业才具备的特征。最后是创业企业自身拥有的独特优势。企业优势是行业市场内唯一的、企业内部存在的、有利于促进企业发展壮大的、能够提高企业生产力和竞争力的企业特色因素或资源，如企业的某项专利或授权许可、创业者的远见卓识、企业人才储备充分、企业技术力量雄厚、企业市场营销能力强、企业文化先进、企业生产设备先进、企业管理机制前卫、企业员工队伍整体素质较高、企业拥有大批高质量的人才等。优势就是资源，有资源才具备竞争力，有资源才能适时有效地利用创业机会。

**4. 创业机会的利用能力**

创业者捕捉创业机会的目的是为了把握和利用，为创办企业获得准确的切入点而实现创业的动机，最终将创业机会转化为企业利润。这就对创业者利用创业机会的能力提出了更高的要求。第一是创业者的资金调配能力。创业资金的来源是创业者面临的一大问题。有的创业者选择自己的积蓄，他们最大的优点就是精打细算，这是创业者的一个优势；有的创业者选择从朋友或亲戚处筹借，也有选择高利贷形式的，在这里特别提醒创业者注意，除非你有足够的把握有能力偿还，否则务必谨慎；有的创业者选择先从供货商处赊购，这是理性的创业思路；有的创业者选择从银行或金融机构贷款，国家制定了为创业者提供小额担保贷款等扶持政策。在此，建议创业者尽可能选择科技含量较高、投资成本较少、低风险资金调配方法的项目。第二是创业者的果敢精神。创业者捕捉到创业机会之后，首先要对这些创业机会做出正确的判断，一旦肯定了这些创业机会的价值，就需要及时地做出创业行为的决策，这正是创业者果敢精神的体现。每一个能产生企业利润的创业机会都将存在着激烈的竞争，这时创业者的果敢精神就决定了谁能够在行业市场竞争中占得先机、取得优势。此外，创业者的果敢精神还表现在对行业市场中的新技术新产品开发、融资渠道的拓展以及企业组织形式革新等方面的利用，同时创业者还需要在各个

创业步骤抓住恰当的实施时机,因为果敢是保证创业成功的首要能力。第三是创业者的管理能力。创业者的管理能力直接决定着创业的成败。企业管理主要内容包括人事管理、财务管理、业务管理和企业战略管理。总的说来,创业者的管理能力表现在对企业资源的合理支配上,这些资源包括创业者的个人知识结构和社会认知度、创业者的社会关系资源、企业的人力资源和其他战略资源。创业者的综合管理能力是其企业能否保持持续竞争优势的关键,也是创业者利用创业机会的关键。

## 二、创业机会的价值特征

创业机会价值是指创业机会被创业者把握并付诸创业行为后,由创业机会的有效性所体现出来的企业经济效益和社会价值的总和。创业机会的价值既体现在创业者的人生价值上,也体现在企业的价值上。创办企业就是为了获取利润,使企业能够生存、发展和壮大。成功的创业行为来自于好的创业机会,好的创业机会就是有价值的创业机会。准确地了解创业机会价值的特征,有助于大学生对创业机会的认识和利用。

### 1. 创业机会价值的罕见性

创业机会不是想有就有的,只有在时机和条件具备并成熟时才会出现。创业机会是一种难得的资源,而这种资源与其他资源相比表现得更为稀缺,正是由于它本身的稀缺才决定着创业机会本身独特的价值。

### 2. 创业机会价值的时效性

俗话说"机不可失,时不再来",这从一定程度上说明了创业机会价值具有时效性的特征。也就是说,创业机会是在一定的时期内或时间点上存在的,一旦错过了这个时期或时间点,创业机会就不复存在了。这就要求创业者具备敏锐的感知和掌控能力,否则创业机会价值的时效性就会稍纵即逝。

### 3. 创业机会价值的主体性

创业机会往往是针对特定的创业者而言的,可能对某个创业者是创业机会,而对另一个创业者则不然,更不用说创业机会的价值了。这里说的创业者不一定是个人,也有可能是一个家庭、一个企业或者是团体。创业者是这个创业机会作用的对象,失去了这个对象,这种创业机会的价值同样不存在。

### 4. 创业机会价值的再造性

创业机会有时候也具有"灵"性,前一个创业机会可能是后一个创业机会的起点,而后一个创业机会可能是前一个创业机会的结果,可以说没有前面的创业机会,就没有后一个创业机会的产生,抓住前一个创业机会就会产生后一个创业机会。所以创业机会具有再造的能力,并且后一个创业机会极有可能比前一个创业机会的价值潜力更大,这就是创业机会的持续性、关联性和再造性的价值体现。

### 5. 创业机会价值的可利用性

创业机会的可利用性是创业机会最重要的特征,正是由于创业机会具有可利用性,所以创业者才会重视并努力去把握。而这种可利用性从本质上是由创业机会的固有属性所决定的,这和自然资源的可利用性是其固有属性是同样的道理。

### 三、创业机会价值的评估方法

在创业者获得创业机会时，必须对创业机会的价值进行评估，评估的主要内容包括创业机会中可能存在的市场潜力、威胁度、与创业者的合适性和时效性以及对这四者发生可能性的预测和评价，目的是尽可能提高创业成功率。而创业机会的价值不同于企业产品的价值，很难准确评估，常规上创业者会从以下两个方面进行综合评估。

#### （一）创业者自身的评估条件

创业者是创业行为的主体，一旦实施创业行为，必然会面对繁杂的工作内容、漫长的工作时间、沉重的企业压力等，为了能更好地实施创业行为，有效减轻创业负担，体验到创业成功的可贵，创业者应当理性地凭借自身条件对创业机会的价值进行客观、真实的评估。

（1）必要的信息获取和处理能力。现代社会是完全的信息时代，信息往往是财富、运气和能力的代名词。创业者需要利用各种信息做生活和事业中的各种决策，所以信息的获取能力也是成功的重要条件。发现创业机会需要相对充分的、及时准确的相关信息，并且获取到的可能是别人难以获取的有利用价值的信息。评估创业机会的价值，其收集、整理、分析、判断和决策等过程需要较强的信息处理能力。创业者的信息处理能力取决于自身的社会认知能力和逻辑思维能力。

（2）理想的人脉资源。一方面是指创业者自身的社会交际能力和所面对的社会人群质量，另一方面，创业者拥有的良好人脉关系不但可以帮助创业者发现更多的创业机会，而且还可以帮助创业者识别创业机会。判断一个创业机会的价值，人脉中的人群可以帮助你从更多视角去分析创业机会价值的方方面面，提供诸多的意见和建议，使你能更清楚地认知创业机会，更为理性地评估创业机会的价值。这些人群就是大学生的"好参谋"，就是大学生的"智囊团"，就是大学生的"财富源"。

（3）执着和专注的精神。执着和专注能直接促进创业者对创业机会的认知程度，是成功企业行为的必要精神。优秀的创业者往往比别人更容易发现行业市场的创业机会，并且能更快速准确地判断创业机会的价值。当创业者执着于事业的成功，并专注于一个行业的时候，就容易发现可资利用的时机，并凭借自身资源准确评估创业机会的价值。

（4）自信和专业能力的特征。自信的创业者往往比较相信自己的判断，看好创业机会的潜力，从容理性地思考风险。所以自信的创业者在创业机会面前表现出来的是一种果断和原则，往往能在别人之前识别机会并抓住机会，及时感悟创业机会的价值。专业能力一方面体现在专业理论知识上，如果创业者不具备专业理论知识，就不能够针对创业机会的价值进行必要的估算和评价，难以形成完整有效的创业计划；另一方面体现在专业实践经验上，有资料表明，相当多的创业者都是从先前所从事的行业中发现创业机会，并迅速抓住创业机会实现创业。这种类型的创业者能够看得准、抓得正、做得稳，他们获取的创业机会往往具有实际的利用价值，创业成功率也比较高。大学生虽然在这方面可能有所不足，但可以通过"借"的途径来弥补，如借助于"企业顾问"、"好参谋"、"企业员工"和"有相关经验的亲友"等，值得注意的是，"借"不是依赖，而是在"借"的过程中积极去借鉴、参考和汲取，进而提高自己的专业能力。

**（二）创业机会价值的表现形式**

（1）市场中的顾客价值。顾客价值是指顾客通过衡量产品或服务的质量、品种、价格、包装和服务等方面，结合消费体验，感知自身消费过程中的价值，并与预期的期望标准相比较，从而对产品能够满足自身的物质、功能、心理、情感、兴趣和社会等方面的需求程度所进行的综合评价。按照顾客的消费过程，可以将顾客价值分为预期价值、消费中的感知价值和购买后的感知价值。一次消费循环结束后，顾客会根据一次或多次的消费体验对产品或服务进行潜意识的综合评价而形成顾客价值。当再次进行类似消费时，这些信息将自动从脑中搜索到，影响顾客的消费期望价值。如此反复，顾客的价值评价伴随消费过程不断进行。

所有的创业机会都来源于行业市场中的顾客需求，是否切实满足顾客需求是评估创业机会价值的最根本标准。创业机会的价值具有特定的市场定位，专注于满足顾客需求，同时能为顾客带来预期的效果。因此评估创业机会价值时，由市场中的顾客定位是否明确、顾客需求分析是否清晰、顾客接触通道是否流畅、产品是否持续衍生、替代品的威胁等方面来决定。创业机会带给顾客期望的需求价值越高，创业成功的机会也就会越大。

（2）行业中的市场容量价值。市场容量泛指行业市场中的某种产品、商品或服务的总需求量。从创业机会的角度理解主要是指企业产品在行业市场中的占有率，较大的市场容量会带来旺盛的需求进而产生显著的利润。同时，较大的市场容量意味着创业生命周期长，企业的发展空间大，利润的增长空间也高。如果创业者在某个行业中遇到的项目听说的人多，做的人少，就说明有较大的市场容量。市场容量价值的分析可以预测创业者的谈判能力、替代性竞争产品的威胁以及市场内部竞争的激烈程度。

（3）行业市场的需求时效价值。创业机会的把握和利用，是影响新创企业成败的重要因素。行业市场需求具有时效性，有较长周期性的创业机会价值，比如像制造行业的企业，经营周期多达 20 年以上；有突发性的创业机会价值，比如 2003 年的 SARS 病毒（非典）突发之际，全国消毒液需求明显上升，销售市场竟然出现真空；有规律性的创业机会价值，比如居民小区比较集中的地区，就存在超市、家庭服务等创业机会。有些创业机会有较宽裕的市场利用时机，但如果市场还没有预兆，需求还没有萌芽，创业机会的时机就还没有成熟，过早地实施创业行为风险就比较大。只有及时满足行业市场顾客的需求，才能支撑得起初创企业的生存。也就是说在创业机会的把握上一定要取得先机，并顺应未来发展的趋势，正所谓顺势而上。一个初具需求的行业市场，通常也是一个充满机会的市场，只要进入时机适时，必然会有很大的获利空间。如果要进入的是一个十分成熟的市场，纵然市场规模很大，但由于已经不再成长，利润空间必然很小，再进入这个行业市场就得谨慎。

（4）行业市场的盈利价值。盈利是创业机会价值的最终效果体现，其前提是有效利用创业机会及其价值。如果一个创业机会连起码的盈利目标都不明确，就很难界定这个创业机会的价值，具有利用价值的创业机会一般都有比较直观的盈利空间。企业盈利一是要控制投入或支出，二是从产品销售收入中获取利润，比如创业者应重视并树立新创企业产品的品牌效应，品牌效应可以使企业产品的价格获得一定的上涨空间，以实现销售收

入的增长,而不是企业生产规模的扩张,从而降低成本性支出。新创企业的产品销售最好以现款结算,减少赊账、拖欠和滞结款项等风险现象;新创企业的产品生产和分销周期宜时间短,使存货周转快,产品库存率和产品占用资金率低。

## (三) 创业机会的价值综合评估表

表3-1 创业机会的价值综合评估表

| 评估项目 | 权重值 (1) | 评估值(2) | | | | | 加权得分 (1)×(2) |
| --- | --- | --- | --- | --- | --- | --- | --- |
| | | 10 | 8 | 6 | 4 | 2 | |
| 创业者资源 | 0.20 | | ✓ | | | | 1.6 |
| 市场需求占有率 | 0.20 | ✓ | | | | | 2 |
| 市场发展潜力 | 0.15 | | | ✓ | | | 0.9 |
| 市场开发难度 | 0.05 | | | | ✓ | | 0.2 |
| 现有可利用的市场条件 | 0.05 | | ✓ | | | | 0.4 |
| 市场潜在竞争强度 | 0.05 | | | | | ✓ | 0.1 |
| 市场营销能力 | 0.10 | | | ✓ | | | 0.6 |
| 市场启动资金需求 | 0.05 | | | ✓ | | | 0.3 |
| 盈利能力 | 0.10 | | ✓ | | | | 0.8 |
| 市场进入障碍 | 0.05 | | | | ✓ | | 0.2 |
| 评估结果 | 创业机会的价值评估值为71% | | | | | | 7.1 |

注:1. 本表必须建立在客观、确切的市场调研及其数据的基础上综合评估而产生结果。

2. 为降低创业风险,创业机会的价值评估值应高于80%。

# 第四节 开发创业机会

## 一、收集创业信息

好的创业机会是成功创办企业的良好开端,创业机会必然来自于行业市场信息。创业者在瞬息万变的市场形势中,想要成功收集市场信息,就要做好市场信息的收集工作,提高对信息工作的认识,把握住市场信息的特点和收集信息的方法,处理好市场信息的数量和质量的关系,确保市场信息的时效性、适用性和价值性。在当今高度发展而又错综复杂的信息时代,准确获取、了解、掌握和分析市场信息,是创业者的一项重要能力。做好信息处理工作,包括及时收集并感知行业市场中的热点、难点问题以及市场顾客的意见和建

议等,对创业机会的分析、决策和企业的经营具有积极的参考和指导意义。俗话说"会看看门道,不会看看热闹",收集市场信息的深度、广度、渠道和方法不同,信息的价值和意义也不尽相同。如同大海捕鱼,不仅要看季节、看天色、看海水,还要凭借经验和鱼群的习性等因素来决定抛渔网的位置,才能保障捞鱼的质量。

**(一) 收集市场信息的途径**

(1) 从行业市场中的竞争对手处收集;

(2) 从直接或潜在顾客处收集;

(3) 从了解和分析行业特征及经销渠道中收集;

(4) 从专业研究机构、市场调研服务单位处收集;

(5) 从政府、事业单位发布的政策、法规、言论中收集;

(6) 从电视、广播、报纸、杂志、报纸等媒体处收集;

(7) 从社会言论、社会活动中收集;

(8) 从新兴行业、替代行业、关联行业中收集;

(9) 从自身资源和条件中收集;

(10) 从网络、相关书籍资料中收集。

**(二) 收集市场信息的原则**

**1. 信息的客观性**

客观的市场信息具有大众化、深入性和广泛性的特征,创业者必须来往于各社会阶层之间,经常与潜在的或直接的顾客打交道,才能获得较为广泛的市场信息。同时收集市场信息要有深入性,不仅要看到市场直观显现的信息,而且要挖掘出间接的、隐性的、深层次的信息,总结和发现原因。收集市场信息还要具有广泛性,不能仅局限于某个方面,而是要尽可能多方式、多角度、多方位地收集相关信息。

**2. 信息的选择性**

创业者对各种各样的信息,要冷静对待、认真甄别,对创业过程的阶段性目标需求做到心中有数,对不同阶段产生的各种情况、各种问题和社会现象中收集到的信息加以筛选,从中截取主要的问题和矛盾,然后有针对性地进行筛选。在分析研究的基础上,进行充实和提高,并提出具有实用价值的意见和办法。

**3. 缜密的计划性**

为使市场信息收集的工作更具目的性,创业者在走访市场之前应事先制订详尽的信息收集计划。计划的制订要贴近实际,根据顾客的类别、地理位置和企业产品销售情况的不同,制订针对性的收集计划。计划中要明确信息收集的方法、来源及其可靠度。如果信息量过大,不可能对所有顾客的信息进行收集时,也可以按一定的比例从中抽取具有代表性的对象进行收集。一般收集信息的方法是问卷、面询、寄信和电话访问等,创业者还要学会利用网络途径,尽可能拓宽信息收集渠道。

**4. 信息的完整性**

创业者收集市场信息时不能过于单一,只要是相关目的性的信息,都有必要采集、留存,包括顾客的意见和建议,供货渠道的供应,竞争对手的行为举止,政策法规的更新,自然因素的影响,甚至是新技术、新材料、新产品等,使市场信息的收集内容向"多元化"发

展。收集市场信息并不是说越多越好，创业者要正确处理好所收集信息的数量和质量之间的关系，收集市场信息时，要把目光放在信息的实效性和完整性上，收集那些有价值的市场信息。

**5. 清晰的目的性**

市场信息量多、面广而且杂乱无章，其中还有些是无效的信息，创业者在收集市场信息之前，必须先明确信息收集的目的——是为获取创业机会和企业经营的决策提供参考和支持。因此，收集市场信息必须围绕目的性展开，对解决问题和矛盾具有实际的参考价值。创业者要锁定收集市场信息的意图，明白自己需要什么样的市场信息，所收集的市场信息要与目的相关，或与所创企业当前的经营状态和需求相联系。

**6. 信息的敏锐性**

市场信息千变万化，有些市场信息忽隐忽现。创业者要提高捕捉市场信息的敏锐性，平时多关注市场销售动态、趋势，多留意市场热点、难点问题，多了解市场形势的变化和趋势，对问题要多进行思考，从而逐步提高分析和研究市场信息的能力，对市场上存在的各种信息，能够做出敏锐的反应，确保捕捉到有价值的市场信息。

**（三）收集市场信息的方法**

收集市场信息是一项值得花精力去做的重要工作。要做好这项工作，一要有专人负责；二要记录下来分类登记、整理和调整；三要全方位地推行。创业者应根据信息收集的目的、自身的收集水平、收集经费等因素综合考虑加以选择。

（1）观察法。观察法是创业者直接到经济活动现场或借助一定的设备对信息收集对象的活动进行观察并如实记录的收集方法。这种方法既可以用来收集顾客的信息，了解竞争对手，也可以用来获取供货商的信息。

（2）调查法。通过与信息收集对象进行直接交流来获取信息的方法被称为调查法。在市场信息收集中，调查法是使用较为普遍的一种信息收集方法，该方法主要用于了解观念性或概念性的信息。根据交流方式的不同，调查法可以分为访谈调查和问卷调查两大类。前者属于口头交流，而后者是文字交流。两种方法各有优缺点，适合了解不同的信息。

（3）实验法。实验法是将所选主题的刺激因素引入被控制的环境中，通过系统改变刺激程度来测定实验对象的行为反应，从而确定所选主题与刺激因素的因果关系的研究方法。实验法的最大优点是能够发挥信息人员的主观能动性，根据特定需求，通过专门的安排使环境简化，使某些现象既可以延缓也可以加速，从而能对其进行更仔细地观察，同时排除了无关因素的干扰，因而可以更好地揭示因果关系。实验法的最大缺点是设计的难度大，需要将所有的可能影响因素考虑进去，并将非需求因素加以排除，否则所得结果很可能受非研究因素影响。

## 二、探索商业模式

商业模式就是指创业者创办的企业是以什么样的途径和方式来实现盈利的。构成盈利的这些服务或产品的整个研发、设计、生产、包装和服务等整个体系被称之为商业模式。如饮料企业通过卖饮料来赚钱，快递企业通过送快递来赚钱，网络服务企业通过点击率来

赚钱,通信服务企业通过收话费来赚钱,超市通过销售平台和仓储来赚钱等等。商业模式是企业经营赖以生存的业务活动的方式,决定了企业在行业市场中的地位,商业模式也是商业策略的一个组成部分。

**(一) 国内商业模式的发展历程**

我国经济改革开放以后发展至目前,所经历的商业模式共有三个阶段。第一阶段是改革开放初期,中国经济领域百废待兴,各行业市场中的创业机会可以说是虚位以待,处处彰显商机。创业者仅依靠敢试敢闯的胆识,就轻松成为第一代成功创业者。第二阶段是随着我国市场经济的发展,行业市场的竞争态势已显现,依靠胆量已经不再能赢得市场机会,这时社会关系和股份红利半市场化的特征已凸显,社会关系经营、个人胆识和对市场机会的敏锐把握是第二代成功创业者具备的素质。第三阶段是高度竞争的今天,商业模式已初步显现精细化、专业化和复杂化模式,需要创业者整合更多资源。好的商业模式,在于对挖掘到的创业机会进行市场细化,得出运作企业所需要的各项需求,并结合自身的优势,将各种资源运用到企业统筹管理系统,以达到最佳的效果来赢得市场的竞争力。

**(二) 好的商业模式的基本元素**

一个可行、有投资价值的商业模式,是大学生及其他创业者需要在其创业计划书中必须明确的首要内容之一,因为在目前的行业市场中,新创企业如果没有商业模式来支撑,创业就只能是一个良好的梦想。那么新创企业如何确立其正确的商业模式? 一个好的商业模式应包含哪些基本元素?

(1)市场价值定位。新创企业所要填补的市场需求是什么或者说要为市场解决什么样的问题? 市场价值定位必须清楚地锁定目标顾客,包括解决顾客需求的核心问题、提出有针对性的解决方案、设身处地从顾客的利益角度出发,最终实现新创企业商业模式明确的市场价值定位。

(2)目标市场定位。目标市场是新创企业打算通过具体的市场营销策略而产生的顾客群,并向他们出售企业的产品或服务。这个细分市场的顾客群,应该有基本的市场占有率统计数据,能够准确回答企业的市场顾客在哪里,他们一般在什么地方和什么时间产生需求,他们需求的时期性和稳定性如何,他们对产品需求的层次、数量、特色和购买方式是什么,目标市场顾客的数量是增加还是在减少等问题。

(3)市场营销定位。市场营销包含两个相互作用的核心问题:企业所处的行业市场需求的情况和企业自身产品的供给能力。如果这两个核心问题解决了,那么企业的市场营销定位就基本形成了。具体内容如:企业能够为市场提供哪些产品或服务;企业如何制定顾客愿意接受的价格;企业在哪里为顾客生产或出售产品;如何向顾客传递企业产品或服务的信息,吸引他们购买产品或服务等。

(4)企业产品生产机制。企业产品的价值包括产品的品种、质量、包装、说明和服务等内容,产品的生产机制包括程序、技术、布局、规模等方面。不管新创企业如何选择产品生产及其服务的模式,关键问题是企业产品进入市场的成本控制和时机把握。所以新创企业的产品生产机制应充分调动与发挥职工的积极性、主动性和创造性;适时调整和控制企业自身的行为,使之适应行业市场各种条件约束和环境变化,求得生存与发展的机会,

使企业的供、产、销各环节顺畅地进行和运转。

完善企业生产机制，需要选择和设计企业的各项经营管理制度，完善内部组织机构，优化企业决策体系；使企业有效地取得生产经营所需要的各种生产要素，增强企业对生产资料、资金、技术、信息等的调节能力；提高企业对外部市场、信用条件和金融状况的应变能力，特别是提高解决市场价格波动、信用中断、资金紧张、销售困难等问题的能力，以保持企业在市场变化冲击下的稳定性；同时还应提高企业参与市场竞争的能力，使企业产品在市场中长盛不衰。

（5）企业分销策略。企业销售产品或服务的渠道取决于企业产品或服务的特性。目前比较流行的是网络销售，但更多的企业选择多层次的分销商、合作伙伴或增值零售商。所谓分销就是使产品和服务以适当的数量和地域分布来适时地满足目标市场的顾客需求。分销策略是市场营销组合策略之一，它同产品策略、促销策略、定价策略一样，是企业能否成功地将产品打入市场，扩大销售，实现企业经营目标的重要手段。分销策略主要涉及分销渠道及其结构，分销渠道策略的选择与管理，批发商、零售商及实体分配等内容。

（6）企业的盈利模式。企业的盈利模式分为隐性和显性两种形态。隐性形态是自发形成的，其盈利模式具有隐蔽性、模糊性、缺乏灵活性的特点；显性形态则是自觉、理性思考的盈利模式，是企业通过对盈利模式加以自觉设计、总结而成的。企业在初期成长阶段，其盈利模式大多是隐性模式，随着企业不断发展壮大，必须对自身盈利模式进行理性分析和思考。

（7）企业的成本结构。企业的成本结构也可称为成本构成，由企业的固定成本（例如：土地、房屋、设备、租金、保险、证照费用、固定资产折旧费用等）和可变成本（例如：工资、产品原材料、水电气费用、促销费用、通信费用、维修费用、办公费用和税费等）组成。产品生产成本（可变成本）占企业总成本比例高，则说明企业生产成本成为企业主要风险。成本结构可以反映产品的生产特点，在产品生产和服务过程中，有的可能会大量耗费人工，有的可能会大量耗费材料，有的可能会大量耗费电力，有的可能会大量占用设备引起折旧费用的上升等。成本结构在很大程度上还受技术发展、生产类型和生产规模等因素的影响。

（8）企业的核心竞争力。核心竞争力是指企业赖以生存和发展的关键要素，比如某些技术、技能和管理机制。它包括"软"的和"硬"的两个方面，也可能是无形的，不可测量的。一个成功的企业必定有其核心能力，这种能力需要开发、培养、不断巩固以及更新，因为即使建立了核心竞争力，也还有可能再瓦解。如何保持企业的竞争力就成了企业经营管理中的重要问题。

企业的核心竞争力涵盖了企业的产品及其创新的竞争力，企业的资源整合能力，企业的市场策略竞争力，企业的人才竞争力，企业的经营管理竞争力，企业的品牌竞争力等内容。企业核心竞争力可以是上述全部的内容，也可以是某一方面的内容。但无论如何企业只要参与了行业市场的竞争，就必须有自己的独特优势，才能具备企业的核心竞争力。

## （三）商业模式确定的步骤

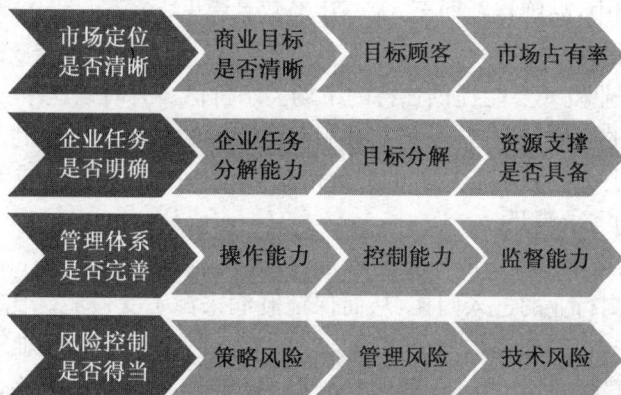

图 3 - 1 商业模式确定的步骤

## （四）现代商业模式确立的载体

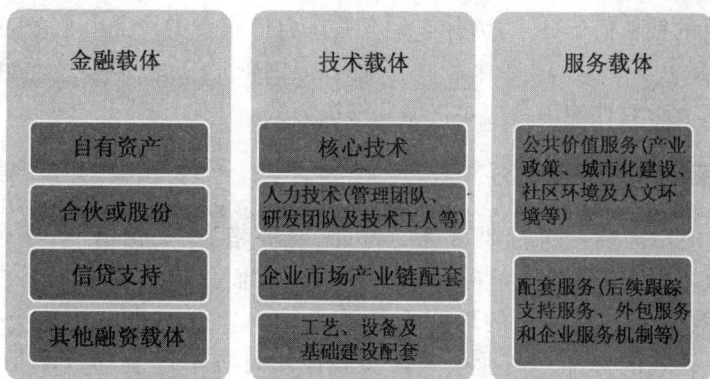

图 3 - 2 现代商业模式确立的载体

## （五）商业模式的创新潮流

在科技高度发展的今天,新的商业模式更多地源自金融载体及服务载体层面,依靠金融创新,大量的资金集聚,借助规模优势创造出一个又一个的商业奇迹。商业模式在金融层面的创新及探索是一个曲折前进的过程。以苹果为代表的新兴商业帝国,让我们看到了服务载体创新的巨大潜力,苹果不生产任何一个零件,却满足了这个时代突出的电子产品需求,其高度利用现有的产品生产制造能力、成熟的软件服务外包体系、庞大的终端客户需求推动力,展现出其自身的品牌优势、管理优势及商业运作能力,缔造了新的商业神话。金融创新中站起来的一个个商业巨人,也越来越深刻地意识到服务创新的重要性,一些功能模块从企业中分离出来,如研发中心、智囊服务机构。创新产品在商业链中占据着越来越重要的作用,其带来的模板效应又鼓励越来越多的企业走上服务创新,为商业发展带来了更大的活力。服装品牌美特斯邦威、优衣库等,均以出色的运营团队,以市场需求为导向,整合资源而不是创造资源,实现风险最低化、成本最低化,将自己有限的资源用于资源整合及市场深度挖掘,均取得了不错的成绩。蒙牛通过与超女的合作,以一次成功的

商业运作创造出一个强大的品牌，营销运作的巨大威力得到体现，今天营销运作及各种资源的综合管理过程中，品牌接踵而至，无不让经营者深思。

### （六）成功商业模式的特征

（1）成功的商业模式要能提供独特的市场需求价值。有时候这个独特的价值可能是新的思想，而更多的时候，它往往是产品和服务独特性的组合。这种组合要么可以向顾客提供额外的价值；要么使顾客能用更低的价格获得同样的消费需求，或者用同样的价格获得更多直接间接的需求满足。

（2）商业模式是难以模仿的。企业通过自己对顾客的贴心服务、无与伦比的策划和实施能力等，来提高行业的进入门槛，从而保证利润来源不受侵犯。比如直销模式，人人都知道其如何运作，也都知道戴尔公司是全球直销企业的标杆，却很难复制戴尔的直销模式，原因在于其"直销"的背后，是一整套完整的极难复制的营销策略、企业资源和生产流程。

（3）成功的商业模式需要脚踏实地。企业要做到收支平衡，这看似平常的道理，要想年复一年、日复一日地做到，却并不容易。现实中的很多企业，不管是传统企业还是新型企业，对于自己的钱从何处赚来，为什么顾客看中自己企业的产品和服务，现有和潜在的顾客有多少实际上不能为企业带来利润、反而在侵蚀企业的收入等关键性问题，都需要发现、分析、总结，有针对性地出台应对机制和解决方案。

## 三、检验商业模式

商业模式应用需要结合行业市场的特征、发展趋势、文化内涵，在企业拥有的各种资源基础上，运用创业者的条件优势和知识因素而形成。商业模式在本质上属于实践活动，其效果要以具体化的形式在经济活动中体现出来。从这个意义上说，实践是检验商业模式的标准。商业模式在实践应用过程中产生的效果是大是小，是利是弊，不能局限于自身检验，还要在与其发生关系的外部活动中得到验证，在更大范围内给予评估。从不同的行业市场空间、以不同的企业内涵检验商业模式，防止创业者在商业模式应用中出现偏颇。

### （一）商业模式的逻辑检验

商业模式的逻辑检验标准首先是企业产品或服务能否为市场顾客提供独特的需求价值，或与利益相关者实现共赢。商业模式的检验过程就是从市场顾客实际需求出发，充分发挥企业的想象力和能动性，来设计实施效果更好的商业模式，其关键在于企业能够创造出一种解决顾客需求的新方案。所以，商业模式的目标是将企业的产品或服务以最合适的方式提供给顾客。长期而言，为了保证企业商业模式的成功，企业需要不断地改善与其利益相关者之间的关系，依法履行社会义务，承担起相应的社会责任，实现与利益相关者之间的共赢。

其次是商业模式是否难以模仿。一个好的商业模式应该能明显体现竞争优势，其优势应体现在行业市场的差异化上，以低成本创造高价值，能将总成本领先战略、差异化战略、专一化战略加以充分地融合运用。总之，商业模式需要企业提供差异化产品，创造满足市场顾客的需求价值。

## （二）商业模式的经济检验

商业模式追求的是资源投入的更高价值与效益回报，商业模式的实践效果自然包括经济效果。在企业产品销售与生产过程中，利润标准和生产率标准更是成为检验企业效益的突出指标。这就需要对市场规模的占有率、盈利率、消费者的消费行为和心理、竞争者的战略和实施进行分析假设，从而估计出关于成本、收入和利润的量化数据用以评估经济效益的可行性。当测算出的损益达不到要求时，商业模式不能通过经济检验。在考虑利润的时候同时需要注意企业成本，利润是指收益与成本之间的差额，能降低成本即表示利润可进一步提升。

商业模式的经济检验也需要建立在顾客的真正需求上。在企业经营实践中经常可以发现，有些创业者的企业所钟情的技术未必就是顾客的实际需求，创业者或企业所提供的产品或服务可能并不是市场顾客的真正需要。如摩托罗拉曾经几乎就是手机行业缔造者的代名词，这家以技术著称的公司为全球的通信技术领域带来了一场又一场革命。但是，对技术的过度偏执恰恰也成为摩托罗拉的梦魇，1999 年铱星计划的惨败，证实了一味追求技术领先而忽略消费市场有效匹配的沉重后果，摩托罗拉先后投资的数十亿美元最终化为乌有。

## （三）商业模式的文化检验

一个企业的商业模式应当仅仅适用于自己的企业，不可能被其他企业原封不动地照搬。创业者要善于借鉴和分析其运作的流程，结合自身的资源、能力，打造出自己独特的商业模式。新经济时代的产品同时也是文化产品，经济性和文化性兼容并存，在文化性中折射出经济的要素和商品的属性。文化差异主要是指企业在开展经营活动的过程中，对商业模式需要考虑文化上的差异，使商业模式与所处目标市场的当地文化契合。文化差异包括民族差异、风俗差异、习惯差异、地域差异和认知差异等。

## （四）商业模式的法律与伦理检验

当前人们一直把创造利润的多少作为评判商业模式成功与否的唯一标准，这是不完整的。一个好的商业模式当然应关注利润，但同时应考虑能否为顾客带来更大价值，能否给社会带来好处。在当今时代，如果企业只追求利润而不考虑企业伦理，那么企业的经营活动会为社会所不容，最终被淘汰出局。也就是说，如果在企业经营活动中没有必要的法律意识和伦理观指导，经营本身也就不能成功。创业者应深谙相关行业法律法规及其潜规则，恪守职业和商业道德。企业的商业模式要符合社会伦理要求，担当起社会责任，才能创造一个真正长期有效的、能被整个社会所接受的商业模式。总之，商业模式仅仅是一种企业模式，支撑它不断向前的是那些长期以来容易被创业者忽视的伟大力量，比如创业者的梦想及其家庭和爱心。

## 本章小结

创业机会是指大学生可以利用并实施创业的时机。创业机会来源于六个方面：变化、变革就是创业机会；问题就是创业机会；竞争中隐藏创业机会；有"心"者，志易成；学习中

有创业机会；"机"在身上要知借，要充分利用自身的优势。我国创业机会表现出创业的氛围好、创业的门槛低、创业的机会多、创业的成功率高的显著特征。创业机会的识别是实施创业的第一步，面对创业机会，大学生有必要进行机会识别。所谓机会识别，就是大学生要借助自己的职业经验和资源，进行理性的分析与思考，去了解创业机会的方方面面，进而判断大学生可资利用的创业机会的市场潜力。了解创业机会的评估标准有助于大学生认识和理解创业机会的特性，及时把握创业机会。创业机会的开发主要包括收集创业信息、探索商业模式和检验商业模式等内容。

## 复习思考题

1. 大学生创业机会从哪里来？如何才能抓住"好"的创业机会？
2. 大学生如何结合自身实际分析创业机会的价值？
3. 大学生准备和实施创业时应该注意哪些问题？怎样做才能更有保障？

# 第四章  淘尽沙砾始得金

## ——大学生创业项目的选择

### 学习目标

1. 了解创业项目的定义及意义。
2. 熟悉创业选项的相关因素。
3. 掌握创业选项的遵循原则。
4. 熟悉创业项目商机评估的方法。
5. 掌握创业项目 SWOT 分析的步骤和方法。

### 案例导入

即将毕业的郑州大学生小朱在创业过程中,就被高回报率的创业项目忽悠了一把。

2008 年冬天,她按网上的地址找到北京一家销售木纤维毛巾的加盟连锁公司,听了招商部经理对这种成本低、利润高且风险小的产品的推介,她心动了,把从亲戚那里借来的钱全换成毛巾,并取得该公司在河南省的独家代理权。

头一个月,她兴冲冲跑遍了周边所有学校,没卖出一条毛巾,然后她又去居民小区推销,效果还是不好。今年 3 月她开始通过网络推销,如今两个月过去了,仍没卖出一件产品。

调查发现,有小朱这样遭遇的大学生不在少数。不少高校毕业生选择了加盟连锁的创业方式。他们从电视和网络等媒体了解到加盟连锁项目的丰厚条件,比如企业总部提供免费指导,不收取任何加盟费用,进货达到一定额度就能获得额外奖金,低风险甚至无风险等。于是,他们就开始创业了。小朱说:"我们一无资金,二无经验,加盟连锁会让自己开店的风险降低很多。可结果却事与愿违。朋友同学打电话问我现在生意怎么样,我不敢也不想跟他们说生意不好。"小朱很沮丧。

分析:传销组织鼓吹加盟连锁快速致富,利用高回报诱惑大学生,大学生创业加盟连锁要小心受骗。目前,一些所谓加盟连锁企业深谙大学生创业心理,已为他们准备好连环套:本品牌在国外已有十几年甚至几十年成功运营史,实际却难以考证;生产基地在某发

达省市，可是路途遥远不便去看；加盟利润很高，这只有天知道；经营好了有返奖金和装修费，前提是经营好，这基本没希望；还列举许多成功范例，带你去看其他加盟店，实际就是托。

# 第一节 创业项目选择概述

## 一、创业项目的含义探析

创业项目就是指创业者所要从事经营的业务，通俗地说就是"创业者筹划干什么事业"。一个完整的创业项目需要具备市场需求条件、物资、设备、人力资源等必要条件，但是创业项目的发展除了必要条件以外，还需要充分条件。创业项目是否具有充分条件将影响项目的完备性。

从国内各项创业大赛的专业角度来看，大学生创业项目是指围绕某种有盈利预测的产品的生产销售，从政策环境、市场需求、产品盈利、售后服务、原料加工、风险规避等各个方面做出的策划。创业项目的完备性是它区别于一般经营性项目及各种盈利点子的根本特征。

在界定了"创业项目"概念的必要性与完备性以后，我们能够更清晰地把握常见创业项目的本质。目前国内常见于各种媒体、由专家介绍分析的创业点子或者初步企划的某种盈利构想，并不属于真正意义上的创业项目，至少它们不够完善，不具备完备创业项目的基本条件，如媒体上经常提到的以奥运为背景的相关产品经营、以世博会为背景的纪念品代理、经济危机背景下怀旧商品的销售等。这种"创业项目"的本质是一种"商机"，它仅仅停留在蓝图构想阶段，对盈利的模式并不明晰，对市场、产品、销售、服务没有进行细致的调研和成熟的评估。此外，网络、电视、报纸等各种媒体广告中最常见的创业项目，其核心是细分市场销售，它特指经营某种产品的加盟连锁销售店，如奶茶果汁连锁店、糕点连锁店等。这类项目的特点是经营销售，所有的加盟店经营成本、产品特色、策略服务等方面几乎一致，创业者要获得更多的盈利只能够通过趣味选择、效率提高、服务改善来实现，因而难以发展壮大。

## 二、创业选项的重要意义

据调查统计，90％的人曾有过创业的冲动，其中60％的人会把冲动变成行动。但是这些人中，只有10％的人能够获得成功，绝大多数人因为种种原因而失败告终。有人对导致失败的原因进行调查后发现：98％的人创业失败是因为没有选中合适的项目。具体来说，超过80％的创业者在创业前期难以决定创业项目，或表示很迷茫。选择项目进行创业后失败的，有60％是因为创业项目选择失误。成功创业的人中，有70％认为良好的创业项目能够成就事业。

所以，创业成功与否，项目的选择十分重要。创业者只有根据自己的实际情况来选择适合自己的项目，才能够离成功更近一步。

### 三、创业选项的相关因素

兴趣是最好的老师。对项目感兴趣是关键所在,不要过多地被其宣传的高额利润或代理成本低等优势蒙蔽了双眼。如果创业者对产品没有丝毫兴趣,想要在以后的工作过程中去培养兴趣,那么这几乎是不可能的。所以,选择有兴趣的项目是创业成功的开始。

俗话说隔行如隔山,创业者选择创业项目时要找自己熟悉的项目,比如可以通过所学的专业和特长来选择,或者也可以选择朋友或亲人从事过的项目。因为一个熟悉的项目可以让创业者了解到项目的成本、利润、销售模式、市场份额等情况,提高其创业的成功率。

另外,进行创业项目选择时,还必须考虑国家的相关政策和法律因素。要确保选择的项目不在国家政策和法律禁止或者限制的范围内,而应在国家政策和法律鼓励的范畴里。总之,国家政策和法律是创业成功的保障。

### 四、创业选项的遵循原则

创业项目选择正确与否直接关系到创业的成败。如何选择创业项目,是所有创业者共同面临的一个难题。选择创业项目要遵循以下五个原则:

#### 1. 要选择国家政策鼓励和支持,并有发展前景的行业

想开创自己的事业,就要知道哪些行业是国家政策鼓励和支持的、哪些是允许的、哪些是限制的等等。我们要选择国家政策鼓励和支持,并有发展前景的行业。根据社会学家和经济学家的预测,随着中国市场经济的发展和经济结构的调整,各行业在社会发展中的地位和发展潜力也在发生变化。某些行业社会需求的加大促进了这些行业的蓬勃发展,并成为未来社会发展的主导产业。有关专家指出,21世纪拥有巨大发展潜力的行业主要有:网络信息咨询与服务业、房地产开发业、社会保险业、家用汽车制造业、邮政与电讯业、老年医疗保健品业、妇女儿童用品业、旅游休闲及相关产业、建筑与装潢业、餐饮业、娱乐业与服务业。

#### 2. 要认真进行市场调研,适应社会需求

有的创业者认为,办企业是为了赚钱,什么行当赚钱、热门,就搞什么行当,这种想法是不正确的。创业者必须树立这样一个观点,即"企业是为解决顾客的问题而存在的",没有满意的顾客就没有公司的存在。项目的选择必须以市场为导向,就是说搞什么项目不能凭自己的想象和愿望,而要从社会需要出发。要知道社会需求,就要进行调查,特别是第一次创业,创业者更是要详细地了解市场需要什么,需要多少,你的顾客是谁,谁会来购买你的产品或服务,竞争对手有哪些等等。市场调研是正确决策的重要前提。有人在某一小区附近购买了一个店面,想开一个餐饮店。他到小区深入考察后发现该小区规模并不大,而且已有一家餐饮店,经营状况比较稳定,按照现有人口情况一家餐饮店已经足够。但这里却连一间小商店也没有,居民纷纷抱怨购物难。于是,他改开小百货店,结果开业后生意火红,很受居民欢迎。著名管理学大师法雷尔说过:"制造满足顾客需要的产品和服务,是永远成功的秘诀。"

顾客的需求有现实需求和潜在需求之分。作为一个创业者,不仅要了解、满足顾客的

现实需求，适应市场，而且要创造需求，创造市场。

识别机会的最好办法就是倾听你周围人们的不满、抱怨和困难。人们所抱怨的每一个问题都可能意味着一个潜在的生意机会，越是难以解决的问题，它可能带来的机会就越具魅力。我们创办的企业如果能解决一般人抱怨的问题，关注社会特殊群体的困难，或者着力为其他企业解决问题，那么成功的可能性就越大。

**3. 要充分利用优势和长处，干自己有兴趣的、熟悉的事**

市场是一片海洋，有人把创业就叫下海。我们每个人是沧海一粟，是独具特色的一粟，每一个人都有自己的长处、优势，比如有的对某一行业、某一领域、某种产品比较熟悉；有的在技术上有专长；有的有某种兴趣爱好；有的善于公关和沟通等等。这就是自己的长处，能充分认识自己的长处和优势，选择自己有兴趣、熟悉的事，创业就成功了一半。

看过这样一个故事，有一位工人，下岗后四处找工作，当过食品推销员、音响安装工，也做过服装生意，但都失败了。为此他开始冷静思考，应当怎样选择一条更适合自己今后长期发展的道路。鉴于他从小对园艺有着相当浓厚的兴趣，工作之余也曾搞过绿化种植和绿化装饰设计，经过一番市场调研，他和同厂下岗职工自筹资金，租了 6 亩土地，办起了园艺场。到目前为止，他们种植了包括 7 个大棚，2 间暖房在内的 6 亩地的盆花和观赏植物，花卉品种达百余种，拥有 30 多家固定客户，资产近 20 万元。创业最好是"不熟不做"，充分利用自身的资源优势，从事自己熟悉的行业，这是不少创业成功者的共同体会。

**4. 要量力而行，从干小事、求小利做起**

创业是一种有风险的投资，必须遵循量力而行的原则，应该尽量避免风险大的事情，将为数不多的资金投到风险较小、规模也较小的事业中去，先赚小钱，再赚大钱，聚沙成塔，滚动发展。

古今中外，许许多多企业家开始从事的都是不起眼的小本买卖，然后不断扩大发展。比如：微软起步时只有 3 个人，一种产品，年收入 16 000 美元。在我们身边，从不起眼的小事做起，逐步积累而致富甲一方的人也比比皆是。"拖鞋大王"胡志勇的经历对想创业的人是很好的启示。1994 年原在本市一家船舶公司任防疫工作的胡志勇下岗了，他选择了摆摊，做点小生意，从城隍庙福佑街批来袜子、玩具等日用品到集市设摊。几个月下来他发现，每年 4～7 月，拖鞋特别好卖，3～4 元一双批来，7～8 元一双卖出。他想，拖鞋是小商品又是易耗品，一个夏天一过，第二年又有市场需求，风险较少，于是他集中全部资金，去做拖鞋生意，到福建直接批货，这是 1996 年。下海后，他通过为福建一家规模很大的拖鞋生产厂家做代理，在 4、5 两个月就卖掉了 16 万双拖鞋。自此他的拖鞋生意越做越大，目前他的通盈鞋业公司从过去的一个小摊子发展到在 10 多家百货公司有自己的专柜，拥有 300 多家较稳定的二级代理商，还注册了自己的"千里马"商标，在大超市进行销售。6 年间他共卖掉 1 000 多万双拖鞋，现在供应上海拖鞋市场 30%～40% 的货源。俗话说"不以善小而不为"，创业也要从干小事、求小利做起。

**5. 要坚持创新，做到"人无我有，人有我优，人优我特"**

创新是企业的生命，管理大师汤姆·彼得斯认为："商业世界变幻无常，持续创新才是唯一的生存策略。"创新也是创业成功的关键。创新的概念是著名经济学家熊彼特提出的，他将其定义为"企业家对生产要素的重新组合"，它包括以下五种情况：（1）开发新产

品或改造老产品;(2)开辟一个新的市场;(3)采用一种新的生产方法;(4)获得原料或半成品的新的供给来源;(5)实行一种新的企业组织形式。对创业者来说,创新更具紧迫性、重要性。这是因为:第一,目前市场上不是缺大路货的商品、一般的劳务,而是缺特殊的商品、特殊的服务。创业者只有加强市场调研,刺激和创造需求,生产适合需求的具有特色的产品和服务,才能使企业生存发展。第二,一般创业的行当,投资较小,容易进入,但是竞争十分激烈。只有创新,才能在产品和服务上形成竞争优势。

## 五、创业选项的能力获得

学生期间的创业实践是提高创业素质与创业能力的重要途径。实践能力是创业者创业最重要的能力,特别是对于准备创业的大学生而言,学习知识的同时,进行创业实践能力的锻炼对走向社会进行创业活动具有重要意义。

### 1. 参与创业计划竞赛

创业计划竞赛是由参赛者组成优势互补的竞赛小组,提出一项具有市场前景的技术产品或者服务的计划。围绕这一产品或服务,描述公司的创业机会,阐述把握这一机会、创立公司的进程,说明所需要的资源,揭示风险和预期回报,提出行动建议,以获得风险投资家的投资为目的,完成一项完整、具体、深入的商业计划,并通过书面和口头答辩,接受来自银行、风险投资咨询公司以及专业人士的严格评估,从中选出具有市场前景的项目,由投资家进行投资。

校内外创业计划大赛活动是创业构思和创业项目的重要来源,也是争取项目投资的重要机会。现阶段许多机构都在举行创业计划大赛,这不但有利于激发学生的创业意识,培养学生的创新能力,而且还促进了一些创业构思的诞生,有利于创业计划的实施。

### 2. 校园练摊,为自主创业积累核心力量

良好的专业技术能力和较高的人文素质,往往是构成所创办企业的核心能力。在校学习期间,当你掌握了一定的专业技术能力之后,可以小试锋芒,在校园进行创业的实践锻炼。这样既可以锻炼专业技术能力,又可以发现不足,促进和改进自己的学习,比如,学习经营管理专业的学生,可以开一个服务型的贸易公司;学习广告、传媒专业的学生,可以开网络广告公司。只要有了经验,毕业后很快就会打开局面。

上海大学广告艺术设计专业2000级毕业生洪祺良,就是通过在网上"练摊"成了创业经理的。洪祺良是很有想法的计算机迷,在2000年开学之前,父母怕他耽误学习,一度把计算机封闭了。但他没有放弃,暗地里开始做市场调研,在论坛上发帖问网友对商品感兴趣的程度,和同学讨论。不久,洪祺良创办了网上商店,取名"瑞丽数码"。他用自己积存的1万元压岁钱投了第一笔资。现在他的小店月销售额达到1万元以上,赢利3000元左右。当有的同学问他有什么秘诀时,洪祺良说:"如果问我的经营秘诀,那就是诚信。"信用是慢慢积累起来的,信用度高了,买你东西的人自然也就多了。但是这种信用一定要保持下去,易趣网的人告诉他,300个好评都不能抵消一个"差评",可见信誉的重要性。

### 3. 有偿性和见习性的创业实践

大学生可以利用假期时间和家人、朋友或同学合伙创业,也可以独立投入一点小资本进行经营活动,参与家庭或他人的创业活动,到小企业从事有偿性创业实践等,这是丰富

大学生创业经验和提高创业能力的重要途径。

### 4. 模拟性创业实践

在校学生的时间、精力、资本有限，为了培养创业意识和提高创业能力，可以参加创业实践情景模拟，进行有关创业活动的情境体验，例如应聘雇员的面试、产品推销等实践活动。参加 ERP 企业经营沙盘模拟竞赛，通过在模拟企业中担任角色，体验企业经营与团队合作。

### 5. 参与大学生科技比赛

大学生可以参与大学生科技比赛等创新实践活动，这是大学生创业实践活动的重要组成部分。参与此类活动有利于学生增强科研创新意识、提高科研创新能力，为大学生创业奠定良好的技术基础，并且通过参加竞赛的系列培训和相关活动环节，有利于学生深化创新认知，挖掘创新潜能，培养创新能力，提高创新素质。

### 6. 勤工俭学创业实践

在校生可以结合个人特长和专业特点，开展勤工俭学活动。缺乏资金和经验的学生，通过参与勤工俭学可以获得一定的经济收入，弥补学习费用的不足，减轻家庭的经济负担，又可以增加对社会的了解，培养艰苦创业的精神，锻炼自己的组织、交往等能力，增强创业体验，为以后创业积累经验。

# 第二节　创业项目的评估

## 一、创业项目商机评估的内容

所谓商机（包含市场因素），就是在创业活动中能给企业和创业者带来营利性的客观存在的市场需求，是一种能够让你获得利润（赚钱）的合法机会。

创业过程中，对创业项目进行评估至关重要。商机是创业的关键环节，成功的创业者都是寻找商机的高手，善于透过事物现象看到本质，善择良机，当机立断，不失好机会。愚蠢的人等待商机，聪明的人抓住商机，卓越的人创造商机。

商机评估包括四个主要部分：自身条件评估、市场需求分析、盈利模式探讨和竞争优势研究，如图 4-1 所示：

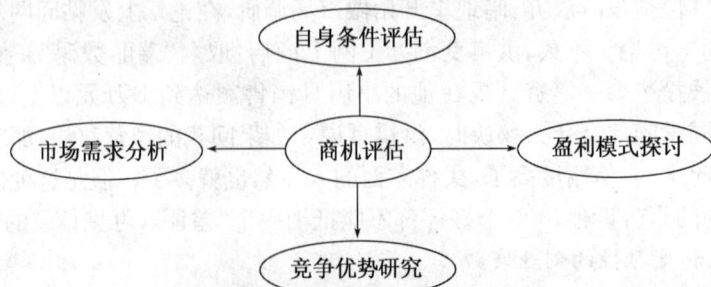

图 4-1　商机评估的四个组成部分

**（一）自身条件评估**

**1. 了解自己**

首先要做个自我剖析，分析自己的爱好、特长、性格，看自己是否适合创业，是否适合做这个项目。

（1）是否为创业做好了心理准备。创业开始的前三年，也是企业的初创期，这时候你不仅要有实现创业梦想的欲望，还要能够忍受创业初期的寂寞。要知道，无论多好的项目，都会经历一个潜伏期才会盈利。这段时间，必须做好忍耐、坚持、打持久战的心理准备。创业时期的自由是同寂寞、艰辛紧密相连的。要有危机意识，时刻准备承受困难和坎坷，要具有坚韧的心理素质，不轻言放弃，保持平和的心态。

（2）是否为创业做好了知识准备。创业是一个漫长的实践过程。创业初期，你必须把自己变成一个多面手。一旦你踏上创业的征程，就好比远航的船已经扬起了帆，很难再回到起点了，你必须用坚强的毅力坚持下去，为了企业的生存发展和盈利要不断地学习。是否会细分市场？是否抓住了客户需求？是否建立了高效团队？是否懂得企业管理？是否会营销策划？是否看得懂财务报表？创业其实也是一个不断学习、不断提高的过程。边干边学，边学边干，不断补充自己各方面的知识。

（3）是否为创业做好了能力准备。创业也是分阶段的，不同时期对经营者有不同的要求。当事业取得阶段性的成功时，你一定要保持清醒的头脑。企业的经营结果说明了你的能力，它能使你信心倍增，感到万事皆掌握在手中，但是，你仍然要用平和的心态去面对暂时的成功。有专家提出："成活十年的企业才算是创业成功的企业。"因为一个企业要建立自己相对稳定的盈利模式，需要对市场进行长期的研究和适应。创业者是否有团队协作能力，是否会识人、用人、留人，是否善于发现和开拓市场等等，这些能力是创业者在创业过程中日积月累慢慢提高的。

**2. 创业成功与否取决于创业者的素质**

有资料表明：新成立的公司，发展到第二年，只剩下 50%；发展到第三年，存活下来的只有 30%；到了第八年，存活的仅有 3%。

市场竞争十分激烈，分析其中成功大学生创业的案例，可以得出以下的结论：创业成功的，大多数人都意志坚定、不甘落后、自强不息。创业失败的，大多数人都对创业过程中的困难和坎坷估计不足，在市场变化、家庭变化及意外事件来临时，不能够很好地调整自己的心态，放弃了继续创业的信念。

**3. 不断学习，不断调整**

所谓自身条件评估，就是要思考一下你是否为你的创业做好了心理、生理、资金和场地的准备？是否做好了应对失败和成功的思想准备？你是否具备了经营一个企业的基本技能？如果在评估中发现自己某些素质还有欠缺，就要注意在创业过程中不断地学习提高，以适应创业的需要。

**（二）市场需求分析**

这部分的内容既是现在创业项目的关键内容，也是一个创业者必须学会的经营企业的第一步。任何成功的企业，都是以市场需求为导向的，任何有市场的产品都是满足顾客的某种需求的。所以说企业的产品最终是由顾客来决定的，没有需求就没有市场前途，图

4-2为市场需求分析考虑的因素。

市场需求分析

细分市场　　目标顾客　　未来趋势

图4-2　市场需求分析考虑的因素

**1. 找到了市场需求就找到了利润之源**

如何确定目标顾客和细分市场？为了确保你的产品和服务有市场需求，首先要找出你的目标顾客，即你要把东西卖给谁，顾客的利益是你行动的唯一指南。

**2. 根据地域、文化、年龄、消费者偏好及宗教等社会因素来细分市场**

（1）地域。你的目标顾客分布在哪些地区？在消费习惯上有哪些差别？是以城市人口为主还是以农村人口为主？

（2）目标群体。你的产品要卖给谁？对这类顾客进行分类，如性别、年龄、职业、收入、消费习惯等。

（3）购买力和经营规模估计。你公司的销售额预计是多少？不同顾客对产品的要求有何不同？你的产品可以满足顾客的哪些需求？

（4）顾客心理分析。顾客的基本消费习惯和特点有哪些？顾客对产品的印象如何？

（5）顾客购买行为。顾客的购买动机和购买态度如何？怎样去获得顾客的信赖？

总之，在细分市场中，目标顾客群体的大小直接决定着你的市场份额的大小。在分析目标顾客群体时，应重点关注以下几个方面：

（1）目标顾客群体的数量。目标顾客群体的数量直接决定着企业利润的高低。在选择进入一个行业时，需要系统地分析行业的生命周期以及细分市场的情况。在细分市场里，产品的目标顾客数量越多，发展的空间才会越大。

（2）产品是否符合目标顾客群体的特点。没有一种产品能够满足所有顾客的需求。我们应当针对自己选择的目标顾客群体，提供满足这类顾客群体需要的产品和服务。

（3）目标顾客群体是否具有稳定性和增长性。这需要我们对产品的生命周期进行分析判断。

**3. 没有顾客，企业就无法生存**

创业就意味着为自己工作，没人会为你和你的员工发放工资。所以，你必须记住：只有顾客购买你的产品或服务，你才能够维持企业的生存和发展。因此，找准目标客户，维护老客户，开发新客户，是公司发展中最重要的事情。

**4. 掌握趋势就掌握了未来**

成功的企业家正是凭着一种对未来趋势的直觉，比别人先抓住未来的需求，从而成为高瞻远瞩者。成功永远属于勇者，你要做的就是把目光放远，紧紧地抓住趋势。你必须对产品的未来趋势做一个深入的研究：产品是属于朝阳行业还是夕阳行业？未来几年内这个产业的市场有多大，走向如何，竞争者数量有多少？

5. 要对本行业进行充分的咨询和调研

创业者应该跟从事过本行业的专家咨询,或者向本行业自主创业并成功经营的企业家咨询,或者亲自到市场进行实地考察,了解目前正在经营同类或类似产品的商店的经营状况,分析国家的经济政治形势,对创业项目未来的发展趋势和市场前景等进行分析研究。

**(三)盈利模式探讨**

**1. 盈利模式决定企业成败**

企业的目标是追求利润最大化,创业者的所有决策都是为了企业的生存。如果你细心观察一下市场,就会发现,市场上经营同类产品的企业很多,但是有的企业盈利多,而有的企业濒临倒闭,利润收入差别那么大,这是为什么呢?

谁能够获得比其他企业更多的利润,谁拥有更高效的盈利模式,谁就能够笑傲群雄。目前,大概90%的企业都没能使自己公司的利润持续增长。中国的企业平均寿命只有6~7年,民营企业平均寿命只有2.9年。生存超过5年的企业不到9%,超过8年的不到3%。

是什么原因导致大量企业出局?冰山理论告诉我们,任何企业的失败都有其根源所在,有的是显示在外边的,即冰山上的部分(占八分之一),而有时真正的根源容易被创业者忽略,即冰山下的那些因素(占八分之七),那部分才是最重要的。

**2. 研究同行的盈利模式**

任何企业的经营都会受到可控和不可控因素的影响,有些相同的错误会普遍发生。因此,观察其他企业的做法、处境、如何引进产品和推销等,可以获得很多的经验教训。研究类似的公司或者产品,可以使你冷静地认识市场需求,帮助你找到合理的盈利模式。

**3. 寻找最佳的盈利模式**

我们必须遵循一个原则:任何模式都应以顾客的需求、市场策略和经营特色为中心。而一个好的盈利模式可以同时满足顾客和企业的需要,我们应当研究为了满足顾客愿望或解决顾客不满的对策,且具有一定的特色,让顾客离不开我们的产品或服务。

**(四)竞争优势研究**

**1. 知己知彼,百战不殆**

你必须首先找出你的竞争者,然后要像了解自己一样了解你的竞争者:他们的产品或服务与你的有什么不同?他们的市场份额是多少?他们的营销策略是怎样的?要了解、掌握、分析竞争者的信息和动态,才可以找到自己的生存空间。

**2. 想顾客之所想**

除了向成功企业家学习之外,以顾客的利益和市场为企业命脉是创业中的第二条重要准则。如果我们能够比竞争者想得更加周到,做得更加完美,致力于做顾客的贴心人,那就可以战胜竞争对手,取得与众不同的成果。

**3. 急顾客之所急**

我们还应该避免过于看重自己的观点和能力。如果你是一个固执的创业者,就容易忽视团队的意见,甚至忽视顾客的需求。当产品不符合市场需求时,企业就会失去竞争优势,丧失市场份额。

**4. 市场始终如逆水行舟**

如果不重视研究竞争者,你的市场蛋糕就会越缩越小,最终被竞争对手抢走。企业经

营也如逆水行舟,不进则退。

### 5. 找出竞争对手的弱点

竞争对手是和我们有着相同顾客群体的人。大家一起瓜分一个市场蛋糕,我们想要有更大的立足之地,就要从竞争对手的手中抢夺更多的蛋糕。这个时候,就需要分析竞争对手的情况。

为了掌握竞争对手的情况,人们会采取各种手段,毕竟要做到知己知彼并不是一件很容易的事。一旦找到竞争对手的弱点,针对其弱点差异化地设计自己的产品和服务,你就能够赢得顾客,在竞争中取胜。

## 二、创业项目商机评估的方法

一个好的创业思路和创业项目对于创业者来说,仅是创造力转变为创业商机历程的第一步,由创业思路到创业商机再到成功生意之间还有漫长的时期。要知道,未经商机识别的创业思路和创业项目中十有八九是玫瑰色的创业陷阱,这一陷阱的可怕和可悲之处在于陷阱是由创业者自己满怀激情挖掘的,然后满怀期待地跳下去,他们面带微笑地下沉、下沉,直到沉入井底,摔得粉身碎骨才发现这是一个陷阱。

所以创业思路和创业备选项目必须接受商机评估,只有通过商机评估的创业项目,才具有商业投资和开发价值。

### (一) 陷阱判别法

如果说创业思路主要是靠敏感和直觉,那么评估创业商机则是对创业者判断力和决策力的挑战。人们常说:"发现商机是一回事,把握商机是另一回事。"把握商机的第一件事就是在众多的"近似正确"和"可能错误"备选项目中发现真正具有商机的创业项目。创业思路、备选项目和商机之间是"广种薄收"的关系,5~10 个创业思路开展成 100 个备选项目,其中可能只有 1 个能够成为自己的创业商机,剩下的 99 个可能都是创业陷阱(但可能是某些人的创业商机)。所以说,提出创业思路和备选项目是"务虚",选择创业商机是"务实"。我们的态度是善待思路和项目,慎对商机,来者不拒,激情、激情、再激情;但对商机的选择一定要战战兢兢,如履薄冰,三思而后行,冷静、冷静、再冷静。要知道,创业思路和备选项目不等于创业机会,创业机会与创业陷阱只有一步之遥。

例如,人们早就发现中国没有风靡世界的碳酸饮料和咖啡饮品,显然,这是一个商机,但是为什么只有可口可乐和雀巢咖啡利用了这一商机,并成为世界饮品的第一品牌呢?因为这一商机只能够为可口可乐、雀巢咖啡这样世界顶级的大企业所用,只有它们可以在中国市场上先做启蒙教育,将止咳药水似的可口可乐和苦苦的雀巢咖啡培育成多数人爱喝的饮品和时尚,他们可以几年不赚钱,最终"制造"一个中国第一品牌。几年不赚钱,一般企业亏得起吗? 即便亏得起,那么你是一个有着丰富市场营销经验的战略型企业吗?你能否通过有利的品牌运作,使自己的果树成长为高不可攀、竞争对手无法望其项背的消费文化? 如果不能,那么这一商机就不属于你,耐心地研究一下什么样的环境机会才是你的创业机会,再"下手"不迟。

每个创业者都有着不同的条件,面对市场营销环境不断变化所产生的环境机会,一定要与自己的创业条件相结合,准确判断出现的环境机会能否成为企业机会。在选择商机的决策过程中,应考虑以下思路和原则。

### 1. 狐狸原则

狐狸对猎物的判断原则用在创业中就是:创业项目所在的行业中是否有多个实力雄厚、占绝对优势的行业霸主存在? 如果有,他们为什么不做该项目? 如果是他们认为"盘子"太小,不值得做,或者事情太麻烦,不好做,或他们判断失误,没有发现其中的价值,那么该项目就有可能成为创业的商机,否则,就应小心行事。

### 2. 螳螂原则

"螳螂捕蝉,黄雀在后。"螳螂丧生的原因是由于捕蝉的行为给黄雀提供了信息,暴露了目标,因蝉而丧生。选择创业项目与螳螂捕蝉是一个道理。当你在环境中发现一个市场空白点,有了一个新产品或新创意时,切不可窃喜不已,而是首先要审视这一环境机会的启蒙教育周期有多长,能否给消费者带来立竿见影的利益点。如果这一利益点不是立竿见影的,而是需要较长时间的市场启蒙教育期和大量的启蒙教育资金,那就要谨慎行事,别学那只螳螂,花了大量的资金,却成为紧随其后的黄雀的腹中之物。如果创业者选择了创新或者填补空白性的创业项目,那么这一原则就显得尤为重要。

### 3. 照镜子原则

当你已经被创业项目的"美女"所征服,并将此项目作为商机,倾其所爱,甚至海誓山盟要与她厮守终身的时候,就需要对该项目需要的人力投入、管理投入、资金投入进行认真的核算,然后再拿着镜子照照自己,看看自己"能吃几碗干饭",摸摸自己的口袋,看看自己是否有综合实力追求到这个"美女",追到后能否养得起,千万别弄得千辛万苦开业,没有半年又往外兑,人财两空。正所谓:相爱容易相处难,海誓山盟难兑现。

按照以上 3 个原则,利用图 4-3 对创业项目进行判断。是创业陷阱,坚决去掉;非创业陷阱,则进一步甄别。

商业—陷阱评级法

第_____个创业项目是:
1. 该项目所在的行业中是否有实力雄厚的霸主存在? 他们为什么不做该项目?
   A. 没发现　　　B. 不屑做　　　C. 太麻烦不好做　　　D. 有陷阱
2. 该项目能否给消费者带来立竿见影的利益点? 项目的启蒙教育周期有多长?
   A. 有立竿见影的利益点　　　B. 需要较长期的启蒙教育才能够显现利益点
3. 你的资源能否养得起该创业项目?
   A. 力所能及　　　B. 很勉强　　　C. 力所不及
4. 对该思路的评价是什么?
   A. 是好创业思路　　　B. 是一般的创业思路
   C. 说不清　　　D. 是陷阱

综上评价:
经过以上 4 个原则的判断和比较,对该项目的最终评价是:
A. 作为备选方案保留　　　B. 是创业陷阱,去掉

图 4-3 商业—陷阱评级法

### （二）生存评价法

目前，大学生属于创业的弱势群体，他们创建的企业多为小企业甚至是自雇型企业。他们的企业像森林中的小草，大树的目标是成长，小草的第一目标是生存。和小草相比，大树是强者，但在有限的大树之间，生长着数量无限的小草。企业间的竞争恰如自然界中不同生物物种之间的竞争，弱者之所以能够生存繁衍，是因为他们与强者的生存空间不完全重合，即有各自的生存空间。因此，美国著名管理专家彼得·德鲁克指出："中小企业的成长空间依赖于它在一个小生态领域中的优势地位。"

选择"小企业生存空间"的经营领域，实际是要垄断市场中某一个小的细分领域，使自己免遭竞争和挑战，在大企业的边缘地带发挥自己的独特专长，争取在一些特殊产品和技术上成为佼佼者，逐步积累经营资源，寻找机会，以求发展。为了获得经营资源的相对优势，大学生选择经营领域和创业项目的原则应是谋求企业生存位置，即生存第一原则。适合新创小企业的生存空间主要有以下四种。

#### 1. 夹缝生存空间

为了获得超额利润，追求"规模经济性"，大企业一般采用少品种、大批量的方式，这就为小企业留下了很多大企业难以涉足的夹缝地带，该地带的产品或服务对于大企业来说生产价值不大，具体特点如下：

（1）市场规模小的产品。

（2）多品种、小批量生产方式的产品。

（3）小批量特殊专用产品。

（4）大企业认为信誉风险大的产品，例如海尔曾一度进军餐饮业，但因为餐饮业质量的非标准性有可能损害海尔在制造业的高品质形象，所以很快退出了该经营领域。

显然，这些被大企业遗漏而社会有需要的产品，正是小企业求得生存和发展的领域，在这些领域进行拾遗补阙的创业，恰是小企业力所能及的，因而构成了小企业的"夹缝小生位"。

#### 2. 空白生存空间

当老一代产品开始衰退、新一代产品尚未投入之前，市场往往会出现"空白"时期，小企业的灵活往往在填补空白方面具有优势，例如上海有一家做衬衫的小企业，注意到传统衬衫市场趋于饱和，销售量衰退，而人们冬天穿厚衣服感觉臃肿、不潇洒，并且没有替代的新产品，便迅速生产出超薄型保暖系列服饰。由于补缺空白的新产品的利益点明显、消费者接受快，迅速打开了市场，短短几年，就达到几个亿的销售量。

创新是小企业的特点，有资料表明，小企业提供了 55% 的创新。无论是开创新产业性质的填补空白创新，新产品、新服务方面的填补空白创新，还是区域性填补空白的创新，只要利益点明显、顾客认同，都会为企业带来可观的收益，使企业迅速地发展和壮大。因此，通过创新填补空白几乎是所有创业者的共同行为。

顾客的利益点由"四大"和"四小"8 个指标组成，"四大"指标是指对顾客而言，越大越好的四项指标，如下所列：

（1）产品价值大：产品在质量、品种、功能等方面能为客户创造较高的价值，值得购买。

（2）服务价值大：为购买和使用产品所提供的各种服务，如购买方式、运送安装、维修

保养等。

（3）人员价值大：员工的专业知识、工作态度、责任心等。

（4）形象价值大：企业文化、管理制度和以上 3 项综合在顾客头脑中形成的企业印象。

"四小"指标指对顾客而言，越小越好的四项指标，如下所列：

（1）货币价格：便宜。在品质不变的条件下，顾客偏爱购买价格低的产品。

（2）时间成本：省时。购买省时、使用省时的产品受顾客的欢迎。

（3）精力成本：省心。不必为购买和使用操心。

（4）体力成本：省事。购买和使用不费劲。

图 4-4 所示是创造顾客利润点模型。它表明围绕着 8 项指标的任何一项，都能够创造出让顾客买单的利润点，形成企业的"空白小生位"。

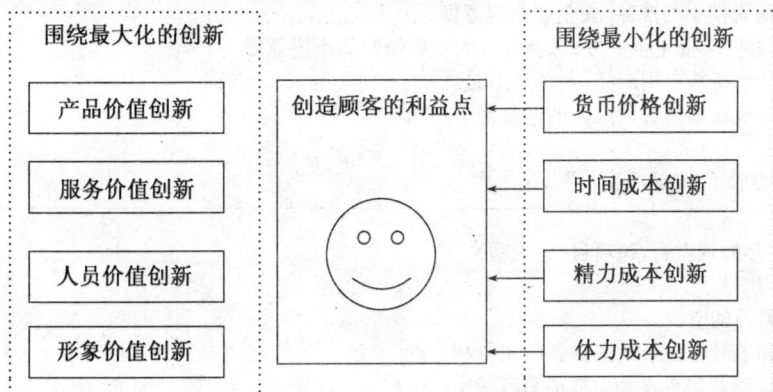

图 4-4　创造顾客利润

### 3. 协作生存空间

企业的经济规模是生产各类零部件经济规模的最小公倍数。例如，一个企业的产品是由 3 个零部件生产部门生产的，3 个零部件生产部门的经济规模分别是 4、8、14，那么该企业的经济规模就是 56。显然，对于生产复杂产品的大企业来说，不可能使每一道工序都达到经济规模要求。大企业欲节约成本或谋求利润最大化，摆脱"大而全"生产体制的桎梏，可以去追求与其外部（下包厂）的完美协作，建立外包式"供应链"系统，比如日本丰田公司向下一次发包的企业就有 248 家，这 248 家还要向 4 000 多家企业二次发包；日本松下电器公司由协作厂生产的零部件达总量的 80%。一个大企业网罗一大批小企业的"供应链"模式被美国人称为隐性经济，除此之外，还有连锁加盟、品牌专卖等形式。

一旦创业的小企业成为这一巨大供应链上的一个环节，就变为"企业系列"，以专用资产与大企业长期合作，"背靠大树好乘凉"，形成"协作小生位"。

### 4. 专知生存空间

如果创办的企业具有独特技术和生产工艺，并足以防止大企业染指该"领地"，那么企业就具有了"专知小生位"，例如饭店的老汤、中医的家传秘方、刺绣和传统工艺等。许多手工作坊式的家庭小企业之所以能够成为百年老店，关键就是有自家的绝活。一旦企业

创业者通过技术开发和工艺创新，取得具有新颖性、先进性和实用性的技术发明和专利，完成从技术开发着手的企业创业，形成了自己特有的"专知小生位"，就具备了长期生存的能力。

"专知小生位"的本质是有别于他人的、别人难以模仿的并且可以用来赚钱的特色。它既可以是秘方一类的技术，也可以是行为规范，关键就是要做成绝活，做成别人明明知道但是却无法效仿的东西。

根据上述的观点和提示，利用表4-1对创业思路和备选项目进行判断和取舍。

表4-1 项目生存性评价

| 项目生存性评价 |
|---|
| 第_____个创业项目是 |
| 1. 从夹缝生存空间的观点看，该项目（请在以下各项中选择）<br>　　A. 是市场规模小的产品，大企业不愿意做<br>　　B. 是多品种、小批量生产方式的产品，大企业嫌麻烦不愿意做<br>　　C. 是小批量特殊专用产品，大企业不愿意做<br>　　D. 是大企业认为信誉风险大的产品而不做<br>　　E. 其他<br>该项目是否构成了"夹缝小生位"　是　否 |
| 2. 从空白生存的观点看，该项目（请填写）<br>　　A. 创新点<br>　　B. 能够填补的空白<br>　　C. 创新和填补空白带给消费者的主要利益点<br>　　D. 预计该利益是否显著而被消费者接受<br>该项目是否构成了"空白小生位"　是　否 |
| 3. 从协作生存空间的观点看，该项目（请在以下各项中选择）<br>　　A. 是大企业供应链上的一个链条<br>　　B. 是连锁经营方式<br>　　C. 是品牌专卖方式<br>该项目是否构成了"协作小生位"　是　否 |
| 4. 从专知生存空间的观点看，该项目（请在以下各项中选择）<br>　　A. 具有独特技术<br>　　B. 具有独特工艺<br>　　C. 具有品牌专利<br>　　D. 具有别人做不来的标准化体系与行为规范<br>该项目是否构成了"专知小生位"　是　否 |
| 综合评价<br>5. 从生存角度看，该项目的生存性<br>　　A. 强　　　　　　B. 中　　　　　　C. 弱 |
| 6. 从生存性角度对该项目的最终评价是<br>　　A. 作为被选方案保留　　B. 是创业陷阱，去掉 |

### (三) 保本点评价法

不做亏本的生意,这是创业项目选择的基本要求。一个生意要做到多大才能够保本获利? 如果保本点很高,即要销售量很大才能够赚回本钱的生意,一般来说就不是一个好创业项目。从保本的角度来评价项目,我们寻求那种保本点较低的创业项目。小本创业很难接受那种保本点很高、利润回报时间很长的创业项目。

每个生意都有自己的"本"、"量"、"利",而成本、销售量和利润之间有以下关系:

$$保本点 = \frac{项目总投资}{单位销售单价 - 单位变动成本}$$

降低保本点的做法:一是控制总投资,特别是一次性资本投资更需严格控制,能不花的钱尽量不花,例如要开一个面向大众的小饭店,就要尽量降低装修费用。二是提高单位销售价格。但要知道,价格的下限就是成本,上限是市场,可以定高价,但高价格可能降低企业的竞争力和消费者的购买量,除非产品或经营具有溢价的独特之处,否则提价是危险的。三是降低变动成本,但这也是有极限的,因为一定的成本支持一定的质量。四是加快产品循环周期,快速运转增加流量,这是一个最具潜力的好办法。

当然,一旦越过保本点,往往投资最大的项目赚钱也最多,投资少的项目赚钱也少。看来风险与利润总是结伴而行,到底该做怎样的选择,还是要分析市场的需求情况、自己的资源情况以及风险的承受情况等众多因素。

根据上述商机的甄别方法对创业思路与备选项目进行筛选,最终确定最适合自己的创业机会和项目开始创业。

## 三、注意发挥潜意识的作用

在创业前,我们需要对自己进行一次剖析,认真地思考,我的性格是否适合创业? 创业需要激情,更需要理性。只有做好了创业的准备,才可以创业。

一旦你觉得你已经有了创业的激情又具备了创业的条件,那就不要浪费时间,立即开始你的创业行动。如果你觉得不适合创业,那么也不要气馁,更不要勉强而为,因为俗话说:"三百六十行,行行出状元。"成功也不是只有创业一条路可走。

创业时,我们要注意的是,创业是一种生活方式,创业者需要心无旁骛,专一执着,不要有以下两种错误心态:

(1) 觉得工作没意思,想业余时间创业试试。

(2) 在第一个创业项目没有完成时,又开始搞第二个,想双保险。

有第一种心态的人,很可能工作没专心干好,又被创业项目所拖累,最后被领导批评,甚至于失去工作。而怀有第二种心态的人,创业时也容易顾此失彼。

# 第三节　创业项目的验证

## 一、创业项目的市场验证

创业项目想要成功，只停留在计划、构想上是不行的，必须要通过市场的检验。大学生进行创业时，要考虑市场营销风险。

市场营销风险，这是创业过程中较为核心的风险因素，如更强势的竞争对手出现导致竞争加剧、市场形势变化。市场是检验创业项目与产品的唯一地方，市场营销在创业过程中是重中之重的"大事"。如果产品选不好，项目选不好，那么营销能力再强也无异于自掘坟墓或自断后路；而如果产品或项目都很不错，市场营销能力欠缺，这样形成的创业风险则会伤及创业行为本身。为谨慎起见，创业者可以先选择一个较小规模的市场尝试销售，根据市场反馈，对产品和营销计划进行修正。

## 二、创业项目的 SWOT 分析

### （一）SWOT 分析法的内涵

SWOT 四个英文字母代表的含义分别是 Strengths（优势）、Weaknesses（劣势）、Opportunities（机会）和 Threats（威胁）。一般来说，S、W 从属于个人自身因素，O、T 从属于外部环境因素。SWOT 分析法就是通过调查分析将研究对象这四方面的因素罗列出来，并依照一定的次序排列成矩阵形式，然后将各种因素相互匹配起来进行全面、系统、准确的分析，根据得出的结论制定相应的策略。

SWOT 分析法也称为态势分析法，这种研究方法是由旧金山大学的管理学教授在 20 世纪 80 年代初提出来的。在此之前，就有人提出过 SWOT 分析法中涉及的这四种因素，但是存在一定的缺陷，只有 SWOT 分析法是较为系统的分析方法。这种方法主要运用于市场营销领域，是市场战略分析家最常用的战略分析方法，他们运用这种方法对企业所处的情境进行准确的分析，根据分析结果制定企业最终发展战略，从而提高决策的科学性。

### （二）SWOT 分析法的内容

#### 1. 优势（S）

优势是指超越其竞争对手的能力，或者指能提高竞争力的方面。

例如，当两个企业处在同一市场或者说它们都有能力向同一顾客群体提供产品和服务时，如果其中一个企业有更高的盈利率或盈利潜力，那么我们就认为这个企业比另外一个企业更具有竞争优势。

竞争优势体现在以下几个方面：

（1）技术技能优势：独特的生产技术，低成本生产方法，领先的革新能力，雄厚的技术实力，完善的质量控制体系，丰富的营销经验，上乘的客户服务，卓越的大规模采购技能等。

(2) 有形资产优势：先进的生产流水线，现代化车间和设备，丰富的自然资源储备，吸引人的不动产地点，充足的资金，完备的资料信息。

(3) 无形资产优势：优秀的品牌形象，良好的商业信用，积极进取的公司文化。

(4) 人力资源优势：关键领域拥有专长的职员，积极上进的职员，很强的组织学习能力，丰富的经验。

(5) 组织体系优势：高质量的控制体系，完善的信息管理系统，忠诚的客户群，强大的融资能力。

(6) 销售能力优势：产品开发周期短，强大的经销商网络，与供应商良好的伙伴关系，对市场环境变化的灵敏反应，市场份额的领导地位。

**2. 劣势（W）**

劣势（W）是指某种公司缺少或做得不好的方面，即某种会使公司处于劣势的条件。

可能导致内部弱势的因素有：

(1) 缺乏具有竞争意义的技能、技术。

(2) 缺乏有竞争力的有形资产、无形资产、人力资源、组织资产。

(3) 关键领域里的竞争能力正在丧失。

**3. 潜在机会（O）**

市场机会是影响公司战略的重大因素。公司管理者应当确认每一个机会，评价每一个机会的成长和利润前景，选取那些与公司财务和组织资源匹配、能使公司获得竞争优势的最佳机会。

潜在的发展机会可能是：

(1) 客户群的扩大趋势或产品细分市场。

(2) 技能技术向新产品、新业务转移，为更大客户群服务。

(3) 前向或后向整合。

(4) 市场进入的壁垒降低。

(5) 获得购并竞争对手的能力。

(6) 市场需求增长强劲，可快速扩张。

(7) 出现向其他地理区域扩张，扩大市场份额的机会。

**4. 外部威胁（T）**

在公司的外部环境中，总是存在某些对公司的盈利能力和市场地位构成威胁的因素。公司管理者应当及时确认危及公司未来利益的威胁，做出评价并采取相应的战略行动来抵消或减轻它们所产生的影响。

公司的外部威胁可能是：

(1) 强大的新竞争对手将进入市场。

(2) 替代品抢占公司销售额。

(3) 主要产品市场增长率下降。

(4) 汇率和外贸政策的不利变动。

(5) 人口特征、社会消费方式的不利变动。

(6) 客户或供应商的谈判能力提高。

（7）市场需求减少。

（8）容易受到经济萧条和业务周期的冲击。

构造 SWOT 矩阵：将以上分析得出的影响企业发展的内外环境因素按照一定的顺序排列构造成 SWOT 矩阵。将那些对企业发展非常重要、紧迫和有直接影响的因素排列在前面，而将那些不太重要的、不急的和间接的影响因素排在后面。

### （三）制订行动计划

在分析完环境因素和构造好 SWOT 矩阵之后，接下来就是运用系统分析的方法对各种影响因素进行系统的分析，最后制订出企业未来发展的行动计划，以便扬长避短、化不利因素为有利因素。

例如，某同学准备开一家中式快餐店，对于这个项目他做了一份 SWOT 分析。

首先是人力、财力、系统观方面的优劣势分析。

优势方面（S）：

（1）曾经在著名的西式快餐店工作过，有相当丰富的经验，对于西式快餐店的经营模式、生产方式及经营管理都有相当的了解。

（2）经营的地点交通流量很大，是一个理想的快餐店设立地点。

（3）财务支持方面，有来自家庭的支持。

劣势方面（W）：

（1）菜单的设计、分析消费者对于快餐的需求、生产流程规划方面，没有相对的经验与优势。

（2）在原材料供货商方面，无法像大型竞争者那样节省大量的进货成本。

其次是快餐店的外在环境分析，在威胁方面有以下几点考虑（T）：

（1）在竞争者方面，目前市场中的竞争者众多，而且大量的媒体广告已经使得快餐产品和这些厂商相连。

（2）替代品方面，快餐产品也纷纷进驻便利店，如烤香肠等。

（3）就整体市场而言，传统的快餐产品竞争者众多，他们所提供产品的同构性也很高，其竞争优势多建立在附加服务上或是由媒体塑造。因而非连锁性的、自创性的连锁商店，可能无法在广告上与其相抗衡。

（4）就垂直整合程度与经济规模而言，这些竞争者的连锁店众多，也因此他们在原料的进货上可以借由量大而压低成本，在媒体广告上，更可以收到较大的效果。再者，这些竞争者也不断借助媒体的塑造，在节假日成为家庭休闲或是举办聚会的场所，这种社区关系的维系，也是新进入者需要考量的因素。

（5）在竞争手段方面，由于这些竞争者的市场占有率高，因此会和其他商品进行联合行销，如麦当劳在电影《泰山》上映时同步推出玩偶，与"Hello Kitty"联合推出套餐玩偶等，吸引许多只为喜好赠品而来店消费的顾客，更加提高它们的竞争优势。

在相对机会方面（O）：

（1）由于快餐文化追求效率，在产品上无法做到对顾客饮食差异化的满足。

（2）目前竞争者喜好推出套餐组合，某些食品并不可以替换，如不喜欢吃薯条的人就不能要求换取等值的产品。我们无法提供大众差异化产品，但可以按照消费者的需要进

行产品组合。

（3）目前国内对健康日渐重视，而西式快餐又常被人们以为热量很高，是垃圾食品。这也是在为新式快餐店设立产品种类时需要注意的。

由以上分析可以知道，自行创业从事快餐店，可能会遭遇的最大困难就是缺乏广告效果以及无法在生产原料方面有规模成本的优势，但是可以从产品的差异化来满足顾客的需求，于是提出下列几个可行性方案。

（1）发展中式口味，但是又能兼顾有生产效率的产品，如米食。

（2）借由大量顾客差异化的现状，提供较能满足顾客差异化需求的产品。

（3）使顾客在选择产品套餐时有较大的自主性。

（4）先建立地区性的口碑，再从事跨区域的经营。

（5）提倡健康食品的概念，如可以卖素食、蔬果及有机饮料。

（6）不要放弃西式快餐店的经营模式，如整洁的饮食环境、明亮舒适的饮食空间、亲切有活力的店员等，但是导入中式口味、健康概念的食品。

（7）以食物作为竞争差异化的优势，也就是强化食品的健康性、快速性，并符合中国人的饮食口味。

## 第四节　创业选项的训练

尽管"三百六十行，行行出状元"，但是究竟什么项目适合自己，还是要经过精心挑选的。挑选优异的创业项目，可以通过参加创业大赛、商业经营模拟、加入企业孵化园等方式来进行。

### 一、参加创业大赛

从1998年起，各种创业大赛吹响了向创业进军的号角，创业的意识深深地植根在大学生的大脑中，创业的激情时刻都在大学生心中沸腾，创业的行为天天都在大学生身上发生。从此，大学生创业已经不再是孤独的英雄之舞，而是变成了群雄逐鹿。我国的大学生创业告别了少部分人创业的时期，而进入了群心思创、万马奔腾的年代。

正如我们的市场经济深受美国影响一样，我国的大学生创业也深深地打上了美国的烙印，特别是大学生创业计划大赛，几乎是美国的翻版。

美国大学生的创业热情起源于美国的创业计划大赛。自1983年美国德克萨斯州大学奥斯汀分校举办第一届商业计划大赛以来，美国许多高校都开始举办自己的创业计划大赛。据统计，美国表现最优秀的50家高新技术公司有46％出自于MIT的创业计划大赛。从某种意义上讲，高校的创业计划大赛已成为美国经济的直接驱动力之一。

美国大学生创业计划大赛的成功，深深地影响了我国的高校和有关单位，他们决心在中国移植这个成功的大学生创业教育模式。美国第一届大学生创业计划大赛之后的第15个年头，中国的大学生创业竞赛终于拉开了序幕。

我国大学生的创业大赛源自清华校园。1998年5月，首届清华创业计划大赛由清华

的一个学生社团——清华大学学生科技创业者协会发起并举办。在历时5个多月的首届竞赛中,共有320名学生组成98个创业团队或竞赛小组报名参赛,提交创业计划书114份。由于比赛本身的性质和它在中国的首创性,它受到众多媒体、专家、企业家和风险投资家的密切关注。随后,在1999年,由共青团中央、中国科学技术协会、全国学生联合会主办,清华大学承办的首届"挑战杯"中国大学生创业计划竞赛成功举行,在全国高校中掀起了一轮创新、创业的热潮。至今,"挑战杯"中国大学生创业计划竞赛已连续成功地举办了多届。2006年至2008年,CCTV连续三年举办的"赢在中国"创业大赛,将我国的创业大赛推向了新的高潮。

以上各类大赛给我国的大学生创业带来了深远的影响,综合起来有以下两点:

**1. 创业大赛传播了大学生创业的意识**

各类创业大赛向全国的大学生们宣传了创业项目的选择、创业资金的筹备、风险资金的获得、创业团队的组建、企业管理、市场营销等有关创业方面的各种知识。

**2. 创业大赛催生了一大批大学生企业**

大学生创业不仅需要良好的创业意识,更需要创业启动资金。各类创业大赛,大胆地引入了风险投资商,较好地完成了大学生创业项目和创业资金的对接。

大学生创业计划竞赛的意义有以下四个方面:

(1) 促进大学生就业,深化高校教学改革。在当前大学生就业形势日趋严峻的形势下,高校毕业生自主创业将成为就业的重要形式。另外,大学生通过自主创业的过程,可以不断完善自己的知识结构,提高综合运用知识的能力,培养创新意识、创新能力和团队协作能力。

(2) 加强产学研结合,促进科技成果转化。大学生通过与相关部门、机构的合作,努力发掘拥有自主知识产权的技术产品,把成果转变成对投资者有吸引力的创业计划,这本身就是一个科研成果走向市场并转化为生产力的过程。由创业计划竞赛到创新企业的这种崭新模式,为造就一批拥有自主知识产权的高新技术企业开辟了新的道路。

(3) 培养自主创业意识。高校学生要转变过去对创业过程反应不灵敏的状况。普遍来说,我国大学生缺乏一种创新与创业意识,这无疑会导致他们对市场变化反应迟钝,不适应未来经济发展和社会竞争的要求。现在的经济社会已经提出了发展高新技术企业的紧迫要求。面对这一时代要求,应该努力地培养青年学生自主创业的意识,鼓励和支持他们在合适的学业阶段或毕业之后用自己的智力优势创办对社会经济发展有利的创新企业。创业计划竞赛的举办不仅为学生描绘和创造了未来,还将为社会提供新的就业机会,为中国的发展创造新的经济增长点。而且,学生的创业热情也一定会影响一大批有志青年,号召他们走上自主科技创业、服务社会的成长道路。

(4) 推进技术创新,促进"科教兴国"战略的实施。当前我们国家正处于全面建设小康社会的关键时期。21世纪是知识经济的时代,以"挑战杯"竞赛为契机,有助于加快推进中小型企业的技术创新,促进"科教兴国"战略的贯彻实施,提升我国在国际上的竞争实力和地位。

## 二、商业经营模拟

在就业形势依然严峻的今天,不论是大学生创业还是大学生就业,都是国家关心的问题,也是社会热议的话题。做好大学生就业工作,从根本上说,还是要对学生各方面的技能进行深入培养。在企业工作,需要员工有良好的职业素养,自主创业的学生,更需要接受对综合素质的全面考验。通过商业模拟实战,让学生提前感受职场氛围,在专家老师的带领下发挥才智,学习实践,这对学生的发展是很有好处的。

商业经营模拟分为两个部分:

### 1. 软件模拟

ERP沙盘模拟软件将企业的主要流程缩小在整张沙盘上。企业的物流:下原料订单、原料入库、组织生产、接订单销售;企业的资金流:现金、贷款、应收账款、人工成本、设备维修、固定资产折旧等制造费用支出,广告投入、市场开拓、产品研发、ISO认证等管理费用支出等;企业的信息流:市场预测分析、竞争环境分析、竞争对手经营情况分析等。

在ERP沙盘模拟培训中,5~8位学生被分为六个小组,每个小组代表一个企业。每个企业的主要职能定位分别为:公司总裁CEO,负责企业长期经营战略决策,制订每年经营规划,分配成员角色,协调团队沟通合作等;财务总监CFO,负责企业资金筹措、资金运用、费用成本控制、现金流管理、财务核算等;生产总监,负责企业生产战略制定,编制和执行生产计划、设备更新计划等;采购总监,负责采购计划的制订和执行,企业内部物流控制等;营销总监,负责企业营销战略、新市场开拓规划、新产品研发计划、广告投放策略的制定和执行等。

每个小组都拥有同等的资金、设备和固定资产。通过用现金为企业做广告,从市场上赢得订单,用现金购买原材料和新生产线,投入生产,完工交货,从客户手中获得现金,用现金开发新的产品和新的市场,用现金支付员工工资、税收等。当资金短缺时可向银行申请贷款或变卖固定资产。经过六年的经营,最终根据每个企业的所有者权益多少评出优胜企业。

ERP沙盘模拟软件,让学生通过模拟企业运行状况,在制定战略、分析市场、组织生产、整体营销和财务结算等一系列活动中体会企业经营运作的全过程,认识到企业资源的有限性,在各种决策的成功和失败的体验中,学习、巩固和融会贯通各种管理知识,掌握管理技巧,领悟科学的管理规律,提升管理能力,从而为他们今后的创业提供丰富的经验和理论基础。

### 2. 组建商业模拟公司

"商业模拟公司"这种特殊的商业实践教学模式起源于50年代二战后经济处于恢复期的联邦德国。发展到今天,全世界模拟公司总数已达到2 900多家,分布在31个国家。1984年,"商务模拟公司"作为一种培训模式被引入到国内,并迅速得到了大众的认可与推广。模拟公司的教学观念是通过实践学习理论和知识,也就是通过贸易业务实践而获得贸易理论与知识。

商业模拟公司像一个真实公司一样,设立诸如行政管理及人力资源部、财务部、采购部、销售部、市场部等职能部门,学生在模拟公司的每一个部门进行轮岗操作实习,直接与

其他国内外模拟公司发生业务关系，直接与模拟的社会经济部门，如银行、工商、税务、海关、商检等发生联系。在这种仿真的商务活动中，使他们了解、熟悉职业岗位所需的各方面理论知识、法律法规和政策，极大地激发学生学习的主动性和积极性，实现从感性到理性的提升。要实现这一有效的实践教学模式，需要在学校中构建"商务模拟公司"，并成为"模拟公司网络"成员，在"模拟中心"的统一协调下开展业务。

## 三、了解企业孵化器

### （一）企业孵化器的含义

企业孵化器（Business Incubator 或 Innovation Center），是一种新型的社会经济组织。通过提供研发、生产、经营的场地，通讯、网络与办公等方面的共享设施，系统的培训和咨询，政策、融资、法律和市场推广等方面的支持，降低创业企业的创业风险和创业成本及创业门槛，提高企业的成活率和成功率，加快企业的创业速度，活跃行业内的创新氛围。主要是为一些有潜力的项目提供技术、资金、管理方面的支持，等项目做大后脱离该企业，使其自由发展。提供这些支持的企业，其功能类似于将一个一个的公司孵化出来，即称之为孵化器企业。

一个成功的孵化器离不开五大要素：共享空间、共享服务、孵化企业、孵化器管理人员、扶植企业的优惠政策。企业孵化器为创业者提供良好的创业环境和条件，帮助创业者把发明和成果尽快形成商品进入市场，提供综合服务，帮助新兴的小企业迅速长大形成规模，为社会培养成功的企业和企业家。

### （二）企业孵化器诞生的历史背景及发展现状

世界上第一个科技企业孵化器是约瑟夫·曼库索于 1959 年在美国纽约的贝特维亚创建的"贝特维亚工业中心"，是全球企业孵化器事业的开端。曼库索因出租厂房给一家养鸡公司，便把扶持创业的机构形象地称为"孵化器"。二战后的二三十年里，美国经济独立发展，具有较大的优势。但是到了 70 年代，随着新科技革命浪潮的兴起，这种优势受到了西欧和日本等国经济崛起的冲击。面对这种变化，大企业适应缓慢，小企业在美国经济发展中的表现相当活跃。然而，小企业的成功率很低，发展极其困难。研究表明，小企业失败的主要原因是资金不足和管理不善，这说明小企业还没有一个良好的发展环境。企业孵化器正是适应这种社会需求而诞生的组织，企业孵化器的目的正是为小企业创造一个良好的成长环境，对处于初创状态的小企业提供全面的发展支持，为企业提供可租用的场地、商业服务设施等。企业孵化器是一个创造创新型企业的综合系统，旨在创造一批充满活力的企业，并适时有组织地为企业提供其成长所需要的"营养"。

企业孵化器的创立，对社会经济发展带来了积极的影响。企业孵化器通过政策引导和资金导入，帮助一些新成立的、相对较弱的企业和公司成长，增强了小企业生存和发展的能力；通过渠道沟通和平台架设，为风险资金提供优质的投资项目和初创企业；同时也解决了部分社会就业问题。企业孵化器在实践中取得了卓越的成果：据美国统计，经过企业孵化器孵化的企业，其成活率能达到 80%。

20 世纪 80 年代，随着我国科技与经济体制改革的深化和对外开放政策的实施，特别

是科技成果转化的需要日益突出,客观上形成了对企业孵化器的需求。1987年,我国第一家企业孵化器——武汉东湖创业者中心宣告成立,企业孵化器事业从此在中国红红火火地发展起来。我国企业孵化器实现了健康、快速发展,企业孵化器的政策环境得到了改善,资金投入力度加大。企业孵化器的数量和规模有了很大的增长,服务功能进一步加强,培育了大批高新技术企业和具有创新实干精神的企业家。

目前,中国企业孵化器中在孵企业已达14 000多家,孵化面积600多万平方米,孵育转化科技成果上万项,创造就业岗位近30万个。位于北京中关村科技园创新核心区的海淀留学生创业园是中国规模最大的留学人员企业孵化器,吸引了140多名海外留学生归来创业,创办企业127家。

我国企业孵化器事业取得了巨大的成功,得到了国际上的承认。企业孵化器的成功运作极大地促进了科技成果的转化,弘扬了容忍失败、鼓励冒险、崇尚创新的企业家精神,吸引了一批海外高素质人才回国创业,推进了国际合作。企业孵化器在实践中摸索出了一条在市场经济条件下促进科技成果转化的道路,为中国高新技术产业的技术创新和持续发展做出了重要贡献,得到了政府和专家的高度评价和赞扬。

**(三) 我国企业孵化器的发展模式及特征**

企业孵化器一般具备四个基本特征:一是有孵化场地;二是有公共设施;三是能提供孵化服务;四是面向的特定服务对象是新创办的科技型中小企业。

我国企业孵化器发展的四种模式:

**1. 省市科委、地方政府创办**

这类孵化器在全国科技力量较强的大中城市,特别是在全国高新技术产业开发区中均有分布,目前这类孵化器是我国数量最多、规模最大的一类。

特点是:政府以特殊政策支持孵化器的建立与发展,投入大量资金,创造初级的孵化条件。孵化器注重现有科技成果的转化和已建小企业的培育,注重社会效益,不强调直接的经济效益。孵化器作为一个自收自支的事业单位,逐步实现企业化管理,政府从高新技术产业的发展、被孵企业所带来的就业机会和税收中得到回报。

**2. 大学创办**

目的是促进高等院校的研究成果商业化、产业化,为师生创业提供便利条件。

特点是:依托大学,为企业提供较多的服务,被孵企业的素质较高,是大学科技园的重要组成部分。

**3. 国有企业创办**

国有企业通过创办孵化器,为自己和其他企业的创立和发展提供必要的资金、人力、技术、管理、硬件等条件和环境。

国家在企业创办孵化器过程中的作用从提供资金支持转向提供政策支持,引导企业的发展方向,最终实现国有企业通过孵化器摆脱困境的目标,使国有企业创办孵化器成为国企改革的有效模式。

**4. 其他社会团体和私人创办**

包括慈善组织企业孵化器、妇女组织企业孵化器和私营企业孵化器等,随着孵化器向多元化方向的发展,私营企业孵化器将会发展壮大起来。

### （四）企业孵化器在企业家创业过程中的作用

**1. 节省时间**

一个小企业要想获得必要的硬环境条件，不但要有相当的投资，而且要筹备很长时间。而企业孵化器把这一切都准备好了。一般一个小企业从入驻企业孵化器到开始正常运转，只需十天左右的时间。

**2. 少走弯路**

对于一个小企业，在组建以及运营之初，面临相当多的问题，常常需要做出抉择，如起草公司章程、确定产权关系和企业性质、决定人员组合、合理利用资金、进行市场开拓等等。富有经验的企业孵化器管理人员及有关专家的咨询服务，可以及时帮助企业家做出正确的选择。不是任何企业或创业者都可以入驻孵化器的，每家企业孵化器都有严格的接纳标准，能够被孵化器接纳的，就是有良好市场竞争力和发展潜力的企业。

**3. 创业者集聚效应**

企业孵化器努力创造条件，使同时被孵化的创业者很方便地进行交流，分享经验和信息，互相鼓励，甚至结成业务合作伙伴。

**4. 加速发展，提高了创业的成功率**

良好的创业环境和优质的创业服务，使一大批中小科技企业在孵化器中快速成长。

### （五）企业孵化器提供的孵化服务

（1）代理服务。包括代办工商注册、税务登记、专利申请、商标注册、报关等服务。

（2）中介服务。为创业者牵线搭桥，实现与大学、研究机构、企业之间的联系，为相互之间的技术、经济、贸易等合作提供中介服务。

（3）咨询服务。为创业者提供法律、政策、财务、会计、知识产权、人力资源、技术贸易、商品贸易等方面的咨询服务，帮助创业者制订创业计划、企业发展计划等。

（4）融资服务。为创业者沟通各种融资渠道，有针对性地向商业银行、风险投资机构、信用担保机构、投资公司、大企业和个人推荐孵化项目，促进相互间的合作。

（5）技术服务。提供产品设计、工艺设计、中间试验、新产品试制、技术实验、技术检测等技术创新支持与服务，提供科研仪器和实验室等。

（6）人力资源服务。通过培训班、研讨会等方式培训创业者及员工，协助企业制订人力资源发展计划和招聘新员工，完善孵化企业人力资源管理体系，代管孵化企业党组织关系、团组织关系和工会组织，培育科技企业家。

（7）信息服务。向创业者及时提供各种产（行）业、技术、经济和政策等信息。

（8）推荐孵化企业。协助孵化企业树立企业形象，向政府、新闻媒体等推荐孵化企业，推荐申报各种科技计划和国家中小型科技企业创新基金等。

（9）组织交流活动。组织孵化企业参加国内外各种技术或者产品的展览、展示活动，协助孵化企业开展国际合作。

（10）落实优惠政策。帮助孵化企业落实财税、科技、人才、金融、外贸、海关等优惠政策。

### 四、申请加入孵化园

大学生创业孵化园是一种介于市场与企业之间的新型社会经济组织,是当前高校最典型的一种将创业教育与创业实践有机结合的有益尝试。大学生创业孵化园计划以"解决目前就业,培养未来老板;激发创业潜能,造就创业人才"为宗旨。大学生创业孵化园建设是创造性地解决大学生就业问题的尝试,是适应社会发展要求、培养学生创业能力的重要举措。

**(一) 入园申请人资格(申请人符合以下条件之一者即具备申请入园资格)**

(1) 普通高等学校在读学生或毕业未满 5 年的毕业生,包括本、专科生和硕士、博士研究生。

(2) 年龄在 35 岁以下的国外留学生,包括国外高校学士、硕士、博士研究生。

(3) 年龄在 35 岁以下的进修回国的创业人员(指在国内已取得中级及以上职称,到国外高校、科研机构进修一年以上,学有专长的进修人员)。

**(二) 入园申请项目条件**

(1) 创业项目必须符合孵化园的产业定位,有一定的技术含量,有较强的创新性和可操作性,市场前景看好,有较好的潜在经济效益和社会效益。

(2) 创业项目(企业、团队或个人)在市级以上创业比赛中获奖,或有突出学术成就,或系重大的发明创造等,可优先入园。

(3) 创业项目必须符合国家相关法律、法规的规定。

**(三) 入园流程**

(1) 提出申请:有意入园的企业、团队或个人向服务中心提出申请,并提交《大学生创业孵化园入园申请表》、身份证明、学历证明、营业执照、税务登记证、组织机构代码证等相关材料。

(2) 项目受理:服务中心受理申请,并对资料进行审查。

(3) 项目评审:项目评审组按照《大学生创业孵化园入园项目评审办法》,对项目进行论证或评审。

(4) 审批意见:由服务中心根据专家论证或评审意见,在《大学生创业孵化园入园项目审批表》上签署意见,做出是否同意入园的决定。

(5) 签署协议:服务中心与通过评审的企业(团队、个人)签署《大学生创业孵化园入园协议》。

(6) 正式入园:签署入园协议的企业(团队、个人)正式进入孵化园。参见图 4-5。

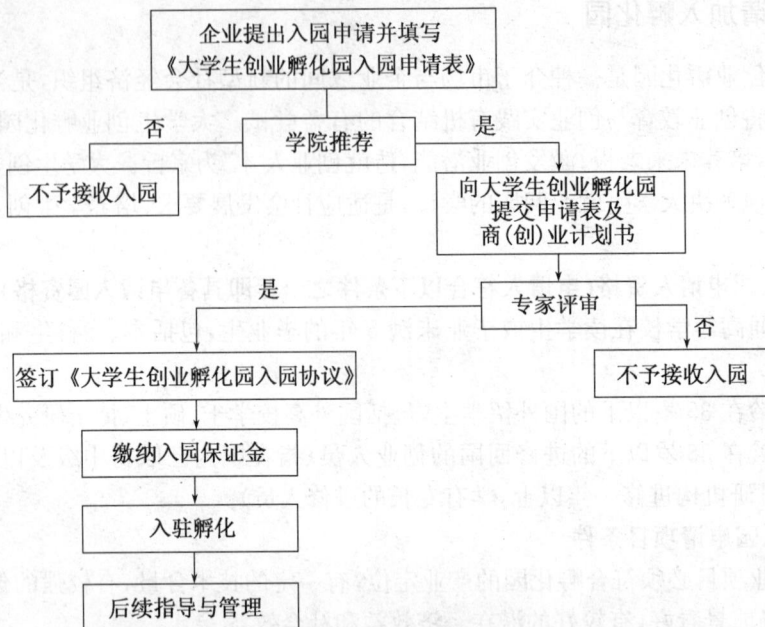

图4-5 大学生创业孵化园申请入驻流程图

## 本章小结

创业项目就是指创业者所要从事经营的业务，通俗地说就是"创业者筹划干什么事业"。创业选项的相关因素有：兴趣、专业、特长、国家的相关政策和法律因素。选择创业项目要遵循以下五个原则：要选择国家政策鼓励和支持，并有发展前景的行业；要认真进行市场调研，适应社会需求；要充分利用优势和长处，干自己有兴趣的、熟悉的事；要量力而行，从干小事、求小利做起；要坚持创新，做到"人无我有，人有我优，人优我特"。

商机（包含市场因素），就是在创业活动中能给企业和创业者带来营利性的客观存在的市场需求，是一种能够让你获得利润（赚钱）的合法机会。商机评估包括四个主要部分：自身条件评估、市场需求分析、盈利模式探讨和竞争优势研究。

创业项目商机评估的方法有：陷阱判别法、生存评价法、保本点评价法。SWOT分析法分别对 Strengths（优势），Weaknesses（劣势），Opportunities（机会）和 Threats（威胁）进行分析。挑选优异的创业项目，可以通过参加创业大赛、商业经营模拟、加入企业孵化园等方式来进行。

## 复习思考题

1. 如何寻找你的创业机会?
2. 大学生创业项目的途径来源有哪些?
3. 大学生在选择创业项目时,应注意哪些原则?
4. 对你的创业项目进行 SWOT 分析。

## 技能题

### 如果我是老板

目的:帮助你了解创业者如何选择项目。

时间:25 分钟。

步骤:5 人一组进行讨论,10 分钟后,小组交流汇报。

讨论内容:如果进行创业,你会选择什么创业项目,并说说选择这个项目的原因。当你决定要创业之后,首先要做的事情是什么?

# 第五章　一个好汉三个帮

## ——大学生创业团队的组建

### 学习目标

1. 了解创业中团队建设的重要性,掌握创业团队构建的原则和方式。
2. 熟悉创业团队成功的主要因素。
3. 理解和掌握创业团队管理的内容和方法。

### 案例导入

　　最近热播的一部电影《中国合伙人》讲述了三个小伙子怀着梦想艰苦创业,把新梦想由小做大做强的故事,故事主人公的原型即是新东方的创业团队。创始人俞敏洪,1991年从北京大学辞职,开始自己的创业生涯。1993年,创办了新东方培训学校。1994年,新东方已经有几千名学员,在北京也已经是一个响亮的牌子,但是相应地问题也出现了很多。俞敏洪意识到需要找到更多的合作伙伴,方能解决那些问题,把新东方给做大做强。这样的合作伙伴不仅要有过硬的专业知识和能力,而且要和他本人有共同的办学理念。他首先想到的是远在美国的王强、加拿大的徐小平等人,他们符合业务扩展的要求,更重要的是作为北大时期的同学、好友,彼此在思维上有着一定的共性,比其他人能更好地理解并认同自己的办学理念,合作也会更坚固和长久。而两人虽彼时有着优裕的工作,但在1995年也加盟了新东方。从1994年到2000年,杜子华、徐小平、王强、胡敏、包凡一、何庆权、钱永强、江博、周成刚等人陆续被俞敏洪网罗到了新东方的门下,新东方最初的团队就此创立。

　　这是一个由不同才能的人组成的团队。徐小平开设的"美国签证哲学"课,把出国留学过程中一个大家关心的重要程序问题,上升到一种人生哲学的高度,让学员在会心大笑中思路大开;王强开创的"美语思维"训练法,突破了一对一的口语训练模式;杜子华的"电影视听培训法"已经成为国内外语教学培训中极有影响力的教学方法。新东方的老师很多都根据自己教学中的经验和心得著书立说,并形成了自身独有的特色,让新东方成为一个有思想有创造力的地方。

这是一个由不同个性的人组成的团队。俞敏洪的温厚，王强的爽直，徐小平的激情，杜子华的洒脱，包凡一的稳重，几个人的鲜明个性让新东方总是处在一种不甘平庸的氛围当中。新东方形成了一种批判和宽容相结合的文化氛围，批判使新东方人敢于互相指责，纠正错误；宽容使新东方人在批判之后能够互相谅解，互相合作。大家互相之间不记仇，不记恨，只计较到底谁对谁错谁公正。

这也是一个由牛人组成的团队。俞敏洪曾坦言："论学问，王强出自书香门第，家里藏书超过 5 万册；论思想，包凡一擅长讲冷笑话；论特长，徐小平梦想用他沙哑的嗓音做校园民谣，他们都比我厉害。"俞敏洪就带领着这帮"牛人"，将新东方从小做到了大，完成了让局外人都为之捏把汗的股权改制，还将新东方带到了美国的资本市场，成为中国第一个在海外成功上市的民营教育机构。新东方成为一个传奇，它的成功就在于一支年轻而又充满激情和智慧的创业团队。

# 第一节　创业团队的构建

首先让我们明确一下团队的定义。劳伦斯·霍普将团队定义为：在特定的可操作范围内，为实现特定目标而共同合作的人的共同体。Jon R. Katzenbach(1997)认为团队有如下特征：① 团队拥有一个共同的任务和目标；② 成员同舟共济，共同承担风险与责任；③ 成员间知识技能具有互补性；④ 成员之间信息共享，彼此尊重、诚信；⑤ 对团队的事务尽心竭力，全方位奉献。

创业团队就是指有着共同目标的两个或两个以上的个体形成的，一起从事创业活动，建立一个创业企业的团队，它在成立公司之前就已经存在。创业团队也是指在创业初期（包括企业成立前和成立早期），由一群才能互补、责任共担，愿为共同的创业目标而奋斗的人所组成的特殊群体。

## 一、创业团队的重要性

全球热销的《穷爸爸和富爸爸》一书讲到，要创业，想成功，有两种办法：一是自己创建一个成功的系统，二是跟着一个成功的系统走。这个所谓的系统，即为创业团队。

创业团队对企业的成立发展起着至关重要的作用。在一项针对 104 家高科技企业的研究报告中指出，年销售额达到 500 万美元以上的高成长企业中，有 83.3% 是以团队形式建立的；而在另外 73 家停止经营的企业中，仅有 53.8% 有数位创始人。这一模式在一项关于"128 公路—百强"的研究中表现得更为明显：100 家创立时间较短、销售额高于平均数几倍的企业中 70% 有多位创始人。

如果这个调研还说明不了什么的话，作为社会中鲜活存在、不可避免与他人发生联系的一个人，你总应该有这样一个认识：我们当前所置身的是一个全球化与互联网高速发展的时代。这个时代的特点是，即便你已经专注于某个很有意思的领域，而且大脑不停运转，创意不断，还是会有非常多的竞争对手同时参与进来。不管你正在从事哪一领域，创新的半衰期都是如此之短。如果你能开发出特别吸引用户的功能，产品就可以一夜成名，

但很快也会过时，昨夜美丽昙花不过一现，这还是比较理想的状态。如果你本人比较缺乏创意，缺少快速反应的创新，那么你很可能从一开始就跻身不了市场，或者即使进去，也很容易就出局。

那么，如何跟上时代的步伐呢？答案是依靠一个能力互补的强大团队。选择了正确的团队，就是完成了80%的工作。一句老话说得好，三个臭皮匠，顶个诸葛亮。一个人纵使有天大的能耐，也难免有考虑不周、思虑倦怠的时候。在强调团队合作的今天，创业者想靠单打独斗获得成功的概率微乎其微。创业者在注册公司时就应该组建创业团队，一个好的创业团队对企业的成功起着举足轻重的作用。团队所体现出来的精神已成为不可或缺的创业素质，风险投资商在投资时更看重有合作能力的创业团队。在他们看来，再出色的创业计划也具有可复制性，而团队的整体实力是难以复制的，因此他们在投资时，往往更看重有合作能力的创业团队，而非那些异想天开的单干者。

当代大学生一般都个性化、自信心较强，虽有创业的热望，但在创业中常常自以为是、刚愎自用，这些都会影响到创业的成功。因此，对打算创业的大学生来说，强强合作，取长补短，创建一个有凝聚力的团队，要比单枪匹马更容易接近成功。

1. **团队的意义首先在于，各方面起决定性作用的人才合而为一**

在一个企业中，任何一个员工的作用无非是某台机器或这机器中的某个零部件，而团队则是这些机器或零部件的组合。一台机器通常是做不出产品的，单独的一个零部件更发挥不了作用，只有组合才能使各个组成部分的作用得到充分的发挥。

2. **团队更科学的意义在于，1+1＞2**

同样一个组织，如果各自为战，往往受到各种条件因素的局限，因为人不可能是全能的。在实际的工作中，一方面是人力资源的浪费，另一方面是某些力量的紧缺。而一个有机的组合，正是人力资源的充分利用和各种优势的互补，结果所发挥的作用较之前肯定有绝对幅度的提高。哲学中的量变和质变的矛盾原理反映的正是这方面的问题。

3. **团队的意义还反映在企业人才组合的凝聚力上**

强调团队的本身不只是人力资源的组合，而是一种意识的统一、激情的融合、理想的碰撞。员工与员工之间、员工与企业之间因为一个共同的信仰捆绑在一个共同的潜意识中，"一荣俱荣，一损俱损"，"与企业同呼吸、共命运"。任何一个成功伟大的企业，其背后一定有一个坚不可摧的优秀团队，而且，任何企业的成功和伟大都体现在团队的卓越和优秀之上。

4. **团队的意义还体现在企业的创新意识和创新能力上**

创新决定企业的生命力，而人才和意识决定企业的创新能力和水平，一个优秀的团队组合正是企业创新所必需的条件和动力，因为创新不只是一个点子或某个妙招，创新是一种持续的创造和努力。面对企业无常的变数，只有广大的人才进行有机、科学和不懈的磨合才能成就更具高度的智慧，进而创造一个又一个足以克服任何困难的奇迹。

现代企业，需要少走从前的弯路，而从一开始就走规范化管理道路。一个喜欢独立奋斗的创业者固然可以谋生，然而一个团队的营造者却能够创建出一个组织或一个公司，而且是一个能够创造重要价值并有收益选择权的公司。案例中的新东方且不说，阿里巴巴能有今天的非凡业绩，从根本上也要归功于创业团队的良好建立。阿里巴巴的发展史，其

实也就是一个团队的发展壮大史，从创业期的 16 个没资金、没人脉、没资源的年轻人，到现在做到如此强大，靠的是什么？团队的合作，努力，奋斗。彼此拥有共同的目标，凝聚成团，一起携手，一起努力，失败了，从头再来。只要彼此有一口气在，就不用怕。有你，就有我，永不放弃。

君不见，时代的列车行驶到 21 世纪，世界舞台上少了战场上的硝烟，多了商场上的竞争。这是一个追求个人价值实现的时代，更是一个追求个人价值实现与团队绩效双赢的时代。个人单打独斗的时代已经远去，团队合作的时代已然到来，我们需要的是团队合作。古人所说的"千人同心，则得千人之力；万人异心，则无一人之用"，强调的就是团队合作的重要性。

## 二、创业团队构建的原则

创建一个目标一致、合作高效的创业团队，应该遵循以下几点原则：

### 1. 合伙人原则

一般企业都是招员工，而员工都是在做"工作"。但创业团队需要招的是"合伙人"，因为合伙人做的是事业，一个人只有把工作当作事业才有成功的可能，一个企业只有把员工当作"合伙人"才有机会迅速成长，所以，创业团队要先解决价值分配障碍，然后去找自己的"合伙人"。

### 2. 激情原则

激情是衡量一个人是否能够成功的基本标准。创业团队一定要选择对项目有高度热情的人加入，并且要使所有人在企业初创时就要有每天长时间工作的准备。任何人，不管其有无专业水平，如果对事业的信心不足，就无法适应创业的需求，而这种消极因素，对创业团队所有成员产生的负面影响可能是致命的。创业初期，整个团队可能需要每天 16 个小时不停地工作，并要求在高负荷的压力下仍能保持创业的激情。

### 3. 协作原则

团队是企业凝聚力的基础，成败的是整体而非个人，成员能够同甘共苦，经营成果能够公开且合理地分享，团队就会形成坚强的凝聚力与一体感。团队中没有个人英雄主义，每一位成员的价值，表现为其对于团队整体价值的贡献。每一位成员都应将团队利益置于个人利益之上，个人利益是建立在团队利益基础上的，因此成员必须愿意牺牲短期利益来换取长期的成功果实，而不计较短期薪资、福利、津贴等，将利益分享放在成功后。这样的团队是不可能不成功的。

### 4. 互补原则

建立优势互补的团队是创业成功的关键。创业者寻找团队成员，首先要弥补当前资源能力上的不足，要针对创业目标与当前能力的差距，寻找所需要的配套成员。好的创业团队，成员间的能力通常都能形成良好的互补，而这种能力互补也会有助于强化团队成员间彼此的合作。此外，创业团队还要注意个人的性格与看问题的角度，团队里必须有总能提出建设性意见和不断发现团队问题的成员，一个都喜欢说好话的组织绝对不可能成为一个优秀的团队。

### 三、创业团队构建的方式

根据团队的特征，创业者在建立创业团队时，应该尽可能把"主内"与"主外"的不同人才、耐心的"总管"与具有战略眼光的"领袖"、技术与市场等方面的人才都考虑进来，保证团队的异质性。因此团队建立时，还要注意以下几种方式：

#### 1. 共同的理念和愿景

创业过程听起来充满诗意，实则处处都是艰辛和风险，因此成员间要有共同或者相似的价值理念，方能团结起来克服前路上的阻挠。在这个基础之上，确定企业的愿景，个人的目标要与企业的愿景一致，即认同团队的努力目标和方向，也就是对企业文化的认可。把个人目标整合到组织目标中，增强团队的凝聚力。一个相互间默契的团队，能够具有比一般的团队更有弹性、更快速解决问题的能力。

#### 2. 团队利益划分科学合理

团队成立初期，很多企业都没有意识到团队利益划分的重要性，或者说基于兄弟的情意不好意思讲出来，当企业发展到一定阶段时，利益划分问题也渐渐显现出来。所以团队创立之初，就要建立起明确的利润分配方案，真正做到"亲兄弟也要明算账"。

#### 3. 技能或背景上要互补

从人力资源管理的角度来看，建立优势互补的创业团队是保持创业团队稳定的关键。在创建一个团队的时候，不仅要考虑相互之间的关系，还要考虑成员之间的能力或技术上的互补性。不同的能力和技术能在团队遇到困难时，从各个角度出发做出相关的决策。

从创业资源的角度来看，在引进不同背景创业人员的同时，也引进了不同的人际网络。想要创业就必须拥有一定的社会资源，这里的社会资源可以指客户资源、资金资源、供应链资源、市场资源、政府资源等等。企业在社会中生存，无任何资源，创业遇到的困难将不可想象。今天那些风光的创业者，其实大部分都有自己的资源，只不过成功之后故意隐藏起来了。

#### 4. 性格上要互补

俗话说，一千个人有一千种性格，世界上没有哪两个人的性格是完全相同的，但是我们可以把人群大致分为四种性格群体：力量型、和平型、完美型和活泼型。一个优秀的长远的创业团队是应该能够集合这四种人群的团队，这也就是我们常说的性格互补策略。

团队里的力量型者有助于公司冲锋，和平型者有助于团队空气湿润，完美型者有助于团队严谨推进计划，活泼型者有助于气氛轻松、推广公司形象。但是需要注意的是，一个成功的创业团队之中，绝对不能有两个核心成员的位置重复，也就是说，不能有两个人的主要能力完全一样，否则只会因为不停出现的矛盾而创业失败。

性格互补最典型的例子是《西游记》中由唐僧率领的取经团队。四个人的性格各不相同，却又同时有着不可替代的优势。比如说，唐僧慈悲为怀，使命感很好，有组织设计能力，注重行为规范和工作标准，所以他担任团队的主管，是团队的核心；孙悟空武功高强，是取经路上的先行者，能迅速理解、完成任务，是团队的业务骨干和铁腕人物；猪八戒看似实力不强，又好吃懒做，但是他善于活跃工作气氛，使取经之旅不至于太沉闷；沙僧勤恳、踏实，平时默默无闻，关键时刻他能稳定局面。

### 5. 年龄上要互补

如何平衡创业团队中的年龄是一般的创业群体还未曾重视的事情之一。一个团队除了性格要能互相补充之外,年龄互补因素也非常重要。年轻人拥有无限的创业热情和信心,但是容易冲动,又没有资源和人脉关系;年长者虽然偏于保守、容易安居乐业失去激情,但是却有很多社会经验和社会资源。所以最佳的创业团队中,成员年龄应该是一种激情与现实的平衡。

# 第二节　创业团队成功的要素

## 一、信仰——永恒的灯塔

信仰,是指对圣贤的主张主义或对神的信服和尊崇,对鬼、妖、魔或天然气象的恐惧,并把它奉为自己的行为准则。信仰带有强烈的情感体验色彩。

信仰是人对人生观、价值观和世界观等的选择和持有,体现着人生价值、人生意义。人离开了信仰,生命便陷入毫无意义的空虚。信仰可以获得,可以被塑造,也可以被抛弃。信仰也可以说是一种生活态度,一种实践生活的哲学。

创业需要坚定的信仰。

企业归根结底是营利性的组织,但企业必然要找到自己存在的理由和信仰。不知道为什么而存在,就会陷入为了赚钱而赚钱的圈子中去,员工感到没有希望,组织没有生机。企业没有自己的生存信仰,就容易在前进的过程中走弯路,甚至迷失方向误入歧途。

因此一个创业者,在创业之初就必须确立企业信仰,并把企业的信仰作为企业文化的核心内容。

就个人而言,创业是一个披荆斩棘、充满艰险的历程。创业之初,或许都有豪情壮志,要为理想打拼,为理想而奋斗,但现实是残酷的,几个月没有进展,半年、一年甚至更远的未来,还有几个人能够坚持下来? 生活的现实,家庭的压力,其他的退路,种种的因素。黎明之前的黑夜是漫长的,你永远不知道前面等待的是什么,能坚持下来靠的是什么? 唯有信仰。创业之路充满太多不确定性,犹如在黑暗的森林中,不断寻找方向,不断调整,把走过的路一条一条否定,这过程中每否定一条路,都有可能放弃。一次又一次的转型,一次又一次的失败,一次又一次的入不敷出,一次又一次的举债,只有敢把身家性命投进去的,才有可能看到希望。没有野狼般的野性,根本看不到任何转型的机会。创业需要破釜沉舟的勇气,成功需要饥渴的动力,信仰就是战斗力。

在 2013 年百度联盟峰会上,百度副总裁朱光以会议召开所在地——香格里拉的故事为背景,向到场的联盟伙伴阐述信仰的力量及必要性。

早在公元前 7 世纪,香格里拉就已经出现在宗教经典著作中。从 17 世纪 20 年代开始,一批批来自西方、南亚、中亚的,不同肤色、不同民族、不同信仰的人们,像着了魔似的,以传教、探险、游历等方式,义无反顾,前赴后继,来到群山环抱的西藏、江河奔腾的川西、阳光灿烂的滇西北,追寻着梦幻,探寻着神迹,搜索着奥秘。

"如果没有一批批海内外的探险者、追梦人，像着了魔似的前赴后继，要去寻找他们'心中的日月'，并留下大量的游历文章。恐怕从没来过中国的詹姆斯·希尔顿，也就没机会写他那本轰动一时的小说《消失的地平线》，这雄浑奇艳的香格里拉恐怕也就继续默默无闻，我们更无从知道。"朱光说。

香格里拉是什么？其实更多的时候，香格里拉存在于我们每一个人的内心里。她是人们的一种内心追求，是一种对美好天地和世外桃源的信仰。无论是那些外国探险家，还是藏区的朝圣者，他们不都是在实践自己的信仰、追索着自己的信仰吗？

"互联网创业者一路走来，如果没有信仰的力量做后盾，恐怕就很难成功。"最后他如此概括信仰的力量。

## 二、信任——力量的源泉

### （一）团队成员之间信任的重要性

现在自主创业的青年人越来越多，许多创业团队在开始的时候，激情洋溢、精诚合作，然而稍微取得一些成绩之后，就出现了钩心斗角的现象，导致事业做不大。究其原因，主要是创业之初，在团队成员之间没有建立起深厚的信任感。这种信任危机在利益分配的阶段，随着矛盾激化而突显出来，产生了一系列破坏性后果。近年来中关村每年的企业倒闭率在 25% 左右，其中很重要的一个原因，就是创业团队内部不团结。调查发现，企业倒闭之后，原来的创业伙伴基本上分道扬镳，继续共事的相当少。

因此新的团队组建时，信任是磨合期首先需要解决的重要问题。如果团队建立了信任，成员之间就易于构建互相包容、互相帮助的人际氛围，更易于形成团队精神以及积极热情的工作情绪，成员工作满意度、对团队的忠诚度及工作效率也会随之得到提高；同时每个人都能感觉到自己对他人的价值和他人对自己的意义，成员之间更愿意进行合作，相互主动给予更多的支持，如此便可以减少领导者协调的工作量。此外，团队成员间信任度的提高，还有助于提高信息共享的效率，有效地提高合作水平及和谐程度，促进团队绩效的提高和团队的成功。也只有建立基本的信任，团队才能顺利开展工作。当遇到困难时，团队信任将有助于团结众心，共同渡过难关；团队解散时，原来成员之间建立的信任（或缺乏信任）将会继续流传，对未来的工作产生影响。

信任对于一个团队来说，具有化腐朽为神奇的力量，它能够使团队凝聚出高于个人力量的团队智慧，造就出不可思议的团队表现和团队绩效。团队信任是一个优秀团队成功的基石，任何能力和技巧都可以通过一些方式进行培养和提高，唯有团队信任是要从心出发，将心换心。信任是成功协作的基石。美国管理者坚信这样一个简单的理念：如果连起码的信任都做不到，那么，团队协作就是一句空话，绝没有落实到位的可能。整个团队也就势必形同散沙，毫无力量可言。信任是团队前进的动力，它同时也是团队成员对自身能力的高度自信。这种信任可以在团队内部创造高度互信的互动能量，这种信任将使团队成员乐于付出，相信团队的目标并为之付出自己的责任与激情。

在创业初期组建的团队里，当团队成员出色地完成一项工作，却得不到肯定、褒奖或者说信任时，团队成员的心中会对所从事的这项事业不以为然，觉得这份事业并没有创业者之前所声称的那么重要。评估创业项目的运作价值时，如果没有把公司的业绩、理念、

价值观纳入评估范畴和评价体系,团队成员也会把创业者的话当作空谈,而仅仅把工作当作养家糊口的工具,并不是真心投入、甘愿奉献。所以,对于创业者来说,创业初期,需要努力,更需要适当地给予鲜花和掌声,快速构建团队的信任机制。

**(二) 怎样建立团队信任**

信任对创业团队如此重要,那么如何快速地建立团队成员之间的信任,使大家密切联系在一起,从而达成团队的默契,提高团队的绩效呢?

**1. 成员彼此之间必须正直诚实**

程颐有言云"人无忠信,不可立于世",又言"以诚感人者,人亦诚而应",诚信既是人立足的资本,也是获取他人信任的前提。没有人愿意与那些小肚鸡肠、一肚子坏水的人合作,那些人相互利用,一切为了自己的利益,什么事都干得出来,这样的人没有朋友,更谈不上合作。创业者在选择创业伙伴时首先要考察的是对方的人品,它是人们交往和合作的基础,也是决定一个人是否值得信任的前提。

**2. 成员之间必须互敬互爱**

要相互敬重,彼此佩服,互相认可,多看别人的优点并学习,少看别人的缺点。要学会尊重,无论年龄、背景,平等待人,有礼有节,尊重他人的同时,又尽量保持自我个性。要学会欣赏,欣赏团队的每一个成员,并发自内心地去赞美。要学会保持足够的谦虚,要学会宽容,一个团队必须海纳百川才能包容更多的人才与风格。总之,团队的效率在于每个成员的默契,而这种默契来自于团队成员的互相敬重和热爱。如果达不到这种默契,团队合作就不可能真正成功,团队成员的个人前途也将渺茫。

**3. 成员之间必须公正公平,坦诚相见**

无论对方是怎样的背景出身,都要平等地对待,相互信赖,不应该有芥蒂。当误会和猜疑产生时应该及时沟通,推心置腹地解决问题。当发现对方的弱点时,应该多采用包容的态度,设身处地为对方着想,而不是相互埋怨。坦诚相处,互相支持,共同进步,这对整个团队以及每一个成员来说,无疑是一笔巨大的财富。

**4. 团队领导者信任自己的创业伙伴**

作为领导者领导一个团队,首先应该信任成员,然后被成员信任;首先理解成员,然后才能被成员理解。相互信任总是从领导者开始,没有领导的信任就没有团队成员的信任,建立信任关键在领导。

做到以上几点,团队成员之间就能建立起稳定的合作关系、信任关系。

## 三、决策力——前进的方向

**(一) 决策力对于创业企业的重要性**

决策是指组织或个人为了实现某种目标而对未来一定时期内有关活动的方向、内容及方式的选择或调整过程。决策虽有大小,但都关系重大,不可不慎。"运筹帷幄、决胜千里",说明决策正确是事情成功的开始;"一招不慎、满盘皆输",说明决策失误即事情失败的趋向。

决策能力是企业家为维持企业生存和促进其发展必须具备的、最基本的素质。尤其对管理者来说,他的决策影响着整个企业的存亡兴衰。美国兰德公司估计,世界上破产倒

闭的大企业，85％是因企业家决策失误所造成的。管理者的级别越高，做的决策越重大；决策越重大，其影响就越深远。如果重大决策出现失误，那无疑会使员工的努力付之东流，使企业的财力、物力都遭到损失。管理学上有一句名言："100个行动也无法挽救1个错误的决策。"

大学生创业，由于年龄或经验的不足，很多时候在决策力方面可能并不是那么游刃有余。在紧急时刻，往往缺少力挽狂澜的气魄与机智的决策，糊里糊涂地就踏上一条离目标越来越远的路，却还沾沾自喜地认为这是脱离困境的正确选择。这是大学生创业常犯的毛病。

**（二）企业决策应注意的问题要点**

第一，决策的目标性。做决策之前要考虑到，你的决策是要实现什么。确定了目标之后，方能开展相关的工作。

第二，超前性。要先发现问题，只有发现问题才有决策，才有一个决策的过程。这是决策的超前性。

第三，选择性。进入决策前得有若干方案在那里放着，没有几个方案就没有选择，就没有决策。在做最后的决策之前，要比较这几个方案各自的优劣，集思广益，开会研讨。

第四，可行性。列的每一个方案，都应该是可行的，实行哪个方案都能够保证企业如期运转。方案有优点也有缺点，只要可行，必须可行，这才是决策者的素质和能力。

**（三）怎样提高决策力**

决策能力不是与生俱来的，不是在偶然中迸发的，也不是从别人那里得到的，它需要从我们成长的环境中，从日常的生活中去培育，锻炼自己"眼观六路，耳听八方"的能力，并养成勤于思考、善于抉择的好习惯，这样才能在市场面前立于不败之地。

提高决策力的程序和方法主要有：

**1. 走访市场**

决策者必须经常走出办公室，对外了解掌握市场上的一手资料，清楚最近市场的流行趋势。对内了解员工为什么不执行决策，是员工的问题还是命令本身有问题，或者是这个决策在市场上遇到了什么困难？

**2. 建立更多的信息通道**

仅仅靠走访了解市场一线情况虽然直观，但也不尽全面，很可能看到的只是皮毛，因此要建立更多的信息通道。最不济的办法是设立一些可能会流于形式的市场信息日报表，较好的是建立信息平台，最好的办法是设置专业信息岗位，当然前提条件是这个信息岗位要确实有效。

**3. 制定决策**

根据多方信息的反馈，加上管理者的专业研判，也许还要再配合专业的数据分析模型，下一步的市场或管理方案就产生了。

**4. 校准决策**

科学的校准有三个步骤：权限控制、会议控制、实践验证。

总之，企业经营管理者每天都必须对企业面临的各种问题做出决策，在复杂多变的环境中，必须在信息不充分、情况不确定的情况下做出影响个人和企业命运的决策。而大学

生创业团队由于基业比较脆弱,创业环境险象环生。决策的做出不能单靠一人,要集合起团队成员的智慧,跳出决策的心理陷阱,在市场探索的事实基础上进行辩证讨论,最后做出相对较好的决策。

## 四、执行力——成功的保证

### (一) 执行力的含义和作用

单是具备较强的决策力,事情还远未完成,必须有执行力来保证目标的最终实现。执行力就是贯彻战略意图,完成预定目标的操作能力,是把企业战略、规划转化成为效益、成果的关键。简单来说,执行力就是办事的能力。它包括两方面内容:

一是个人执行力,即每个人把上级的命令和想法变成行动,把行动变成结果,获取结果的行动能力。它取决于其人是否有良好的工作方式与习惯,是否熟练掌握管人与管事的相关管理工具,是否有正确的工作思路与方法,是否具有执行力的管理风格与性格特质等。衡量个人执行力的标准,就是能否按时按质按量完成自己的工作任务。

二是团队执行力,指一个团队把战略决策持续转化成结果的满意度、精确度、速度,就是将战略与决策转化为实施结果的能力,表现出来的是整个团队的战斗力、竞争力和凝聚力。衡量的标准就是能否在预定的时间内完成企业的战略目标。

关于团队执行力,很多企业家也有自己的理解。通用公司前任总裁韦尔奇先生认为所谓团队执行力就是"企业奖惩制度的严格实施"。而中国著名企业家柳传志先生认为,团队执行力就是"用合适的人,干合适的事"。总之,团队执行力就是"当上级下达指令或要求后,迅速做出反应,将其贯彻或者执行下去的能力"。

执行力在个人和团队生活中都产生着极其重要的作用。个人执行力决定个人的成败,团队执行力决定企业的兴亡。一个没有执行力或者执行力低下的团队,纵有良好的战略目标、充分的社会资源,也难以在硝烟滚滚的商场中立足下来,更不要说长远发展。

### (二) 执行力缺失的原因

团队执行力状况决定企业的成败。企业执行力缺乏的原因,大致有以下几方面:

#### 1. 战略不清晰,目标不明确

没有清晰的战略,是执行力大打折扣的重要原因。美国原零售业巨头凯玛特公司,起初从事低端产品销售,在遭遇零售业巨头沃尔玛的竞争打击后乱了阵脚,改为经营高端百货产品,在这一领域却又不敌国际第四大零售商塔吉特,结果凯玛特在战略上迷失了方向,从而走向失败。这一事例表明,战略不可以随便更改,不清楚自己的战略,将给企业造成巨大的损失。大学生创业也一定要先把企业的战略搞清楚,以后的各项工作进展才有方向。同时也要明确目标,高露洁的广告词:"我们的目标是没有蛀牙。"目标再放大就是:"令牙齿更加坚固。"有了明确的目标,做事才会有方向。所以在谈执行力的时候,战略清楚的前提下先要明确目标,应把目标设定为基本目标、挑战目标和极限目标。有了方向和具体数量指标后,才能充分发挥执行者的作用。目标既是牵引力,也是驱动力。

#### 2. 指令不明确

团队核心成员没有清晰地将战略和目标传递给团队其他成员,导致执行层面不了解所要执行的命令,执行起来必然会打折扣。

### 3. 结构不合理,职责不清楚,人员不到位

企业初创时期,由于人少,结构、职责方面可能不会出现太多问题。随着企业的发展、人员的增多,很可能会出现机构臃肿、组织结构不合理的现象,每个部门、岗位的职责不清楚,领导有任务就分摊,有了分工却不合作,互相扯皮推诿,员工没有清晰的职责范围,无从完成本职工作,或者缺乏应有的人才,没有合适的人做合适的事情,如此就会令项目无法开展,致使执行力打折扣,工作效率低下。

### 4. 跟踪不到位

一些企业管理中流行这样一个观点:"不管过程,只要结果。"它切实体现了企业的营利性,然而若只顾结果,在执行过程中遇到了问题,跟踪不到位的话,就得不到及时解决,从而导致执行力低下。

### 5. 标准不统一

什么样的结果才是合格和满意的,一些企业往往缺乏相应的考核标准,使员工在执行过程中感到困惑,执行力就会相应地下降。

### 6. 奖罚不分明

回到大锅饭的时代,做多做少一个样,不做也能捞到饭吃,结果人人只求利益,工作没有积极性。

### 7. 文化不务实

企业文化就是企业的个性。有些企业的文化很玄虚,为了显示自己所谓的高深、与众不同,刻意追求华而不实,这样也不利于提高员工的执行力。

### 8. 培训跟不上

美国有一项统计,企业每增加1美元的培训费投入,就会增加3美元的产出。所以,美国和欧洲等发达国家的企业,都十分重视员工的培训,一些企业不惜重金设立内部大学。相比之下,一些中国企业对员工培训不够重视,没有真正理解学习型组织的真谛。

### (三) 提高企业执行力的途径和方法

那么如何提高企业的执行力呢?

第一,要树立务实而又独具个性的企业文化,通过企业文化的塑造与建立,在潜移默化的过程中逐步培养员工的责任感,进而提升员工的执行力。

第二,企业要依据工作目标,制定合理的制度与方案,并常抓不懈,充分发挥检查、监督与激励的作用。构建合理的工作流程,明确工作目标与分工,建立工作问责制,做到职责清晰。对不履行职权造成重大失误或不良影响的部门或个人,追究其责任。对执行决策和部署不力、违反规定进行决策、不认真履行职责以及其他造成严重后果或不良影响的部门或个人,采取限期整改、通报批评、取消评先资格、责令辞职和建议免职等处理方式问责。同时形成具有适度压力的工作氛围,使员工具有适度危机感,进而提高员工的执行力。

第三,企业要建立良好的沟通渠道,避免传递信息不到位或传达错误导致工作出现被动;及时收集并反馈信息,协调内部资源有效解决问题,纠正出现的偏差和错误,确保各项工作的顺利和有效开展。

第四,要积极深化和提升企业员工责任心,让员工提出合理化建议,积极参与基础作

业标准的制定等等,并了解企业愿景与战略,这样也有助于提升员工的执行力。

第五,充分发挥各级管理人员的模范带头作用。员工执行力的强弱往往跟直接领导有着密切关系,领导者要身先士卒,发挥执行力带头作用,养成雷厉风行的工作习惯,积极引导员工朝着正确的方向前进,确保按时、保质、保量地完成各项工作目标。同时积极选用执行力强的人员,通过树立标杆发挥其影响作用,促进提升企业员工的执行力。

第六,要结合员工的观念、心态、素质和工作实际,建立行之有效的执行力培训体系,提升员工工作能力与意愿。

企业的核心竞争力在于执行力,执行力低下的企业,很难有竞争力。没有执行力的企业,消亡或许是唯一的下场。因此提高企业的执行力,势在必行。

### 五、奋斗精神——不竭的动力

百度百科中这样阐释奋斗的含义:艰苦奋斗是一种不怕艰难困苦,奋发图强,艰苦创业,为国家和人民的利益乐于奉献的英勇顽强的斗争精神。它是一种斗争精神,即不怕艰难困苦,英勇顽强去战胜困难。它也是一种创业精神,即在与艰难困苦做斗争的过程中,奋发向上,锐意进取,辛勤创业。

奋斗,一个充满了正能量的词语,共产党人靠着它建立了新中国,多少仁人志士靠着它成就了事业,实现了自己的人生价值。然而到了今天,它的位置如诚信、善良这些词语一样,陷入一种尴尬的境地。"拼爹"、"富二代"、"官二代",好像一个人的出生就决定着他的将来。不少人把对现实处境的不满,理直气壮、干脆利落地都推到家庭背景上,而不反观自身。

然而人是有能动性的,是可以选择的。你可以选择在抱怨中走向消亡,也可以选择在隐忍中积蓄力量;你可以选择碌碌无为,也可以选择奋发进取;你可以选择含辛茹苦跻身体制内获取一份安稳工作,也可以选择竭尽智慧能力赤手空拳打出一片天下。我们无法改变时代,我们无法改变社会,但却可以改变我们自己,让自己在极端困窘的环境中充满正能量,这正能量首先便是奋斗。个体生活的改善和提升固然需要社会努力,但最终还是取决于自己的奋斗和努力。

总之,人不能没有了精神,尤其是奋斗的精神。没有了奋斗精神就没有了支柱,失去了前进的动力。相反,若一个人有了奋斗精神,就有了动力,就有了战胜困难的方法和措施。奋斗是一种精神状态,是一种精神境界。奋斗需要立志高远,需要真才实学,需要真抓实干。

同样地,一个团队的生存、发展、强大也离不开奋斗精神,特别是创业团队。创业之初以及在创业的整个过程中,不可避免会遇到这样那样的困难,诸多的困难考验着团队的整体意志。这时候没有别的方法,只有咬着牙坚持下去,只有一直奋斗下去。唯有不懈奋斗,创业团队才可能在险象环生的环境中站稳脚,获得长远发展。

# 第三节 创业团队的管理

## 一、优秀的企业文化

### （一）企业文化的含义和功能

创业团队要想取得长远发展，必须建立自己的企业文化。

所谓企业文化，就是指企业在长期的生存和发展中所形成的为企业多数成员所共同遵循的基本信念、价值标准和行为规范。它包括三个层面：精神层面、制度层面、物质层面。其中精神层面主要指企业经营哲学、企业精神、风气、目标、道德等。制度层面指管理制度、特殊制度、企业风俗。物质层面指企业标志、标准字、标准色，厂容厂貌，产品特色、式样、品质、包装，企业的工艺设备特性，厂徽、厂旗、厂服、厂花、厂歌，企业的文化体育生活设施，企业造型或纪念建筑，纪念品，文化传播网络等。

企业文化作为公司的一种软实力，是一种信念的力量，道德的力量，也是一种心理的力量。这三种力量是企业战胜困难，取得战略决策胜利的无形法宝。特别是当它的力量十分雄厚的时候，就会形成一种强大的精神动力、精神支柱，对企业核心竞争力的影响远比产品、技术、市场、服务等因素更全面、更深刻、更持久。加强企业文化建设既有强烈的现实意义，又有深远的历史意义，它拥有一系列其他任何制度和规范所不具有的特殊功能：

#### 1. 导向功能

优秀的企业文化一经形成和确立，就会产生一定的导向作用，可以引导团队成员规范自己的行为，激发成员把自己的理想与企业的具体发展目标结合起来，进而把企业目标与个人目标融为一体。企业文化对成员行为的引导，是潜移默化进行的，成员在企业文化的熏陶下能够自觉地按照它来行动，即使没有各种硬性的规章制度约束时，也能自觉地朝着本企业的目标努力。

#### 2. 激励功能

所谓激励功能，就是企业文化通过满足成员的需要，引导成员产生强大的内驱力，起到激发、调动成员积极性的作用，使之为实现企业的目标而努力奋斗。根据马斯洛的需要层次理论，人的需求是有层次的，而需求的存在是促使人产生某种行为的基础。在一个企业中，积极的文化在满足成员工资福利、职业保障等基本需求的基础上，更加尊重和信任成员，激发成员的积极性、主动性和创造性。通过分享企业的成果，成员的自我价值得以实现，个人需求得到满足，并因此进一步受到激励。

#### 3. 凝聚功能

企业文化的凝聚功能在于它可以增强企业的凝聚力。这种凝聚力来源于企业文化的同化、规范和融合。企业文化通过建立为成员所共同接受和遵循的价值观念，改变了成员以自我为中心的个人价值体系，如同黏合剂，将千差万别的成员团结起来，融合为一个整体，使成员形成强烈的群体意识，增强了成员对本企业的认同感和归属感，使成员同心协

力地为企业目标而努力工作。

### 4. 约束功能

企业文化的约束功能,不仅仅表现在通过物质层和制度层的各种物质形式和规章制度来约束员工的行为,更主要的是通过组织文化对成员的行为形成一种无形的群体压力。由于企业文化使组织的价值观念与成员的个人价值观得到统一,成员对企业的理念、行为标准等产生共鸣,继而产生行为自我控制、自我约束的意向。同时,企业成员在受到企业强文化的影响后,对企业的目标有了更深刻的理解,从而更自觉地约束个人的行为。

### (二) 企业文化建设的目标和要求

新创企业要生存发展,就必须寻求更科学、更系统、更完整的管理体系。企业文化提供了必要的企业组织结构和管理机制,当代企业要保持平稳和持续发展,应开发具有自己特色的企业文化。

### 1. 优秀的企业文化必须是具有独特个性的文化

这里所说的个性,一个是企业家精神个性,即企业领导者的追求、思想和理念;另一个是企业组织个性,即企业独特的经营理念、制度和行为方式等,这两种个性就构成了企业文化的整体个性。

通常,企业家的精神个性与企业的组织个性是有机融合的,企业家的精神个性,往往是指创业者的精神个性,例如,王石之于万科,张瑞敏之于海尔,休利特之于惠普等。个性是企业文化的生命,就犹如人之于个性一样。如果一个企业的文化不能充分体现这两种个性,那么,这种文化就很难说是优秀的。

优秀的企业文化,在个性上有四个共同点:第一,领导者的精神个性,实质上就是企业领导者对过去经验教训的总结和思考,更重要的是,只有当企业文化充分体现了企业领导者的精神个性时,企业领导者才可做到身体力行;第二,企业的组织个性,体现了企业在经营管理过程中一些成功的精神特质和做法,这些精神特质和做法,尤其是精神特质,对企业未来的成功具有极大价值;第三,品牌个性往往根植于企业的文化个性,换言之,没有文化个性就没有品牌个性,而没有个性的品牌,就不可能成为一个卓越品牌;第四,文化个性作为企业的灵魂,是竞争对手所无法模仿的,是企业核心能力的基本要素之一。

因此,企业文化首先必须是基于企业家精神个性和企业组织个性的,才有可能成为优秀的企业文化,但有个性的企业文化也并不一定等于优秀的企业文化。

### 2. 优秀的企业文化必须能够体现企业战略的文化

每个企业都是有战略的,一个企业的文化只有充分体现对其战略的全面支持,才能确保企业文化对企业绩效的提升功能。人们通常认为,优秀的企业文化必定能有效地提升企业的经营业绩,但事实上,这只是优秀企业文化的结果而非原因。因此,我们在构建企业文化过程中,只能设法让企业文化充分体现对战略的全面支持功能,在企业文化和企业战略之间建立有效的对接点,以达到提升经营业绩的目的。

### 3. 优秀的企业文化必须是遵守商业准则的文化

基本商业准则,是指企业在市场竞争中的基本游戏规则,例如诚实信用、公平竞争、双赢或多赢等。这些基本的商业准则,是企业必须遵守的底线之一。企业一旦违背这些游戏规则,就会受到市场的抛弃。名噪一时的傻子瓜子,为降低亏损,怀着侥幸心理在一批

优质瓜子中添加了劣质瓜子,卖向市场,结果名声从此一蹶不振。达芬奇家具定位国内高端市场,价格之高让普通百姓难以望其项背,可是在意大利也不过是一个无甚名声的中低端牌子,总经理地哭嘴大哭徒增笑话一场。三聚氰胺,国人的一场黑色的梦,商家昧着良心荼毒了多少孩童。纵使道歉,纵使赔款,纵使经过改善符合了标准,可是妈妈们宁愿花高价买进口奶粉,也不愿再碰本地奶粉一勺。这都是企业没有遵循商业准则的结果。

我们很难想象,一个不讲诚信的企业或没有职业化精神的企业,怎么能获得顾客的忠诚、投资者和供应商的信任、社会公众的认同和尊敬,而这样的企业又怎能成功和持续发展? 而企业家必须看到一点,一个企业只有遵守这些底线,才能保证企业外部的适应性。

### 4. 优秀的企业文化必须是体现人本的文化

一个企业的文化只有基于人性本原,才具有无限的包容性,并获得终极性的认同和尊重,进而才会具有凝聚人心的作用。任何一个企业的文化如果背离了人性,那么,这种文化就是一种扭曲的文化,一种缺乏包容性的文化,一种不可能被员工、消费者、社会公众所认同的文化。

我们可以从摩托罗拉、通用等企业的文化中发现这一点,这些企业之所以能有今天的成就和地位,与它们以人为本(尊重人性)的企业文化是分不开的。摩托罗拉的价值观中,有一条是保持对人不变的尊重,使用人、培育人、发展人,肯定个人尊严,确保员工的需要与公司的生存发展的需要达到完美的结合,使公司成为员工的最佳选择。通用的价值观是公正评价每一个人的才能和贡献——不论是好是坏;团队合作依赖于相互信任、相互理解以及共同的价值观,即在任何环境下,每个人都将得到公正的对待。

可以说,尊重人性是所有优秀企业文化的核心和基础。倘若把优秀的企业文化比喻为一座大厦,尊重人性就是其最底层的基础。虽然很难看出它的实际价值,但如果我们从足够长的时间跨度和经历风雨(危机)的角度来审视它的话,它的价值就显得无比重要和不可替代。

上述四个方面的目标要求并不是相互独立的,而是一个层层递进的关系。也就是说,在构建企业文化的过程中,首先找出企业家的精神个性和企业的组织个性,然后与战略对接,最后从商业准则和人性层面上进行完善和提升,这也是建立企业文化的方法。

## 二、完善的管理制度

### (一) 管理制度的内涵和内容

优秀文化的建立诚然能够为企业的存在发展保驾护航,但文化毕竟是一种软性的东西,无法强制让成员执行,它产生的约束力是以成员的自觉遵守为前提,若成员不去遵守,它也就失去了效用,而没有强制的约束不可能保证人人都自觉地履行,特别是在个人与企业有冲突的时候。要使企业各项工作都能够有条不紊地进行,还必须有一种强制性的力量,这就是管理制度。

智库百科中这样解释管理制度:现代企业管理制度是对企业管理活动的制度安排,包括公司经营的目的和观念,公司目标与战略,公司的管理组织以及各业务职能领域活动的规定。百度百科是相近的定义:所谓企业管理制度,是指以产权制度为核心的企业组织制度和企业管理制度。基本含义有三个:一是产权制度,它是指界定和保护参与企业的个人

或经济组织的财产权利的法律和规则;二是组织制度,即企业组织形式的制度安排,它规定着企业内部的分工协作、权责分配关系;三是管理制度,它是指企业在管理思想、管理组织、管理人才、管理方法、管理手段等方面的安排。在这三项制度中,产权制度是决定企业组织和管理的基础,企业组织制度和企业管理制度则在一定程度上反映着企业财产权利的安排,因而这三者共同构成了现代企业管理制度。

由此可见,管理制度说白了,就是树立规矩,无规矩不成方圆。国有国法,家有家规,一个企业必须树立起规矩,各项工作方能有条不紊地展开,尤其是大学生创业的企业。大学生个性比较强烈,与前辈相比更多地自我为中心,如果不加以引导管制,就很难靠自觉使自己与企业的发展相一致。

企业管理制度的主要内容有:文件管理制度,档案管理制度,保密制度,印章使用管理制度,证照管理制度,证明函管理制度,会议管理制度,办公用品管理制度,车辆使用管理制度,车辆管理补充制度,交通费用补贴制度,考勤管理制度,出差管理制度,通讯管理制度,公司宴请接待制度,员工工作餐管理制度,借款和报销的规定,员工招聘、调动、离职制度,计算机管理制度,合同管理制度,卫生管理制度,财务管理制度,财务报销管理制度,员工工资发放管理制度,廉政建设制度等。

需要指出的是,新创办公司的管理制度以简单适用为原则。创业期企业主要是抓好人和财两个方面。人事管理方面,制定考勤、奖惩条例、薪资方案等制度。财务方面,制定报销、现金流量、预算、核算和控制成本等制度。总之一个企业只有建立了比较完善的管理制度,让成员各司其职,企业才能有秩序地向前发展。

**(二) 怎样建立和完善企业管理制度**

建立和完善企业管理制度,应从下列几方面入手:

第一,明确企业目标,达成共识。创业者应该将企业的目标清晰化明确化。有了目标,才有方向,才有一个共同的远景,这种共识能够大大减少管理和运作上的摩擦,为企业管理制度的建立提供导向,奠定基础。

第二,明确规定成员的职责范围,并用书面的正式文件规定下来。组织架构设计中最根本的问题就是决策权限的分配,大学生创业往往会陷于兄弟意气,这从情意上是一个人德行的衡量,然而在企业经营上,很多时候会形成阻挠。明确每一个核心成员的职责对管理是否畅通非常关键,否则创业者的兄弟意气会让管理陷于混乱。

第三,由于创业期规模较小,许多问题都可以直截了当地进行沟通,这种情况下大家都应遵循开诚布公、实事求是的原则,把事情摆到台面上来讲,说清了说透了,做到表里如一。

第四,在公司内部形成一个管理团队,定期交换意见,讨论诸如产品研发、竞争对手、内部效率、财务状况等与公司经营策略相关的问题。

第五,制定并尽量遵守既定的管理制度。强调人人都必须遵守,不能有特权,也不能朝令夕改。当公司发展到一定的程度并初具实力时,就要意识到自身能力上的缺陷,尽可能聘请一些管理方面的专业人才来共图大业。

### 三、充分的理解与信任

管理制度的建立虽保证了企业各项工作有条不紊地展开,但具体施行起来的主体是人。既是人,就有人的七情六欲,就有人自己的观点和想法,这些观点和想法不可能总是一致,冲突和矛盾不可避免。这种情况下,就要回归到人本身,使团队成员做到彼此间理解与信任。

**1. 理解与信任是交往的基础**

共同创业的成员,性格往往是各不相同的,有的务实,有的开拓;有的优柔寡断,有的果断;有的柔和,有的强势。企业创业之初,这不同的性格,异质互补,正是合作的需要。但互补背后就意味着不同,这种不同在天长日久的磨合中就容易渐生罅隙。于是我们经常看到,开拓型的人会觉得务实型的人太保守、死板,只会节流不会开源;务实的人觉得开拓型的人好高骛远,不切实际,赌徒一样要把公司送往末路;性格柔和的人会看不惯自己的合伙人太过强势和挑剔,而反过来性格强硬的人又看不惯对方的优柔寡断和没有原则。诸如此类,合作之初的花好月圆,随着时日的消耗,变成了油盐酱醋磕磕绊绊。处理不好,企业的前途就会因此断送。

那么合适的度在什么地方? 就在于双方互相制衡和妥协所形成的中点那里。所以在互补的结构效率作用下,业务和管理上的结果通常可以既平衡了积极与稳健,又平衡了原则性与人情味。只是局中的两个人容易不舒服:明明事情应该这样办,为什么他非要那样做? 若不是我撑着或拦着,事情肯定会很糟糕……如此,两个人为了解决自己的认知失调,都开始下意识地做出以自己的长处比对方短处的事情。这也是我们常犯的错误,往往把自己认为合理的东西当成唯一正确的真理,并用这把尺子去度量他人,不符合自己尺度的,就觉得奇怪和别扭,甚至心生怨气。非但自负的人容易这样,很多谦虚的人也是如此,表面客客气气,但内心的格局还是一元而不是多元的,这样就不容易真正理解和自己不同的人。

**2. 理解是善于换位思考**

就是以己度人,设身处地,站在对方的角度去思考,设想假如是我,会怎样怎样。它需要开放的心态和同理心,需要通过学习、训练和磨合来获得。了解人之多样性,了解人之性格形成的规律性。有了规律,首先可以用来解释很多现象,比如用这些规律来观照自己以及伙伴。慢慢我们就会知道,什么样的经历会成就什么样的性格,什么样的性格必然会有哪些优势和专长,同时必然有哪些弱点和软肋。在正确解释的基础上就可以预测,而预测又是管理和控制的基础。这样什么样的人会出现什么的事情就会在你预期之内,而不会事到临头才很错愕、很受伤。如果组织中的其他人发生的事情都在你预期之内,这就在一定程度上说明你可以理解人性甚至驾驭人性了。

这是一种识人的能力,需要高度的智慧。无智慧的人,常从自己的角度出发,从自己的喜好和习惯出发,衡量他人,凡与己不合者,统统予以排斥。这其实是单一的强权格局,对他人的极度不尊重,同时透露的是自己的狭隘。

一个具有高度识人智慧的人,会理解人之多样性,最终得出的结论不再是非黑即白的对错之争。比如认为"生意中(或者说组织管理中)的很多矛盾,其实是对与对之间的冲

突,而不是对与错之间的冲突造成的",能认同这句话,就说明很大程度上可以"理解"别人与我们的不同了。

### 3. 理解是充分的包容信任

理解的基础上才会产生对他人的关照,才有相互的默契合作。而真正的信任,正是由理解而得。无理解的信任,是盲目的信任。理解基础上的信任,才是更加有效的信任。

创业与融合,其实就是一种理解、包容和信任。华帝燃具股份有限公司作为发展强大的企业,具有独特的企业文化内涵,其中最让人感动的是华帝与经销商之间、合作伙伴之间、同事之间的信任与情谊,这是商业文明中华帝企业文化的传承,华帝人在中山小榄这片沃土上,不离不弃地并肩作战,促成华帝成长为参天之树。当谈及同事间互助互信的点滴时,"营销狂人"刘伟认为:企业能走到今天,得益于团队成员间的理解、包容和信任。

身处于社会之内,又置身于企业之中,企业各项职能的开展与各个项目的推进,无不仰仗企业各个团队以及企业整体团队的凝聚力。团队既是一个整体,也是由多个个体组成的,因此,影响一个团队的凝聚力及其执行力的不单单是工作的压力,更重要的是团队成员之间互相的尊重、真心的理解以及坦荡的信任。人与人之间的相处有如照镜子,己笑人笑,己怒人怒,尊重与信任都是双向的。正如通用汽车公司的史隆所言:"意见相左甚至冲突是必要的,也是非常受欢迎的事。如果没有意见纷争与冲突,组织就无法相互了解;没有理解,只会做出错误的决定。"

## 四、充分有效的沟通

### (一) 团队沟通及其作用

沟通是指为了达到一定目的,将信息、思想和情感在个人或群体间进行传递与交流的过程。包括三方面的含义:

#### 1. 沟通是双方行为

沟通是双方的行为,而且还要有中介体。只有一方面在场,是不称其为沟通的。

#### 2. 沟通是一个过程

完整的沟通过程包括七个环节:(1) 沟通主体,即信息的发出者。(2) 编码,指主体采取某种形式来传递信息的内容。(3) 媒体,也就是沟通渠道。(4) 沟通的客体,即信息的接受者。(5) 移码,指客体对接收到的信息所做出的解释、理解。(6) 做出反应,即体现出沟通效果。(7) 反馈。

#### 3. 沟通过程取得成效有三个关键环节

编码、译码和沟通渠道,是沟通过程取得成效的关键环节。它始于主体发出信息,终于得到反应。用语言、文字表达的信息,往往含有"字里行间"和"言外之意"的内容,甚至还会造成"言者无意,听者有心"的结果。

企业人与人之间的充分交流与沟通非常重要。其作用表现在:

一是有效传递信息。使新来的员工认清形势;使现有员工了解和掌握工作的相关信息;使企业主管人员认清形势,了解情况。

二是创造和谐的氛围。所谓和谐的人际氛围就是指人际关系和谐,即企业组织成员间友好相处,彼此和平敬重,彼此相知,即便产生了一些矛盾,一定也是各方当面妥善地处

理,而不是剑拔弩张,或背后搞小动作。

三是统一思想,协调行动。在企业创办和运行过程中,需要时刻保持组织成员思想上的统一和行为的协调,步调一致。而要达到这个目标,没有有效的沟通是很难想象的。

四是鼓舞激励作用。沟通也是启发成员热情和积极性的一个重要方式。创业团队的核心人员与其他成员经常就对方所承担的工作、他的工作与整个企业发展的联系进行沟通,其他成员就会受到鼓舞,就会使他感觉到自己受到的尊重和他工作本身的价值。这也就直接给其他成员带来了自我价值的满足,他们的工作热情和积极性就会自然而然地得到提升。

此外,有效的沟通对于企业管理者和决策层来说,还具有提高科学决策水平和提高管理效率的重要作用。

### (二) 如何进行有效沟通

要实现有效沟通,首先要把握一个原则,就是有话直说,有话好好说。直说是指摆在明处,不打哑谜,不积攒问题,不回避矛盾,否则误解、猜忌、隔阂很容易就滋生;有话好好说是指沟通的方式方法,要有理性和建设性,要尊重人格。创业者大都是性情中人,要在商场上齐心协力拼一把,所以一定要表里如一,语言直率,把事情真相和自己的观点清楚地展示给对方,让对方理解。公开坦诚更有助于沟通的进行。

要实现有效的沟通,还需要学会和运用沟通技巧。归纳起来,企业团队沟通的技巧主要有下列十个方面:

#### 1. 学会倾听

很多时候,我们滔滔不绝地说,唯恐表达不了自己。事实上倾听方能显出你的涵养,更能使交流有效进行。因为倾听能让对方感受到你的尊重,从而激发对方的谈话欲,促发更深层次的沟通。也只有善于倾听,才能深入探测到对方的心理以及他的语言逻辑思维,更好地明白他的所思所想,更好地与之交流。在沟通中,当对方行为退缩、默不作声或欲言又止的时候,你就要循循善诱,引出对方真正的想法,去了解对方的立场以及对方的需求、愿望、意见与感受。一个善于协调沟通的人必定是一位善于询问与倾听的行动者。这样不但有助于了解和把握对方的需求,理解和体谅对方,而且有益于实现与他人畅通、有效的协调沟通。倾听时要注意身体语言的使用,颔首微笑表示赞同,如若不赞同,要用委婉的语言,此外也不要随意打断对方的话,切忌心不在焉。总之,记住你扮演的是一个倾听者的角色,这比言说能获取更多的信息。

#### 2. 平等尊重

在一个企业中,不管你是团队的核心成员还是其他类型成员,首先要做到的是对他人的尊重,这尊重体现在不以职位论高低。沟通中,要以平等的心态对待沟通对象,这既让对方有受尊重感,又能让彼此在一种比较平等的氛围中放松心态、推心置腹。

#### 3. 尽量少用否定性的词语

不要用冷嘲热讽的语气与沟通对象讲话,不要打断对方的讲话,也不要正面反驳对方。

#### 4. 及时沟通协调

团队内出了问题一定要及时沟通,积极引导,求同存异,把握时机,适时协调。不要等事情过去了很久才去沟通,这个时候基本上收不到什么效果了。唯有做到及时,才能最快求得共识,保持信息的畅通,而不至于信息不畅、矛盾积累。

**5. 坦诚待人,真情实意**

平级之间加强交流沟通,避免引起猜疑。贵在坦诚,需要真心实意。而现实生活中,平级之间以邻为壑,虚情假意的沟通交流并不少见,甚至相互猜疑或者互挖墙脚。原因在于平级之间都过高看重自己的价值,而忽视其他人的价值,有的是人性的弱点,尽可能把责任推给别人,还有的是利益冲突,唯恐别人比自己强。

**6. 良好的反馈机制**

协调沟通一定是双向的,必须保证信息被接收者接收到和理解了。因此,所有的协调沟通方式必须有反馈机制。比如,电子邮件进行协调沟通,无论是接收者简单回复"已收到"、"OK"等,还是电话回答收到,都必须保证接收者收到信息。建立良好的反馈机制,不仅让团队养成良好的回馈习惯,还可以增进团队每个人的执行力,进而保证了整个团队拥有良好的执行力。

**7. 避免负面情绪下的沟通**

负面情绪中的协调沟通常常无好话,既理不清,也讲不明,很容易因冲动而失去理性,如吵得不可开交的夫妻,反目成仇的父母和子女,对峙已久的上司和下属……尤其是不能在负面情绪下做出冲动性的"决定",这很容易让事情不可挽回,令人后悔。

**8. 控制非正式沟通**

对于非正式沟通,要实施有效的控制。虽然在有些情况下,非正式沟通往往能实现正式沟通难以达到的效果,但是,它也可能成为散布小道消息和谣言的渠道,产生不好的作用,所以,为使团队高效运转,要控制非正式沟通。

**9. 容忍冲突,强调解决方案**

冲突与绩效在数学上有一种关系,一个团队完全没有冲突,表明这个团队没有什么绩效,因为没有人敢讲话。所以,高效团队需要承认冲突之不可避免以及容忍之必需。冲突不可怕,关键是要有丰富的解决冲突的方案,鼓励团队成员创造丰富多样的解决方案,这才是保持团队内部和谐的有效途径。

## 本章小结

团结高效的创业团队是创业成功的组织和人力资源保障。创业团队是指在创业初期(包括企业成立前和成立早期),由一群才能互补、责任共担、愿为共同的创业目标而奋斗的人所组成的特殊群体。理想的创业团队应具备共同的理念和愿景,团队利益划分科学合理,技能或背景上要互补,性格上要互补,年龄上要互补。创业团队成功的要素是:信仰——永恒的灯塔,信任——力量的源泉,决策力——前进的方向,执行力——成功的保证,奋斗精神——不竭的动力。创业团队的管理是一门科学。其方法途径有:优秀的企业文化,完善的管理制度,充分的理解信任,充分有效的沟通等方面。

## 复习思考题

1. 创业中团队建设的重要性是什么？
2. 创业团队构建的原则和方式有哪些？
3. 创业团队成功的主要因素。
4. 创业团队管理的内容和方法有哪些？

# 第六章　决胜千里靠运筹

## ——大学生创业计划的编制

### 学习目标

1. 掌握创业计划的含义和作用，把握创业计划可行性分析。
2. 熟悉创业计划书的核心内容和一般框架。
3. 了解创业计划书的编制原则及编制技巧。
4. 学会编制创业计划书。

### 案例导入

张华原毕业于某名牌大学，经过多年的业余研究，他在室内环境污染治理方面取得了重要突破，这项技术如果在实际中得到应用，前景将非常广阔。于是张华辞去原来的工作，准备自己创业。但由于多年的积蓄都用在了室内环境污染治理的研究上，在七拼八凑筹足资金注册了一家公司后，已经无力再招聘员工、购买实验试验材料了。无奈之下，张华想到了风险投资基金，希望通过引入合作伙伴的方式解决困境。为此，他多次与一些风险投资机构或个人投资者接洽商谈，虽然张华反复强调他的技术多么先进，应用前景多好，并拍着胸脯保证，投资他的公司回报绝对低不了，但总是难以令对方相信。而且对于投资人问到的多数数据，他也没有办法提供，如市场需求量具体有多少？一年可以有多大的销售量？投资后年回报率有多高？就连招聘一些技术骨干也比较困难，这些人也总是对公司的前景缺乏信心。

这时，曾经在张华注册公司时帮助过他的一位做管理咨询的朋友一句话点醒了他，"你的那些技术有几个投资者搞得懂？你连一份像样的创业计划书都没有，怎么让别人相信你？投资者凭什么相信你？"于是，在向相关专家请教咨询后，张华又查阅了大量的资料，然后静下心来，从公司的经营宗旨、战略目标出发，对公司的技术、产品、市场销售、资金需求、财务指标、投资收益、投资者的退出等方面进行了分析和论证，当然这个过程中，他还得不时搞一些市场方面的调查。一个月后就拿出了一份创业计划书初稿，经过几位相关专家的指点，又再次进行了修改和完善。凭着这份创业计划书，张华不久就与一家风

险投资公司达成了投资协议，有了风险投资的支持，员工招聘问题也迎刃而解。

现在，张华的公司经营得红红火火，年销售利润已达到 500 万元。回想往事，张华感慨地说："创业计划书的编制与我搞的环境污染治理材料要求差不多，绝不是随便写一篇文章的事。编制计划书的过程就是我不断理清自己思路的过程。只有自己思路清楚了，才有可能让投资人、员工相信你。"

# 第一节　创业计划概要

## 一、创业计划的含义

### 1. 创业计划的概念

创业计划（business plan）是新创企业或是即将创建的企业所撰写的商业计划。是创业愿景的正式书面表达，它描述了被提议的创业企业的执行过程，即战略和运营方式。

广义的创业计划，又叫作"商务计划"，是指对企业活动进行详尽的全方位的筹划，从企业的人员、制度、管理、产品、营销和市场等各个方面展开分析。

狭义的创业计划专指创业的商业计划，它是创业者或企业为了实现未来增长战略所制订的详细计划，主要用于向投资方和创业投资者说明公司未来发展战略与实施计划，展示自己实现战略和为投资者带来回报的能力，从而获得投资方或创业投资者的支持。

创业计划书，又叫商业计划书，它是创业者就某一项具有市场前景的新产品或服务，向潜在投资者、风险投资公司、合作伙伴等游说以取得合作支持或风险投资的可行性商业报告。创业计划书的编写一般都是按照相对标准的文本格式进行，是全面介绍公司或项目发展前景并阐述产品、市场、竞争、风险、投资收益和融资要求的书面材料。

《牛津商务字典》将商业计划书定义为："一个详细的计划，它设定了企业在一段时期内的目标，通常是 3 年、5 年或 10 年。许多企业都会制订商业计划，尤其是在企业经历了一番挫折或企业政策进行了一次重大调整之后。"对于新兴企业来说，商业计划也是企业筹措资本或贷款的必要文件。商业计划应该尽可能量化目标，提供至少头两年的月现金流和生产数据，其后几年的相应细节可逐渐减少。商业计划还必须简要阐明企业实现其目标的战略和策略，应该提供至少两年的预计季度损益表，以及其后的年损益表。集团公司的商业计划经常称为公司计划。

### 2. 创业计划书的分类

（1）根据编制目的划分

根据编制目的可以把创业计划书分成以下三类：第一，为了吸引投资家的注意，称之为简报摘要计划书；第二，为了满足投资评估上的需求，称之为评估创业计划书；第三，作为创业者事业发展规划的自我参考书，称之为经营管理计划书。

（2）根据写作详略划分

从创业计划书的写作详细程度上可以分为略式创业计划（概括式）和详式创业计划。

**略式创业计划**。略式创业计划是一种比较简明、短小的计划，它包括企业的重要信

息、发展方向以及少部分重要的辅助性材料。

一般来讲，略式创业计划主要适应于以下情况：

① 申请银行贷款。

② 创业者享有盛名。

③ 试探风险投资商的兴趣。

④ 竞争激烈、时间紧迫。

**详式创业计划**。详式创业计划是标准的创业计划。这种计划内容一般有 25～40 页，并附有 10～20 页的辅助文件。这种计划比简略创业计划详细得多，用来清楚说明企业经营与规划。详式创业计划是本章讨论的重点。在这样的计划中创业者能够对整个创业思想有一个比较全面的阐述，尤其能够对计划中的关键部分进行较详细的论述。大型的制造业企业和寻求大额风险投资的企业，需要撰写详式创业计划。详式创业计划具有一定格式，通常为投资者审阅而准备。

## 二、创业计划的作用

创业计划书的主要意图是便于投资人对企业或项目做出评判，从而使企业获得融资。具体来看，商业计划书的作用表现在：

第一，没有好的商业计划书，创业计划很难得到资金帮助。创办企业需要资金，但为什么要这么多的钱？什么理由让投资人觉得值得为此注入资金？这些问题都需要通过商业计划书来说明。Arthur Andersen 公司在 2002 年所做的一个调查证实，拥有商业计划书的企业平均比没有商业计划书的企业融资成功率高出 100%。根据该调查，仅有 30% 被调查的企业有书面商业计划书，这是国外的情况。在中国，有书面商业计划书企业的比例更少，更不要说计划书的质量了，因此融资成功的概率更小。

第二，好的商业计划书，是创业企业走向成功的起点，也是用来指引创业企业走向成功的一份地图。商业计划书是为了展望商业前景，整合利用资源，寻找机会而对企业未来所做的展望。商业计划书不仅能用来申请风险基金，它还是根据企业的成长率预测对未来所做的行动规划，是指导企业运行的发展策略。

第三，好的商业计划书，能强迫创业者本人认真思考其商业目标。商业计划书是给投资者们看的，更是给创业者自己看的。在编制商业计划书的过程中，创业者需要将整个计划进行反复的考虑，由初步的一个很模糊的概念，逐渐整理成为一个有理有据的商业计划。在商业计划书的制订过程中，为了让风险投资者能够正确认识到项目的优点，创业者也在反复进行项目优缺点的对比和思考，这样，商业计划书的书写过程，实际上也是创业者进一步认识创业项目的过程。只有创业者本身对项目有了清楚的认识，才有可能向投资者做出清晰的说明，才有可能获得投资者在资金上的支持，换句话说，商业计划书只有把计划中要创立的企业先推销给创业者自己，才有可能成功地推销给投资者。

## 三、创业计划可行性分析

在创业计划书写完之后，创业者要评估拟定的创业计划是否可行。一般来说，可从以下角度进行评估：

### 1. 环境可行性

根据市场调研和相关产业政策的发展方向，论证项目的可行性。环境包括经济环境和社会环境。

### 2. 技术可行性

从技术角度考虑项目转化成产品的可行性，证明这并不只是空想的技术。

### 3. 组织可行性

制订合理的实施进度计划，设计合理的组织结构，选择经验丰富的管理人员，建立良好的协作关系，全面保证项目顺利进行。

### 4. 财务可行性

主要从投资者角度分析，设计合理的财务方案，从项目融资到最后的营利性分析，每一个部分都不能遗漏。

### 5. 风险因素应对

主要针对市场风险、技术风险、财务风险、组织风险、法律风险、经济及社会风险等因素进行评价。制定风险规避对策，为风险管理提供依据。

另外，我们可以通过回答以下问题来评估创业计划的可行性：

（1）你能否用语言清晰地描述出你的创业构想？你应该能用很少的文字将你的想法描述出来。根据成功者的经验，不能将想法变成自己语言的原因大概也是一个警告——你还没有仔细地思考吧！

（2）你真正了解你所从事的行业吗？许多行业都要求选用从事过这个行业的人，并对其行业内的方方面面有所了解。否则，你就得花费很多时间和精力去调查价格、销售、管理费用、行业标准、竞争优势等等。

（3）你看到过别人使用这种方法吗？一般来说，一些经营红火的公司的经营方法比那些特殊的想法更具有现实性。有经验的企业家中流行着这样一句名言："还没有被实施的好主意往往可能实施不了。"

（4）你的想法经得起时间的考验吗？当未来企业家的某项计划真正得以实施时，他会感到由衷的兴奋。但过了一个星期、一个月甚至半年之后，将是什么情况？它还那么令人兴奋吗？或已经有了完全不同的另外一个想法来代替它。

（5）你的设想是为自己还是为别人？你是否打算在今后5年或更长时间内，全身心地投入到这个计划的实施中去？

（6）你有没有一个好的人际网络？开始办企业的过程，实际上就是一个组织诸如供应商、承包商、咨询专家、雇员关系的过程。为了找到合适的人选，你应该有一个服务于你的个人关系网。否则，你周围可能都是些不可靠的人或滥竽充数的人。

（7）明白什么是潜在的回报。每个人投资创业，其最主要的目的就是赚最多的钱。可是，在尽快致富的设想中隐含的绝不仅仅是钱。你还要考虑成就感、爱、价值感等潜在回报。如果没有意识到这一点，那就必须重新考虑你的计划。

经过自我分析后如果证明你适合创业，同时你也能正确回答上述的几个问题，那么你创业成功的胜算将会很高，你可以决定着手去创业。但是创业也并不是一时冲动所决定的，如果创业前你举棋不定，那么最好还是选择工作这条路。因为，尽管你现在有机会创

业,你的动机不错,想法也很棒,但是基于市场、经济能力或家庭等因素的考虑,现在也许不是你创业的好时机。

总之,创业必须要有相当的竞争力,而且只有你自己才能决定怎么做最恰当。成事不易,创业更难。选择创业这条路,自然而然地会憧憬成功的景象,而不会想到万一失败的问题——因为一开始就想到失败,未免太消极也太不吉利了。然而,往坏处打算尽管令人不愉快,却是创业之初应该考虑清楚的。

# 第二节 创业计划书的内容与格式

创业必须有一份完整的创业计划书,创业计划书首先是一种吸引投资的工具,同时也是确定目标和制订计划的参考资料,是一个企业管理和操作的行为指南。

创业计划书是将有关创业的许多想法,借由白纸黑字最后落实的载体。创业是个艰难的过程,中国的创业者失败率很高,其中一个重要的原因就是在动手创业之前,没有对创业的艰难做出全面的评估,没有认真做好一份创业计划书。创业计划书的制作过程,其实就是一个创业的模拟过程,来不得半点虚假。

## 一、创业计划书的核心内容

### 1. 产品(或服务)的独特性

产品或服务是指能够提供给市场,被人们使用和消费,并能满足人们某种需求的任何东西,包括有形的物品,无形的服务、组织、观念或者它们的组合。创业者应确保产品(或服务)有充分的市场需求,并且公司能以独特的方式推广,取得在市场上的竞争优势。

产品(或服务)的独特性主要体现在以下方面:

(1)技术优势。产品(或服务)拥有技术上的优势,首先确保了产品(或服务)性能的高效,同时形成有效的技术壁垒,让其他竞争者不易模仿,保证了产品在竞争上的优势,从而更加容易地获得风险投资者的青睐。

(2)产品(或服务)差异化。功能创新,意味着不仅满足现有的功能,而且能提供其他竞争对手无法实现的功能。这样可扩大市场的受众面,满足消费者更多的需求。

产品(服务)差异化体现在两个方面:

一是性能改良,是指市场同类产品(或服务)有着其性能的缺陷,自己的产品(或服务)能在性能上弥补这个不足,从而使自己的产品(或服务)实现差异化。

二是量身定制,指针对不同层次的需要,提供不同类型的产品(或服务),从而满足多层次的需要;针对不同的细分市场,以差异化满足最多的消费者,从而更好地占领市场。

(3)成本优势。产品(或服务)的原材料比竞争对手更加便宜、易于取得,工艺的先进保证了产能提高、耗能降低,这一切都能保证成本的优势。如今市场竞争激烈,公司想要盈利只有两个途径,即开源和节流。开源即为卖更多的商品,这要由市场决定;而节流则将公司内部的成本降低,当一个产品(或服务)有着成本的优势时,能在市场竞争中处于更好的地位。

（4）产品（或服务）社会效应。随着人们生活品质的提高，产品（或服务）的社会效益也越来越成为投资者所关心的一个重要内容。当今社会能源日益短缺，环境污染愈加严重，节能环保型的产品容易受到消费者的青睐，市场潜力巨大。而我国农村"三农问题"也是当代社会热点，受到了政府的高度重视。产品（或服务）和社会主流思想吻合，不仅能带来较好的社会效益，还能帮助产品（或服务）更快地打开市场。

**2. 详尽的市场分析和竞争分析**

与其他融资方式不同，风险投资者的超额受益更多来源于未来的增长。所以，投资者对于项目的未来市场发展及所处行业的竞争状况非常重视。

在创业计划书中，创业者应细致分析市场情况和竞争对手情况，重点分析市场整体发展趋势、细分市场的容量、未来的增长预测、主要的影响因素等。在市场竞争部分，详细分析竞争对手是谁，竞争对手的产品与本企业的产品相比，有哪些相同点和不同点，竞争对手所采取的营销策略是什么。要明确每个竞争者的销售额、毛利率、收入以及市场份额，然后再讨论本企业相对具有的竞争优势，要向投资者展示客户偏爱本企业的原因等。

与产品相关的市场和竞争分析应建立在准确的市场调研基础上，这些数据越详细越好。通过市场和竞争分析，要让投资者相信，本企业不仅是行业中的有力竞争者，而且还会是将来确定行业标准的领先者，增强其投资的信心。

**3. 现实的财务预测**

任何投资中，影响企业价值评估的财务情况总是投资人最为关心的地方。财务预测是对于商业计划书中的所有定性描述进行量化的一个系统过程。许多创业者，在技术方面是专家，而对于财务和融资却是门外汉。所以，往往提交出来的是一份数据粗糙、取舍随意、预测基础不合理的预测数据，难于取得投资人的认可。除了借助内部财务人员和财务预测软件外，也可以尝试寻求专业顾问人士的帮助。专业人员的经验可以保证整个财务预测体系的规范性、合理性、专业性。财务预测的合理性直接影响融资方案的设计和取舍，这对与投资人的直接谈判至关重要。投资人极为关注的另一个方面就是融资后的资金使用计划。在通过前面资料了解到企业资金的缺口及来源后，投资人最想知道的就是企业是否有能力管好这笔资金。而一份详细、合理的资金使用计划能很好地减少投资人的顾虑。

**4. 明确的投资回收方式**

一份好的创业计划书一定要从投资者需求出发，投资者最关心的还是市场规模有多大、消费者需求是什么以及投资回报与投资风险。如果创业计划书的内容不能回答投资者关注的焦点问题，那么获得青睐的机会恐怕就很低。

如果创业计划书能提出投资资金未来回收的方式，定会吸引投资者的兴趣。一般回收的方式不外乎转让、收购、上市等，但回收时间也是重要的考虑因素。创业计划书应有详细的财务预测分析与投资回报率预估，这些分析必须依据具体的市场预测资料，同时还要包括敏感度与风险分析。风险投资者对于投资回报的要求高于一般水准，对创业投资回报的要求更高达50％以上。因此创业者需要提出一份能够具体实现高回报的创业计划书与财务规划，才有可能吸引创业投资者的兴趣。

### 5. 精干的管理队伍

在创业计划书中,应首先描述一下整体管理队伍及其职责,然后再分别介绍每位管理人员的特殊才能、特点和造诣,最重要的是核心团队的经历,细致描述每个管理者将对公司所做的贡献。一个稳定团结的核心团队可以帮助企业渡过种种难关,是企业最宝贵的资源。核心团队的过往经历直接影响企业的发展路径,所以,团队成员的成功创业经历对于赢取投资人的资金而言往往是极有分量的筹码。

在分析管理团队时,投资人很注重创业者自身的素质和能力。创业团队的人都在一条船上,如果掌舵的人迷失方向,整个团队就会迅速衰败。因此,创业者不仅要保持对从事行业高度的热情和兴趣,还要在创业过程中把自己的全部智慧能量迸发出来,去追求自己认为对社会、产业有意义的服务或产品。同时,创业者还要有百折不挠的耐心和坚定的信心。

## 二、创业计划书的一般架构

创业计划书的编写一般是按照相对标准的文本格式进行,是全面介绍公司或项目发展前景,阐述产品、市场、竞争、风险、投资收益和融资要求的书面材料。

它主要用于解决如下一些问题:

(1) 想要干什么?(产品、服务)

(2) 怎么干?(生产工艺及过程,或者服务如何提供及实现价值)

(3) 面向的目标客户是谁?

(4) 市场竞争状况及对手如何?(市场分析)

(5) 经营团队怎样?

(6) 股本结构如何安排?(有形资产、无形资产、股东背景)

(7) 营销安排怎样?

(8) 财务分析怎样?(利润点、风险、投资回收期)

(9) 退出机制怎样?

这些问题不仅是投资人或合作伙伴所关心的,而且也是创业者本人应该非常清楚的,创业计划书的编写实际上就是对这些问题的回答。尽管不同行业创业计划书的内容和形式可能不同,但其本质都是对这些投资人所关心的问题进行分析与论证。

创业计划书通常包括封面、保密要求、目录、摘要、正文(综述)、附录几部分。

### 1. 封面(标题页)

封面(cover page)应包括企业名称、地址、电子邮箱地址、计划书撰写者的联系方式等。

一个好的封面会使读者产生最初的好感,形成良好的第一印象,因此封面的设计要具有与众不同的独特性。但是创业计划书的设计不能一味地强调华丽,否则将适得其反。整份创业计划书以简洁美观、凸显专业性为宜。

### 2. 保密要求

保密要求可放在标题页,也可放在次页,主要是要求投资方项目经理妥善保管创业计划书,未经融资企业同意,不得向第三方公开创业计划书涉及的商业秘密。

### 3. 目录

目录(table of contents)列出计划书的主要章节、附录和对应页码,目的是便于查找计划书的内容。

### 4. 摘要

摘要需列在创业计划书的最前面,它浓缩了创业计划书的精华,简洁提出创业计划的设计和总体计划,要求有一定的吸引力,使人能够最快地了解计划书的主要内容。摘要涵盖了计划的要点,要求一目了然,以便读者能在最短的时间内评审计划并做出判断。

摘要一般包括以下内容:公司介绍,主要产品和业务范围,市场概貌,营销策略,销售计划,生产管理计划,管理者及其组织,财务计划,资金需求状况等。

在介绍企业时,首先要说明创办新企业的思路,新思想的形成过程以及企业的目标和发展战略。其次,要交代企业现状、过去的背景和企业的经营范围。在这一部分中,要对企业以往的情况做客观的评述,不回避失误。中肯的分析往往更能赢得信任,从而使人更容易认同企业的创业计划书。

最后,还要介绍一下创业者自己的背景、经历、经验和特长等。企业家的素质对企业的成败往往起关键性的作用。在这里,企业家应尽量突出自己的优点并表示自己强烈的进取精神,以给投资者留下一个好印象。

在摘要中,企业还必须要回答下列问题:(1) 企业所处的行业,企业经营的性质和范围;(2) 企业的主要产品内容;(3) 企业的市场在哪里,谁是企业的顾客,他们有哪些需求;(4) 企业的合伙人、投资人是谁;(5) 企业的竞争对手是谁,竞争对手对企业的发展有何影响。

摘要尽量简明、生动,特别要详细说明自身企业的不同之处以及企业获取成功的市场因素。如果企业家了解自己所做的事情,摘要仅需 2 页纸就足够了。如果企业家不了解自己正在做什么,摘要就可能要写 20 页纸以上。因此,有些投资家就依照摘要的长短来"把麦粒从谷壳中挑出来"。

### 5. 企业描述

创业计划书的主体部分从企业描述开始。乍一看这部分没其他部分关键,其实并非如此。本部分能体现创业者是否善于将抽象的创意转化成具体的企业。

如果企业处于种子期或创建期,现在也只有一个美妙的商业创意,那么,应突出其性格、兴趣爱好与特长,并重点介绍创业者的成长经历,求学过程,创业者的追求,独立创业的原因以及创意如何产生。

如果企业处于成长期,应简明扼要介绍公司过去的发展历史、现在的状况以及未来的规划,具体而言,包括公司概述、公司名称、地址、联系方法,公司的业务状况,公司的发展经历,对公司未来发展的详尽规划,本公司与众不同的竞争优势,公司的法律地位,公司的公共关系,公司的知识产权,公司的财务管理,公司的纳税情况,公司的涉诉情况等等。在描述公司发展历史时,正反的经验都要写,特别是对以往的失误,不要回避。要对失误进行客观的描述,中肯地进行分析,反而能够赢得投资者的信任。

### 6. 产品(服务)介绍

在进行投资项目评估时,投资人最关心的问题之一就是,风险企业的产品、技术或服

务能在多大程度上解决现实生活中的问题,或者,风险企业的产品(服务)能否帮助顾客节约开支,增加收入。

因此,产品介绍是创业计划书中必不可少的一项内容。通常,产品介绍应包括以下内容:产品的概念、性能及特性,主要产品介绍,产品的市场竞争力,产品的研究和开发过程,发展新产品的计划和成本分析,产品的市场前景预测,产品的品牌和专利。

在产品(服务)介绍部分,企业家要对产品(服务)做出详细的说明,说明要准确,也要通俗易懂,使不是专业人员的投资者也能明白。产品介绍通常都要附上产品原型、照片或其他介绍。

创业计划中的产品或服务必须具有创新性,所以计划书一定要在某些细节上做出比较详细的解释。向风险投资家介绍它的优点、价值,把它与竞争对象进行比较,讨论它的发展步骤,并列出初步开发它所需要的条件。只有当一个新的产品或服务优于市场上已有的产品或服务时,它才可能受到顾客的青睐。清楚地解释产品或服务能完成的功能,从而使顾客能够认清它的功能价值。如果市场上存在替代性产品或服务,还应该解释它具有哪些额外价值。

风险投资家往往很重视自己投资的风险,所以在认真完成产品或服务功能的描述之后,做出一个样品,对证明产品或服务的可实现性无疑是很有意义的;也有必要对公司独立拥有的技术、技术发展的内外部环境和软硬件环境做出简要介绍;也可以对研究与开发的基础和方向以及将来的产品或服务做出预测。

一般地,产品介绍必须要回答以下问题:

(1)顾客希望企业的产品能解决什么问题,顾客能从企业的产品中获得什么好处?

(2)企业的产品与竞争对手的产品相比有哪些优缺点,顾客为什么会选择本企业的产品?

(3)企业为自己的产品采取了何种保护措施,企业拥有哪些专利、许可证,或与已申请专利的厂家达成了哪些协议?

(4)为什么企业的产品定价可以使企业产生足够的利润,为什么用户会大批量地购买企业的产品?

(5)企业采用何种方式去改进产品的质量、性能,企业对发展新产品有哪些计划等等。

产品与服务介绍的内容比较具体,因而写起来相对容易。虽然夸赞自己的产品是推销所必需的,但应该注意,企业所做的每一项承诺都要努力去兑现。要牢记,企业家和投资家所建立的是一种长期合作的伙伴关系。空口许诺,只能得意于一时。如果企业不能兑现承诺,不能偿还债务,企业的信誉就必然要受到极大的损害,这是真正的企业家所不屑为的。

### 7. 市场分析

当企业要开发一种新产品或向新市场扩展时,首先就要进行市场分析,进行市场预测。如果预测的结果并不乐观或者预测的可信度让人怀疑,那么投资者要承担更大的风险,这对多数风险投资商来说是不接受的。市场预测首先要对需求进行预测:市场是否存在对这种产品的需求,需求程度是否可以给企业带来所期望的利益,新的市场规模有多

大,需求发展的未来趋向及其状态如何,影响需求的是哪些因素等。其次,市场预测还包括对企业所面对的竞争格局进行分析:市场中主要的竞争者有哪些,是否存在有利于本企业产品的市场空当,本企业预计的市场占有率是多少,本企业进入市场会引起竞争者怎么样的反应,这些反应对企业会有什么影响等。

在创业计划书中,市场分析应包括以下内容:市场现状综述,竞争厂商概览,目标顾客和目标市场,本企业产品的市场地位,市场区分和特征等。风险企业对市场的预测应建立在严密、科学的市场测查基础上。风险企业所面对的市场,本来就有变幻不定、难以捉摸的特点。因此,风险企业应尽量扩大信息收集的范围,重视对环境的预测,采用科学的预测手段和方法。创业者应牢记的是,市场预测不是凭空想象出来的,对市场认识错误是导致企业经营失败的最主要原因之一。

对竞争的分析也属于对市场分析的内容。主要包含以下内容:有无行业垄断,从市场细分看竞争者市场份额,主要竞争者对手情况,包括公司实力和产品情况(种类,价位,特点,包装,营销,市场占有率等),潜在竞争对手情况和市场变化分析,公司产品竞争优势等。通过对市场上已经存在的生产厂商情况的归纳,利用行业中的主要指标对主要生产厂商进行科学分析,然后再寻求自己企业的合理定位,这样就能比较明显地找出创业的主要优劣势。

### 8. 营销策略

创业计划书中一项重要的内容就是阐述公司的销售和竞争策略。

所谓销售策略,即公司产品或服务投放市场的理念。比如:公司计划怎样在市场上销售产品或服务以实现公司设定的市场目标? 为了实现这个任务和目标,应当怎样尽可能清楚而完整地介绍产品或服务投放到市场的策略,以及公司的整个市场理念和投放计划等。

所谓竞争策略,是指企业如何对付竞争对手以争取更大的销售收入,实现企业的经营目标的行动准则和方式。企业要在市场竞争中处于不败之地,必须根据企业的具体情况制定适合本企业的竞争策略。要制定企业的竞争策略,必须首先明确企业的竞争环境和竞争形势。企业的竞争策略从总体上可以分为三种类型:低成本策略、产品差异化策略、专营化策略,它们分别与企业的产品生产、产品开发和产品销售相关联。一般涉及如下问题:

(1) 营销计划。选择目标市场,制定产品决策(调整和计划合理的产品数量以适应各个市场的现实和潜在需求,调整和改进产品的式样、品质、功能、包装,开发新产品,优化产品组合,确定产品的品牌和商标、包装策略),制定价格决策(确定企业的定价目标、定价方法、定价策略,制定产品的价格和价格调整方法),制定销售渠道策略,选择适当的销售渠道,制定销售促进决策(人员推销、广告、宣传、公共关系、营业推广、组织售前售中售后服务等)。

(2) 规划和开发计划。产品或服务开发的规划目标,当前所处的状态以及开发计划,可能遇到的困难和风险预测。

(3) 制造和操作计划。产品或服务使用寿命、生产周期和生产组织,设备条件、技改的必要性和可能性。

对市场错误的认识是导致企业经营失败的最主要原因之一。营销是企业经营中最富挑战性的环节,影响营销策略的主要因素有:消费者的特点,产品的特性,企业自身的状况,市场环境方面的因素。最终影响营销策略的则是营销成本和营销效益因素。

在创业计划书中,营销策略应包括以下内容:市场机构和营销渠道的选择,营销队伍和管理,促销计划和广告策略,价格决策。

对创业企业来说,由于产品和企业的知名度低,很难进入其他企业已经稳定的销售渠道中去,因此不得不暂时采取高成本低效益的营销战略,如上门推销,大打商品广告,向批发商和零售商让利,或交给任何愿意经销的企业销售。对发展企业来说,它一方面可以利用原来的销售渠道,另一方面也可以开发新的销售渠道以适应企业的发展。

**9. 制造计划**

创业计划书中的生产制造计划应包括以下内容:

(1) 产品制造和技术设备现状;

(2) 新产品投产计划;

(3) 技术提升和设备更新的要求;

(4) 质量控制和质量改进计划。

在寻求资金的过程中,为了增大企业在投资前的评估价值,创业者应尽量使生产制造计划更加详细、可靠。一般地,生产制造计划应回答以下问题:企业生产制造所需的厂房、设备情况如何,怎样保证新产品在进入规模生产时的稳定性和可靠性,设备的引进和安装情况,谁是供应商,生产线的设计与产品组装是怎样的,供货者的前置期和资源的需求量,生产周期标准的制定以及生产作业计划的编制,物料需求计划及其保证措施,质量控制的方法等。

**10. 管理团队**

有了产品之后,创业者第二步要做的就是结成一支有战斗力的管理队伍。管理部分一般是风险投资家在阅读概要部分后首先要关注的内容,他们急于知道管理队伍是否有能力和经验管理好公司的日常运作,所以有必要写一个相当简短甚至可以是粗略的管理计划。

在企业的生产活动中,存在着人力资源管理、技术管理、财务管理、作业管理、产品管理等等。而人力资源管理是其中很重要的一个环节。企业管理的好坏,直接决定了企业经营风险的大小,而高素质的管理人员和良好的组织结构则是管理好企业的重要保证。社会发展到今天,人已经成为最宝贵的资源,这是由人的主动性和创造性决定的。企业要管理好这种资源,要遵循科学的原则和方法,风险投资家会特别注重对管理队伍的评估。

企业的管理人员应该是互补型的,而且要具有团队精神。一个企业必须要具备负责产品设计与开发、市场营销、生产作业管理、企业理财等方面的专门人才。在创业计划书中,必须要对主要管理人员加以阐明,介绍他们所具有的能力,他们在本企业中的职务和责任,他们过去的详细经历及背景。

此外,还应对公司结构做一简要介绍,包括:公司的组织机构图,各部门的功能与责任,各部门的负责人及主要成员,公司的报酬体系,公司的股东名单,公司的董事会成员,各位董事的背景资料。经验和过去的成功比学位更有说服力。如果你准备把一个特别重

要的位置留给一个没有经验的人,你就一定要给出充分的理由。

因此在介绍人员及组织结构时需要注意以下几点:

(1) 创业者有相关背景的经验和以前成功的经验比很高的学历更有说服力;

(2) 计划书中对管理人员的奖惩制度进行说明,可以使风险投资家更相信公司的管理队伍会以充分的热情来实现预定的目标;

(3) 公司主要领导成员的持股情况也有必要给予介绍。

### 11. 财务分析

财务分析的目的是为了显示公司的财务健康状况。商业计划书中应该把前面几个部分收集的数据整理成一个 5 年计划。这个计划包括以下三个部分:资金预算、收入预测和项目资产负债表。项目的现金流量是一个非常重要的信息,因为它展现了计划执行中的资本需求数量。对于资本的评价,可以从收入和利润的预测开始,然后建立相应的资产负债表。在这之前,必须仔细考虑预期的人力资源和资本花费等方面的问题。

(1) 资金预算。现金流量计划是必须做的,它可以让风险投资家确信公司不会破产和面临金融崩溃,所以商业计划书中必须列出所有可能支付的时间和金额。为了让公司现金流量计划更加准确,应该做出第一年的月计划,第二年的季度计划,第三年的半年计划,第四年、第五年的年度计划。

(2) 收入预测。风险投资家需要知道他们在每年年底的预期收入。按照商业计划所预测的标准收入线做出的五年收入预测,会提供给他们一些重要信息。计算每一年的总收入和总支出从而得到净利润和损失,以每年的实际交付为基础制作收益表。

(3) 项目的资产负债表。风险投资家也会对项目资产负债表感兴趣,因为他们想知道资产的预期增长情况。资产的类型和价值放在资产负债表的资产方,负债和收入则放在另一边。和收益表一样,要用标准的账户格式。资产负债表也应该以每年的实际交付为基础计算。

如果缺乏财务预测方面的经验,可以向有关专业人士请教,也可以考虑邀请专业人士加入到你的团队里来。

财务分析需要花费较多的精力来做具体分析,其中需要涉及现金流量表、资产负债表以及损益表的制备三个方面。流动资金是企业的生命线,因此企业在初创或扩张时,对流动资金需要有预先周详的计划和进行过程中的严格控制;损益表反映的是企业的盈利状况,它是企业运作一段时间后的经营结果;资产负债表则反映在某一时刻的企业状况,投资者可以用资产负债表中的数据来衡量企业的经营状况以及可能的投资回报率。

财务分析一般要包括以下内容:(1) 创业计划书的条件假设;(2) 预计的资产负债表;预计的损益表;现金收支分析;资金的来源和使用。

可以这样说,一份创业计划书概括地提出了在筹资过程中创业者需做的事情,而财务规划则是对创业计划书的支持和说明。

因此,一份好的财务分析对评估风险企业所需的资金数量,提高风险企业取得资金的可能性是十分关键的。如果财务规划不好,会给投资者以企业管理人员缺乏经验的印象,降低风险企业的评估价值,同时也会增加企业的经营风险,那么如何制定好财务规划呢?这首先要取决于风险企业的远景规划——是为一个新市场创造一个新产品,还是进入一个财务信息较多的已有市场。

着眼于一项新技术或创新产品的创业企业不可能参考现有市场的数据、价格和营销方式。因此,它要自己预测所进入市场的成长速度和可能获得的纯利,并把它的设想、管理队伍和财务模型推销给投资者。

而准备进入一个已有市场的风险企业则可以很容易地说明整个市场的规模和改进方式。风险企业可以在获得目标市场信息的基础上,对企业头一年的销售规模进行规划。

企业的财务分析应保证和创业计划书的假设相一致。事实上,财务规划和企业的生产计划、人力资源计划、营销计划等都是密不可分的。

要完成财务分析,必须要明确下列问题:

(1) 产品在每一个期间的发出量有多大?

(2) 什么时候开始产品线扩张?

(3) 每件产品的生产费用是多少?

(4) 每件产品的定价是多少?

(5) 使用什么分销渠道,所预期的成本和利润是多少?

(6) 需要雇佣哪几种类型的人?

(7) 雇佣从何时开始,工资预算是多少?

现金流量表可以反映出公司资金需求的时间和数量,但却不能反映出它的真正用途。一般来说,公司应该给愿意出借或投资的人每一项具体的资本需求,说明它是用于研究、生产启动投资还是现金存留等等。

简单地说,资本是一个企业运行的燃料,企业想要获得多大程度的发展,就必须添加多少燃料。大多数初创企业的失败,不是由于缺乏一般意义上的管理技巧或是产品,而是由于缺乏足够的资金。资金来源的渠道包括:个人,亲属和朋友,非正式的私人投资者,产品或服务的供应商,银行,政府,投机资本,风险投资基金,首次公开上市,部分附属公司的上市。对于新创公司来说,利用(1)、(2)、(3)、(7)所述的渠道更现实些。

**12. 风险与风险管理**

机会与风险总是相伴而生的。对于一个新创的企业,其未来所面临的情况总是未知的,这也正是创业的魅力所在。对于缺乏社会经验和必要工作经历而又要尝试创业的学生来讲,涉及以下问题:

(1) 你的公司在市场、竞争和技术方面都有哪些基本的风险?

(2) 你准备怎样应付这些风险?

(3) 就你看来,你的公司还有一些什么样的附加机会?

(4) 在你的资本基础上如何进行扩展?

(5) 在最好和最坏情形下,你的五年计划表现如何?

如果可能的话,对公司一些关键性参数做最好和最坏的设定,估计出最好的机会和最大的风险,以便风险投资家更容易估计计划的可行性和相应的投资安全性,这样获得风险投资的可能性就更大些。如果你的估计不那么准确,应该估计出你的误差范围到底有多大。

### 13. 附件和备查资料

附件主要是对创业计划书中涉及的一些问题的细节和相关的证书、图表进行描述或证明，如企业的营业执照、公司章程、验资审计报告、税务登记证、高新技术企业（项目）证书、专利证书、鉴定报告、市场调查数据、主要供货商及经销商名单、主要客户名单、场地租用证明、公司及其产品的介绍宣传等资料、工艺流程图、各种财务报表及财务预估表、专业术语说明等。它与创业计划书主体部分一起装订成册。

备查资料只需列出清单，待资金供给方有投资意向时查询。

# 第三节　创业计划书的写作

## 一、编制创业计划书的原则

一份好的创业计划必须呈现竞争优势与投资者的利益，同时也要具体可行，并提出尽可能多的客观数据来加以佐证。创业者在编制创业计划书时，应明确自己要达到的目的，客观真实地描述具有市场前景的商业机会，条理清晰，重点突出。并应遵守以下原则：

（1）开门见山，直述主题。编制创业计划书的目的是阐述一个切实可行的良好商机，并且创业计划书是给战略合伙人与风险投资人看的。创业者一定要避免与主题无关的一些内容，要开门见山直接切入主题，用平实、简洁的语言描述你的中心思想。创业者可以设身处地，假设自己是一位战略合伙人或风险投资人，自己最关心的问题，自己判断的标准是什么。按照阅读创业计划书的读者的思路去编制创业计划书，就会删去许多不必要的东西。

（2）市场导向原则。创业者要充分调查市场，广泛收集资料。

创业者在编制创业计划书时，所谓的商业机会只是创业者大脑中的思想而已。创业者要充分考察市场的现实情况，广泛收集有关市场现有产品、现有竞争、潜在市场、潜在消费者的具体信息。具体来说应包括：你投资项目中的产品或服务处于产品生命周期的哪一个阶段，是市场发展阶段，还是市场成熟阶段？它的市场前景如何？有多少竞争者？竞争对手的情况如何？如何进入现有市场？如何与竞争者展开竞争？创业者在广泛收集资料时，要注意一个倾向，即千万不要只收集对自己有利的信息，而不去收集或者故意忽略对自己不利的信息。在收集信息方面，创业者一定要做到客观公正，因为阅读创业计划书的战略合伙人或风险投资人会毫不留情地对你的计划提出质疑。

利润来自于市场的需求，没有明确的市场需求分析作为依据，所编写的创业计划将是空泛的、无意义的。因此，创业计划应以市场导向的观点来编写，要充分显示对于市场现状的把握与未来发展的预测，同时要说明市场需求分析所依据的调查方法与事实证据等。

他们都是一些非常专业的人士，提出的问题会非常尖锐，如果创业者单从利己的方面收集信息，在遇到苛刻的质疑时就会乱了手脚不能举出充足的证据来消除对方的疑问，就会失去大好时机。创业者在市场调研时，既要研究有利的一面，又要研究不利的一面，特别是对风险要有充分的研究，并尽可能地做好准备。战略合伙人或者风险投资人并不畏

惧风险的存在,他们知道没有高风险就没有高回报,因而风险是不足为惧的,值得畏惧的是风险企业的经营者对风险没有充分的认识,也没有认真的准备。

(3)文字精练原则。创业计划应该避免那些与主题无关的内容,要开门见山、直切主题,并清晰明了地把自己的观点亮出来。风险投资家没有时间,也不愿意花过多的时间来阅读一些对他来说毫无意义的东西。文字精练,观点明确,能较容易引起投资者的注意和兴趣,提高融资成功的把握。

(4)前后一致原则。因为创业计划的内容复杂繁多,容易出现前后不一、自相矛盾的现象。如果出现这种情况,让人很难明白,甚至对计划产生怀疑。所以整个创业计划前后的基本假设或预估要相互呼应,保持一致。

(5)呈现竞争优势原则。编写创业计划书的重要目的之一是为投资人或贷款人提供决策依据,借以融资。因此,创业计划书中要呈现出具体的竞争优势,显示经营者创造利润的强烈愿望,并明确指出投资者预期的报酬。但同时也应该说明可能遇到的风险或威胁,不能只强调优势和机遇,而忽略不足与风险。

(6)便于操作原则。创业计划书是创业者拟定的创业行动蓝图,因此,它必须具有很强的可操作性,以便于实施。特别是其中的营销计划、组织结构、管理措施、应对风险的方法和策略等,必须具有可行性和可操作性。

(7)通俗易懂原则。计划书中应尽量避免技术性很强的专业术语。这些术语不是谁都可以看明白的,而且风险投资者更关心计划能为他们带来多大效益。过多的专业术语会影响到读者的兴趣,让他们觉得太深奥。即使不得已要使用专业术语,也应该在附录中加以解释和说明。

(8)客观实际原则。创业计划中的所有内容必须实事求是,即使是财务规划也要尽量客观、实际,切勿凭主观意愿进行估计。在创业计划书中,创业者必须事先进行大量的调查和科学分析,尽量陈列出客观、可供参考的数据与文献资料。

(9)仔细评估原则。创业者在精心制作创业计划书之后,应该站在一位审查者的角度来评估该创业计划书。首先评估投资的回报情况,回报率是多少,多少年能收回投资?其次要评估可能遇到的风险,如所有的投资、贷款担保,可能遇到的法律诉讼与知识产权纠纷,在多种风险出现时最佳的应对方案;然后评估潜在的市场有多大,潜在的顾客有多少,评估你所提供的产品或者服务具有什么样的竞争优势;最后还要评估企业的管理团队,即企业能否进行有效的管理,能否有效地实现既定的目标;企业上下是否具有共同的信念,是否目标一致,是否具有强大的凝聚力,企业的管理团队是否具有开拓市场的能力,是否善于发现和发掘潜在的市场。

## 二、创业计划书的编制技巧

创业计划书是创业者所写商业文件中最主要的一个。那么,如何编写出一份好的创业计划书呢?为了确保创业计划书"击中目标",创业者应做到以下几点:

(1)了解市场。创业计划书要给投资者提供对目标市场的深入分析和理解。要细致分析经济、地理、职业以及心理等因素对消费者选择购买本企业产品这一行为的影响,并分析各个因素所起的作用。创业计划书中还应包括一个主要的营销计划,计划中应列出

本企业打算开展广告、促销以及公共关系活动的地区,明确每一项活动的预算和收益。创业计划书中还应简述一下企业的销售战略。

(2)关注产品。在创业计划书中,应提供所有与企业的产品或服务有关的细节,包括企业实施的所有调查。这些问题包括:产品的市场前景分析,它的独特性怎样,企业分销产品的方法是什么,产品的生产成本是多少,售价是多少等等。把出资者拉到企业的产品或服务中来,这样出资者就会和创业者一样对产品有兴趣。在创业计划书中,企业家应尽量用简单的词语来描述每件事,如商品及其属性的定义对企业家来说是非常明确的,但其他人却不一定清楚它们的含义。

(3)表明行动的方针。企业的行动计划应该是无懈可击的。创业计划书中应该明确下列问题:企业如何把产品推向市场？如何设计生产线？如何组装产品？企业生产需要哪些原料？企业拥有哪些生产资源？还需要什么生产资源？生产和设备的成本是多少？企业是买设备还是租设备？解释与产品组装、储存以及发送有关的固定成本和变动成本的情况。

(4)敢于竞争。在创业计划书中,创业者应细致分析竞争对手的情况。要明确每个竞争者的销售额、毛利润、收入以及市场份额,然后再讨论本企业相对于每个竞争者所具有的竞争优势,而且要向投资者展示自身的优势。在创业计划书中,企业家还应阐明竞争者给本企业带来的风险以及本企业所采取的对策。

对初创的风险企业来说,创业计划书的作用尤为重要,一个酝酿中的项目,往往很模糊,通过制订创业计划书,把正反理由都书写下来。以后再逐条推敲。这样创业者就能对这一项目有更清晰的认识。

因此,创业计划书必须要说明:(1)创办企业的目的——为什么要冒风险,花精力、时间、资源、资金去创办风险企业？(2)创办企业需要多少资金？为什么要这么多的钱？为什么投资人值得为此注入资金？对已建的风险企业来说,创业计划书可以为企业的发展定下比较具体的方向和重点,从而使员工了解企业的经营目标,并激励他们为共同的目标而努力。更重要的是,它可以使企业的出资者、供应商、销售商等了解企业的经营状况和经营目标,说服原有的或新来的出资者为企业的进一步发展提供资金。

编制创业计划书时,以下的方法技巧值得我们参考:

### 1. 系统精练,突出重点

编制创业计划书的目的是为了让投资者了解商业计划,其内容必须紧紧围绕这一主题,开门见山,使投资者在最少时间内了解最多的关于商业计划的内容。如要第一时间让读者知道公司的业务类型,避免在最后一页才提及经营性质;要明确阐明公司的目标及为达到目标所制定的策略与战术;陈述公司需要多少资金,以及时间和用途,并给出一个清晰、符合逻辑的让投资者撤资的策略。注重企业内部经营计划和预算的编制,而一些具体的财务数据则可留待下一步会见时面谈。

### 2. 换位思考

编制创业计划书的一个重要方法就是换位思考,即融资者要设身处地,假设自己是一位战略合伙人或风险投资人,自己最关心的问题是什么,自己判断的标准是什么。就是说,要按照阅读创业计划书的读者的思路去写作创业计划书,这样就会弄清哪些是重点,应该具体描述,哪些可以简单描述,哪些是不必要的东西,从而获得投资者青睐。

就此来说,编制创业计划书应忌讳用过于技术化的用词来形容产品或生产营运过程,而应尽可能用通俗易懂的条款,使读者容易理解。

### 3. 以充分的调查、数据、信息为基础

市场销售是投资获利的基础,对此,融资人要充分考察市场的现实情况,广泛收集有关市场现有的产品、竞争、潜在市场、潜在消费者的具体信息,使市场预测建立在扎实的调查数据之上,否则后面的生产、财务、投资回报预测就都成了空中楼阁。为此,创业计划书中忌用含糊不清、无确实根据的陈述或结算表。

### 4. 实事求是,适度包装

创业计划书的作用固然重要,但它仍然只是一块敲门砖。过度包装是无益的,企业应该在盈利模式打造、现场管理、企业市场开拓、技术研发等方面下硬功夫,否则,即使有了机会,也把握不住。

### 5. 不过分拘泥于格式

创业计划书固然有很多约定俗成的格式,但很多资金供给方在实际运作中正在忽略这种格式,直接关注几个关键点,关注他们想看到的东西。因此,企业在组织编制创业计划书的过程中,不要过分拘泥于固定的格式,"依样画葫芦",只需把企业的优势、劣势都告诉别人,就可能是最后的赢家。

部分资金供给方或其代理机构,有时候会要求企业必须提供固定格式的计划书,在格式上做文章,这有可能是融资骗局。

## 三、校园创业计划书竞赛

创业计划竞赛是近几年风靡全球高校的重要赛事。它借用风险投资的运作模式,要求参赛者组成优势互补的竞赛小组,围绕一个具有市场前景的技术产品或服务概念,以获得风险投资为目的,完成一份包括企业概述、业务与业务展望、风险因素、投资回报与退出策略、组织管理、财务预测等方面内容的创业计划书,最终通过书面评审和现场答辩的方式评出获奖者。

### 1. 创业计划竞赛的兴起

创业计划竞赛源于美国,又称商业计划竞赛。自1983年德州大学奥斯汀分校举办首届创业计划竞赛以来,包括麻省理工学院、斯坦福大学等世界一流大学在内的十多所大学每年都举办这一竞赛。Yahoo!、Netscape、Excite等公司就是在美国大学的创业竞赛中诞生的。创业计划竞赛大大推动了美国高科技产业的发展,甚至从某种意义上说,创业计划竞赛已成为美国经济发展的直接驱动力之一。

### 2. 我国大学生创业计划竞赛

在中国,创业计划竞赛最早于1998年在清华大学举行。1999年,由共青团中央、中国科协、全国学联主办,清华大学承办的首届"挑战杯"中国大学生创业计划竞赛成功举行。竞赛汇集了全国120余所高校的近400件作品,在全国高校中掀起了一轮创新、创业的热潮,产生了良好的社会影响。在社会各界的关心和支持下,一批创业计划进入了实际操作阶段,技术、资本与市场的结合向更深的层次推进。经过一年的市场洗礼,一部分学

生创业公司正在逐步走向成熟,创业计划竞赛使大学校园创新意识、创业能力的教育与培训工作得到了进一步发展,成为共青团、学生会组织参与素质教育的载体,成为学生科技活动的新形式。在促进青年创新人才成长、深化高校素质教育、推动经济社会发展等方面发挥了积极作用,在广大高校乃至社会上产生了广泛而良好的影响,被誉为当代大学生科技创新的"奥林匹克"盛会。

"挑战杯"中国大学生创业计划竞赛的参赛人员及作品要求是:

(1) 参赛人员要求。全日制在校的本专科生、研究生,成人教育学院具有本、专科学历的在校生。

(2) 参赛作品要求。"挑战杯"大学生创业计划大赛借用风险投资的运作模式,要求参赛者组成优势互补的竞赛小组,每个项目组成员不超过 5 人,围绕一个具有市场前景的技术产品或服务概念,完成一份包括企业概述、产品服务介绍、市场分析、营销战略、组织管理、财务预测等方面内容的创业计划书。参赛队伍要根据自己前期完成的书面计划准备现场答辩,回答专家评委有关市场营销、财务分析等关注于计划的严密性和可操作性的问题。创业计划作品内容一般包括:执行总结,产业背景,市场调查和分析,公司战略,营销策略,经营管理,管理团队,融资与资金运营计划,财务分析与预测,关键的风险和问题等十个方面。创业计划竞赛最终一般转化为以下两种成果:一是为参赛的商业计划直接注入资金,使商业计划进入市场化运作;二是出资购买参赛的商业计划报告书,供公司参考或采取另外的方式投入市场化运作。

# 第四节　创业财务计划的编制

## 一、创业财务计划编制的原则

制订财务计划是完成创业设计的重要阶段,创业设计的财务计划包括筹集资金、资金使用、产品(商品)或服务成本构成及分析、预计销售收入、税金计算、编制年末预计资产负债表和年度预计利润表七个部分。

为提高财务计划的编制质量,创业财务计划编制应遵循以下原则:

(1) 编制计划要以明确的经营目标为前提。

(2) 编制计划时,要做到全面、完整。有关指标之间要相互衔接。

(3) 计划要积极可靠,留有余地。计划指标要在广泛市场调研的基础上,经过科学的预测分析和正确决策来确定。积极可靠是指要充分估计目标实现的可能性,不要把预算指标定得过低或过高,保证预算能在实际执行过程中充分发挥其指导和控制作用。预算又必须留有余地,具有一定的灵活性,以免在意外事项发生时造成波动,影响平衡,以至于影响原订目标的实现。

## 二、启动资金预算与成本计划

### (一) 启动资金的类型

开办企业在租房、买设备、购买原材料、发工资等多方面无不需要用钱,用的钱可以归结为两大类:

1. 投资(固定资产)。指企业所购置的价值较高、使用寿命长的东西,如厂房、机器、工具、工作设施、车辆、办公家具等等。有的企业用很少的投资就能开办,而有的却需要大量的投资才能启动。明智的做法是把必要的投资降到最低限度,让企业少担些风险。然而,每个企业开办总是会需要一些投资的。

2. 流动资金。流动资金指企业日常运转所需要支出的资金。流动资金用于购买原材料和商品存货、促销、工资、房租、保险和其他日常开支等。

创业之前做好计划书和资金的预算是必需的,这是创业第一步的关键。创业到底需要多少资金? 这个问题主要依据选择项目的种类、规模大小、经营地点等情况而定。

预测成本时,可以依固定成本和变动成本分别测算,然后相加求得总成本。

对于固定成本的预测,通常是根据各成本项目现实的收费标准、费率或市场行情进行测算的。

(1) 企业开办费,主要包括企业注册登记费、税务登记费、资产评估费、市场调查费、咨询费和技术资料费等。可根据有关部门的收费标准进行测算。

(2) 工商管理费、治安卫生费,可按照工商行政管理部门和市容管理部门的收费标准进行测算。

(3) 保险费,可根据你投保财产的多少,按照保险公司的收费标准进行测算。

(4) 租赁费,可根据你所租赁财产的多少,按照现实的租赁市场行情,自己确定一个可行的标准进行测算。

(5) 办公费、邮电费、通信费、维修费,可通过走访调查,参照同类型企业的经验数据,按月预估一个可行的数额。

(6) 折旧费,是一种特殊成本。折旧是由于固定资产(有较高价值和有较长使用寿命的资产)不断减值而产生的一种成本。例如设备、工具和车辆等,它们的减值要通过归入成本才能得到补偿。其计算方法很多,小企业通常用下列方法计算:

$$某种类型固定资产的原始价值 \times 对应折旧率 = 折旧费$$

固定资产的原始价值是指固定资产的建造或购买价格加上安装费构成的总额。在大多数小企业里,能够折旧的物品不多。

对于变动成本的预测,通常是根据预测的每月生产量或销售量进行测算的。实际工作中,除材料费、燃料动力费、工资及福利费中的计件工资属于纯粹的变动成本外,财务费用和销售费用等不是纯粹的变动成本。为了简化计算、便于掌握,这里将其视同变动成本测算。

(1) 材料费=单位产品用料定额单价×月产量。其中,单位产品用料定额可根据产品生产的技术要求或参考同类企业的经验数据确定;材料单价可根据现行市场价确定;月产量可根据本企业生产规模和预测的销售量确定,或参考同类企业的经验数据确定。

（2）燃料动力费可参考同类企业单位产品燃料动力费标准，乘以本企业预测的月生产量求得。

（3）工资及福利费若采用计件工资制，则属于变动成本。其计算方法是用单位产品工资及福利标准乘以预测的月生产量求得。其中，单位产品工资及福利费标准可参考同类企业现行标准确定。若采用固定工资制，工资及福利费则属于固定成本，其计算方法是：月工资及福利标准乘以员工人数。其中月工资及福利标准可参考同类企业现行标准确定。

（4）财务费用主要包括贷款利息支出和相应的手续费，它可根据企业未来 3～5 年的业务发展规模，分年度预测出需要贷款的数额，乘以同期银行贷款利率再加上相应的手续费求得。

（5）销售费用是指产品销售过程中发生的各种费用，主要包括运输费、装卸费、储存费、商品损耗、广告宣传和各种促销费用等。可根据你预测的销售量和制订的促销计划，按照有关的收费标准分项进行测算，然后加总。或者用同类企业单位商品销售费用的经验数据，乘以你预测的销售量求得。

**（二）预测启动资金的思路和步骤**

（1）列出所有支出项目

（2）按照"固定资产投入"和"流动资金"分类

（3）处理特殊情况（保险、燃气）

（4）合计"固定资产投入"与"流动资金"总和

**（三）编制成本计划**

当预测了各个成本项目的数额之后就可以编制成本计划了。为了尽可能准确地预测利润和控制成本，创业开始要按月编制 12 个月的成本计划。

（1）计算单位产品或服务的成本。算出一个月的总成本，再除以当月的总产量，就可得出产品或服务的单位成本。

（2）按月编制成本计划。

## 三、利润表的编制

### 1. 预计利润表的功用

利润表又称损益表，是指反映企业在一定会计期的经营成果及其分配情况的会计报表，是一段时间内公司经营业绩的财务记录，反映了这段时间的销售收入、销售成本、经营费用及税收状况，报表结果为公司实现的利润或形成的亏损。

在制订商业计划书过程中，你不可能编制出真正意义上的利润表，因为通常情况下还没有产生收入。你所编制的是一份利润预测表，也称为"预计利润表"。利润预测表所使用的格式与真正的利润表相同，但是内容是对未来业务经营状况的预期，因此里面的数字都是基于实际经营情况所做的估算。

通过编制利润计划，不仅可以使你自己明白创业项目有没有利润、何时能取得利润、利润的大小等，而且这也是投资人或贷款人据以判断你的创业项目是否可行，决定是否投资或贷款的重要依据。

## 2. 预计利润表的编制

由于利润＝含税销售收入－增值税及有关税费－总成本,所以,要编制利润计划,就必须测算出产品的销售价格、销售量、增值税及有关税费。

（1）制定销售价格的两种主要方法。成本加价法,将制作产品或提供服务的全部费用加起来,就是成本价格。在成本价格上加一个利润百分比得出的是销售价格。

竞争价格法,在定价时,除了考虑成本外,还要了解一下当地同类商品或服务的价格,以保证你的定价具有竞争力。

（2）预测销售收入。

$$销售收入＝销售量×产品价格$$

利润表一般以月、季度或年为基础编写。对初创者来说,按月完整编制至少2年的利润表,大部分的预测利润按多年格式编写,使人容易发现利润表的发展趋势。

## 四、现金流量预估表的编制

现金流量计划是以收付实现制为原则,综合反映一定期间企业现金流入、流出和结余情况的一种财务计划。

### 1. 编制现金流量计划的意义

（1）掌握企业未来现金流动的信息,搞好资金调度,最大限度地提高资金使用效率,避免出现现金短缺的威胁。在市场经济条件下,企业现金流量情况在很大程度上决定着创业的生存和发展能力。

即使企业有盈利能力,但若现金周转不畅,出现现金短缺,将严重影响企业的发展,甚至影响企业的生存。有不少创业者,由于不重视对现金流量计划的编制,加之缺乏对资金流动性的管理,结果导致企业经营中途抛锚,造成巨大损失。

（2）使潜在投资人和贷款人据以评价你的企业或拟投资项目未来的现金生成能力、偿还债务能力和支付投资报酬的能力。企业的投资人和债权人最关心的是:把钱投给你或借给你之后,你是怎样使用这些钱的;你的企业经过一段时间的经营后,是否有足够的现金支付股利以及扩大生产经营规模;是否有足够的现金支付利息并偿还到期的债务;你的企业主要是依赖经营还是通过其他途径来获得所需的现金等。现金流量计划提供的信息恰好能满足潜在投资人和贷款人的这些需求。

### 2. 编制现金流量计划必须明确的几个基本概念

（1）现金:指企业的库存现金以及可以随时用于支付的存款。

（2）现金等价物:指企业持有的期限短、流动性强、易于转换为已知金额现金、价值变动风险很小的投资。如,企业持有的3个月期的国库券等(以下在提及"现金"时,除非同时提及现金等价物,均默认为现金和现金等价物)。

（3）现金流量:指企业在一定时期内现金的流入和流出量。如,企业接受投资、向银行贷款、销售商品等取得现金,形成企业的现金流入;企业以现金购买机器设备、购买原材料、租赁房屋、支付工资等,形成企业的现金流出。

（4）现金净流量:是指企业一定时期的现金流入量减去现金流出量的余额。

### 3. 预计现金流量表的编制

弄清了现金流量计划的基本概念后，就可以编制现金流量计划了。其基本方法是：

第一步，按照"现金流入量－现金流出量＝现金净流量"的逻辑关系，结合你的企业现金流入、流出的具体项目绘制一个表。通常要按月编制未来 12 个月的现金流量计划，如表 6－1 所示。

表 6－1　××公司第 1 年月度现金流量表　　　　　　（单位：元）

| 产品 ＼ 销售 ＼ 月份 | | 1 | 2 | 3 | 4 | 5 | 6 | 7 | 8 | 9 | 10 | 11 | 12 | 合计 |
|---|---|---|---|---|---|---|---|---|---|---|---|---|---|---|
| 现金流入 | 月初现金 | | | | | | | | | | | | | |
| | 现金销售收入 | | | | | | | | | | | | | |
| | 赊销收入 | | | | | | | | | | | | | |
| | 贷款 | | | | | | | | | | | | | |
| | 其他现金流入 | | | | | | | | | | | | | |
| | 可支配的现金（A） | | | | | | | | | | | | | |
| 现金流出 | 先进采购支出（列出项目） | | | | | | | | | | | | | |
| | （1） | | | | | | | | | | | | | |
| | （2） | | | | | | | | | | | | | |
| | （3） | | | | | | | | | | | | | |
| | 赊购支出 | | | | | | | | | | | | | |
| | 业主工资 | | | | | | | | | | | | | |
| | 员工工资 | | | | | | | | | | | | | |
| | 租金 | | | | | | | | | | | | | |
| | 营销费用 | | | | | | | | | | | | | |
| | 公共事业费 | | | | | | | | | | | | | |
| | 维修费 | | | | | | | | | | | | | |
| | 贷款利息 | | | | | | | | | | | | | |
| | 偿还贷款本金 | | | | | | | | | | | | | |
| | 保险费 | | | | | | | | | | | | | |
| | 登记注册费 | | | | | | | | | | | | | |

（续表）

| 产品 \ 月份 销售 | | 1 | 2 | 3 | 4 | 5 | 6 | 7 | 8 | 9 | 10 | 11 | 12 | 合计 |
|---|---|---|---|---|---|---|---|---|---|---|---|---|---|---|
| 现金流入 | 设备 | | | | | | | | | | | | | |
| | 其他（列出项目） | | | | | | | | | | | | | |
| | 税金 | | | | | | | | | | | | | |
| | 现金总支出（B） | | | | | | | | | | | | | |
| 月底现金（A－B） | | | | | | | | | | | | | | |

第二步，根据你在前面编制的启动资金测算表、成本计划表、销售收入测算表和利润计划表，通过分析计算并将有关项目数据填入相应栏目即可。

在具体编制现金流量计划时，你必须注意以下几个问题：

（1）企业现金形式的相互转换不会产生现金的流入和流出。如企业从银行存款中提取现金，是企业现金存放形式的转换，并未使现金流出企业，不构成现金流量；同样，现金与现金等价物之间的转换也不属于现金流量，如企业用现金购买3个月到期的国库券。

（2）企业的有些费用是"非现金"的，如"固定资产折旧"这样的项目，因没有形成现金流量，所以编制现金流量计划时，应将其剔除。但是，你还要考虑到，固定资产折旧期一过，就可能丧失功能，必须用现金购建新的固定资产。如果你没有考虑到这个因素，未备足现金，将会影响你企业的正常运转。

（3）有些销售需要赊销。赊销通常在几个月后才能收回现金。你在前面制订营销计划时，可能已经制定了赊销政策，现在，编制现金流量计划时，需要考虑到这个因素。

（4）有时企业采购会赊账，以后再付现金。如果你在前面制订营销计划时，制定了赊购政策，现在编制现金流量计划时，也要考虑这个因素。

### 五、资产负债预估表的编制

资产负债表是反映企业在某一特定日期财务状况的报表，例如公历每年12月31日的财务状况。由于它反映的是某一时点的情况，所以又称为静态报表。

资产负债表主要提供有关企业财务状况方面的信息。通过资产负债表，可以提供某一日期资产的总额及其结构，表明企业拥有或控制的资源及其分布情况，即有多少资源是流动资产、有多少资源是长期投资、有多少资源是固定资产等等；可以提供某一日期的负债总额及其结构，表明企业未来需要用多少资产或劳务清偿债务以及清偿时间，即流动负债有多少、长期负债有多少、长期负债中有多少需要用当期流动资金进行偿还等等；可以反映所有者所拥有的权益，据以判断资本保值、增值的情况以及对负债的保障程度。资产负债表还可以提供进行财务分析的基本资料，如将流动资产与流动负债进行比较，计算出流动比率；将速动资产与流动负债进行比较，计算出速动比率等，可以表明企业的变现能力、偿债能力和资金周转能力，从而有助于会计报表使用者做出经济决策。

预计资产负债表用来反映企业在计划期末预计的财务状况。它的编制需以计划期开始日的资产负债表为基础，结合计划期间各项业务预算、专门决策预算、现金预算和预计利润表进行编制，如表6-2。

**表6-2　××公司第1年末预计资产负债表**　　　　　　（单位：元）

| 资产项目 | 年初 | 年末 | 权益项目 | 年初 | 年末 |
|---|---|---|---|---|---|
| 现金 | | | 应付账款 | | |
| 应收账款 | | | 长期借款 | | |
| 直接材料 | | | 普通股 | | |
| 产成品 | | | 未分配利润 | | |
| 固定资产 | | | | | |
| 累计折旧资产 | | | | | |
| 资产总额 | | | 权益总额 | | |

## 六、财务报表分析与财务评价

财务报表分析是指以财务报表和其他资料为依据和起点，采用专门方法，系统分析和评价企业过去和现在的经营成果、财务状况及其变动，目的是了解企业过去的经营业绩，衡量企业目前财务状况并且预测企业未来的发展趋势，帮助企业利益集团改善决策。财务分析的最基本功能就是将大量的财务报表数据进行加工、整理、比较、分析并转换成对特定决策有用的信息，着重对企业财务状况是否健全、经营成果是否优良等进行解释和评价，减少决策的不确定性。

**1. 短期偿债能力分析**

（1）流动比率。流动比率是衡量企业短期偿债能力最通用的比率。它表明企业的短期债务可由预期在该项债务到期前变为现金的资产来偿付的能力。一般情况下，流动比率越高，反映企业资本变现能力越强，即短期偿还债务能力越强，债权人权益越有保障，表明企业可以变现的资产数额大，债权人遭受的损失风险小。其计算公式为：流动比率＝流动资产/流动负债。

（2）速动比率。速动比率，是企业速动资产与流动负债的比率。速动资产包括货币资金、短期投资、应收票据、应收账款、其他应收款项等流动资产，用以衡量企业流动资产中可以立即用于偿付流动负债的财力。其公式为：速动比率＝速动资产/流动负债。

速动比率一般维持在1：1为好，即速动资产与流动负债至少应该相等，公司此时才有较强的短期偿债能力，短期债权人如期收回债权的安全系数越高。

**2. 长期偿债能力分析**

（1）资产负债率。资产负债率是企业负债总额对资产总额的比率。它表明企业资产总额中，债权人提供资金所占的比重，以及企业资产对债权人权益的保障程度。这一比率越小表明企业的长期偿债能力越强。其计算公式为：负债比率＝负债平均总额/资产平均总额。

举债经营,是现代企业的经营理念,合理的负债有利于公司财务的优化。对于投资人,当利润率高于借款利率时,公司负债比率较高,投资人可获得较高的利润,但资产负债率如果大于100%时,公司资不抵债,有破产的危险,应做出适当调整。

(2)资本负债率。资本负债率又称产权比率,是负债总额与所有者权益之间的比率。它反映企业投资者权益对债权人权益的保障程度。这一比率越低,表明企业的长期偿债能力越强,债权人权益的保障程度越高,承担的风险越小。在这种情况下,债权人就愿意向企业增加借款。其计算公式为:负债与股东权益比率=负债总额/所有者权益。

### 3. 营运能力分析

反映企业营运能力主要有以下指标:应收账款周转率、存货周转率、流动资产周转率、固定资产周转情况分析、总资产周转情况分析。

(1)应收账款周转率。应收账款周转率是反映应收账款周转速度的指标,它是一定时期内赊销收入净额与应收账款平均余额的比率。应收账款周转率有两种表示方法,一种是应收账款在一定时期内(通常为一年)的周转次数,另一种是应收账款的周转天数,即所谓应收账款账龄。应收账款周转次数的计算公式为:应收账款周转率=赊销收入净额/应收账款平均余额。

应收账款周转率说明公司在一定时期内应收账款的周转次数多,完成一次周转时间越短,表明公司应收账款变现速度快,收账效率高,出现坏账的可能性小,同时说明公司偿债能力和短期支付能力较强。

(2)存货周转率。存货周转率是一定时期内企业销货成本与存货平均余额间的比率。它是反映企业销售能力和流动资产流动性的一个指标,也是衡量企业生产经营各个环节中存货运营效率的一个综合性指标。其计算公式为:存货周转率=销货成本/存货平均余额。

它不仅可以反映企业的销售能力,而且能衡量企业生产经营中的各有关方面运用和管理存货的工作水平。在存货水平一定的条件下,存货周转率越高,企业的销售能力越强。此外,对衡量存货的储存是否得当,能否保证生产不间断地进行和产品有秩序地销售也有重要的作用。

(3)流动资产周转率。流动资产周转率是反映企业流动资产周转速度的指标。它是流动资产的平均占用额与流动资产在一定时期所完成的周转额之间的比率。计算公式为:流动资产周转率=主营业务收入额/流动资产平均余额。

(4)总资产周转率。反映总资产周转情况的指标是总资产周转率,它是企业销售收入净额与资产总额的比率。其计算公式为:总资产周转率=销售收入净额/资产平均余额。一般来说,销售上升时,资产周转率也上升,表明公司各项资产的运用效率提高,公司管理水平上升。

企业营运能力的结构分析是从资产结构及其变动对营运能力影响的角度,对企业资产的营运能力进行分析评价。资产营运能力的结构分析主要从资产类型结构和资产项目结构这两个方面来进行,分别以流动资产中存货周转比率和流动资产主要项目分析为代表,分析公司的资金营运能力。

### 4. 盈利能力分析

盈利能力是指企业在一定时期内获取利润的能力。盈利能力的因素主要有以下指标：营业利润率、成本费用利润率、资产净利润率、净资产报酬率。

(1) 营业利润率。营业利润率是指企业的营业利润与营业收入的比率。它是衡量企业经营效率的指标，反映了在不考虑非营业成本的情况下，企业管理者通过经营获取利润的能力。其计算公式为：营业利润率＝营业利润/营业收入×100%。该比率衡量公司产品营业收入的获利能力，包括对销售过程成本和费用的控制能力。公司的费用成本越低，公司的营业收入的获利能力就越高。

(2) 成本费用利润率。成本费用利润率是企业一定期间的利润总额与成本、费用总额的比率。成本费用利润率指标表明每付出一元成本费用可获得多少利润，体现了经营耗费所带来的经营成果。该项指标越高，反映企业的经济效益越好。其计算公式为：成本费用利润率＝利润总额/成本费用总额×100%。

(3) 总资产报酬率。总资产报酬率主要用来衡量企业利用资产获取利润的能力，反映了企业总资产的利用效率，表示企业每单位资产能获得净利润的数量，这一比率越高，说明企业全部资产的盈利能力越强。该指标与净利润率成正比，与资产平均总额成分比。计算公式为：资产净利润率＝净利润/资产平均总额×100%。总资产报酬率越高，表明投资盈利水平就越高，公司的获利能力也越高。

(4) 净资产报酬率。净资产报酬率，这一指标反映了企业总资产获取收益的能力。但是，资产占用的资金来源包括了两部分，一是属于股东的资金，即所有者权益（或股东权益，下同），为企业自有资金，一是来源于债权人提供的资金，为企业借入资金，这部分资金对企业而言，虽然可以暂时占用，但却需要偿还甚至是需要付息的。所以，资产报酬率不能够反映出企业自有资金获取收益的能力。其公式为：净资产报酬率＝息税前利润/净资产平均总额×100%。净资产报酬率也称所有者权益报酬率，表明公司所有者享有的净利润越多，投资盈利水平越高，获利能力相应越强。

在企业财务评价体系中，盈利能力是核心，是衡量企业是否具有活力和发展前途的重要内容。

(5) 投资回收期。投资回收期是评估投资项目的一个简便方法，关注静态回收投资成本所需的时间。投资回收期即表示一个资金预算项目收回所有成本的总时间。投资回收期也称返本期，是反映投资方案清偿能力的重要指标，分为静态投资回收期和动态投资回收期。

静态投资回收期是在不考虑资金时间价值的条件下，以项目的净收益回收其全部投资所需要的时间。投资回收期可以自项目建设开始年算起，也可以自项目投产年开始算起，但应予注明。

静态投资回收期可根据现金流量表计算，其具体计算又分以下两种情况：

a. 项目建成投产后各年的净收益（即净现金流量）均相同，则静态投资回收期的计算公式如下：$Pt = K/A$

b. 项目建成投产后各年的净收益不相同，则静态投资回收期可根据累计净现金流量求得，也就是在现金流量表中累计净现金流量由负值转向正值之间的年份。其计算公

式为:

$Pt$=累计净现金流量开始出现正值的年份数－1＋上一年累计净现金流量的绝对值/出现正值年份的净现金流量

评价准则:将计算出的静态投资回收期($Pt$)与所确定的基准投资回收期($Pc$)进行比较。

动态投资回收期是把投资项目各年的净现金流量按基准收益率折成现值之后,再来推算投资回收期,这就是它与静态投资回收期的根本区别。动态投资回收期就是净现金流量累计现值等于零时的年份。

计算公式:动态投资回收期的计算在实际应用中根据项目的现金流量表,用下列近似公式计算:

$P't$=(累计净现金流量现值出现正值的年数－1)＋上一年累计净现金流量现值的绝对值/出现正值年份净现金流量的现值

评价准则:1) $P't \leqslant Pc$(基准投资回收期)时,说明项目(或方案)能在要求的时间内收回投资,是可行的;2) $P't > Pc$ 时,则项目(或方案)不可行,应予拒绝。

按静态分析计算的投资回收期较短,决策者可能认为经济效果尚可以接受。但若考虑时间因素,用折现法计算出的动态投资回收期,要比用传统方法计算出的静态投资回收期长些,该方案未必能被接受。

(6)净现值。净现值(Net Present Value)是一项投资所产生的未来现金流的折现值与 项目投资成本之间的差值。净现值法是评价投资方案的一种方法。该方法利用,净现金效益量的总现值与净现金投资量算出净现值,然后根据净现值的大小来评价投资方案。净现值为正值,投资方案是可以接受的;净现值是负值,投资方案是不可接受的。

公式:净现值＝未来报酬总现值－建设投资总额

$$NPV = \sum_{t=1}^{n} \frac{(C_t)}{(1+r)^t} - C_0$$

式中:$NPV$—净现值

$C_0$—初始投资额

$C_t$—$t$ 年现金流量

$r$—贴现率

$n$—投资项目的寿命周期

### 5. 盈亏平衡分析

盈亏平衡分析是通过盈亏平衡点(BEP)分析项目成本与收益的平衡关系的一种方法。各种不确定因素(如投资、成本、销售量、产品价格、项目寿命期等)的变化会影响投资方案的经济效果,当这些因素的变化达到某一临界值时,就会影响方案的取舍。盈亏平衡分析的目的就是找出这种临界值,即盈亏平衡点(BEP),判断投资方案对不确定因素变化的承受能力,为决策提供依据。

盈亏平衡点越低,说明项目盈利的可能性越大,亏损的可能性越小,因而项目有较大的抗经营风险能力。

盈亏平衡点又称保本点，是指能使企业的销售收入总额同成本总额保持相等时的产品产销量水平。亦即企业在一定期间内经营某种或若干种产品，为使其全部耗费（包括固定成本和变动成本）都能得到补偿所必须实现或达到的产品产销数量或销售收入。

盈亏平衡点计算中的相关指标有：

（1）安全边际。安全边际是指某种产品的实际或预计销售量超过其盈亏平衡销售量的部分。它是衡量有关产品的经营活动处在何种安全程度或面临多大经营风险的重要标志之一。

该指标既可以用实物量表示，也可以用金额表示。其计算公式为：

安全边际＝实际（预计）销售量－盈亏平衡销售量

某种产品的安全边际越大，说明提供利润的销售量越多，该产品实现的利润越大，企业经营的安全程度就越高，面临的风险就越小。

（2）安全边际率。安全边际率是指某种产品的安全边际同其实际或预计销售量或销售额之间的比率。

该指标的计算公式为：

安全边际率＝安全边际量/实际或预计的销售量×100％

＝安全边际额/实际或预计的销售额×100％

某种产品的安全边际率越大，其经营的安全程度就越高，面临的风险就越小。

（3）保本作业率。保本作业率亦称保本销售率，它是指盈亏平衡销售量或销售额同实际或预计销售量或销售额之间的比率。

该指标的计算公式为：保本作业率＝保本量/现有或预计销售量×100％

＝保本额/现有或预计销售额×100％

保本作业率越低，说明企业只需用较小的产销能力就能实现保本，大部分的产销能力可以为企业带来较大的利润，企业经营的安全程度就越高，面临的风险就越小。

# 第五节　创业计划的修订

## 一、创业计划书的完善

使用创业计划的组织或个人拿到创业计划后，首先要对创业计划进行评价，以判断其优良程度。参考以往比赛和专家经验，提供以下指标体系供大家参考，对创业计划书进行评价：

（1）概要。评价标准：内容清晰，简洁，重点突出，具有吸引力。重点包括对公司及产品（服务）、市场概况、营销策略、财务预测、企业发展目标展望、创业团队的特殊性和优势的介绍等。

（2）产品服务。评价标准：描述产品或服务的基本性能、特征，产品的商业价值，产品的技术含量，产品的发展阶段，产品的所有权状况，如何满足关键用户需要，进入策略和市场开发策略，说明其专利权、著作权、政府批文、鉴定材料等，指出产品（服务）目前的技术

水平是否处于领先地位,是否适应市场的需求,能否实现产业化,产品不过分超前而使市场无法接受。

(3)市场分析。评价标准:市场容量与趋势、市场竞争状况、市场变化趋势及潜力,细分目标市场及客户描述,估计市场份额和销售额。市场调查和分析应当严密科学。

(4)竞争。评价标准:包括公司的商业目的、市场定位、全盘策略及各阶段的目标等,同时要有对现有和潜在的竞争者的分析,对替代品竞争、行业内原有竞争的分析。总结本公司的竞争优势并研究战胜对手的方案,并对主要的竞争对手和市场驱动力进行适当分析。

(5)营销。评价标准:阐述如何保持并提高市场占有率,把握企业的总体进度,对收入、盈亏平衡点、现金流量、市场份额、产品开发、主要合作伙伴和融资等重要事件有所安排。产品定价,营销渠道,促销方式,构建一条畅通合理的营销渠道和与之相适应的新颖而富有吸引力的促销方式。

(6)经营计划。评价标准:包括产品生产服务计划,产品的成本和毛利,经营难度及所需要的原材料的供应情况,工业设备的运行安排,人力资源安排等。这部分要求以产品或服务为依据,以生产工艺为主线,力求描述准确、合理、可操作性强。

(7)管理团队。评价标准:包括关键人物背景,组织结构,角色分配,管理团队实施战略的能力。介绍管理团队中各有关成员的教育和工作背景、经验、能力、专长。组建营销、财务、行政、生产、技术团队。明确各成员的管理分工和互补情况,公司组织结构情况,领导层成员,创业顾问及主要投资人的持股情况。指出企业股份比例的划分。

(8)财务分析。评价标准:财务报表清晰明了,与计划实施同步,内容包括相应时间段的现金流量表、资产负债表、损益表等。数据应基于经营状况和未来发展的正确估计,并能有效反映出公司的财务绩效。

(9)融资回报。评价标准:以条款方式提供所需投资,利益分配方式,可能的退出战略。

(10)可行性。一是市场机会(1/5),明确市场需要及其适合的满足方式;二是竞争优势(1/5),企业拥有的独特的核心能力以及获取持续的竞争优势;三是管理能力(1/5),管理团队能够有效地发展企业,并合理规避投资风险;四是财务预算(1/5),企业的发展业务具有明确的财务需求;五是投资潜力(1/5),创业项目具有真正的实际投资价值。

## 二、创业计划的实践与修正

设计商业计划书的目的之一就是为了初始运行期指导创业者的行为。战略执行中很重要的一点是要设立执行过程的控制点,如果有必要的话,为实现这种控制还要进行更详细的计划。

创业计划书并不等于企业,在实际的运营过程中,随着宏观环境和微观环境的变化,企业都要依据实际情况制定出有效地应对策略,而创业计划书只是对公司未来的展望和憧憬。真正的创业计划书应永远处于进行时的状态,随着公司的实际变化而做出相应的调整。

对创业者来说最重要的一点是,商业计划书绝对不能在财务资金到位、企业开始运作

之后就被扔到一边，而不按照它去执行。如果内外部环境发生变化，就应对商业计划书进行及时的修改和完善。

不断总结经验，把创业计划修订为经营发展计划有利于企业的长远发展。开业半年的业务记录就是业主修订创业计划的根据，企业的运转还应该寻找可能存在的问题或发现未能充分利用的优势。出现以下不同情况应分别对待：

（1）半年经营下来未能获利。仔细检讨原因，采取补救措施。自己无力改善则请有关专家分析指导。实无转变困境的可能，只好停业另谋出路，以免更大的损失。

（2）半年下来得以维持。查找发展困难的原因，加强竞争能力，改善不足之处，修订创业计划，力图获得成功。

（3）经营良好，达到预期目标。进一步查找存在的优势，对市场前景再进行估计，维持良好势态经营下去，不可盲目扩大投资。积累经验，蓄势待发。

## 本章小结

创业计划书，又叫商业计划书，它是创业者就某一项具有市场前景的新产品或服务，向潜在投资者、风险投资公司、合作伙伴等游说以取得合作支持或风险投资的可行性商业报告。创业计划书的编写一般都按照相对标准的文本格式进行，是全面介绍公司或项目发展前景并阐述产品、市场、竞争、风险、投资收益和融资要求的书面材料。

创业计划书有自己的结构，编写过程中应尽可能完善其基本内容并正确撰写。

一份好的创业计划书必须呈现竞争优势与投资者的利益，同时也要具体可行，并提出尽可能多的客观数据来加以佐证，在撰写过程中应该遵守一定的写作原则。

使用创业计划的组织或个人拿到创业计划后，首先要对创业计划进行评价，以判断其优良程度。

## 复习思考题

1. 编制创业计划书的意义。
2. 创业计划书的编制原则是什么？
3. 创业计划书的内容架构包括哪些内容？
4. 编制现金流量计划的意义。
5. 如何编写一份优秀的商业计划书？

# 第七章 万事俱备借东风
## ——大学生创业资金的筹集

### 学习目标

1. 了解创业融资的概念和种类。
2. 了解创业融资的主要渠道和基本方式。
3. 掌握创业融资前的准备。
4. 掌握策划融资的方案。

### 案例导入

#### 中正的融资策略

2001年4月,全球最大的芯片制造商英特尔公司和我国微电子行业第一家上市公司上海贝岭股份有限公司联合向中正投资,其中英特尔、上海贝岭持股28%。原本净资产仅100余万元的中正公司,一夜之间资产规模增加了40多倍。

中正创始人邱柏云认为:英特尔、贝岭的投资对于中正来说,资金是一个方面,这两家企业在技术、市场、管理以及品牌影响力上的优势更是中正要借鉴的。投资不仅使中正具有了技术、资金和持续发展的优势,而且为中正创建了一个产权明晰、目标明确、管理先进的企业平台。具体地说,与英特尔、贝岭的合作,有以下几个方面是融资带来的比单纯的钱更为宝贵的东西:

一是让中正的战略方向更明确一致,走得更快。以前创业团队里很多时候看法不一致,外面的诱惑也很多;英特尔和贝岭进来以后在这方面做了很多工作,进行了整合,中正的创业团队团结一致,走得也就更快了。

二是支持的力度要大得多。中正拥有的资金更多了,而且更多的是金钱之外的资源,比如客户资源、技术产品上的支持、全国营销网络的支持。

三是企业运营理念的转变。中正从技术主导的理念转向了市场导向、客户至上,现代企业光有技术不行,必须有资源与市场的整合。

153

四是稳定企业人心。英特尔和贝岭的进入使中正有了"一股独大"的中流砥柱，感到有一个主心骨在，不至于在出现某些危机的时候人心浮动。

最后，英特尔和贝岭的融资对中正公司的战略规划也有着重要影响。

# 第一节 创业融资的内涵和困境

## 一、创业融资解析

### (一) 融资的概念

从广义上讲，融资也叫金融，就是货币资金的融通，是当事人通过各种方式到金融市场上筹措或寻求贷放资金的行为。从现代经济发展的角度看，企业比以往任何时候都需要更加深刻全面地了解金融知识、金融机构、金融市场，因为企业的发展离不开金融的支持，企业必须与之打交道，创业企业更应如此。

从狭义上讲，融资即是一个企业筹集资金的行为与过程，也就是企业根据自身生产经营状况、资金拥有状况、未来经营发展的需要等，通过科学的预测和决策，采用一定的方式，从一定的渠道向企业的投资者或债权人筹集资金，并组织资金的供应，以保证正常生产需要以及经营管理活动需要的理财行为。

总而言之，创业融资是指以企业为主体来融通资金，使企业及其内部各环节之间的资金供求实现平衡运动的过程。企业融资的基本目的是维持企业正常生产和进行实业投资，扩大再生产。

### (二) 融资的种类

依据分类标准的不同，融资可以分成不同的类型。

**1. 按照有无金融中介，划分为直接融资和间接融资**

直接融资是指不经过任何金融中介机构，而由资金短缺的单位直接与资金盈余的单位协商进行借贷，或通过有价证券及合资等方式进行的资金融通。直接融资方式的优点是资金流动比较迅速、成本低、受法律限制少；缺点是对交易双方筹资与投资技能要求高，而且还必须经过双方会面协商才能成交。间接融资是指以金融机构为媒介进行的融资活动。间接融资方式的优点是降低融资成本、分散风险、实现多元化负债、不释股权。

**2. 按融资来源的范围不同，可以分为内部融资和外部融资**

内部融资：即将自己的储蓄（留存盈利和折旧）转化为投资的过程。外部融资：即吸收其他经济主体的储蓄，使之转化为自己投资的过程。随着技术的进步和生产规模的扩大，单纯依靠内部融资已经很难满足企业的资金需求，外部融资成为企业获取资金的重要方式。外部融资又可分为债务融资和股权融资。

**3. 按照融资各方当事人所拥有的权益，可划分为股权融资、债务融资和其他融资**

这是企业融资最重要的划分方式。一般来说，对于预期收益较高，能够承担较高融资成本，而且经营风险较大，融资风险较低的企业，倾向于选择股权融资方式；而对于预期收益较低，不能承受较高融资成本，经营风险比较小的企业，一般选择融资成本较少的债务

融资方式进行融资。

### （三）大学生创业融资误区及其解决方案

初出茅庐的大学生在初次创业的道路上除了存在社会经验、管理能力等方面的不足外，在创业融资方面也常常走入误区，最终功败垂成。当前的融资误区主要表现在以下三个方面：

误区一，急于得到企业启动或周转资金，给小钱让大股份，贱卖技术或创意。有不少核心技术拥有者在公司运营一段时间后，对当初的投资协议深感不满并提出毁约，而这样做的后果只能是在资本市场上臭名昭著。

误区二，即便投资人不能提供增值性服务和指导，仍与其捆绑在一起。

误区三，对风险投资不负责任地使用，烧别人的钱圆自己的梦。每一轮融资中的投资者都将影响后续融资的可行性和价值评估。因此，对于尚处早期的创业公司来说，应引入一些真正有实力、能提供增值性服务、与创业者理念统一的投资者，哪怕这意味着暂时放弃一些眼前的利益。

## 二、创业融资的一般过程

### （一）创业企业获取投资的基本条件

（1）高素质的企业家。

（2）既包含远见，又符合实际的商业计划。

（3）有市场需求或潜在市场需求的技术产品或服务。

（4）管理团队具有经营管理经验和能力。

（5）有一定的资金支持。

（6）奠定了一定工作基础。

### （二）创业获取投资的基本过程

（1）调研、筛选和接洽。

（2）准备文件：业务简介、商业计划书、综合专题报告。业务简介，关于创业企业管理者、预期利润、战略目标定位以及投资退出设想的简要文件。商业计划书，关于公司战略、技术发展、营销计划、财务分析等的详细文件。综合性专题报告，针对商业计划书中提到的某些问题，特别是有关产业技术发展、市场前景、开拓市场计划方面的问题，提供详细论证或说明报告。

（3）初步会谈。

（4）价格谈判。

（5）签署协议。

### （三）企业融资时要注意的问题

#### 1. 用可行性计划书，吸引投资者

商业计划书主要分析项目的可行性，是寻找（风险）投资的重要文件。其实，不管是否需要融资，不论投资额大小，认真撰写投资计划书有利无弊。这个过程可以梳理、完善项目（创业）设计，降低投资风险，提高成功的可能性。

**2. 用财务预测，加强投资者的信心**

没有利润前景的企业不值得创立，没有潜在收益的项目不值得投资。财务预测应以成本为基础。创业阶段，成本预测比收入预测容易，更有说服力。

**3. 提高警惕，避免遇到虚假投资者**

虚假投资者的类型：一些信息咨询公司，市场上的一些骗子，一些并没有资金的投资公司。

## 三、创业融资面临的困境

创业需要启动资金，企业经营需要资金维系。资金是创业者面临的主要问题。融资难是中小企业发展的瓶颈，限制着中小企业的发展速度。此外，多数中小企业都是家族式企业，家长式企业。落后的治理结构严重制约着现代化经营实现，已成为其生存发展的又一道障碍。

### （一）融资难的理论解释

（1）不确定性。从创业活动本身来看，面临非常大的不确定性。创业企业的不确定性比既有企业的不确定性要高，创业企业缺少既有企业所具备的应付环境不确定性的经验，尚未发展出以组织形式显现出来的竞争能力。

（2）信息不对称。与创业者相比，投资者则处于相对信息劣势的地位。投资前的信息不对称可能导致逆向选择；投资后的不对称则与道德风险有关。

### （二）融资难的实际解释

**1. 企业的发展不确定，经营风险过高，且制度更新滞后，法人治理结构不健全**

一般认为，自身缺陷是企业融资难的根本原因。许多企业是典型的粗放式经营，既容易导致决策的随意性，又缺乏有效的监督机制和健全的内控制度。企业资料不健全，财务管理制度不完善，收支不清，会计报表数据不真实，类似的状况会让银行贷款承受很大风险。

许多小型企业规模小，产品或服务的技术含量低，经营效益相对低下，缺乏核心竞争力，不符合国家相关的产业政策，也难以获得银行贷款；少数中小企业缺乏基本的诚信，生产或销售假冒伪劣商品，蓄意诈骗，逃避银行债务，拖欠账款，贿赂政府官员，恶意偷税等，都会促使银行拒绝贷款。

**2. 金融体系结构缺陷，信贷手段和激励机制不足**

中小企业向银行申请贷款很难。据媒体报道，中小企业申请银行贷款首先必须接受的是"利率上浮"，官方公布上浮幅度为 $10\% \sim 30\%$。实际上，有的利率上浮幅度达 $100\%$，不足 50 万的贷款，利率更高。其次，中小企业还需支出许多"隐形成本"。

**3. 风险大收益低，担保机构势单力薄**

《中华人民共和国中小企业促进法》出台后，各地政府依法设立了中小企业担保公司。但是，此类信用担保机构通常仅能在筹建之初得到资金支持，没有后续的资金补偿机制，难以发展壮大惠及更多的中小企业。

### （三）融资难问题的解决方法

通过以上的分析和总结，在此也可以将造成我国中小企业融资问题的原因归结为企业本身、银行与政府三个方面。

## 1. 企业自身

企业自身信用等级低,这是普遍存在的现象。中小企业自身规模有限、资金缺乏、信用水平低、没有完整的企业规划、倒闭率高、贷款偿还违约率高。中小企业一般是由具有血缘关系的人共同创立,大多实行家族式管理,产权结构不明晰,企业经营效率不高,开拓新的市场难,不能有效地避免市场风险,影响了中小企业的偿债能力,造成其履约能力的下降。银行的首要目标是安全性、流动性和收益性,然而中小企业的高倒闭率和高违约率使银行难以遵守安全性和收益性原则,导致银行不愿放贷。

针对中小企业自身的问题,改善融资环境和拓宽融资渠道的主要方法有两个:

(1)中小企业要注重改善融资环境。企业要想真正解决融资难的问题,首先就要过信用关,要以信取资。企业必须加大自身信用制度的建设,规范企业的公司治理结构,健全企业财务管理制度,提高信用意识,这是解决融资困难的根本所在。

(2)企业应拓宽融资渠道。要跳出单纯依赖银行间接融资的误区,在充分发挥银行间接融资的同时,要将直接融资和间接融资相结合。建立企业发展基金是解决企业融资问题的重要途径。

## 2. 金融体系

我国金融体系缺乏市场化的利率调节机制,损害银行对中小企业的贷款积极性。我国信用担保体系的不完善使中小企业寻求担保困难。银行要向中小企业提供贷款,只有加大人力资源的投入以提高信息的收集和分析质量,否则银行的贷款违约率将会很高。同时,由于中小企业对资本和债务需求的规模较小,金融机构为规避自身的经营风险和降低经营成本,只有选择不向中小企业贷款。

针对金融体系方面存在的问题,可以通过完善中小企业融资的有关金融体系,具体分为四点:

(1)建立完善的中小企业政策性金融体系。金融机构应继续拓宽对中小企业融资的渠道,创造公平的融资环境。目前,中国人民银行已通过指导意见的方式,鼓励各商业银行采取各种贷款品种支持中小企业的发展,也鼓励民营资本进入金融领域。有些国有商业银行已开始对中小企业积极经营小额贷款业务,今后,还有可能成立适合中小企业发展的社区银行,以具体解决中小企业融资难的问题。

(2)放松市场管制,逐步推动利率市场化。从目前放宽对商业银行贷款利率浮动幅度的限制,过渡到最终由商业银行自主决定贷款利率水平,并允许对其所提供的便利服务收取合理的费用,以此来促进商业银行按效益与风险原则,不断增加对中小企业的信贷投放,实现资源配置的合理与优化,才能从根本上解决中小企业的融资难问题。

(3)建立和健全对中小企业融资的信用评价体系和信用担保体系。建立中小企业评级制度,以信用等级作为判断贷款信用可信度的标准,并把企业的信用信息提供给银行等机构,这是赢得金融机构和担保机构信任并获得项目资金筹措的一种有效手段。同时必须建立并完善中小企业信用担保体系。应构建多层次的信用担保体系,包括政府性担保机构、民营商业性担保机构和企业间互助担保机构。

(4)完善资本市场结构,建立多层次的市场体系。推出针对中小企业直接融资的新

市场,适当降低新市场中小企业发行上市的门槛。

### 3. 政府方面

政府在企业融资问题上起着不可忽视的作用。我国 2003 年实施的《中小企业促进法》,虽然以法律条文的形式为广大中小企业的发展、融资提供了保护和支持。但是该法在内容上缺乏具体的优惠政策和措施,也缺少相应的配套法规和制度,最终导致政府对中小企业的扶持很多都没有落到实处。针对政府方面,可以通过加大中小企业融资的扶持力度和配套相关政策来解决融资难问题。

## 四、大学生创业融资难的表现

### (一) 学生创业融资现状分析

尽管政府鼓励大学生创业,但由于大学生自身没有资金积累,创业经验不足以及信用程度的限制,使得资金的不充分成为影响大学生创业的主要限制条件。一般情况下,大学生的创业资金主要来自于家庭借款、银行信贷资金、风险投资等。

首先,家庭借款是大学生创业最基本的融资方式,适用于家庭物质条件优越、社会背景较好的大学生。

其次,是通过商业银行、农信社等金融机构提供的贷款。目前,包括中国工商银行、中国农业银行、浦发银行、交通银行等在内的多家银行都已推出个人创业贷款业务。一般来说,从银行贷款的融资成本要比从风险投资或其他服务机构融资成本低。

再次,是风险投资基金的支持。风险投资者一般不参与被投资公司的日常业务经营,并且当资本增值后就会退出,其投资收益主要是通过被投资公司上市或股权转让来实现的。

### (二) 大学生创业难的具体表现

#### 1. 创业资金不足

目前大学生创业最主要的融资渠道就是自己拿着项目,找民营企业老板来投资,基本没有其他融资渠道。风险投资在我国被称为"保险投资",不太看得上大学生创业的项目,大学生创业项目也很难在银行贷到款。

#### 2. 市场敏感度不强

这是一个发展的瓶颈,大学生创业会遇到各种各样的问题,他们总是会盲目地开发市场,对市场的不熟悉,或者是简单的理论掌握不好都会导致失败的发生。因此总结一些经验和教训,多学习一些创业经验还是很有必要的。

#### 3. 无相关管理经验

创业不光是产品有一个创新,也不只是能吃苦耐劳,最主要的还是要有一定的管理能力,一个聪明的创业者往往不需要自己去努力,而是利用管理魅力让别人来帮助自己实现创业的梦想,大学生缺少的正是这一点。因此学习和掌握管理常识也是很有必要的。

#### 4. 心理承受能力较弱

这里的准备工作是包括多个方面的,包括资金等外在物质条件的准备,也包括内在心理承受能力等的精神准备,要知道创业的过程中会遇到很多的问题,一旦得不到疏解的话就会出现发展瓶颈,因此做好各方面的准备是成功的保证。

### (三) 创业筹资的特点

作为创业主体的大学生普遍热衷于自主创业,但基本上还处于非理性阶段,与社会上的中小企业创业融资相比较,大学生创业融资主要有以下特点:

(1) 融资渠道比较单一;

(2) 过分强调资金和社会关系的重要性;

(3) 创业准备不足。

### (四) 我国大学生创业融资问题的对策

#### 1. 创造良好的宏观调控环境

国家和政府为支持大学生创业融资,为其提供了良好的宏观环境,具体体现在各种法律法规的颁布。所以当务之急,我们要做的就是建立一个长效约束机制,督促银行等金融机构落实对大学生创业的小额信贷。政府应建立相应的配套机制,对银行等金融机构发放的创业贷款进行适当比例的补贴,以促使这种政策能够得到长期有效的贯彻执行。同时把对大学生创业贷款的支持,纳入对银行各级从业人员的业绩考评体系。从行政和经济上对大学生创业融资进行相应的法律支持。

#### 2. 大力发展风险投资事业

风险投资是推动自主创业的有效途径,这一理论也得到了西方发达国家实践的证明。对于创业者来说,尤其是对于高科技领域的创业者,寻求风险投资商的帮助,是一个合理、有效的途径。风险资金的融入,在给企业带来丰富现金流的同时,也带来了先进的管理理念。这对于初出茅庐的大学生来说是至关重要的。因此,应该充分发挥风险投资在大学生自主创业中的支撑作用。

#### 3. 开展大学生创业教育

我们在分析支持大学生自主创业遇到困难的同时,往往忽视了大学生自身综合素质的提高。创业教育在我国许多高校尚未开展起来,远远落后于西方发达国家。市场经济条件下,资本是逐利的,如果投资大学生的收益率很高的话,资金必然会大量涌入这一行业,商业银行自然也无法拒绝这一诱惑。所以提高大学生的综合素质和创业能力,是解决大学生融资难题的内部动力。

# 第二节 创业融资的渠道和方式

融资渠道即企业筹措资金的方向和通道,它体现了资金的来源和流量。任何创业都需要最基本的启动资金,如产品定金、店面租金等。因此,对创业者来说,能否快速、高效地筹集到资金是影响创业成功至关重要的因素。

## 一、创业融资的主要渠道

#### 1. 融资渠道概览

国家财政。政府提供的创业基金通常被所有创业者高度关注。其优势在于利用政府资金不用担心投资方的信用问题,而且政府的投资一般都是免费的,进而降低或免除了筹

资成本。

（1）银行信贷。由于银行财力雄厚，而且大多具有政府背景，因此在创业者中很有"群众基础"。从目前的情况看，银行贷款有抵押贷款、信用贷款、担保贷款、贴现贷款等。银行贷款的优点是利息支出可以在税前抵扣，融资成本低，运营良好的企业在债务到期时可以续贷。缺点是一般要提供抵押（担保）品，还要有不低于30%的自筹资金，由于要按期还本付息，如果企业经营状况不好，就有可能导致债务危机。

（2）非银行金融机构。非银行金融机构主要有信托投资公司、租赁公司、保险公司、证券公司、企业集团的财务公司等。

（3）企业自有资金。企业经营形成的内部资金，主要是机器折旧、提取公积金和未分配利润而形成的资金。

（4）民间借贷。企业职工和居民的剩余货币，可以对企业进行投资，形成民间资金渠道，为企业所利用。

（5）商业信用。新创企业在开始经营之后，开发并拥有了自己的客户和供应商，就会在生产经营过程中形成部分暂时闲置的资金，同时为了一定的目的也需要相互投资。这部分资金也是新创企业的资金来源。

**2. 创业融资和一般融资的渠道比较**

创业融资与一般融资在各种渠道之间的不同如表7-1所示。大学生自主创业的融资渠道还有多种，以上仅是常用的几种。选择何种融资方式，应结合投资的性质、企业的资金需求、融资的成本、财务风险、投资回收期、投资收益率以及举债能力等综合因素。大学生创业者只有解决好融资问题，才能将自己的技术和创意转化为盈利工具，才能在激烈的市场竞争中立于不败之地，拓宽融资渠道，对投资人负责才能使自己的企业茁壮成长。面对大学生创业的低成功率和融资困难等问题，不仅需要政府强有力的政策支持，也需要社会、家庭的扶助与支持。

表7-1 创业融资和一般融资的比较

| 融资渠道 | 创业融资 | 一般融资 |
|---|---|---|
| 国家财政 | 符合国家发展的新创企业 | 符合国家发展的企业 |
| 银行信贷 | 新创企业难以获得 | 成熟企业 |
| 非银行金融机构 | 少数新创企业 | 成熟企业 |
| 企业自有资金 | 新创企业 | 成熟企业 |
| 民间借贷 | 新创企业 | 少数成熟企业 |
| 商业信用 | 发展期的新创企业 | 成熟企业 |

## 二、创业融资的基本方式

### （一）股权融资和债权融资

**1. 股权融资**

（1）股权融资来源。股权融资按融资的渠道来划分，主要有两大类，公开市场发售和私募发售。公开市场发售就是通过股票市场向公众投资者发行企业的股票来募集资金，

包括我们常说的企业的上市、上市企业的增发和配股都是利用公开市场进行股权融资的具体形式。私募发售,是指企业自行寻找特定的投资人,吸引其通过增资入股企业的融资方式。因为绝大多数股票市场对于申请发行股票的企业都有一定的条件要求,例如我国对公司上市除了要求连续 3 年盈利之外,还要企业有 5 000 万的资产规模,因此对大多数创业企业来说,较难达到上市发行股票的门槛,私募成为创业企业进行股权融资的主要方式。股权融资从出资的主体来看,可以是企业内部出资、政府投资、吸收直接投资、吸引投资基金以及公开向社会筹集发行股票等方式。

(2) 股权融资的特点。股权是企业的初始产权,是企业承担民事责任、自主经营、自负盈亏的基础,也是投资者对企业进行控制和取得利润分配的基础;股权融资是决定一个企业向外举债的基础;股权融资形成的所有权资金的分布特点及股本额的大小和股东分散程度,决定一个企业控制权、监督权和剩余价值索取权的分配结构,反映的是一种产权关系。

### 2. 债务融资

(1) 债务融资的分类。债务融资指以创业企业的信用或第三者的担保,取得资金所有者的资金使用权利,并承诺按期还本付息。债务融资所获得的资金,企业首先要承担资金的利息,另外在借款到期后要向债权人偿还资金的本金。债务融资的特点决定了其用途主要是解决企业营运资金短缺的问题,而不是用于资本项下的开支。债务融资可以分为银行借款、债券融资和租赁融资三大类。就新创企业的债务融资来说,截止到 2010 年,国内的手段相对单一,银行成为最主要的来源,这也是企业融资难的一个主要原因。而大量的债务类融资需求通过其他多种金融工具来满足,有的甚至需要结合项目的风险收益特征及其结构,通过各种金融工具的组合来实现。

(2) 债务融资的特点。短期性。债务融资筹集的资金具有使用上的时间性,需到期偿还。可逆性。企业采用债务融资方式获取资金,负有到期还本付息的义务。负担性。企业采用债务融资方式获取资金,需支付利息,从而形成企业的固定负担。债务融资获得的只是资金的使用权而不是所有权,负债资金的使用是有成本的,企业必须支付利息,并且债务到期时需归还本金;债务融资能够提高企业所有权资金的资金回报率,具有财务杠杆作用;与股权融资相比,债务融资除在一些特定的情况下可能带来债权人对企业的控制和干预问题,一般不会产生对企业的控制权问题。

### 3. 股权融资与债务融资的比较

(1) 风险不同。对企业而言,股权融资的风险通常小于债务融资,股票投资者对股息的收益通常是由企业的盈利水平和发展的需要而定,与发行公司债券相比,公司没有固定的付息压力,且普通股也没有固定的到期日,因而也不存在还本付息的融资风险,而企业发行债券,则必须承担按期付息和到期还本的义务,此种义务是公司必须承担的,与公司的经营状况和盈利水平无关,当公司经营不善时,有可能因为巨大的付息和还债压力导致资金链破裂而破产,因此,企业发行债券面临的财务风险高。

(2) 融资成本不同。从理论上讲,股权融资的成本高于负债融资,这是因为:一方面,从投资者的角度讲,投资于普通股的风险较高,要求的投资报酬率也会较高;另一方面,对于筹资公司来讲,股利从税后利润中支付,不具备抵税作用,而且股票的发行费用一般也

高于其他证券,而债务性资金的利息费用在税前列支,具有抵税的作用。因此,股权融资的成本一般要高于债务融资成本。

(3) 对控制权的影响不同。债券融资虽然会增加企业的财务风险能力,但它不会削减股东对企业的控制权力,如果选择增募股本的方式进行融资,现有的股东对企业的控制权就会被减弱,因此,企业一般不愿意发行新股融资,而且,随着新股的发行,流通在外面的普通股数目必将增加,导致每股收益和股价下跌,进而对现有股东产生不利的影响。

(4) 对企业的作用不同。发行普通股是公司的永久性资本,是公司正常经营和抵御风险的基础,主权资本增多有利于增加公司的信用价值,增强公司的信誉,可以为企业发行更多的债务融资提供强有力的支持,企业发行债券可以获得资金的杠杆收益,无论企业盈利多少,企业只需要支付给债权人事先约好的利息和到期还本的义务,而且利息可以作为成本费用在税前列支,具有抵税作用,当企业盈利增加时,企业发行债券可以获得更大的资本杠杆收益,而且企业还可以发行可转换债券和可赎回债券,以便更加灵活主动地调整公司的资本结构,使其资本结构趋向合理。

可以看出,两种融资方式各有其优势和弊端,创业企业无论选择那种融资方式,所需要考虑的最基本问题是要保持企业的资产收益与风险的匹配,维持合理的融资结构和财务弹性,从而确定最优的融资。

**(二) 直接融资和间接融资**

直接融资是指不经过任何金融中介机构,而由资金短缺的单位直接与资金盈余的单位协商进行借贷,或通过有价证券及合资等方式进行的资金融通。直接融资方式的优点是资金流动比较迅速、成本低、受法律限制少;缺点是对交易双方筹资与投资技能要求高,而且还必须经过双方会面协商才能成交。

间接融资是指以金融机构为媒介进行的融资活动。间接融资方式的优点是降低融资成本、分散风险、实现多元化负债、不释股权。

**1. 银行贷款**

银行是专门经营货币信用的特殊企业,它以一定的成本聚集了大量储户的巨额资金,然后把这些资金运用出去赚取利润。银行资金除一部分用于投资外,大部分都用于发放贷款。银行就像一个资金"蓄水池",随时准备向符合条件的企业提供它们所需要的各种期限和数量的贷款。

贷款形式具体可分为:

抵押贷款。即指借款人向银行提供一定的财产作为信贷抵押的贷款方式。

信用贷款。即银行仅凭对借款人资信的信任而发放的贷款,借款人无需向银行提供抵押物。

担保贷款。即以担保人的信用为担保而发放的贷款。

贴现贷款。即指借款人在急需资金时,以未到期的票据向银行申请贴现而融通资金的一种贷款方式。

**2. 金融租赁**

在现代社会中,租赁已成为一种重要的融资方式为企业所广泛采用。作为一个新兴的产业,租赁有其严格的科学界定,它是在不改变财产所有权的前提下,租用财产使用权

的经济行为。财产所有者(出租人)按照契约规定,将财产租给使用者(承租人)使用,承租人按期交纳一定的租金给出租人,有关财产的所有权仍归出租人,承租人只享有使用权。就目前而言,对一个资金短缺的企业,租赁不失为一种好的筹、融资方式。

租赁可以分为两大类:

一类是融资性租赁,亦称金融租赁,是以融通资金为目的的租赁。当企业需要购买或更新设备,而一时又无法凑足资金时,可以借助于这种方式,租赁公司不是向其直接贷款,而是根据企业的指定,代其购入设备,然后租给企业有偿使用。融资性租赁业务主要有以下几种形式:① 整租;② 回租;③ 转租;④ 代租;⑤ 杠杆租赁。

另一类是操作性租赁,操作性租赁也叫服务性租赁或经营性租赁。这种租赁主要解决承租人在生产建设过程中对一些大中型通用设备的短期需求,设备用完后即退还出租人。其具体操作过程有如下步骤:① 租赁设备的选择;② 申请租赁;③ 签订合同;④ 设备引进;⑤ 设备保险;⑥ 支付租金;⑦ 租赁期满后的设备处理。

### 3. 典当融资

典当融资,指中小企业在短期资金需求中利用典当行救急的特点,以质押或抵押的方式,从典当行获得资金的一种快速、便捷的融资方式。中小企业融资贷款额度比较小、周期短、频率高、需求急的特点与典当行小额性、短期性、安全性、便捷性等本质特点相吻合,作为融资伙伴有着天然的血缘关系。典当的社会功能就是救急解难,能为中小企业提供其需要的融资服务。

### (三) 融资方式选择技术

从前面的论述可知,融资有多种方式,那么如何从纷繁复杂的融资方式中选择最适合本企业的方式是我们必须要关注的问题。

### 1. 先内源后外源

由于内源融资相较外源融资所具有的自主性、抗风险性,创业企业宜采取先内源再外源的融资优先顺序。维持创业企业正常运转的资金宜采用内源融资。而在资金急需时期,可考虑银行借贷、股权融资等外源融资手段。

### 2. 确定资金需要量

发展生产经营需要资金。但如果资金过剩,就很可能影响资金使用效率。所以创业企业不可盲目大量融资。这就需要创业企业决定好在各个发展阶段自身的资金需求,从而根据自身的资金需求来选择融资方式和数量。对于创业企业,由于其缺乏经营的历史资料,最常用的确定资金需要量的方法是定性预测法。也就是由熟悉企业财务情况和生产经营的专家,根据经验对企业的资金需要量做出判断。

### 3. 选择合适的规模

约翰逊说:对所在行业进行调研,再确定自己的细分市场。如果第一条生产线规模太大,所需的启动资金就越多。不能盲目认为市场需求大就应该一上来就抓住时机大干一番。利用手上的现有资金,看看这些资金究竟适合多大的生产规模。

### 4. 将资金用在能产生收益的要素上

小预算创业的关键在于聪明地使用有限的资源。把资金使用在关键员工身上,这大大帮助了迈克尔·柯立兹。41岁的他创办了埃克莱罗公司,为在海外运营或正在向海外

拓展的公司提供翻译服务。具有翻译服务行业从业背景的柯立兹在 2002 年创办了该公司,利用他广泛的人脉关系,只雇用那些能直接创造收入的人员。柯立兹说:"我们用于启动的资金非常短缺,所以当我们碰到能为某项服务付款的客户时,我们就为这项服务去雇人。我们不雇用特定的人。所有的业务都是这样——先有客户承诺会购买某项服务,然后再雇人实现。"

### 5. 降低融资成本

不同融资方式通常意味着不同的融资成本。创业企业的初始资金一般较少,没有抵押物。而且信用记录缺失。如果融资成本过大,则企业资不抵债的风险会相应加大,甚至导致破产。所以创业企业在选择融资方式时要尽量降低融资成本。一般来讲,几种主要融资方式的融资成本由低到高的排列顺序是:内源融资＜银行借贷＜债券融资＜股权融资(其中债券融资在创业企业中不常用)。

### 6. 保持对企业的控制权

在融资过程中,企业可能会以一部分企业控制权和所有权来交换外界的风险投资。这在股权融资中尤为明显。优秀的创业者对企业未来有长远的规划,因此,对于创业企业来说,保持企业的控制权对公司的长远发展至关重要。所以创业企业在融资时不仅要考虑融资成本,而且要考虑企业控制权的丧失。比如,在选择融资方式时,可考虑银行借贷等渠道以保证对企业的控制权。根据外部环境选择融资方式。创业企业在选择融资方式时需考虑诸多外界环境因素,包括宏观经济环境,外币汇率,国家财政政策,法律条文修改等。比如,在利率较低的时期,创业企业可考虑银行借贷;在利率较高的时期,则宜采用股权融资以减少融资成本。

# 第三节  创业融资的方法和策略

## 一、做好融资前的准备

### (一) 基本准备

企业在创业阶段风险较大,寻求外部融资相对较难,如果不认真做好准备工作,成功的希望非常渺茫。另一方面,在企业家缺乏相关经验的情况下,即使意外成功,交易结构和投资条款也对企业很不利,为今后的发展埋下隐患。所以,要成功实现创业企业的外部融资必须预先做好融资准备工作。如果融资没有把准备工作做好,融资成功的概率就不高,而且即使融资成功,融资交易的条件也不会理想。

融资者需要认真做好以下准备工作:(1) 了解内部股权关系和内部管理关系。(2) 计划资金需求以及估计股权资本与债权资本的比例。(3) 了解投资源。(4) 了解投资商。

### (二) 融资准备的重要环节

### 1. 做好企业自身建设

(1) 创业团队。创业离不开创业团队,创业团队是由两个或两个以上具有一定利益

关系、彼此间通过分享认知和合作行动以共同承担创建新企业责任的,处在新创企业高管位置的人共同组建形成的有效工作群体。

（2）市场。企业必须面向有潜力的市场。市场主体的交易把节点之间联系起来,但是由于分工在带来专业化优势的同时也带来了市场知识的分散化,它使得许多交易在市场上得不到实现,这恰如蜘蛛网上的断点,每个断点之间的一系列联结就是企业家活动的机会。

（3）产品或技术。新技术与知识的出现导致了企业新的生产过程、新产品、新市场甚至新的资源组织方式,这些变化为企业带来了市场机会。如果产品很容易模仿,那么很可能落入价格战的归宿,已经有完善销售网络的大公司将很容易把新手挤掉,品牌建立也需要时间与资金,而专利、版权、独占的销售渠道及牢固的战略联盟都可以让企业保持持久的竞争优势。

**2. 制定融资战略**

企业在制定自身的融资战略时,需要考虑不同层面的影响因素,很多中小企业在经济市场中遇到融资难的困境,与其融资战略规划不适用有很大的关联。企业对于融资战略的制定,要考虑如下几点要素:

（1）在资金数量上,对以股份公司为代表的大企业来讲,融资的目的在于实现最佳资本结构,即追求资金成本最低和企业价值最大;而对中小企业来讲,融资的目的是直接确保生产经营所需的资金。资金不足会影响生产发展,而资金过剩也会导致资金使用效果降低,形成浪费。

（2）在融资方式上,中小企业融资通常会给企业带来以下直接影响。首先,通过融资,可以壮大中小企业资本实力,增强中小企业的支付能力和发展后劲;其次,通过融资,可以提高中小企业的信誉,扩大企业产品的市场份额;再次,通过融资,可以扩大中小企业规模,增强企业获利能力,从而充分利用规模经济优势提高企业在市场上的竞争力,加快企业的发展。但是企业竞争力的提高程度因企业融资方式、融资收益的不同而存在很大差异。

（3）在资金结构上,中小企业的资金运用决定资金筹集的类型和数量。我们知道,企业总资产由流动资产和非流动资产两部分构成。按结构上的配比原则,中小企业用于固定资产和永久性流动资产上的资金,以中长期融资方式筹措为宜;由于季节性、周期性和随机因素造成企业经营活动变化所需的资金,则主要以短期融资方式筹措为宜。强调融资和投资在资金结构上的配比关系对中小企业尤为重要。

**3. 选择合适的投资商**

知己知彼,百战不殆。首先要了解投资方的基本情况,如资金实力、投资模式、成功案例等。其次要了解谈判者背景,如职务、学历、经历、爱好等。最后要设想谈判进程中对方可能提出的要求以及己方的应对措施。

投资人的分类:

（1）亲朋好友。如果你对创业成功有足够的把握,最容易的资金来源是你自己的储蓄和朋友、亲戚的资助。有利的一面,克服信息不对称;不利的一面,容易出现纠纷。

（2）业务合作伙伴。如果你的企业已经初具雏形,有产品推出市场,你可以试一试找

你的供应商或者客户投资。找战略伙伴的优点是他们理解你的产品和业务，容易认可你的企业的价值，而且可以提供战略支持；其缺点是他们很可能希望控股，而且会限制你与他们的竞争对手的业务往来。

（3）天使投资人。天使投资人指自由投资者或非正式机构对有创意的创业项目或小型初创企业进行的一次性的前期投资，是一种非组织化的创业投资形式。特征：直接向企业进行权益投资；不仅提供现金，还提供专业知识和社会资源方面的支持；程序简单，短时期内资金就可到位。选择什么样的天使投资人？相对于那些从金融行业和地产行业积累起财富的投资者，那些从技术企业赚到钱的人是比较理想的天使投资人或者机构投资者。一方面，第一类人的财富积累比较快，不能体谅创业的艰辛，在企业遇到困难或者没有达到预期目标时缺乏耐心，另一方面，第一类投资人只能提供资金，但是一般不能提供管理和市场渠道方面的帮助。

（4）风险投资家。风险投资人是风险资金管理公司中的合伙人或助理，他们是风险资金管理公司的雇员。他们为拥有更雄厚资金的基金投资公司管理资金。风险投资人是风险资本的运作者，他是风险投资流程的中心环节，其工作职能是：辨认、发现机会；筛选投资项目；决定投资；促进风险企业迅速成长；退出。资金经由风险投资公司的筛选，流向风险企业，取得收益后，再经风险投资公司回流至投资者。

（5）创业投资公司。创业投资通常被称为"风险投资"，意指人们主动承担可能的创新风险而进行的有意义冒险创新活动或创业行为。

我国目前的创业投资企业主要分为以下四种类型：第一类是国有独资的创业投资企业，其资金基本上由地方财政直接提供或由国有独资公司安排；第二类是政府参股的创业投资企业，其资金一部分由地方财政直接提供或由国有独资公司安排，另一部分由国内其他机构、自然人提供；第三类是国内企业设立的创业投资企业（简称非政府机构），其资金全部由国内企业（国有独资公司除外）、金融机构和国内其他机构和自然人提供；第四类是外国独资或合资创业投资企业，这部分机构中包含了在境外注册，在境内开展业务的机构。

（6）战略投资者。战略投资者是指符合国家法律、法规和规定要求，与发行人具有合作关系或合作意向和潜力，并愿意按照发行人配售要求与发行人签署战略投资配售协议的法人，是与发行公司业务联系紧密且欲长期持有发行公司股票的法人。我国在新股发行中引入战略投资者，允许战略投资者在发行人发行新股中参与申购。主承销商负责确定一般法人投资者，每一发行人都在股票发行公告中给予其战略投资者一个明确细化的界定。

战略投资者是具有资金、技术、管理、市场、人才优势，能够促进产业结构升级，增强企业核心竞争力和创新能力，拓展企业产品市场占有率，致力于长期投资合作，谋求获得长期利益回报和企业可持续发展的境内外大企业、大集团。

**4. 聘请外部专家**

由于创业者往往缺乏融资经验与时间精力，聘请专业融资顾问应该是最好的选择，他们将为融资的各个步骤提供专业意见，并利用积累的融资渠道为企业引荐合适的投资者。

### 5. 接触潜在投资者

创业者和投资者之间是一种长期合作关系,需要达成充分的相互了解与信任,企业应在广泛调研的基础上,根据自身的发展模式和价值取向进行选择与接触,事实上在与投资者的交流中,创业者往往能够获得很多有利于企业发展的宝贵建议。

### (三)融资资料的准备和策划

融资资料是资金方要求企业提供的各种形式的文字、数据、图片的总称。其核心是计划书。计划书是把资金方关注的主要问题以一定格式描述出来的重要信息载体。其主要内容包括企业概况、优势、资金的用途、项目的风险和效益测算、融资工具、还款来源或投资退出方式等。融资资料准备与策划就是按照特定的融资工具、融资渠道的要求,为资金方安全保障考虑,对融资有关的信息进行收集、挖掘、加工处理,并按一定格式加以表述的过程。

融资资料和融资计划书,是企业与资金方沟通的主要方式,尤其是对项目融资更是如此。在大多数情况下,融资计划书已经是项目融资方和资金方之间交流不可缺少的桥梁和"语言"。能否有这样一套完整的"语言",是企业融资能否成功的关键环节。现在,大部分企业对项目融资的资料准备和计划书编写比较重视,但对债权类融资重视不够。对于债权类融资来说,有与没有融资计划书大不一样。在资金供求失衡的今天,资金方每天都面临大量的资金需求项目,如何让资金方看中,着实需要企业下一番工夫。

### (四)融资谈判

融资谈判是融投资双方达成融资意向后,在充分沟通的基础上,对融资合作的具体模式、方式、投资金额、安全保障等所有牵扯双方风险利益的问题进行博弈并讨价还价的过程。融资项目的成功与否,对融资、投资双方来说都是比较重大的事件;一个项目从融资到达成,一般都会经过较长的时间来讨论合作的模式、合作的细节。双方谈判的过程,也是双方权利义务的分配与调整过程,因此融投资双方都比较重视。对于双方的分歧,一般会通过谈判来解决,如融资的金额和成本、融资安全保障以及企业控股权等问题。

融资谈判的参与人员总体素质是比较高的。谈判进程中难免会站在各自的要求上进行意志较量。如出现冲突,应努力建立对方认可的价值标准,运用认知标准进行谈判。在技巧上,要善于站在对方立场上考虑问题,充分显示建立认知标准的诚意。但如果发生冲突,不要屈服压力,只屈服于认知标准。

## 二、掌握融资决策原则

在寻找融资渠道时,创业者尝试采用专业手段向投资人展示自己的企业以期获得更多的资源。融资决策受到融资方和投资方的目的驱动,其过程受到众多因素影响而变得复杂,这个过程分为五个步骤:一是融资前的准备;二是测算融资需求;三是确定融资方式;四是确定最佳融资时期;五是融资谈判。

中小企业对融资的难度缺乏充分的心理准备,一旦几次融资行动受挫,便放弃了融资计划,错失了一些可以成功的引资机会,延缓了企业发展的步伐,颇为遗憾。以下所列的融资决策的指导原则和融资行为准则,能够对创业企业的融资活动顺利进行产生积极影响。

创业融资需要遵循的原则主要有以下几个方面：

**1. 收益与风险相匹配原则**

企业融资的目的是将所融资金投入企业运营，最终获取经济效益，实现股东价值最大化。在每次融资之前，企业往往会预测本次融资能够给企业带来的最终收益，收益越大往往意味着企业利润越多，因此融资总收益最大似乎应该成为企业融资的一大原则。

然而，"天下没有免费的午餐"，实际上在融资取得收益的同时，企业也要承担相应的风险。对企业而言，尽管融资风险是不确定的，可一旦发生，企业就要承担百分之百的损失了。

中小企业的特点之一就是规模小，抗风险能力低，一旦风险演变为最终的损失，必然会给企业经营带来巨大的不利影响。因此中小企业在融资的时候千万不能只把目光集中于最后的总收益如何，还要考虑在既定的总收益下，企业要承担怎样的风险，这些风险一旦发生，企业能否承受最终的损失，即融资收益要和融资风险相匹配。

**2. 融资规模量力而行原则**

确定企业的融资规模，在中小企业融资过程中也非常重要。筹资过多，可能造成资金闲置浪费，增加融资成本；或者可能导致企业负债过多，使其无法承受，偿还困难，增加经营风险。而如果企业筹资不足，又会影响企业投资计划及其他业务的正常开展。因此，企业在进行融资决策之初，要根据企业对资金的需要、企业自身的实际条件以及融资的难易程度和成本情况，确定企业合理的融资规模。

**3. 控制融资成本最低原则**

融资成本是指企业实际承担的融资代价（或费用），具体包括两部分：融资费用和使用费用。融资费用是企业在资金筹集过程中发生的各种费用，如向中介机构支付中介费；使用费用是指企业因使用资金而向其提供者支付的报酬，如股票融资向股东支付的股息、红利，发行债券和借款向债权人支付的利息。企业资金的来源渠道不同，则融资成本的构成不同。一般意义上讲，由于中小企业自身硬件和软件（专业的统计软件和专业财务人员）的缺乏，他们往往更关注融资成本这个比资本成本更具操作性的指标。

企业融资成本是决定企业融资效率的决定性因素，中小企业选择哪种融资方式有着重要意义。由于融资成本的计算要涉及很多种因素，具体运用时有一定的难度。一般情况下，按照融资来源划分的各种主要融资方式，融资成本由低到高的排列顺序依次为：政策融资、商业融资、内部融资、银行融资、债券融资、股票融资。

**4. 遵循资本结构合理原则**

资本结构是指企业各种资本来源的构成及比例关系，其中债权资本和权益资本的构成比例在企业资本结构的决策中居于核心地位。企业融资时，资本结构决策应体现理财的终极月标，即追求企业价值最大化。在假定企业持续经营的情况下，企业价值可根据未来若干期限预期收益的现值来确定。虽然企业预期收益受多种因素制约，折现率也会因企业所承受的各种风险水平不同而变化，但从筹资环节看，如果资本结构安排合理，不仅能直接提高筹资效益，而且对折现率的高低也起一定的调节作用，因为折现率是在充分考虑企业加权资本成本和筹资风险水平的基础上确定的。

最优资本结构是指能使企业资本成本最低且企业价值最大，并能最大限度地调动各利益相关者积极性的资本结构,企业价值最大化要求降低资本成本,但这并不意味着要强求低成本,而不顾筹资风险的增大,因为这同样不利于企业价值的提高。

企业取得最佳资本结构的最终目的是为了提高资本运营效果,而衡量企业资本结构是否达到最佳的主要标准应该是企业资本的总成本是否最小、企业价值是否最大。加权平均资本成本最低时的资本结构与企业价值最大时的资本结构应该是一致的。一般而言,收益与风险共存,收益越大往往意味着风险也越大,而风险的增加将会直接威胁企业的生存。因此,企业必须在考虑收益的同时考虑风险,企业的价值只有在收益和风险达到均衡时才能达到最大。企业的资本总成本和企业价值的确定都直接与现金流量、风险等因素相关联,因而两者应同时成为衡量最佳资本结构的标准。

**5. 测算融资期限适宜原则**

企业融资按照期限来划分,可分为短期融资和长期融资。企业究竟是选择短期融资还是长期融资,主要取决于融资的用途和融资成本等因素。

从资金用途来看,如果融资是用于企业流动资产,由于流动资产具有周期短、易于变现、经营中所需补充数额较小及占用时间短等特点,企业宜于选择各种短期融资方式,如商业信用、短期贷款等。如果融资是用于长期投资或购置固定资产,这类用途要求资金数额大、占用时间长,因而适宜选择各种长期融资方式,如长期贷款、企业内部积累、租赁融资、发行债券、股票等。

**6. 保持企业有控制权原则**

企业控制权是指相关主体对企业施以不同程度的影响力。控制权的掌握具体体现在:(1)控制者拥有进入相关机构的权利,如进入公司制企业的董事会或监事会;(2)能够参与企业决策,并对最终的决策具有较大影响力;(3)在有要求时,利益能够得到体现,如工作环境得以改善、有权参与分享利润等。

**7. 选择最适合的融资方式原则**

中小企业在融资时通常有很多种融资方式可供选择,每种融资方式由于特点不同给企业带来的影响也是不一样的,而且这种影响也会反映到对企业竞争力的影响上。

企业融资通常会通过以下途径给企业带来影响:首先,通过融资,壮大了企业资本实力,增强了企业的支付能力和发展后劲,从而增加与竞争对手竞争的能力;其次,通过融资,能够提高企业信誉,扩大企业产品的市场份额;第三,通过融资,能够增大企业规模和获利能力,充分利用规模经济优势,从而提高企业在市场上的竞争力,加快企业的发展。但是,企业竞争力的提高程度,根据企业融资方式、融资收益的不同而有很大差异。比如,通常初次发行普通股并上市流通融资,不仅会给企业带来巨额的资金,还会大大提高企业的知名度和商誉,使企业的竞争力获得极大提高。再比如,企业想开拓国际市场,通过各种渠道在国际资本市场上融资,尤其是与较为知名的国际金融机构或投资人合作也能够提高自己的知名度,这样就可以迅速被人们认识,无形之中提高了自身形象,也增强了企业的竞争力,这种通过选择有实力融资合作伙伴的方法来提高企业竞争力的做法在国内也可以运用。

### 三、精心策划融资方案

#### （一）公司介绍

##### 1. 公司简介

主要内容包括公司成立的时间、注册资本（金）、公司宗旨与战略、主要产品等，这方面的介绍是有必要的，它可以使人们了解你公司的历史和团队。

##### 2. 公司现状

在此将你公司的资本结构、净资产、总资产、年报（上市公司）或者其他有助于投资者认识你公司的有关参考资料附上。如果是私营公司还应将前几年经过审计的财务报告以附件形式提供。经过审计请注明审计会计师事务所，未经审计也请注明。

##### 3. 股东实力

股东的背景也会对投资者产生重要的影响。如果股东中有大的企业，或者公司本身就属于大型集团，那么会对融资产生很多好处。如果大股东能提供某种担保则更好。

##### 4. 历史业绩

对于开发企业而言，以前做过什么项目，经营业绩如何，都是要特别说明的地方，如果一个企业的开发经验丰富，那么其执行能力就会得到承认。

##### 5. 资信程度

银行提供的资信证明，工商、税务等部门评定的各种奖励，或者其他取得的荣誉，都可以写进去，而且要把相关资料作为附件列入，最好有证明的人员。

##### 6. 董事会决议

对于需要融资的项目，必须经过公司决策层的同意，这样才更加强了融资的可信程度，而不是戏言。

#### （二）项目分析

主要包括：

（1）项目的基本情况；

（2）项目来历；

（3）证件状况文件；

（4）资金投入；

（5）市场定位。

#### （三）管理团队

##### 1. 人员构成

公司主要团队组成人员的名单，工作的经历和特点。如果一个团队有足够多经验丰富的人员，则会对投资的安全有很大的保障。

##### 2. 组织结构

企业内部的部门设置、内部的人员关系、公司文化等都可以进行说明。

##### 3. 管理规范性

管理制度，管理结构等评价。可以由专门的管理顾问公司来评价和说明。

## 4. 重大事项

对于企业产生重要影响的需要说明的事项。

### （四）财务计划

一个好的财务计划,对于评估项目所需资金非常关键,如果财务计划准备得不好,会给投资者以企业管理者缺乏经验的印象,降低对企业的评价。本部分一般包括对投资计划的财务假设,对未来现金流量表、资产负债表、损益表的预测,资金的来源和运用等内容。

### （五）融资方案的设计

#### 1. 股权和债权方式

股权和债权方式是两种最主要的方式,但是,还有很多问题不是某一种方式所能解决的,而是几种方式在不同时间段的组合,这也就是融资方案设计的困难所在。这部分是解决问题的关键,能否取得资金,关键在于能否通过融资方案解决各方的利益分配关系。

#### 2. 融资期限和价格

融资的期限,可承受的融资成本等,都需要解释清楚。

#### 3. 风险分析

任何投资都存在风险,所以应该说明项目存在的主要风险是什么,如何克服这些风险。

#### 4. 退出机制

绝大多数的投资都不是为了自用,而是是为了获利,因此都涉及退出机制问题,所以,需要在此说明投资者可能的退出时间和退出方式。

#### 5. 抵押和保证

在涉及投资安全的时候,投资者最关心的是如何保障投资的安全。而最有效的安全措施就是抵押或者信誉卓著的公司的保证。

#### 6. 提供操作的细节

针对本行业不熟悉的客户,需要提供操作的细节,即如何保证投资项目是可行的。

### （六）摘要

长篇大论的融资报告是提供给有融资意向的客户来认真读的,而在接触客户的初期阶段,仅需要提供报告摘要就可以了。报告摘要是对融资报告的高度浓缩,因此,言简意赅就非常重要。

## 四、依法缔结融资合约

### （一）投资条款清单

投资条款清单就是投资公司与创业企业就未来的投资交易所达成的原则性约定。投资条款清单中除约定投资者对被投资企业的估值和计划投资金额外,还包括被投资企业应负的主要义务和投资者要求得到的主要权利,以及投资交易达成的前提条件等内容。投资者与被投资企业之间未来签订的正式投资协议中将包含合同条款清单中的主要条款。

一般投资公司在递交条款清单之前已经与创业企业进行了一些磋商,对企业的作价

和投资方式有了基本的共识。条款清单的谈判是在这一基础上的细节谈判,创业企业在签署了条款清单后,就意味着双方就投资合同的主要条款已经达成了一致意见。虽然这不意味着双方最后一定能达成投资协议,但只有对条款清单中约定的条件达成一致意向,投资交易才能继续执行,并最终完成。目前也有很多国内投资公司不签署投资条款清单,直接开始尽职调查和合同谈判。

只有投资公司对尽职调查的结果满意,同时被投资企业自签署条款清单之日起至投资交易正式执行的期间内未发生保证条款中规定的重大变化,投资公司才会与创业企业签订正式的投资协议、投入资金。据统计,大约有四分之一至四分之三签了条款清单的项目最后成功达成投资协议。

理论上讲条款清单并没有法律约束力,但一般双方从信誉角度上考虑都要遵守诺言。因此虽然正式签订的投资协议中将就这些条款清单做进一步的细化,但是不要指望这些条款可以在稍后的合同谈判中重新议定。

投资条款清单的内容:投资额、作价和投资工具、公司治理结构、清算和退出方法等。

## (二)合同概述

签合同是许多人都会面临的现实问题。如何签订一份高质量的合同,就需要在签合同的同时注意许多细节。特别是创业者经验比较少,更需要了解关于合同方面的常识。

### 1. 合同的含义

合同是现代民法最重要的法律概念之一,有广义和狭义之分。广义的合同是指一切以明确权利和义务为内容的协议,它包含了所有法律部门中的合同关系,不仅包括民法中的合同,还包括行政法规中的合同,劳动法中的合同等。狭义的合同是将合同仅仅看成民事合同,即民事主体设立、变更、终止民事权利义务关系的协议。《合同法》对合同的定义是:"本法所称合同是平等的主体的自然人、法人、其他组织之间设立、变更、终止民事权利义务关系的协议。"可见,《合同法》中的合同是狭义的合同。

### 2. 合同的形式

即合同双方当事人关于建立合同关系的意思表示方式。中国的合同形式有口头合同、书面合同和经公证、鉴定或审核批准的书面合同等。

(1)口头合同:是以口头的(包括电话等)意思表示方式而建立的合同,但发生纠纷时,难以举证和分清责任。不少国家对责任重大的或一定金额以上的合同,限制使用口头形式。

(2)书面合同:即以文字的意思表示方式(包括书信、电报、契券等)订立的合同,或者把口头的协议做成书契、备忘录等。书面形式有利于分清是非责任,督促当事人履行合同。中国的法律要求法人之间的合同除即时缔结者外,应以书面形式签订。

(3)经公证、鉴定或审核批准的合同:合同公证是国家公证机关根据合同当事人的申请,对合同的真实性及合法性所做的证明。经公证的合同,具有较强的证据效力,可作为法院判决或强制执行的根据。对于依法或依约定需经公证的合同,不经公证则合同无效。合同鉴定是中国工商行政机关和国家经济主管部门,应合同当事人的申请,依照法定程序,对当事人之间的合同进行鉴定。鉴定机关认为合同内容有修改的必要时,有权要求当事人双方予以改正。

### 3. 合同的种类

合同法分则中共规定 15 种合同。具体是：买卖合同，供用电、水、气、热力合同，赠予合同，借款合同，租赁合同，融资租赁合同，承揽合同，建设工程合同，运输合同，技术合同，保管合同，仓储合同，委托合同，行纪合同，居间合同。

### 4. 合同一般包括哪些条款

合同的内容由当事人约定，依合同的具体含义不同而有所不同。合同作为一种民事法律关系，其内容是指当事人享有的债权和承担的债务；合同作为一种法律文书，其内容是指据以确定当事人的权利、义务和责任的合同条款。一般包括以下条款：(1) 当事人的名称或者姓名和住所；(2) 标的；(3) 数量和质量；(4) 价款或报酬；(5) 履行期限、地点和方式；(6) 违约责任；(7) 解决争议的方法。当事人可以参照种类合同的示范文本订立合同。

## 五、不同创业阶段的融资方略

### (一) 种子期

拥有新创意、新技术等的创业者找几个志同道合者搭起一个架子。

资金需求量：不大。

资金来源：自己或亲朋好友。

若需更多资金：另找门路。

### (二) 创建期

发展创新产品直至符合市场需求。

资金需求量：较大。

资金来源：风险资本。

关键：风险企业应说服风险投资家，使其对风险企业的技术、市场和管理等充满信心。

### (三) 成长期

产品已经进入市场，市场潜力可以估算出来，可以看出成功的概率。

资金需求量：大。

资金来源：风险资本（传统的融资机构还在等待和观望）。

### (四) 扩张期

创新企业不断赢得客户、扩大市场份额。

资金需求量：大。

资金来源：传统金融市场筹集资金的机会大大增加（传统融资渠道以锦上添花为主）。

### (五) 稳定期

企业的组织结构、市场网络、资金联系和品牌形象已趋于稳定（已成为成熟企业），容易从正常的融资渠道获取资金。若要进行大规模的投资、结构调整和公开上市等，还需风险资本的参与和支持。

## 本章小结

创业融资是以企业为主体来融通资金，使企业及其内部各环节之间资金供求实现平衡运动的过程。企业融资的基本目的是维持企业正常生产，进行实业投资和扩大再生产。创业融资可分为直接融资和间接融资、内部融资和外部融资等多种类型。创业融资的主要渠道包括国家财政、银行信贷、非银行金融机构、企业自有资金、民间借贷、商业信用等。创业融资的常用方式主要有股权融资、债务融资及其他融资。为了确保融资成功，创业者还必须学习和运用行之有效的融资方法及策略技巧。

## 复习思考题

1. 创业融资的含义、过程和作用。
2. 创业融资的主要渠道和基本方式。
3. 创业融资前需要做好哪些准备工作？
4. 创业融资的方法和策略有哪些？

# 第八章 搭建舞台谱华章

## ——大学生创业企业的申办

### 学习目标

1. 了解企业的法律形式。
2. 把握企业的选址技巧。
3. 了解企业名称的构成要素，掌握其命名原则。
4. 熟悉企业的登记与注册流程。

### 案例导入

#### 中关村放宽企业登记要求

2011年,《中关村国家自主创新示范区企业登记管理办法》发布实施。该《办法》规定,经示范区各园区所在地人民政府或者园区管理机构批准设立的集中办公区可以作为企业住所(经营场所),予以登记注册。也就是说,集中办公区内登记的企业数量不受物理空间的限制,不再要求每户企业必须要有一个独立房间作为住所。

该《办法》中对于集中办公区有指引性规定,如大学科技园,中小企业创业基地等。据市法制办相关负责人表示,集中办公区的设立,将由中关村管委会和区县政府共同指定,同时,集中办公区管理单位可对入住企业进行限定并提供服务。

同时,《办法》中规定,风险投资金到位不再受五年时间的限制,可以由双方约定时间。据介绍,这项规定主要是为了更好地吸引风险投资,更加灵活地适应市场变化。

# 第一节  筹备创办企业

## 一、企业设立方式的选择

### （一）企业的类型划分

企业是从事生产、流通、服务等经济活动，以生产或服务满足社会需要，实行自主经营，独立核算，依法设立的一种营利性的经济组织。标准不同，企业的类型也不同。

按照所有制形式，企业分为国有企业、集体企业和私有企业。这是我国传统的分类方法。根据生产规模，企业分为大型企业、中型企业和小型企业。

根据企业所从事的行业，企业可分为工业企业、商业企业、邮电企业、交通运输企业、地质勘探企业、建筑安装企业等。

根据涉外因素的有无，可将企业分为内资企业、外商投资企业和外国企业等。

根据企业的法律形态，可将企业分为个人独资企业、合伙企业、公司企业等。这是国际划分企业类型的最主要标准，目前我国也以此为标准建立新的企业立法体系。该体系的主要参考标准是企业投资人的出资方式和责任形式。

### （二）创办企业的三种方式

创业者在决定投资创业时，需要选择适合自己的创业方式。目前创业者选择的创业方式主要有独立创办、合伙创办和收购创办几种，创业者应根据自己的经营能力、可动用资源等情况做一番慎重选择。

#### 1. 独立创办

独立创办是指创业者独自一人创办自己的企业。独创企业的特点在于产权是创业者各人独有的，相对独立，而且产权清晰，不会与其他个人或团体产生产权。企业由创业者自由掌控，创业者可按自己的思路来经营和发展自己的企业，可以最大限度地发挥个人的智慧与才能；企业利润归创业者独有，无需担心他人分利；同时也不存在其他所有者，无需迎合其他持股者的利益要求和其对企业经营的干扰，这是十分有利的。

独创企业也存在者不利的一面，主要表现在：

（1）需要独立承担风险。虽然创业者个人的利益是独立的，但其风险也是独立的，创业者需要独立承担创业中的所有风险。这在激烈竞争的市场环境中，往往是极其危险的。

（2）对创业者要求更高。初次创业，由于无经验可循，独创企业要求创办人要有极大的创业热情、创新精神和探索准备，还要具备相应的知识技能储备。

（3）筹集资金难度大。由于独创企业在法律上必须采取业主制组织形式，因此在社会信用不发达的今天，这类企业往往很难得到金融机构的信贷支持。企业设立和经营的一切费用必须由创业者个人独立承担，创业者将面临较大的资金压力。

（4）难以组成优秀团队。俗话说，一个好汉三个帮，任何具有较强创新与创业精神的员工都不会心甘情愿地长期服务于独创型企业，且由于高层员工不是企业股东，他们极易与创业者离心离德。

### 2. 合伙创办

合伙是指加入他人现有企业或与他人共同创业企业。与独创企业相比,合伙企业的优势表现在:

(1) 共担风险。由于合伙企业由两个或两个以上的创业者组成,在创业风险方面可以共同承担,遇到困难时,可以一起克服,发现问题时可以共同研究解决。

(2) 筹资较易。在合伙企业中吸纳具有融资优势的个人加入,可以减弱以至回避个人独创企业筹资难的问题。

(3) 优势互补。由于合伙企业的创业者为两人或更多,创业者的智慧、才能、知识以及资源可以互补,只要团队结构合理、协调,就可以形成一定的团队优势。

合伙企业也存在着不利的一面,主要表现在:

① 产权关系较复杂。在我国有关创业的法律体系不很完善的情况下,合伙企业往往会遇到产权关系难以处理的问题。特别是合伙创业刚起步时,往往需要某些无形资产持有者的加入。但无形资产的股份难以合理确认。当企业发展到一定规模,无形资产提供者在企业中的地位和利益往往难以保证。

② 团队分裂风险大。合伙意味着两个以上的个人利益交织在一起,团队成员之间的利益关系需要很好的磨合,在企业设立、运营、发展中围绕利益关系难免会产生矛盾,一旦这种矛盾纠纷公开化,就可能导致企业危机的产生。当团队内部出现较大的利益矛盾,或者某些团队成员遇到更好的盈利机会,或者某些团队成员已有能力独立创业,或者某些团队成员畏惧创业中的困难和风险时,这些成员都有可能中途退出创业团队。那样一来,就会严重影响合伙创业进程,以至影响到新创企业的发展。

③ 形成决策较迟缓,常言道,人多议论多,畅所欲言,各抒己见。这对确保企业的创设和运营决策的科学性很有益处,但如果团队内部缺乏沟通,或相互关系不协调,往往又会形成长时议而不决、意见难以统一或者是决策难产的局面,严重者直接贻误商机。

### 3. 购买现有企业

购买现有企业是指创业者投资收购现成企业,包括既有企业并购(经营成功企业并购、待起死回生企业收购)和购买他人智能(知识产权的收购、特许加盟)等方式,创业不外乎是培育某种财富生产能力,为自己创造利润,为社会提供福利。因此,投入资金,通过产权交易,不失为有实力者创业的一种可行途径。

投资购买现有企业可以拥有现存的目标市场和客户,使创业拥有较为稳定的收入,无需为寻找经营场所、组建经营队伍等前期项目投入资金,可以拥有较为成熟、相互适应的销售渠道,与银行、工商、税务及其他部门的关系业已形成,不需要再为维持去费周折。

与前两种创业方式相比,购买现成企业还具有以下几个优势:

第一,现成企业有财务记录可查,更易于吸引投资者和借贷筹资。也许卖主愿意提供现金援助,这种援助优于常规借贷。

第二,购买企业时,有时能以较少的投入购得开办新企业所需的全部设备。

第三,如果所购企业一直经营很成功,说明其业主和经营者决策有方。如果创业者经营管理经验较为缺乏,则可以与该业主或经营者协商,聘请他们为你的顾问,帮助创业者出谋划策。

第四，现存企业可能有自己的特色或专有资产，诸如设备设施，企业名称，标志，对某知名品牌的独有权、专利或许可特权等，这些都能为我所用，为购买者带来利益。

购买现成企业也存在着不少难题，主要表现在：被购企业的价值评估困难；被购企业原有管理制度不适合收购者要求；对被购企业的产品种类缺乏经验，无法进行有效的管理；包括技术改造、原有某些设备提前报废的损失、原有人员进入新岗位的培训费用等转换成本较高，以及需承担被购企业的沉重包袱等。这些难题都是创业者需要慎重考虑的现实问题。

## 二、企业法律形式的选择

在市场经济条件下，企业是独立的经济实体，任何一个企业都要依法建立。创立企业时，必须对企业的法律形式进行选择。依据我国现行法律规定，个人创立新企业的法律形式主要有个人独资企业、合伙企业、公司制企业、个体工商户等。不同的企业类型有着不同的设立条件和注册资本限额。

### （一）个人独资企业

个人独资企业，简称独资企业，是由创业者一个自然人全额出资，独立经营、独担风险，并独享经营成果的一种创业组织形态。作为一种古老的企业形式，独资企业至今仍广泛运用于商业经营中，其典型特征是个人出资、个人经营、自负盈亏和独担风险。

根据《独资企业法》第8条规定，设立独资企业需具备以下五个方面的条件：

（1）投资人为一个自然人。个人独资企业的投资人必须是一个人，而且只能是一个自然人。这里所称的自然人，只能是具有中华人民共和国国籍的自然人，不包括外国的自然人，所以外商独资企业不适用于《独资企业法》，而适用于《外资企业法》。

（2）有合法的企业名称。独资企业享有名称权和商号权。独资企业的名称应当与其责任形式及经营范畴相符合。企业的名称应遵守企业名称登记管理规定。企业只准使用一个名称，在登记主管机关辖区内不得与已登记注册的同行业企业名称相同或者相似。独资企业的名称中不得使用"有限"、"有限责任"字样。

（3）有投资人申报的出资。一定的资本是所有企业得以存在的物质基础，独资企业也不例外。但由于独资企业的出资人承担的是无限责任，而并不仅以出资额为限承担责任，因此《独资企业法》不要求个人独资企业有最低注册资本，仅要求投资人有自己申报的出资即可。这一规定方便独资企业的设立，有利于独资企业的发展。

（4）有固定的生产经营场所和必要的生产经营条件。这是个人独资企业存续与经营的基本物质条件，至于经营场所与经营条件的规模与数量等则根据各企业不同情况来确定。

（5）有必要的从业人员。

这种企业形式的优势在于创业者在创设企业前后的自由度和灵活性。手续简单，只需向工商部门登记即可；经营灵活，无需受第三方因素制约；收益独享，不存在他人分摊。劣势也是显而易见的，所有责任由创业者个人承担，一旦经营失败，有可能倾家荡产。

### （二）合伙企业

合伙企业是指自然人、法人及其他组织依照《中华人民共和国合伙企业法》在中国境

内设立的普通合伙企业和有限合伙企业两种组织形式。其中,普通合伙的成员对外均需承担无限连带责任,共同管理资金;而有限合伙中应有一人以上的普通合伙人,对外承担无限责任,同时管理合伙资金,有限合伙的有限合伙人则以出资额为限承担有限责任。

合伙企业相对于个人独资企业可以减少风险,其开业手续简单,能够很快开张经营,但是合伙企业的合伙合同比较复杂,和独资企业一样,也不能利用资本市场。

设立合伙企业需具备以下五个方面的条件:

(1) 合伙人应当是有完全民事行为能力的人。

(2) 有书面合伙协议。协议应载明的事项有合伙企业的名称和主要经营场所的地点,合伙的目的和合伙企业的经营范围,合伙人的姓名及其住所,合伙人的出资方式、数额和交付出资的期限,利润分配和亏损分担方法,合伙企业事务的执行,入伙和退伙,合伙企业解散与清算,违约责任。

(3) 有各合伙人实际缴付的出资。合伙人可以用货币、实物、土地使用权、知识产权或者其他财产权利交纳出资。此外,经全体合伙人协商一致,合伙人可以劳务出资。合伙人的出资作为财产投入合伙企业,必须对该财产进行评估。

(4) 有合法的企业名称。企业只准登记使用一个名称,在登记主管区域内不得与已登记的同行业其他企业的名称相同或相近。

(5) 有经营场所和从事合伙经营的必要条件。

合伙企业的主要特征是:

(1) 财产共有。所投入财产由合伙人统一管理和使用,非经其他人同意,任何一个合伙人不得将合伙财产移为他用。

(2) 有福同享,有难同当。企业经营所得的利益属于所有合伙人,亏损也要合伙人共同承担。

(3) 责任连带。如果是普通合伙,合伙人对企业的债务要承担无限连带责任。

## (三) 公司企业

公司制企业又叫股份制企业,是指由两个以上投资人(自然人或法人)依法出资组建,有独立法人财产,自主经营、自负盈亏的法人企业。我国现行《公司法》规定,公司制企业的主要形式为有限责任公司和股份有限公司。根据《民法通则》第36条,两类公司均为法人,投资者可受到有限责任保护。

### 1. 有限责任公司

有限责任公司是指股东以其出资额为限对公司承担责任,公司以其全部财产对公司的债务承担责任的企业法人。其优点在于:投资者风险小,易于筹集资本;设立手续简易,机构简单,便于组织管理;股东人数较少,相互了解信任,内部关系密切;资本确定,人员稳定,对外信用牢固。

根据《公司法》的规定,设立有限责任公司,应当具备下列五个条件:

(1) 股东符合法定人数。设立有限责任公司的法定人数分为两种情况:一是通常情况下,法定股东数是 2 人以上,50 人以下。二是特殊情况下,国家授权投资的机构或国家授权的部门可以单独设立国有独资的有限责任公司。

(2) 股东出资达到法定资本最低限额。我国《公司法》根据行业的不同特点,规定了

不同的法定资本的最低限额：以生产经营为主的公司，人民币 50 万；以商业批发为主的公司，人民币 50 万元；以商业零售为主的公司，人民币 30 万元；科技开发、咨询、服务性公司，人民币 10 万元。关于出资方式，股东可以用货币出资，也可以用实物、工业产权、非专利技术、土地使用权作价出资。其中以工业产权、非专利技术作价出资的金额不得超过有限责任公司注册资本的 20％，但国家对采用高科技成果有特别规定的除外。

（3）股东共同制定章程。

（4）有公司名称，建立符合有限责任公司要求的组织机构。公司作为独立的企业法人，必须有自己的名称。公司设立名称时，还必须符合法律、法规的规定。有限责任公司的组织机构是股东会、董事会，或执行董事、监事会，或监事。

（5）有固定的生产经营场所和必要的生产经营条件。

## 2. 股份有限公司

股份有限责任公司是指全部资本分为等额股份，股东以其所持股份对公司承担责任，公司以其全部资产对公司的债务承担责任的企业法人。股份有限责任公司的主要特点是：资本证券化，全部资本分为等额股份，以股票形式公开发行，并允许自由转让；个人财产与企业财产相分离；所有权与经营权相分离。

设立股份有限责任公司必须具备下列六个条件：

（1）发起人符合法定人数。发起人应当在 5 人以上，其中有过半数的发起人在中国境内有住所。国有企业改建为股份有限公司的，发起人可以少于 5 人，但应当采取募集设立方式。

（2）发起人认缴和社会公开募集的股本达到法定资本的最低限额。我国《公司法》规定：股份有限公司的注册资本应为在公司登记机关登记的实收股本。股本总额为公司股票面值与股份总数的乘积。同时还规定，公司注册资本的最低限额为人民币 1 000 万元，最低限额需要高于人民币 1 000 万元的，由法律、行政法规另行规定。在发起设立的情况下，发起人应认购公司发行的全部股份；在募集设立的情况下，发起人认购的股份，不得少于公司股份数的 35％。

（3）股份发行、筹办事项符合法律规定。

（4）发起人制定公司章程，并经创立大会通过。

（5）有公司名称，建立符合股份有限公司要求的组织机构。股份有限公司的组织机构由股东大会、董事会、经理、监事会组成。股东大会是最高权力机构，股东出席股东大会，所持每一股份有一表决权。董事会是公司股东会的执行机构，由 5 至 19 人组成。经理负责公司的日常经营管理工作。

（6）有固定的生产经营场所和必要的生产经营条件。

## （四）个体工商户

个体工商户是在法律允许的范围之内，依法经核准登记，从事工商业经营的自然人。个体工商户是个体工商业经济在法律上的表现，其具有的特征如下：

（1）个体工商户是从事工商业经营的自然人或家庭。自然人或以个人为单位，或以家庭为单位从事工商业经营，均为个体工商户。根据有关法律政策，可申请个体工商户经营的主要是城镇待业青年、社会闲散人员和农村村民。国家机关干部、企事业单位职工不

能申请从事个体工商业经营。

（2）自然人从事个体工商业经营必须依法核准登记。个体工商户的登记机关是县以上工商行政管理机关。个体工商户经核准登记，取得营业执照后，才可以开始经营。个体工商户转业、合并、变更登记事项或歇业，也应办理登记手续。

（3）个体工商户只能经营法律政策允许个体经营的行业。

个体工商户对注册资金实行申报制，没有最低限额。设立的基本条件是：① 有经营能力的城镇待业人员、农村村民以及国家政策允许的其他人员，可以申请从事个体工商业经营；② 申请人必须具备与经营项目相应的资金、经营场地、经营能力及业务技术。

通过上述分析，我们可以看出不同企业法律形式之间的区别，大学生创业者在创立企业时，可根据人员组成、资金准备情况、经营风险等因素进行综合考虑，选定适合自己的企业法律形式。

## 三、第一桶金的掘取模式

大学毕业生创业是在就业压力日趋严重的情况下逐渐兴起的，大学毕业生创业第一桶金的掘取受到思维、背景、能力、融资、产权、区域等方面因素的制约，因此第一桶金的掘取对刚刚踏出校门的大学毕业生来说尤为重要。一个真正好的模式，应该是适合自己的，一个适合自己的模式，未必需要大量的资金投入，未必需要很大的规模，也未必需要固定的办公场所或店面。只要勇于创新开拓就会有所突破，掘取自己人生的第一桶金。根据大学毕业生创业实践情况，可以概括出以下4种模式。

### 1. 白手起家

这种模式是由个人或者几个人组成的创业团队，完全独立创业，白手起家。创业行业主要集中在商业零售、餐饮、化妆品、服装、图书批发等经营上。这种模式需要创业者具备一定的市场敏感性，能深入了解市场，同时具备较强的沟通能力，了解市场的需求。

白手起家模式的特点是：

（1）从事行业比较多，资金需求较小。

（2）资金筹集比较容易。

（3）产权关系比较单一。

（4）投资风险比较小。

（5）创业者需要有吃苦耐劳的精神。

（6）创业者在创业的同时能够积累资本和经验。

### 2."借鸡下蛋"

这种模式是创业者以加盟直营、区域代理或者购买特许经营权的方式来销售某种产品或进行服务性创业。加盟的行业主要有小商品零售、饮食、服装品牌、化妆品或者某种特许经营权的纪念品。这种创业模式需要创业者具有一定的经济实力、合适的经营场所、较好的品牌形象和较高的信誉度。

"借鸡下蛋"模式的特点是：

（1）需要一定的加盟或者代理费用。

（2）可以获得总店的经营诀窍和资源支持，并能长期得到专业指导和配套服务。

（3）经营管理模式可供直接采用。

（4）可以根据加盟或代理的产品的品牌效应减少经营风险，享受规模经济的利益。

（5）需要一定的经营场所或经营条件。

（6）实行统一模式下的自我雇佣、自我管理。

### 3. 投石问路

这种模式是创业者受各种创业大赛的驱动和高校创业园区环境的熏陶、资助、催化而进行的创业活动。许多高校和地方举办的各种创业大赛为创业者提供了很好的机会，参加大赛的创业者可以获得创业程序，储备创业知识，积累创业经验，接触和了解社会，是对创业的模拟实验。同时各大学纷纷建立科技园区或创业园区，园区中设立的各种创业基金或创业公司为大学毕业生创业提供了很好的舞台。

投石问路模式的特点是：

（1）可以得到各种国家、地方创业的优惠政策。

（2）可以得到科技园区的保护或支持。

（3）风险小，优秀参赛项目只有获得严格的评估后才能进行股权形式的转换，创业者以科技成果入股。

（4）创业者可以利用专业创业，使理论联系实际，加速知识向生产力转换。

（5）创业者可以得到园区政府的各项帮助。

### 4. 有的放矢

这种模式是创业者首先要加入某高新技术或者商品流通企业，利用自己所学的专业知识成为该企业的骨干员工。通过自己的努力，当创业者的资本、经验、人力资源等发展到适当程度并有更好的商机出现时，就脱离原公司集团，以自己个人积累的资金为主体，创建自己的公司。

有的放矢模式的特点是：

（1）通过借助原公司的客源来壮大自己创业企业的客户业务量，建立协作关系，拓展自身市场。

（2）在原有公司的管理模式基础上，经自己改进后建立一套适合自己公司发展的管理模式。

（3）与原公司形成合作竞争关系。

（4）创业风险小，成功率较高。

（5）企业成长周期短，销售网络好，资金回笼快。

## 四、必须注意的法律问题

大学生创业必须符合国家的法律、法规等，大学生创业也离不开法律赋予的权利和义务，所以大学生创业必须了解和掌握相关的法律、法规。我们把与创业相关的法律按照其调整的法律关系分为以下六类：

第一类是企业设立期间的相关法律，如《公司法》、《合伙企业法》、《个人独资企业法》、《公司登记管理条例》、《企业破产法》等，还要了解有关开发区、高科技园区、软件园区等方面的法规等。这些法律法规规范的是企业设立期间的行为活动，包括企业设立要符合的

条件、企业组织的设立和企业制度的设立等问题。

第二类是规范企业劳动关系的法律，如《劳动合同法》、《就业促进法》、《社会保险法》、《工伤保险条例》等。这些法律法规都是处理好企业与劳动者之间的劳动关系，发挥劳动者的积极性，使企业创造更高效益的不可或缺的武器。

第三类是与知识产权相关的法律，如《专利法》、《商标法》、《信息网络传播保护条例》、《计算机软件保护条例》等。掌握好这类法律法规，除了能够更好地保护自身的知识产权权益，同时也更好地保护了他人，避免自身创业行为侵犯他人的知识产权。

第四类是与企业市场交易活动有关的法律，如《合同法》、《担保法》、《产品质量法》、《反不正当竞争法》、《反垄断法》、《广告法》、《消费者权益保护法》等。这类法律法规主要是调整经营者和其他经营者、经营者与消费者之间的法律关系，其目的是规范经营者的合法经营，促进公平交易。

第五类是规范国家宏观调控行为的法律，如《环境保护法》、《对外贸易法》、《税法》、《金融法》、《投资法》等，其中《税法》中有营业税、增值税、所得税等等。这类法律都是调整政府与经营者之间的法律关系，政府对经营者的行为进行宏观调控的必不可少的法律法规。

第六类是与纠纷解决相关的法律，如《民事诉讼法》、《刑事诉讼法》、《行政诉讼法》、《仲裁法》、《劳动争议调解仲裁法》等，这些法律都是调整诉讼法律关系的重要法律。

# 第二节 新创企业注册

## 一、选择创业地址

企业的选址与未来的经营发展有着很大的关系，对于创业者来说，将创业的地点选在哪个城市、哪个区域是一件先决性的事情。尤其是以门店为主的商业或服务型企业，店面的选择往往是能否成功的关键。好的选址等于成功的一半。有人持传统观点，认为"酒香不怕巷子深"，只要货真价实，顾客至上，企业在哪里都一样；有人讲求心理安慰，为选址专门找人看风水，求得想象中的满足。可见，选址问题的确应引起创业者的充分重视。

### (一)影响创业选址的因素分析

创业地址的选择受到市场、商圈、物业、所区、个人、价格等多种因素的制约。

(1)市场因素，可以从顾客和竞争对手两个角度来考虑。从顾客角度看，要考虑经营地是否接通顾客，周围的顾客是否有足够的购买力。对于零售业和服务业，店铺的客流量和客流的购买力决定着企业的业务量。从竞争对手角度看，经营地点的选择有两种不同的思路：一是选择同行聚集林立的地方，同行成群有利于人气聚合与上升，比如当下的服饰一条街、建材市场、家电市场、小商品市场等；另一种思路则是别人淘金我卖水，别人都蜂拥到某地去淘金，成功者固然腰缠万贯，失败者也要维持生存。如果到他们中间去卖水，肯定稳赚不赔。

(2)商圈因素，就是指要对特定商圈进行特定分析。如车站附近是往来旅客集中的

地区,适合发展餐饮、食品、生活用品;商业区是居民购物、聊天、休闲的理想场所,除了适宜开设大型综合商场外,特色鲜明的专卖店也很有市场;影剧院、公园名胜附近,适合经营餐饮、食品、娱乐、生活用品等;在居民区,凡能给家庭生活提供独特服务的生意,都能获得较好发展;在市郊地段,不妨考虑向驾车者提供生活、休息、娱乐和维修车辆等服务。

(3) 物业因素同样也不能忽略,在置地建房或租用店铺前,创业者应首先了解地段或房屋规划的用途与自己的经营项目是否相符;该物业是否有合法权证;还应考虑该物业的历史、空置待租的原因、坐落地段的声誉与形象等,是不是环境污染区,有没有治安问题等都是创业者选择时需要考虑的。

(4) 所区因素指的是经营业务最好能得到当地所区和政府的支持,至少不能与当地的政策背道而驰。

(5) 个人因素有时会被一些创业者过多地关注,一些人常常选择在自己的住所附近经营。然而这种做法,可能会令创业者丧失更好的机会,或因经营受到局限,购买力无法突破。

(6) 价格因素,创业者在购买或租赁商铺时,要充分考虑价格因素,包括资金、业务性质、创业成功或失败后的安排、物业市场的供求情况、利率趋势等,以免做出错误决定,对企业的业务经营造成不良影响。

选址工作切忌盲听、盲信、盲从,缺少调查和评估将难以找到符合条件的经营场所,因而,选址不能一味求快,创业者应该多对有意向的地段进行多方面的考查,权衡各个因素的优劣,从长远角度考虑,为自己公司以后的经营打下良好的基础。

## 二、创业选址的方法技巧

### 1. 选址应当考虑的问题

(1) 经济适用。无论哪家企业,在选址时都希望以最小的投入获得最大的回报。因为选址关系启动资金、初期建设费用、投产后的运营费用和经营一段时间后的收益,所以选址必须考虑经济适用。

(2) 立足长远。企业选址应该有长远的眼光和战略意识。布局是否合理,市场前景是否宽广,新能源、新材料、新技术能否方便获取,都是创业者应当考虑的要点。

(3) 人才为本。人才是企业第一资源。企业在选址时要考虑是否有利于招贤纳才并能留住人才。尤其是高端产业项目,需要该领域的专业人才,甚至是复合型人才,如果偏离大中城市,就很难招募到合适的人才,因为他们是高智商、高收入、高压力的群体,他们在奉献才智之余,需要在繁华都市里寻找属于他们的放松方式。

(4) 目标客源。选址时要考虑是否近便,是否利于顾客的消费,是否有利于招徕顾客。

### 2. 选址相关技巧

不同行业有不同的选址技巧:

(1) 制造业选址。制造业需要大量的原料来源和转动仓储,所以选址的经营场所要靠近原料基地且地域宽广,便于运输;要尽量远离居民区,以地广人稀的郊区为宜,这样有利于保护环境和居民健康。

（2）加工业选址。加工行业种类很多，农副产品加工、蔬菜食品加工、电子机械类产品加工、服饰附件加工、空港物流加工等等。综合起来，加工业选址应把握以下技巧：① 看资源是否丰富，是否便于就地取材；② 弄清楚劳动力是否密集以及劳动力的技术知识水平是否满足所需；③ 要了解当地居民的消费水平和消费习惯。

（3）餐饮业选址。随着人们生活水平的不断提高，人们对餐饮行业的要求也在逐步提高，不仅要可口味美，还要求饭菜赏心悦目，这就要求餐饮店要环境怡人，服务上乘，富有特色。这其中就关系到选址问题。综合成功选址经验，准备投资餐饮业的创业者，在选址时应考虑以下三个方面：① 了解是否有固定消费群体，有消费才有市场；② 了解周边居民的消费习惯和消费水平，消费习惯和水平决定着店铺的特色和档次；③ 了解周边环境，以干净卫生且基础设施配套齐全为宜。

（4）文化娱乐业选址。相对于餐饮业，文化娱乐行业满足的是人们的精神需求。因此，文化娱乐场所的选址应当注意：① 与人群聚集地保持适当距离，可以闹中取静，但太近则影响人们休息，太远又会有舟车劳顿之苦；② 停车场地要宽敞便利；③ 周边环境要清爽、优雅，能怡情悦性。

（5）教育培训业选址。教育培训业自身的育人特性决定了选址方面的与众不同。为了选址成功，最好远离公共娱乐场所、农贸市场、传染病医院、看守所等不利于学生或学员安全和身心的场所。为了生源稳定，大型社区、写字楼林立区、学校聚集区都是较好的选择，但交通必须便利，停车场地也要近便。

## 三、确定企业名称

### （一）企业名称的基本要素

企业的名称即企业的名字、字号，是企业区别于其他企业或其他社会组织，被社会识别的标志。企业名称应当冠于企业所在地省（包括自治区、直辖市）或者市（包括自治州）或者县（包括市辖区）行政区划名称。可见，企业名称应包括四项基本要素，即行政区划名称、字号、行业（或经营特点）、组织形式。

**1. 行政区划**

行政区划指本企业所在地县级以上行政区域的名称或地名，不包括乡、镇和其他地域名称。但必须是企业所在地县以上行政区划名称。行政区划名称可以省略"省"、"市"、"县"等字样，前提是不会造成误认。行政区划名称必须用全称，我国不少地名的简称或俗称在工作生活中使用频率很高，广东又称"羊城"，南京俗称"金陵"，上海简称"沪"。但这些称谓不能在企业名称中出现。

**2. 字号（或商号）**

企业名称中的字号是一个企业区别于其他企业或社会组织的主要标志。企业名称中的字号应当由两个以上汉字组成，如"同仁堂"、"老凤祥"等。行政区划不得用作字号，但县以上行政区划地名具有其他含义的情况除外。企业名称可以使用自然人投资人的姓名。

**3. 行业**

企业名称中的行业表述应当是反映企业经济活动性质所属国民经济行业或者企业经

营特点的用语。名称中的行业特点应与主营行业相一致，如主营销售活动，那么名称应以商贸、经贸或销售为行业特点；如主营生产机械设备，那么名称应以工贸或机械生产为行业特点。企业经济活动性质分别属于国民经济行业不同大类的，应当选择主要经济活动性质所属国民经济行业类别用于表述企业名称中的行业。

**4. 组织形式**

组织形式是企业的组织结构、责任形式方面的字词，如公司、工厂、中心、社、所、店、堂、院、城、馆等。

根据《中华人民共和国公司法》设立的公司，企业名称中必须标有"有限责任公司"或"股份有限公司"字词。其中，"有限责任公司"可简称为"有限公司"；依据其他法律、法规申请登记的企业名称（如合伙企业、个人独资企业等），组织形式不得申请为"有限公司"（有限责任公司）或"股份有限公司"，非公司制企业可以申请用"工"、"店"、"部"、"中心"等作为企业名称的组织形式。

**（二）企业命名原则与方法**

**1. 企业命名原则**

（1）合乎规范，言简意赅。企业名称一定要合乎《企业名称登记管理规定》、《中华人民共和国公司法》和《企业法人登记管理条例》，符合上述企业名称四要素的规定。企业名称要言简意赅，简洁明快，拖沓冗长、语意模糊、歧义丛生的字词不得出现在企业名称中。

（2）新颖别致，讲究个性。为了达到这种境界，创业者在设计企业名称时要对企业的发展规模、目标、愿景、企业文化、行业特色等综合考虑，尽量做到个性鲜明，不落俗套。如中国长虹股份公司企业名称中，"长虹"很容易让人联想到经历风雨喜见彩虹的励志和愿景，也会引发人们对好事多磨的情感共鸣。既有时代气息，又具艺术魅力，给人留下深刻的印象。

（3）朗朗上口，响亮悦耳。悦耳指诉诸听觉的感受。抑扬顿挫，朗朗上口，不仅易读易听，还能带给人们美的享受。为此，可以在企业命名时试着将声母和韵母调和开来，将平声和仄声变化开来。若声母同韵母连续出现，平仄随意堆砌自然不会产生良好的视听效果。

**2. 企业命名方法**

（1）传统字号法。吉利的字词，常寓意着投资人美好的希望，如常用"福"、"发"、"顺"、"龙"、"兴"、"泰"、"祥"、"瑞"、"丰"、"盛"等字。此外，使用名山大川、江河湖泊、名胜古迹的名称作企业名称的字号也属此法。

（2）简称法。即使用所属部门名称的简称作为企业名称的字号，用以表明本企业的隶属关系。现在使用"中"、"华"开头的字号，多属此法。如"中信"、"中铁"、"华电"等。此外，也有从两个以上投资人的企业名称字号中分别选择一个字组成一个新字号，或者直接采用控股投资人的企业名称字号作为字号的。

（3）字号与商标一致法。即使用企业已经注册的或准备申请注册的文字商标作为企业名称的字号。此方法的好处在于字号与商标相同，能充分吸引客户的有限注意力，在广告宣传或日常商业活动中起到较好的效果，如四通集团公司、健力宝集团公司名称中的"四通"、"健力宝"同时也是企业产品的商标。

（4）译名法。即使用的字号源于外文单词，由外文单词直译而来。外商投资企业申请企业名称时多用此法，如"可口可乐"等。

（5）谐趣法。即起名不依传统和常规，追求新奇和个性，或幽默风趣，或以怪异取胜，给人留下深刻印象，"狗不理"应该说是这种方法的代表作。

## 四、企业登记注册

企业名称起得再响亮，企业地址选得再理想，不去相关管理部门登记注册，就不能从事生产经营活动。企业登记注册是企业成立的法定程序，是企业取得法人资格或经营资格，产生权利和义务能力的必然过程。

### （一）企业登记注册的条件与程序

#### 1. 企业登记注册的基本条件

（1）符合国家法律、法规规定的基本条件。包括：有确定的企业名称，有固定的经营场所，有必备的生产、办公设施，有一定的启动资金，有与生产规模相适应的员工队伍，有明确的生产经营范围。

（2）备齐相关资料。包括申请登记表，主管部门的批文，企业主要负责人名单和身份证明，企业章程，经营地址租赁协议原件、产权证复印件。

#### 2. 企业登记注册

（1）受理。申请单位将应提交的文件、证件和填报的登记注册书备齐后，向当地工商局管理部门提出申请，管理部门方可受理，否则不予受理。

（2）审批。经过审查和核实后，工商局做出核准登记或者不予核准登记的决定，并及时通知申请登记的单位。

（3）发照。对核准登记的申请单位，应颁发正、副两本营业执照，及时通知法定代表人（负责人）领取证照，并办理法定代表人签字备案手续。

（4）公告。对核准登记的企业法人，由登记主管机关发布公告。

### （二）企业注册的具体步骤

第一步：核名

到工商局领取一张《企业（字号）名称预先核准申请表》，填写拟定的公司名称，由工商局上网检索是否不重名，如果没有重名，就可以使用这个名称，核发一张《企业（字号）名称预先核准通知书》。

第二步：租房

去专门的写字楼租一间办公室，如果自己有工房或者办公室也可以，有的地区不允许在居民楼里办公。租房后要签订租房合同，并让房东提供房产证的复印件。

第三步：编写公司章程

可以在工商局网站下载"公司章程"的样本，参照进行修改。章程的最后由所有股东签名。

第四步：领取"银行询征函"

联系一家会计师事务所，领取一张"银行询征函"（必须是原件，有会计师事务所盖章）。

第五步：开立公司账户

去银行开立公司账户。所有股东带上自己入股的那一部分资金到银行，带上公司章程、工商局发的核名通知、法人代表的私章、身份证、用于验资的资金、空白询征函表格，到银行去开立公司账户。开立好公司账户后，各个股东按自己的出资额向公司账户中存入相应的资金。

银行会发给每个股东交款单，并在询征函上加盖银行的公章。

第六步：办理验资报告

持银行出具的股东缴款单、银行盖章后的询征函，以及公司章程、核名通知、租房合同、房产证复印件，到会计师事务所办理验资金报告。

第七步：注册公司

到工商局领取公司设立登记的各种表格，包括设立登记申请表、股东（发起人）名单、董事经理监理情况、法人代表登记表、指定代表或委托代表人登记表。填好后，连同核名通知、公司章程、租房合同、房产证明复印件、验资报告一起交给工商局。工商局审核后，颁发营业执照。

第八步：办理公章、财务章

凭工商局核准通过后颁发的营业执照，到公安局指定的刻章社去刻公章、财务章（后面步骤中，均需要用到公章或财务章）。

第九步：办理组织机构代码证

凭营业执照到技术监督局办理组织机构代码证。办这个证需要半个月，首先技术监督局会发一个预先受理代码证明文件，凭这个文件，可以办理后面的税务登记证、银行基本户开户手续。

第十步：去银行开基本户

凭营业执照、组织机构代码证，去银行开立基本账户。

第十一步：办理税务登记

领取执照后，三十日期内到当地税务局申请领取税务登记证。办理税务登记证时，必须有一个会计，因为税务局要求提交的资料中有一项是会计资格证和身份证。

第十二步：申请领购发票

如果你的公司是销售商品的，就到国税局申请发票；如果是服务性质的公司，则到地税局申请发票。

**（三）新《公司法》关于公司注册规定的新变化**

**1. 降低注册资本限额要求**

新《公司法》取消了按照公司经营内容区分最低注册资本数额的规定，将有限责任公司的注册资本最低限额降至 3 万元人民币，并将股份有限公司注册资本的最低限额降低为 500 万元人民币。注册资本允许公司在 2 年内分期缴足，但首次出资额不得低于注册资本的 20%，投资公司可以在 5 年内缴足。

**2. 增加了一人有限责任公司的形式**

由于增加了一人有限责任公司的形式，有限公司设立的法定人数不再是 2 人以上的限制。只规定由 50 人以下股东出资设立即可。一人有限责任公司仍然属于有限责任公

司的范畴,因此,《公司法》对有限责任公司的一般规定,都适用于一人有限责任公司。同时,针对一人有限责任公司的特殊性,新《公司法》对一人有限责任公司也做了一些特别的规定。

(1) 一个自然人或者一个法人可以设立一人有限责任公司。

(2) 注册资本最低限额为人民币 10 万元,而一般有限责任公司则为 3 万元。

(3) 一人有限责任公司股东应当一次足额缴纳公司章程规定的出资额,而一般有限责任公司的股东可以分期缴纳出资。

(4) 一个自然人只能投资设立一个一人有限责任公司。该一人有限责任公司不能投资新设立的一人有限责任。

(5) 一人有限责任公司应当在公司登记中注明自然人独资或者法人独资。

(6) 一人有限责任公司的股东不能证明公司财产独立于股东自己的财产的,应当对公司债务承担连带责任。

这种一人有限责任公司制度的确定,为有一定经济实力但又想单独干一番事业的人提供了一个很好的创业机会。

### 3. 放宽出资方式

原《公司法》仅规定公司可以用货币、实物、工业产权、非专利技术、土地使用权出资。为放宽出资方式,同时避免增加过多的交易风险,新《公司法》采取列举和概括相结合的方法,规定股东可以用货币出资,也可以用实物、知识产权、土地使用权等可以用货币估价并可以依法转让的非货币资产作价出资。

### 4. 提高非货币资产的出资比例

原《公司法》规定,无形资产的出资比例不高于公司注册资本的 20%,而新《公司法》规定货币出资金额不得低于公司注册资本的 30%,即非货币资产(包括无形资产)最高出资比例不得高于注册资本的 70%。

依照《公司法》规定,公司的注册资本必须经法定的验资机构出具验资证明。验资机构出具的验资证明是公司注册资本数额的合法证明,依据国家有关法律、行政法规规定,能够出具验资证明的法定验资机构是会计师事务所和审计事务所。

# 第三节　新创企业的运作准备

## 一、企业价值评估

企业价值评估是将一个企业作为一个有机整体,依据其拥有或占有的全部资产状况和整体获利能力,充分考虑影响企业获利能力的各种因素,结合企业所处的宏观经济环境及行业背景,对企业整体公允市场价值进行的综合性评估。

### 1. 企业价值评估的作用

(1) 是企业价值最大化管理的需要。企业的各项经营决策是否可行,必须看这一决策是否有利于增加企业价值,使企业价值最大化。企业价值评估可以用于投资分析、战略

分析和以价值为基础的管理,可以帮助管理人员更好地了解公司的优势和劣势。

（2）是董事会、股东会了解企业生产经营活动效果的需要。我国现阶段会计信息不能很好地反映公司的无形资产,会计指标体系不能有效地衡量企业创造价值的能力,会计指标基础上的财务业绩也并不等于公司的实际价值,企业的实际价值往往与企业的账面价值不符,企业的董事会、股东会要了解企业生产经营活动效果,需要进行企业价值评估。

（3）是企业进行投资决策的需要。企业在市场经济中作为投资主体的地位已经明确,但要保证投资行为的合理性,必须对企业资产的现时价值有一个正确的评估。我国市场经济发展到今天,在企业改制、合资、合作、联营、兼并、重组、上市等各种经济活动中,以有形资产和专利技术、专有技术、商标权等无形资产形成优化的资产组合作价入股已很普遍。合资、合作者在决策中,必须对这些无形资产进行量化,由评估机构对无形资产进行客观、公正的评估,评估的结果既是投资者与被投资者投资谈判的重要依据,又是被投资者确定其无形资本入账价值的客观标准。

（4）是增强企业凝聚力的需要。企业价值不但要向公司外的人传达企业的营运状态和发展趋势,更重要的是向公司内所有员工传达企业信息,培养员工的信心和忠诚度,以达到凝聚人心的目的。

（5）是量化企业价值,实动现态管理的需要。每一位公司管理者都希望知道自己公司的具体价值,清楚了解自己的家底,以便加强管理。要达到这一目标,有必要通过评估机构对企业价值进行实事求是的评估。

（6）是强化企业影响,展示企业发展实力的需要。企业拥有大量的无形资产,给企业创造了超出一般生产资料、生产条件所能创造的超额利润,但在账面上是不能够反映出这些信息的。所以企业价值评估及宣传是强化企业形象,展示企业发展实力的重要手段。

**2. 企业价值评估的方法**

（1）收益法。收益法的主要方法,包括贴现现金流量法（DCF）、内部收益率法（IRR）、CAPM模型和EVA估价法等。是通过将被评估企业预期收益资本化或折现至某特定日期以确定评估对象价值的方法。其理论基础是经济学原理中的贴现理论,即一项资产的价值是利用它所能获取的未来收益的现值,其折现率反映了投资该项资产并获得利益的风险回报率。收益法对处于成长期或成熟期并具有稳定持久收益的企业更为适用。

（2）成本法。成本法的主要方法为重置成本（成本加和）法。是在目标企业资产负债表的基础上,通过合理评估企业各项资产价值和负债从而确定评估对象价值。其理论基础在于任何一个理性的人对某项资产的支付价格将不会高于重置或者购买相同用途替代品的价格。成本法在涉及一个仅进行投资或仅拥有不动产的控股企业,以及评估的企业的评估前提为非持续经营时更为适用。

（3）市场法。市场法的常用方法是参考企业比较法、并购案例比较法和市盈利法。是在将评估对象与可参考企业或者在市场上已有交易案例的企业、股东权益、证券等权益性资产进行对比以确定评估对象的价值。其应用前提是一个完全市场上相似的资产一定会有相似的价格。市场法在目标企业属于发展潜力型同时未来收益又无法确定的情况下更为适用。

## 二、经营模式设计

企业的经营模式,就是企业赚钱的方式——企业如何将自己所有的人力、物力、财力等资源有效整合,从而使得企业价值不断增长以达到赢利的目的。企业经营模式设计的内涵包含三个方面的内容:一是确定企业实现什么样的价值,也就是在产业链中的位置;二是企业的业务范围;三是企业如何来实现其价值,采取什么样的手段。

### (一) 根据企业在产业链中的位置划分

#### 1. 生产(代工)型经营模式

这类经营模式企业的特点是企业作为产业链中下游企业的供应商,一般根据客户的订单加工产品。在市场上,贴上其他企业的标牌进行销售,企业仅仅负责某一产业中某种或者几种产品或零件的生产,对于产品的销售和产品的设计不做过多涉及。

#### 2. 销售＋设计型经营模式

这种类型的经营模式与生产代工型经营模式正好相反,企业不涉及生产领域的任何业务,只负责设计和销售,企业设计出市场上顾客所需求的产品和服务,然后寻找相应的生产代工,它要求企业具有很强的设计能力和销售能力,并拥有自己的知名品牌。这类企业和市场的联系非常密切,对于市场动态和顾客的需求非常敏感,是市场最快的响应者。

#### 3. 生产＋销售型经营模式

采用这种经营模式的生产型企业最为普遍,企业涉及业务流程中的后两个部分:生产和销售。对于产品设计,由于某种原因,企业并没有涉及。在这个节点的企业集合当中,企业之间的竞争激烈程度很大。

#### 4. 设计＋生产＋销售型经营模式

这是在产业链节点上涉及较多的经营模式,采用这种经营模式企业的特点是企业具备一定的新产品开发能力。企业根据市场上的需求,自己开发出市场上需要的产品,同时对以往的产品进行改造;在制造方面,企业具有一定的制造能力,制造设备的柔性能力比较好,开发出来的新产品能够通过现有的设备进行生产或者有足够的资金进行新的生产线的建设。对于自己生产的产品,通过自己的营销体系建立自己的客户群体。

#### 5. 信息服务类经营模式

信息服务类企业中较典型的是咨询公司,这种类型的企业或者公司,不涉及制造的一切活动,但是在很大程度上与制造业有着密切的联系。

### (二) 从实现企业价值的方式角度划分

#### 1. 成本领先模式

成本领先模式是指企业努力发现和挖掘所有的资源优势,特别强调生产规模和出售一种标准化的产品,在行业内保持整体成本领先,从而以行业最低价格为其产品定价。

#### 2. 差别化模式

差别化模式是指企业向顾客提供的产品和服务在行业内独具特色,这种特色足可以给产品带来额外的加价,如果一个企业的产品和服务的溢出价格超过其独特产品所增加的成本,那么,拥有这种差异化的企业将取得竞争优势。

### 3. 目标集聚模式

目标聚集模式是指在特定的顾客群或者某一特定地理区域内,也就是在行业很小的竞争范围内建了独特的竞争优势,企业能够比竞争对手有效地为其狭隘的顾客群体服务。该模式有两种类型:成本集中和差异化集中。

## (三) 从企业所涉及的业务和产品范围划分

### 1. 单一化经营模式

单一化经营模式是指企业仅仅在一个产品领域进行设计、生产或销售,企业的业务范围比较单一。这种经营模式的优点是企业面对的市场范围比较有限,能够集中企业的资源进行竞争;风险在于众多的竞争者可能会认识到专一经营战略的有效性,并模仿这种模式。

### 2. 多元化经营模式

多元化经营模式分为三种基本类型:集中化多元经营、横向多元化经营和混合多元化经营。

集中化多元经营是指将一些新增加的与原有业务相关的产品与服务一同被广泛地称之为集中化经营。这种经营模式的特征是提供的产品或者服务和现有的产品或者服务有一定的相关性,提供的对象有可能是现有的顾客,也有可能是新顾客;企业可能投入相当的资源拓展新的市场,也可能通过现有的营销网络进行经营。

横向多元经营是指向现有的顾客提供新的与原有业务不相关的产品或服务。它的特点是提供的产品或服务与现有的产品或服务没有相关性,并且被提供的对象是现有的顾客,而不是新的顾客。也就是利用现有的市场,通过现有的营销网络进行经营。

混合多元化经营是增加新的与原有的业务不相关的产品或服务。它的特点是企业提供的产品或服务与现有的产品或服务不相关,提供的对象有可能是原来的顾客,也可能是新的顾客,企业有可能投入相当的资源进行新的市场的拓展,也有可能通过现有的营销网络进行经营。

## (四) 根据市场需求的不断变化划分

### 1. 分工协作经营模式

即把为大企业配套作为企业发展、走向市场的途径。成功的中小企业非常注意避免直接与大企业竞争,而是尽可能与大企业合作,做大企业发展中必不可少的伙伴。

### 2. 特许权经营模式

这是连锁经营的一种重要形式。它是指特许经营机构将自己拥有的商标、产品、专利和专有技术等,以特许经营合同的形式授予被特许者使用,被特许者按合同规定在统一的业务模式下从事经营活动并支付相应的费用。

### 3. 利基经营模式

利基经营模式是指通过对市场的细分,企业集中力量于某个特定的目标市场,或严格针对一个细分市场,或重点经营一项产品和服务,创造出产品和服务优势。中小企业大多是市场补缺者。作为市场补缺者,他们应精心服务于市场的某个细小部分,不与主要竞争对手竞争,通过专门化经营来占据有利的市场位置。通过选择一个特殊的利基市场,企业的战略更突出表现为企业家对顾客和竞争对手的决策。与大企业相比,中小企业在满足

消费者多层次需求的方面更具竞争力。

### 4. 虚拟经营模式

20世纪90年代以来，全球正在发生一场由物质型经济向知识型经济转变的深刻变革。知识和信息通过对传统生产要素即资本、劳动力和土地等的整合和改造，为企业的发展创造了一种新的经营模式，即虚拟企业经营。

在虚拟企业中，企业只掌握核心功能，即把企业知识和技术依赖性强的高增值部分掌握在自己手里，而把其他低增值部门虚拟化。通过外力进行整合，其目的就是在竞争中最大效率地利用企业。

除此之外，企业从实现价值解决资本的角度可以分为独资和合资两种经营模式；从解决空间障碍角度可以分为跨国经营和区域经营两种模式。

## 三、规章制度建立

企业规章制度是企业管理的重要手段，可以保障企业合法有序运作，并调节企业内部人际关系、利益关系，将企业内外矛盾降低到最低限度。建立健全企业规章制度，有助于企业实现科学管理，提高劳动生产率和经济效益，确保企业生产经营活动的顺利进行，是加强企业管理，推动企业发展的可靠保证，可以保障企业运作的有序化、规范化，降低企业运行成本；完善的规章制度通过合理地设置权利、义务、责任，使员工能预测到自己的行为和努力的后果，激励员工为企业的目标和使命努力奋斗。

### (一) 建立企业规章制度的原则

建立企业规章制度应该遵循以下原则：

#### 1. 合法原则

企业规章制度不能与国家及地方的法律、法规相抵触，企业规章制度的建立必须依据国家的有关法律、法规，结合企业实际情况制定，其内容和程序必须符合法律、法规的相关规定，任何与国家的有关法律、法规相违背的企业规章制度都是无效的。

#### 2. 民主原则

企业规章制度的内容要从企业全体劳动者的利益出发，反映全体劳动者的意愿。企业规章制度是规范劳动者行为的，只有符合全体劳动者的利益，才能激发和调动全体劳动者的积极性，企业要反复调研，广泛听取劳动者的意见，集思广益、综合分析，将全体劳动者的意愿反映出来。企业规章制度要本着公开的精神，使全体劳动者都知道规章制度，这是民主原则的重要体现，是实现民主的有效方式和途径。

#### 3. 公正原则

企业在制定规章制度时，要正确处理劳动者与企业双方的关系、与奖惩的关系等，要做到公平、合情合理、正义、不偏不倚。

#### 4. 及时修订原则

对于国家新出台或者调整的法律、法规，企业要及时地对照学习，发现本企业规章制度有与之不相适应的条款时，要及时修订。同时，企业规章制度修订时，也要充分发扬民主，使企业的规章制度更切合企业的实际，更具有可操作性。

### 5. 完整原则

企业的规章制度是一个完整的体系，包括：财务管理制度、人事管理制度、档案管理制度、会议管理制度、接待制度等。彼此协调，避免重复和相互矛盾。由于企业规章制度是一个由许多方面内容组合而成的体系，各方面的配合与衔接显得非常重要，一套不完整的或者相互冲突的企业规章制度只能使企业员工无所适从，使企业管理更加混乱，更不可能实现企业管理的标准化、科学化。

### 6. 实用原则

企业的规章制度要以发挥实际效果为目的，根据企业实际需要来制定。不制定空洞无物、不切实际的无用制度。

### （二）建立企业规章制度的内容

#### 1. 企业的基本制度

企业基本制度是企业的"宪法"，它是企业规章制度中具有根本性质的，规定企业的形式、组织方式、企业性质的基本制度。企业基本制度主要包括企业的法律和财产形式、企业章程、董事会组织、高层管理组织规范等方面的制度和规范。

#### 2. 企业的管理制度

企业管理制度是对企业管理各基本方面规定活动框架，调节集体协作行为的制度。企业管理制度是比企业基本制度层次略低的制度规范。它是用来约束集体性行为的一套自成体系的活动和行为的规范，主要针对集体而非个人，如各部门、各层次的职权、责任，相互之间的配合、协调关系，各项专业管理规定（人事、财务、业务等），信息沟通、命令服从关系等方面的制度。

#### 3. 技术规范

技术规范是涉及某些技术标准、技术规程的规定。它反映生产和流通中客观事物的内在技术要求，科学性和规律性强，是经济活动中必须给予尊重的。技术规范涉及内容很多，从各类技术标准到生产工艺流程，乃至包装、保管、运输、使用、处理等都有其内在规律。

#### 4. 业务规范

业务规范是针对业务活动过程中那些大量存在、反复出现，又能摸索出科学处理办法的事物所制定的作业处理规定。业务规范所规定的对象均具有可重复性的特点。

#### 5. 个人行为规范

个人行为规范是所有对个人行为起制约作用的制度规范的统称，是企业组织中层次最低、约束范围最广，但也是最具基础性的制度规范。个人行为规范是组织中对行为和活动约束的第一个层次，其效果好坏、程度如何往往是更高层次约束能否有效实现的先决条件。

### （三）建立企业规章制度的程序

《劳动合同法》对企业建立规章制度的程序做出了明确具体的规定，具体的制定程序要求包括以下两个：第一，经过平等协商程序制定，一个优秀的现代化企业必定以民主管理为基础，强调全员管理，充分调动广大职工的积极性，从而提高内部管理水平，增强企业经营决策的准确性和透明度。具体而言，企业制定规章制度的平等协商程序

应包括民主程序和集中程序。第二,向劳动者公示或者告知劳动者。公示原则是现代法律法规生效的一个条件,企业内部的规章制度更应对其适用的人公示,未经公示的企业内部规章制度,对职工不具有约束力,需要特别指出的是,对于企业的规章制度制定来说,程序很重要。当劳动争议发生时企业引用规章制度为自己的做法提供支持时,对方律师以及仲裁机构、法院首先会审查企业内部规章制度制定程序是否合法。因为程序是否合法是很容易判断的,当程序存在瑕疵时,不需要再审查具体内容,就可以判定规章制度不能作为裁判的依据。由此可见,企业规章制度的制定程序就是容易让别人抓住的把柄。当企业内部规章制度的制定不合程序、不合法时,企业的规章制度也就没有任何意义了。

## 四、员工录用培训

### (一)企业录用新员工注意事项

(1)书写招聘启事用词要准确。不能表达不清,用词不当。如有的企业在招聘启事中写到"具有一定的文化水平",具体是高中还是大学?没有讲清楚,日后很容易产生纠纷。

(2)书写招聘启事内容要详尽。录用条件可分为刚性条件、软性条件,比如,你要求高中以上学历,或者三级技工,这些都是刚性条件,一目了然。还有一些比如个人品质、举止文明程度、责任心、勤劳度、对企业的忠诚度等,这些可能需要企业经过一定考核才能得出结论。

(3)书写招聘启事的内容要合法、不含有歧视性内容。有的企业在招聘启事中使用"能喝酒、能陪客户跳舞"等语,还有的企业带有明显的歧视性内容,如性别歧视、身高歧视、民族歧视、不招"乙肝携带者"等内容,显然都是不符合国家法律、法规要求的。

(4)招聘启事内容要明确告知。用人企业制定的录用条件必须告知才能发生法律效力。所以被录用的员工要特别注意保留好招聘启事,或者将录用条件、告知内容写进劳动合同,以便将来有据可查。

(5)对录用者进行身份信息确认。主要是指录用者身份证包含的信息,一是要审核身份信息的真伪,有的录用者由于法律意识淡薄或者其他原因,使用其他人的或伪造的身份证应聘,企业如未能识别,可能引发多方面的法律问题。审核的方法除核对身份证照片外,还可以上网登录身份证查询系统验证真伪。二是要审核录用者的年龄是否已满16周岁。我国法律禁止用人单位招用不满16周岁的未成年人(童工)。国务院《禁止使用童工规定》规定,用人单位使用童工的,由劳动保障行政部门按照每使用一名童工每月处5 000元罚款的标准给予处罚。

(6)对录用者任职资格信息的确认。企业招聘时有可能对岗位提出技术任职资格要求,应要求录用者一并提供此类资格证书原件、复印件,原件与复印件核对后交还,留存复印件,对有疑点的任职资格证书向颁发机构查询真伪。

(7)录用者与前劳动关系终止信息确认。审查录用者是否与其他企业存在劳动关系,可要求录用者提供由前供职企业出具的解除或者终止劳动合同的证明。《劳动合同法》明确规定,用人企业录用与其他单位尚未解除或者终止劳动关系的劳动者,给其他用

人单位造成损失的,应当承担连带赔偿责任。这种赔偿可大可小,企业录用时要特别注意。

(8) 对录用者是否承担竞业限制义务信息的确认。对于曾在同行企业中担任中、高级管理人员的录用者,要注意设法了解其是否对原单位承担竞业限制义务。竞业限制与保守商业秘密紧密相连,如果录用承担竞业限制义务的人员,录用企业有可能对侵犯原单位商业秘密承担连带赔偿责任。

**(二) 企业培训新员工的意义和内容**

**1. 培训新员工的意义**

(1) 对企业的意义。如果说录用是对新员工管理的开始,那么新员工培训是企业对新员工管理的继续。这种管理的重要性在于将企业的发展历史、发展战略、经营特点、企业文化以及管理制度介绍给新员工,对新员工进入工作岗位有很大的激励作用。新员工明确了企业的各项规章制度后,可以实现自我管理,节约管理成本。

通过岗位要求的培训,新员工能够很快胜任岗位,提高工作效率,取得较好的工作业绩,起到事半功倍的效果。通过对新员工培训,企业对新员工更加熟悉,为今后的企业管理打下了良好的基础。

(2) 对新员工的意义。员工培训对于新员工来说是对企业进一步了解和熟悉的过程,通过对企业的进一步熟悉和了解,一方面可以缓解新员工对新环境的陌生感和由此产生的心理压力,另一方面可以降低新员工对企业不切实际的想法,正确看待企业的工作标准、工作要求和工作待遇,顺利通过磨合期,在企业长期工作生活下去。

新员工培训是新员工职业生涯的新起点,新员工培训意味着新员工必须放弃原有的与现在企业格格不入的价值观、行为准则和行为方式,适应新企业的行为目标和工作方式。

**2. 培训新员工的内容**

(1) 介绍企业的经营历史、宗旨、规模和发展前景,激励新员工积极工作,为企业的繁荣做贡献。

(2) 介绍企业的规章制度和岗位职责,使新员工在工作中自觉遵守公司的制度,一切工作按企业制定出来的规则、标准、程序、制度办理。包括:工资、奖金、津贴、保险、休假、医疗、晋升和调动、交通、事故、申诉等人事规定;福利方案、工作描述、职位说明、劳动条件、作业规范、绩效标准、工作考评机制、劳动秩序等工作要求。

(3) 介绍企业内部的组织结构、权力系统,各部门之间的服务协调网络及流程,有关部门的处理反馈机制。使新员工能够明确在企业中进行信息沟通、提交建议的渠道,使新员工能够了解和熟悉各个部门的职能,以便在今后的工作中能够准确地与各有关部门进行联系和沟通,并能随时就工作中的问题提出建议或者申诉。

(4) 介绍企业的经营范围、主要业务、市场定位、目标顾客、竞争环境等,增强新员工的市场意识。

(5) 介绍企业的安全措施,让新员工了解安全工作包括哪些内容,如何做好安全工作,如何发现和处理安全工作中发生的一般问题,提高新员工的安全意识。

(6) 业务培训,可以使新员工熟悉并掌握完成本职工作所需要的主要技能和相关信

息,从而能很快地胜任新的工作岗位。

（7）企业的文化、价值观和目标的传达,让新员工知道企业反对什么、鼓励什么、追求什么,企业的文化、目标、最后达到的目标是什么等等。

（8）介绍企业员工行为和举止的规范,如关于职业道德、环境程序、作息制度、开支规定、接洽和服务用语、仪表仪容、精神面貌、谈吐、着装等要求。

## 五、基础设施建设与设备安装调试

一个新建企业,如何确保按期投入生产,如何确保投产后能够安全稳定运行,基础设施建设和设备安装调试是新建企业投入运行前的一项重点,需要精心策划,认真组织,不断修正完善,才能够保证新建企业如期投入运行。

基础设施建设与设备安装调试能否如期完成以及安全运行,是新建企业能否迈出成功的第一步。时间与安全,质量与任务是考验新建企业前期准备工作的一个重要指标。基础设施建设与设备安装调试为以后企业的发展和升级提供了保障。因此,企业的基础设施建设与设备安装调试是新建企业运行前准备工作过程中最重要的一环。也是考验新建企业未来能否更好发展的关键因素。

**1. 精心策划,认真组织,做好前期生产准备工作**

这方面的工作主要包括:（1）领导重视,精心策划生产准备工作;（2）盘活资源,组建基础设施建设与设备安装调试工作领导小组;（3）加强培训,构建高素质的员工队伍;（4）建章立制,做好生产准备的制度保证;（5）认真整改,夯实运行生产准备的基础。

**2. 主动介入,着眼未来,加强机组启动调试全过程管理**

这方面的工作主要包括:（1）优化设计方案,提高设备的安全经济运行水平;（2）做好设备验收,保证健康的设备移交生产;（3）提高职工安全意识,保障设备投入运行后安全稳定。

**3. 理顺体系,强化管理,确保机组投产后的安全稳定运行**

这方面的工作主要包括:（1）对基础设施建设不完善项目和对设备安装调试运行有较大影响或存在较大隐患的项目,要进行反复专题讨论,逐步安排实施整改;（2）对基础设施建设与设备安装调试管理工作要进行全面的梳理和完善,对现场的安全设施进行全面的检查,认真落实整改,并举一反三;（3）规范现场的作业行为和管理行为。每项整改活动制订详细的落实计划,责任到人。

## 六、企业的初期运行

企业的初期运行对企业尤其是创业初期的小企业的未来发展尤为重要,正确地判断分析企业初期运行的各种情况,解决企业运行初期可能遇到的种种困难和各种问题,才能为企业日后的发展奠定良好的基础,所以正确处理好企业运行初期所面临的一些问题有很重要的现实意义。

企业的初期运行需要注意以下几个问题:

**1. 重视并评估自己的财务能力**

企业由人才、产品和资金所组成。自有资金不足,往往会导致创业者负担利息,无法

成就事业。因此，企业的初期运行要有"多少实力做多少事情"的观念，不要过度举债经营，企业要做大而非"大做"，"做大"是有利润后再逐渐扩大，"大做"则是大力举债行为，只有空壳没有实际，遇到风险必然失败。

## 2. 做好产品的宣传工作

产品的包装宣传工作对塑造企业形象、提升产品的知名度起着关键作用。企业要通过认真策划制作，充分做到少花钱、效果好。也可以通过现场促销、项目洽谈、会展活动、产品发布会等形式对企业的产品进行宣传。

## 3. 要努力做到精兵出击

企业的初期运行一定要精简、有效率、重实绩，不要一味地追求表面的浮华，以免增加不必要的费用开支。

## 4. 要先求生存再图发展

企业的发展，"稳健"永远比"成长"更重要，因此要有跑马拉松的耐力和准备，要按部就班，不可存在抢短线的投机做法。

## 5. 要有长期计划和短期目标

企业的初期运行要有计划性，既要制定短期的目标，还要有年度计划和长期规划，按照企业的创业规划逐步拓展业务，为企业的健康发展奠定坚实基础。

## 6. 要建立和依靠战略策略联盟

要在夹缝中求生存，在同行中求发展。建立和依靠战略策略联盟对初期运行的企业显得特别重要。在具体经营过程中，既需要有同行联盟，又要有自己的特点，不断提高企业产品的吸引力，满足顾客的需求。

## 7. 要建立一支精干的营销团队

要保持营销团队的激情和稳定，要提高营销团队的工作效率，企业对在运行初期做出贡献的个人和团体要给予特殊的奖励，使每个员工能够感受到企业发展的美好前景。

## 本章小结

企业的法律形式包括个人独资企业、合伙企业和公司企业等。创业者应该根据自己经济实力和风险承担程度来选择所创企业的法律形式。创业地址的选择很重要，创业者应本着经济原则、长远发展原则、人才原则和便利原则使企业的落脚点一步到位。企业的名称不容忽视。它要合乎规范、言简意赅，也要新颖别致、讲究个性，更要朗朗上口、悦耳响亮。企业登记注册是企业成立的法定程序，是企业取得法人资格或经营资格，产生权利和义务能力的必然过程，因此必须符合企业登记注册的规范和流程。企业注册成功后，必须集中精力做好各项开业准备，务求实现"开门红"。

## 复习思考题

1. 企业的法律形式有哪几种？
2. 创业选址的方法与技巧有哪些？
3. 企业名称由哪些要素构成？企业命名应遵循哪些原则？
4. 企业登记注册的具体步骤有哪些？

# 第九章　取经团队启示多

## ——大学生新创企业的管理

### 学习目标

1. 了解产品开发的一般流程。
2. 懂得新创企业营销策略的内容。
3. 认识企业财务管理的目标和职能。
4. 懂得创业企业财务管理策略的具体内容。
5. 熟悉合同订立应遵循的基本原则。

### 案例导入

#### 农村梨园水晶梨专业合作社

杨大可从四川大学毕业之后,放弃了在大城市的工作,回到农村创业,带领乡亲们承包荒山,建成2.5万亩梨园,带动了农民致富。目前,他被评为"感动重庆十大人物"之一。

杨大可是三峡库区云阳县双土镇无量村人,1999年他从四川大学应用电子专业毕业后,在成都一家通讯公司找了一份待遇不错的工作。但是,家乡贫困落后的面貌始终让他觉得应该为家乡做点事情,恰好杨大可家从祖辈开始就是当地有名的"种梨专家",在爷爷的鼓励下,他毅然在2000年辞职回乡创业。

2000年12月,杨大可承包了营盘岭288亩荒地,开始耕耘他种梨的梦想。由于他技术好,引进的品种优,2002年,果园首次挂果,喜获丰收,带来了五六万元的收入,穷山坡上结出了金果子,乡亲们被眼前的事实震撼了,都愿意跟着这位回乡大学生干。至今,杨大可已现场培训农户2 000余户。

到目前,已有90%的果农种植的大果水晶梨挂果,种植面积100亩以上的大户年收入达到五六万元。2005年6月,杨大可的水晶梨正式注册了"大可牌"商标。同年9月,在重庆市第二届森林旅游节上,他的水晶梨获得了银奖。12月,双土镇水晶梨专业合作社成立,杨大可被推荐为合作社主任,入社农户200多户,种梨2.5万余亩。从此以后,农民增加收入的路子越走越宽。

# 第一节　新创企业的产品管理

## 一、产品定位

任何企业都要有自己的产品,产品在很大程度上决定了企业的盈利模式。大学生创业的目标,也是通过围绕产品展开的一系列流程而实现的。

### 1. 产品的整体概念

20世纪90年代,有营销学者提出完善产品的整体概念:核心利益,基本产品,期望产品,扩展产品,潜在产品。

核心利益又称核心产品,指消费者购买产品时追求的实际利益,也即真心想买到的东西,如小李购买一个包,他买包的真正目的是要一个能容纳随身物品的容器。

基本产品又称形式产品,指产品的实体和外观、品牌名称和包装。比如小李所买的包以及包的外形。

期望产品又称附加产品,指购买产品所获得的附加利益,如相关的服务、品牌价值等。如果小李购买了一个名牌包,那么名牌带来的高贵印象就是一种附加产品。

扩展产品可以分为两种:基于产品结构、功能等方面的有形延伸,基于集成服务的无形延伸。后者的目的在于为客户提供一套服务以满足其需求,而不仅仅提供一个产品实体。扩展产品一般由物理产品、相应的附件以及增值服务共同组成。

潜在产品则是指这种产品最终可能的增加和改变,是企业努力寻找的满足顾客,并使自己与其他同类产品相区别的创新产品。

### 2. 大学生创业产品类型

通过上述分析可以看出,产品的含义是很丰富的。可以说,凡是企业可以用来销售或增加商品价格以达到盈利的东西都是产品,其本质就是由企业提供的,让消费者购买用作消费或使用的物品。

在市场经济体制下,有需求就有市场,有市场就有产品。随着新兴行业的增加,产品的种类也变得五花八门、琳琅满目,相对于家具、电器、日常消费品等传统产品来说,金融产品、互联网产品、虚拟产品等新名词也日益受到人们的关注。对于大学生来说,创业领域涉及的产品主要包括:(1) 实体产品;(2) 虚拟产品;(3) 技术产品或解决方案;(4) 知识产品,如信息和知识;(5) 创意产品,如点子、咨询报告等。

## 二、产品开发

### 1. 技术创新

创新并不是某项单纯的技术或工艺与产品的发明,而是一种运转不息的体制;只有引入生产实际中的发现与发明并对原有生产体系产生震荡效应才是创新。创新活动的共同特征是强烈的利润动机和潜在的盈利前景。创新的实质是把技术生产力的进步作为经济

发展的动力。

技术创新具有以下三个功能：(1)经济功能，指现代社会技术创新上升为经济增加的主导因素。(2)发展功能，表现为技术创新可使企业从粗放式经营走向集约化发展道路。(3)文化功能，是指技术创新有助于形成创新的企业文化。

### 2. 产品开发的一般流程

通常情况下，产品研发需要经过六个步骤：

(1)寻求产品构想。它是产品创新过程的一个必经阶段。因为任何一个可行的产品化构思都是从无数构思中筛选出来的，这个阶段的过程管理可以来自客户、合作伙伴、售后、市场、制造以及研发的信息或想法，这些来自各个渠道的信息就构成了产品的最原始概念。

(2)进行筛选和可行性分析。这个阶段的焦点是分析市场机会和开发的可行性，主要通过快速收集一些市场和技术信息，以较低的成本和较短的时间对技术、市场、财务、制造、知识产权等方面进行可行性分析，并且评估市场的规模，市场的潜力，并开始塑造产品概念，这个阶段通常由一个项目发起人和几个助手参与即可。

(3)拟定开发方案。这个阶段是产品开发的准备阶段。主要任务是新产品定位，包括目标市场的定位，产品构思的定位，产品定位战略以及竞争优势的说明。需要明确产品的功能规格以及产品价值的描述等内容，决定产品开发的可行性，这个阶段工作内容较多，最好是由一个跨职能团队来共同完成。

(4)产品实体开发。这一阶段的重点是按照既定的方案来进行产品的实体开发，大部分具体的设计工作和开发活动都在这一阶段进行。同时，这一阶段还要着手测试、生产、市场营销以及支援体系等方面的工作，包括生产工艺的开发，计划产品的发布、客户服务体系的建设等。产品目标市场分析，客户意见反馈，财务分析报告以及知识产权方面的问题也需考虑解决。

(5)测试和验收。这一阶段的活动包括企业内部的产品测试，用户测试，产品小批量试生产，市场试销等工作。这一阶段的目标是通过产品测试，完成市场推广计划，以及建立可行的生产和支持体系。

(6)正式投入生产。这一阶段主要是实施营销启动计划与生产计划，让产品形成产量。

研究开发有竞争力的产品，是企业获取市场主动权的重要因素。企业产品开发方式主要有：(1)自行研发；(2)委托科研机构研发；(3)技术引进，如购买专利；(4)仿制，即在法律许可的范围内或获取允许的前提下，模仿现有产品。

## 三、生产管理

产品的生产管理是产品生产的中心工作。在创业企业中，要对产品的生产进行有效管理，通过生产组织工作，按照企业目标的要求，设计技术上可行、经济上合算、物质技术条件和环境条件允许的生产系统；通过生产计划工作，制定生产系统优化运行的方案；通过生产控制工作，及时有效地调节企业生产过程内外各种关系，使生产系统的运行符合既定生产计划的要求，实现预期生产的品种、质量、产量、日期和生产成本的目标。生产管理

的目的在于使投入少、产出多,取得最佳经济效益。

### 1. 生产计划管理

生产计划主要包括两个方面,一方面是为满足客户"交期、品质、成本"要求的计划;另一方面是为使企业获得适当利益,而对生产的"材料、人员、机器设备"三要素的准备、分配及使用的计划。

一个好的生产计划必须具备三个特征:(1) 有利于充分利用销售机会,满足市场需求;(2) 有利于充分利用盈利机会,实现生产成本最低化;(3) 有利于充分利用生产资源,最大限度地减少生产资源的闲置和浪费。

根据计划时间的长短,可以把生产计划分为长、中、短期三种。一年及一年以上的计划为长期计划,一月至一个季度的计划为中期计划,一个星期至一个月的计划为短期计划。

生产计划至少应包括产品、时间和数量三项内容。但在许多情况下,计划不只这些内容。

制订生产计划的程序包括准备阶段,制订阶段和优化阶段。计划的制订可借助于不同的技术。这些技术包括:手工制订,借助数据处理(尤其在优化阶段)来制订,通过人机对话的形式和使用计算机中的电子数据管理手段来制订。

### 2. 产品质量控制

产品质量是企业发展的生命线,是增强企业竞争力的关键之一,是经济效益的基础。以质量开拓市场,以质量引领市场,已成为现代企业获取竞争力的行为准则。无论是强手如林的国际市场,还是竞争激烈的国内市场,没有质量上的优势,企业就难以在市场竞争中求得生存和发展。因此增强质量意识,坚持质量第一,严格质量管理与控制,稳定和提高产品质量,更好地满足社会和市场需求,是新创企业生存和发展的迫切需要。

创业者必须自觉把好产品质量关,自觉接受相关部门的监督。在产品质量以及包装上多下功夫,使产品能够真正经受住消费者的检验。一般来说,产品不应当危及他人健康和财产安全,不应当损害环境。因此,如果国家行政管理机构对涉及保障人体健康,人身与财产安全的产品质量做出了相应规定与标准的,那么企业的产品应当符合相应标准。同时,产品应当具备相应的功能,并且必须在产品包装上注明产品标准、产品说明、实物样品等。

# 第二节　新创企业的营销管理

在商品大战中,谁的营销能力高,谁的营销管理能力强,谁就能在激烈的市场竞争中比对手更胜一筹,抢占商机。

营销管理是以盈利为目的,对组织架构、人员培训、绩效考评、薪资等诸多要素加以综合制定并优化实施的行为。营销管理的实质是客户要求管理,即对需求的水平、时机和性质进行有效调节。具体来说,企业要设定一个预期的市场需求水平,然后企业营销管理者根据实际的市场需求水平与预期的市场需求水平之间的差异和矛盾,采取不同的营销管

理对策，以确保企业目标的实现。

# 一、新创企业营销概述

## (一) 什么是市场营销

创业企业要能够快速健康地发展，提升产品的市场占有率和销售额是关键。为此，需要加强市场营销策略的优化和管理的创新。美国营销协会把营销定义为："营销是引导产品和劳务从生产者到达消费者或用户手中所进行的企业活动。"从这个定义中可以归纳出市场营销的含义应包括以下几点：

(1) 市场营销是一个综合的经营管理行为，贯穿于企业经营活动全过程。

(2) 市场营销以满足顾客需要为中心来组织企业经营活动，通过满足需要而达到企业获利和发展的目标。

(3) 市场营销是以整体性经营手段来适应和影响需求。

根据上述内容，我们可以将市场营销定义为：市场营销是企业以顾客需求为出发点，有计划地组织企业各项经营活动，为顾客提供满意的商品和服务而实现企业目标的过程。

## (二) 创业型营销的构成要素

所谓创业型营销，就是为获得和留住有营利性的客户，通过对风险管理、资源撬动和价值创造的方法创新，积极地引进市场机会的识别和开发。它把有关创业行为的想象力、愿景、创意等归结到营销的概念之中，运用到整个营销活动之中，包括市场研究、细分以及营销组合等。

创业型营销整合了营销和创业两方面的要素，是市场导向和创业导向的有机融合。主要包括七个方面的构成要素：一是机会驱动。机会代表着未识别的市场需求，或者是未得到充分利用的资源和能力，是潜在的持续利润来源。二是超前行动。机会都具有时效性，为抓住时机乘势而上，创业活动必须强调速效。三是顾客强度。强调的是影响营销成效的情感因素。四是注重创新。包括企业营销的技术、组织、制度和管理方面的创新。五是风险意识。强调要敏锐地识别各种风险因素，把风险成本减少到最低限度。六是资源利用。即善于利用他人资源去完成自己的营销计划，例如利用战略联盟、合资，以及情感交换、网络等资源和手段，获得营销支持。七是价值创造。需要善于发现未使用的顾客价值，创造独特的资源价值组合。

创业营销的营销主体是创业型企业，包括新创业企业和二次创业的企业。创业营销的客体是新产品，创业营销的对象是新市场。

# 二、新创企业的营销策略

## (一) 目标市场定位策略

### 1. 什么是目标市场定位

目标市场是指企业在市场细分之后的若干"子市场"中，运用企业营销活动之"矢"瞄准市场之"的"的优选过程。

市场定位，就是针对竞争者现有产品在市场上所处的位置，根据消费者或用户对该种产品某一层面或特征的重视程度，为产品设计和塑造一定的个性或形象，并通过一系列营

销活动把这种个性或形象强有力地传达给顾客,从而恰当确定该产品在市场上的位置。

创业企业的市场定位工作一般应包括三个步骤:(1)调查研究影响市场定位的因素。这些因素包括竞争者的定位状况,目标顾客对产品的评价标准,目标市场潜在的竞争优势。(2)选择竞争优势和定位战略。可供选择的市场定位方法包括特色定位,功效定位,质量定位,利益定位,使用者定位,竞争定位和价格定位。(3)准确地传播企业的定位观念,使目标市场的潜在购买者充分了解和理解。

**2. 目标市场定位策略**

常用的目标市场定位策略包括:

(1)无差异性市场策略。选择整个市场进入,不加细分,强调购买者的需求共性,为整个市场生产单一的标准化产品,追求规模经济效益。这种策略缺乏针对性,对于创业型小企业来说,通常不宜采用。

(2)差异性市场策略。强调各个细分市场的差异性,分别针对每个细分市场的特点,设计生产不同的产品,采用不同的市场营销方案,扩大销售额,提高竞争力。该策略成本较高,一般适用大中型企业。

(3)集中性市场策略。把自己的力量集中在一个或几个小型市场上,集中力量为之服务。这种策略特别适用于资源有限的创业型小企业。如果选择了适合的市场细分,可以获得很高的投资回报,但如果目标市场情况变化,企业有可能陷入困境。

在确定目标市场后,就要针对目标市场需要,综合运用各种营销策略和手段,以达到经营目标,获得经济效益。

**(二)新创企业的品牌策略**

**1. 品牌的设计要求**

(1)简洁醒目,易读易懂。使人在短时间内产生印象,易于理解记忆并产生印象。

(2)构思巧妙,暗示属性。品牌应是企业形象的典型概括,反映企业个性和风格,产生信任。

(3)富蕴内涵,情意浓重。品牌可引起顾客强烈兴趣,诱发美好联想,产生购买动机。

(4)避免雷同,超越时空。在我国,品牌雷同的现象非常严重。据统计,我国以"熊猫"为品牌名称的有311家企业,"海燕"和"天鹅"两个品牌分别有193家和175家企业同时使用。

超越时空的限制是指品牌要超越地理文化边界的限制。不同的地域文化传统、语言民俗、价值观念,对产品品牌的认知必然具有较大的差异。

**2. 品牌的命名方法**

(1)效用命名。即以产品的主要性能和效用命名,使消费者迅速理解商品功效,便于联想和记忆,如胃必治、太太口服液等。

(2)产地命名。即用商品的产地命名。可反映商品传统特色和优越性能,如茅台、鄂尔多斯等。

(3)人物命名。即以历史人物、传奇人物、制造者以及产品的特殊偏好的名人姓名命名,衬托和说明产品品质,提高产品身价,如麦当劳、李宁、吉利等。

(4)制法命名。多用于具有独特制造工艺或有纪念意义的研制过程的商品,表示制

作精良以提高产品威望,如北京二锅头、北京烤鸭等。

(5) 愿望命名。即以吉利的词句、良好的祝愿命名,既暗示商品优良性能,又迎合消费者美好愿望,如红双喜、金利来等。

(6) 译名命名。指国外进口商品的商标译名,以及模仿国外商标译名而制作的中文品牌,有音译、意译和音意兼顾三种,如 SONY-索尼、CROWN-皇冠、PEPSICOLA-百事可乐等。

(7) 夸张命名。即用艺术夸张的词句命名,以显示商品的独特功效,如永固、飞鸽等。

(8) 企业命名。可直接说明商标的来源,有利于借助企业声誉推出新产品,如伊利、蒙牛等。

(9) 形象命名。即用动物形象或抽象图案为商品命名,以增强感染力,如雪花、天鹅等。

(10) 数字命名。即用阿拉伯数字命名。有两种情况,一是数字本身无任何含义,只是简单易记、活泼,如 555、999 等;二是数字的谐音暗含一定的意义,如 888、520 等。

### 3. 创业企业的品牌选择策略

在商品经济高度发展的今天,品牌的作用越来越突出。一方面,越来越多传统上不用的品牌商品纷纷品牌化;另一方面,品牌也成为一种无形资产。世界一流的企业无不是以品牌打天下。

使用哪家品牌一般有这样几种选择:① 使用制造商品牌;② 使用中间商品牌;③ 制造商品牌和中间商品牌混合使用。

产品在使用品牌的选择上,是分别使用不同品牌还是使用一个统一品牌或几个品牌,可供选择的策略主要有:

个别品牌,即企业各种不同产品分别使用不同的品牌。其好处是有利于企业扩充高、中、低档各类产品,以适应市场不同需求;还可在市场竞争中加大安全感。

统一品牌,即企业所有产品统一使用一个品牌。其优点是节省品牌设计和广告费用,有利于为新产品打开销路。

分类品牌,包括两种情况:一是各生产线分别使用不同品牌,避免发生混淆;二是生产线销售同类型的产品,但质量水平有较大差异,使用不同品牌便于识别。

企业名称加个别品牌。即在产品的品牌名称前冠以企业名称,可使产品正统化,既保存企业已有的荣誉,又可使产品各具特色,这是统一品牌与个别品牌同时并行的一种方式。

### (三) 新创企业的定价策略

价格影响交易成败,定价策略是市场营销策略中一个十分关键的组成部分,定价是为了促进销售,获取利润,但定价并非易事,要考虑诸多因素,如设备、器材和工资等固定成本,原材料、小时工资和销售佣金等可变成本。产品或服务的价格必须高于其可变成本才能保证不亏损。实际上,定价过高难以形成竞争优势,过低又影响收益。下列方法能够确保定价适当合理。

### 1. 新产品定价法

新产品的定价是营销策略中一个十分重要的问题,它关系到新产品能否顺利进入市

场,能否站稳脚跟,能否获得较大的经济效益。新产品定价策略主要有三种:

（1）取脂定价。是指企业在产品生命周期的投入期或成长期,利用消费者的求新、求奇心理,抓住激烈竞争者尚未出现的有利时机,有目的地将价格定得很高,以便在短期内获取尽可能多的利润,尽快地回收投资的一种定价策略。其名称意谓从鲜奶中提取乳脂,含有提取精华之意。

（2）参透定价。又称薄利多销策略,是指企业在产品上市初期,利用消费者求廉的消费心理,有意将价格定得很低,使新产品以物美价廉的形象,吸引顾客,占领市场,以谋取远期的稳定利润。

（3）满意价格。又称平价销售策略,是介于取脂定价和参透定价之间的一种定价策略。由于取脂定价法定价过高,对消费者不利,既容易引起竞争,又可能遇到消费者拒绝,具有一定风险;参透定价法定价过低,对消费者有利,对企业最初收入不利,资金的回收也比较慢,若企业实力不强,将很难承受。而满足价格策略采取适中价格,基本上能够做到使供求双方都比较满意。

## 2. 成本定价法

成本导向定价法是最简单的定价方法,即产品单位成本加上预期利润就为产品的销售价格。而售价与成本之间的差额就是利润。利润的多少具有一定比例,这种比例就是人们俗称的"几成",因此这种方法又称为成本加成定价法。

采用这种定价方式时,一要准确核算成本;二要确定恰当的利润百分百（即加成率）。依据核算成本的标准不同,成本加成定价法可分为两种。

（1）平均成本加成定价法。平均成本是在企业生产经营单位时间所花费的固定成本和变动成本之和,在单位产品的平均成本加上一定比例的单位利润,就是单位产品价格。用公式表示为:单位产品价格＝单位产品成本＋单位产品预期利润。

（2）边际成本加成定价法。也称为边际贡献定价法。即在定价时只计算变动成本,而不计算固定成本,在变动成本的基础上加上预期的边际贡献。用公式表示为:单位产品价格＝单位产品变动成本＋单位产品边际贡献。

## 3. 需求导向定价法

这种方法是从顾客需求出发,根据顾客对产品价值的理解制定产品价格。这种定价方法分为两类:

（1）认知价值定价法。根据消费者心目中对价值的理解程度来确定产品价格水平。

（2）逆向推算定价法。即企业依据消费者对最终销售价格的理解,再根据经营成本和利润逆向推算出产品的批发价和零售价。

## 4. 竞争导向定价法

竞争导向定价法是企业在研究竞争对手的生产条件、服务状况、产品性能、价格水平等因素的基础上,结合自身的竞争实力,参照成本和供求来确定价格的方法。这类定价方法具体有以下几种:

（1）流行价格定价法。又称作随行就市定价法,是指企业根据市场竞争格局,跟随行业或部门中主要竞争者的价格,或各企业的平均价格,或市场上一般采用的价格,来确定自己的产品价格。这种定价方法适用于任何一种市场条件,但完全垄断市场除外。它有

利于行业稳定，市场稳定，有助于企业的稳妥发展。

（2）行业领袖定价法。就是在某个行业或部门中，由一个或少数几个大企业首先定价，其他企业参考定价或追随定价。钢铁、汽车、煤炭、机床、丝绸、烟草、石化等行业较普遍地实行这种定价方法。

（3）垄断定价法。即一家或少数几家大公司在控制了某种商品的生产和流通时，将该商品价格定得远远超过（或低于）其价格的高价（或低价），以此来垄断企业及其组织来操纵生产或市场，通过高价获得超额利润，借助低价打击竞争者，将竞争者挤出市场。

### 5. 差别定价法

差别定价法是企业按照两种或两种以上不反映成本费用的比例差异的价格销售某种产品或服务。差别定价有四种形式：

（1）顾客差别定价。即企业按照不同的价格把同一种产品或服务卖给不同的顾客。例如，某汽车经销商按照较高价格把某种型号汽车卖给顾客 A，同时按照较低价格把同一型号汽车卖给顾客 B。

（2）产品形式差别定价。即企业对不同型号或形式的产品分别制定不同的价格，但是，不同型号或形式产品的价格之间的差额和成本费用之间的差额并不成比例。

（3）产品部位差别定价。即企业对于处在不同位置的产品或服务分别制定不同的价格，即使这些产品或服务的成本费用没有任何差异。

（4）销售时间差别定价。即企业对于不同季节，不同时期甚至不同钟点的产品或服务也分别制定不同的价格。

### 6. 心理定价法

心理定价策略是针对消费者的不同消费心理，制定相应的商品价格，以满足不同类型消费者需求的策略。心理定价策略一般包括尾数定价、整数定价、习惯定价、声望定价、招徕定价、折扣定价等形式。

（1）尾数定价策略。又称零头定价，是指企业针对的是消费者的求廉心理，在商品定价时有意定一个与整数有一定差额的价格。这是一种具有强烈刺激作用的心理定价策略。

心理学家的研究表明，价格尾数的微小差别，能够明显影响消费者的购买行为。一般认为，伍元以下的产品，末位数为 9 最受欢迎；百元以下的商品，末位数为 95 效果最佳；百元以上的商品，末位数为 98、99 最为畅销，尾数定价法会给消费者一种经过精确计算的最低价格的心理感觉；有时也可以给消费者一种原价打了折扣，商品便宜的感觉；同时，顾客等候找零期间，也可能会发现和选购其他产品。

（2）整数定价策略。把价格定在整数上，给消费者高一档次的感觉，对高档商品、耐用产品等宜采用整数定价策略，给顾客一种"一分钱一分货"的感觉，以树立商品的形象。

（3）习惯性定价策略。某种商品需要经常、重复地购买，故此这类商品的价格在消费者心理上已经定格，成为一种习惯性的价格。

（4）声望定价策略。利用消费者崇尚名牌的心理，对有声望的名牌制定高价。

（5）招徕定价策略。利用顾客希望购买廉价商品的心理，对个别产品做低成本的定价，招徕顾客，促进其他商品的销售。

　　(6) 折扣定价策略。为鼓励消费者大量购买或及早付清货款等目的而采取折扣价，包括数量折扣，现金折扣，季节折扣等。

### (四) 创业企业产品选择分销渠道策略

　　分销渠道是某种产品和服务在从生产者向消费者转移过程中，取得这种产品和服务的所有权或帮助所有权转移的所有企业和个人。因此，分销渠道包括中间商和代理商，此外，还包括处于渠道起点和终点的生产者和最终消费者或用户，但不包括供应商、辅助商。

　　影响分销渠道设计的因素很多，企业、产品、顾客、中间商、环境等都会对分销渠道的选择产生一定的影响。将这些要素做综合考虑之后，新创企业不妨结合产品或售后服务的特点以及相应的影响因素，选择电话销售、邮购销售直销、自动售货等。

　　选择分销渠道策略可以从以下几方面考虑：

　　(1) 直接渠道和间接渠道。直接渠道是指产品不经过任何中间环节直接由生产者销售给最终用户，也称为直销。例如，直邮，电话电视网络直销，直营店等。

　　间接渠道是指产品经过一级或多级中间商销售给最终用户。

　　(2) 长渠道和短渠道。从生产商到用户之间，只有一个中间环节的为短渠道，两个或两个以上中间环节为长渠道。利用长渠道营销资源丰富，容易打开销路，占领市场。但是，长渠道环节多，产品到达消费者手中速度慢，信息传递和生产商的控制力比较弱。而短渠道环节少，产品到达消费者手中快，也方便开展售后服务，了解终端信息，但产品的销售范围受到限制。

　　(3) 宽渠道与窄渠道。宽渠道是选择尽可能多的经销商来分销产品，销售网点密集。窄渠道是在一个区域只选择一家或少数几家中间商来代理商品。

　　如想尽快占领市场，可选择宽渠道；如要稳步推进，维护良好声誉，则需要对中间商认真筛选；如产品独特，要保持竞争优势，也可选择独家分销。

　　(4) 单一营销渠道和多营销渠道。当企业全部产品都由自己直接设部门销售，或全部交给批发商经销，称之为单渠道。多渠道则可能是在本地区采用直接渠道，在外地则采用间接渠道；在有些地区独家经销，在另一些地区多家分销；对消费品市场用长渠道，对生产资料市场则采用短渠道。

　　(5) 传统营销渠道和垂直营销渠道。传统营销渠道由独立的生产者、批发商和零售商组成。每个成员都是作为一个独立的企业实体追求自己利润的最大化，即使它是以损害系统整体利益为代价也在所不惜。没有一个渠道成员对于其他成员拥有全部的或者足够的控制权。

　　垂直营销渠道则相反，它是由生产者、批发商和零售商所组成的一种统一的联合体。某个渠道成员拥有其他成员的产权，或者是一种特约代营关系，或者某个渠道成员拥有相当实力，其他成员愿意合作。垂直营销系统可以由生产商支配，也可以由批发商或者零售商支配。

### (五) 创业企业产品包装策略

　　包装是指对某一品牌商品设计并制作容器或包裹物的一系列活动。产品包装具有保护商品、促进销售、增加鉴别和便于储运等多种功能。完美的产品设计加上包装还会给消费者带来完美的视觉体验。在商品经济发达的当今社会，琳琅满目的商品往往令现代人

眼花缭乱。哪些产品在包装上能够将颜色、形状、线条、材料等元素综合考虑在一起,哪些产品就更能吸引消费者的眼球,因为它们在外包装上凸显了企业的内涵和信息,对消费者形成了直观的冲击。

到底如何选择产品包装呢? 首先,包装要与商品价值相匹配,廉价的塑料饰品在披金戴银的首饰盒里只能产生滑稽的效果。其次,包装要体现商品的特点和风格,比如饮料的包装一般以鲜明的色彩和逼真的造型体现饮料原料并且产生液体的效果,能让消费者产生要举杯而饮的冲动效果;而电子产品的包装则以实用、耐磨、便于取放为原则。再次,包装要适合消费者的审美情趣、生活习惯和风土人情。女士化妆品的包装做到精致、柔美,儿童玩具的包装符合儿童对鲜艳色彩和多种造型的喜好,正是这一策略的体现。最后,包装要符合法律规定。尽管包装具备一定的经济魅力,但适度为宜,不能污染环境,浪费资源。

### (六) 创业企业促销策略

促销的目的是使消费者了解和注意企业的产品,激发其购买欲望,并促使其实现最终的购买行为。促销因其主动性、冲击力、灵活性、抗争性而具备强大的宣传力量,通过促销传递了产品信息,突出了产品特色,增强了企业的市场竞争力;促销还具备坚实的效益功能,它能扩大销路,提升销量,巩固企业的市场地位,从而提高企业营销的经济效益。

#### 1. 广告促销

广告以其大众化、表现性、渗透性的特点,快速有效地传递着产品、劳务或观念的信息。作为一种促销手段,广告是由企业承担费用,通过一定媒体来运作,最终为促进销售而产生的一种行为和手段。它往往因透露出的商品特性和消费者的附加利益而激发起消费者对商品的兴趣,从而推动商品销售。

创业者究竟选择哪种广告形式最恰当,并没有一个适合的、可以衡量的标准以资参照。只要做好广告预算,根据企业实力控制广告成本,选择合适的广告媒体,做好策划与宣传,就会产生预期的效果。

#### 2. 公共关系促销

如果企业没有资金能力通过广告促销策略把新产品"推"向市场,公关策略是个不错的选择。建立好沟通关系,由专业咨询、导购、促销人员、公共宣传报道实施口碑传播,再由消费者口口相传,这样就能减低营销成本,提高企业效益。

#### 3. 人员推销

人员推销是一种独特的促销手段,它人为性很强,销售效果直接、显著。人员推销比较适合性能复杂的产品。没有任何一种营销方式比推销人员和消费者面对面的直接交流,且同时伴随着消费者当场体验产品或服务更能产生直观效果和魅力的了。

#### 4. 直销

直销就是把产品或服务提供给消费者的直接销售。直销萌芽于 20 世纪 50 年代,由犹太人卡撒贝创立。现代直销起源于美国,随着社会信息快速化、人们购物心理便捷化而兴起。如今,直销几乎遍及全球所有市场经济成熟的发达国家,安利、雅芳等知名品牌就是直销效益的结果。

### 三、新创企业营销方式与技巧

常用的营销方式包括以下几种：

#### 1. 体验式营销

体验或营销是站在消费者的感官、情感、思考、行动、关联等五个方面，重新定义营销的思考方式。

#### 2. 一对一营销

其核心思想是：以"顾客份额"为中心，与消费者互动对话，对待消费者强调"定制化"。

#### 3. 关系营销

把营销活动看成是一个企业与消费者、供应商、分销商、竞争者、政府机构及其他公众发生互动作用的过程，企业营销活动的核心是建立并发展与这些公众的良好关系。

#### 4. 连锁营销

将门店或销售机构进行复制扩张，把自己企业的成功经验发扬光大。连锁营销需要进行企业模式的复制，进而完成企业的连锁化发展。

#### 5. 深度营销

就是以企业和顾客之间的深度沟通、认同为目标，从关心人的显性需求转向关心人的隐性需求，是一种新型的、互动的，更加人性化的营销新模式和新观念。它通过大量人性化的沟通工作，使自己的产品品牌产生"润物细无声"的效果，保持顾客长久的品牌忠诚。

#### 6. 网络营销

网络营销其本质是一种商业信息的特殊运行方式。基于互联网的营销方法就是根据企业经营的不同阶段，制定不同的信息运营策略，并主要通过网络方法来实现的营销推广与操作。

#### 7. 整合营销

整合营销是指以消费者为核心重组企业行为和市场行为，综合使用各种形式的传播方式，以统一的目标和统一的形象传播产品信息，实现与消费者的双向沟通，迅速树立产品品牌在消费者心目中的地位，建立品牌与消费者之间密切的关系，更加有效地达到产品传播和产品营销的目的。

#### 8. 直接营销

"直销模式"实质上就是通过省去中间商来降低产品的流通成本并满足顾客利益的最大要求。

以上营销方式各有利弊，大学生在进行创业实践时，要综合考虑创业企业的实际状况，选择适合自己的营销方式。

### 四、创业的营销管理

#### （一）营销计划管理

营销计划是指企业根据历史销售记录和已有的销售合同，综合考虑企业的发展和现实的市场情况，制定针对部门、人员的关于任何时间范围的销售指标（数量或金额），企业以此为目标来指导相应的生产作业计划、采购计划、资金筹划计划以及其他计划安排和实

施方案。

销售计划以时间长短来分，可以分为月度销售计划、季度销售计划、年度销售计划等。完善的区域销售计划应包括四方面内容：1. 计划综述。简要概述销售计划的内容，便于阅读者使用。2. 组织现状。包括组织目标和情况、所处市场环境以及竞争对手情况等信息。3. 市场 SWOT 分析。4. 组织目标。包括销售目标和财务目标。销售目标包括销量、市场占有率、分销率等。财务目标包括费用比率、现金流量等。

**（二）客户管理**

客户管理不仅是创业企业获得稳定销售收入的保障，而且也是创业企业提高竞争力的有效手段。

营销人员必须根据客户的不同特点有针对性地开展工作。为此，一般应建立完善的客户档案，对其分类管理，以便确定不同的拜访时间、拜访方式和销售方式，并通过必要的保障措施，实现销售任务。

**1. 客户资料的搜集**

收集客户资料的内容应尽量完整，归纳起来主要有以下几项：

（1）基础资料，即客户最基本的原始资料。主要包括客户的名称、地址、电话、所有者，经营管理者，法人代表及他们个人的性格、兴趣、爱好、家庭、学历、年龄、能力等；创业时间、与本公司交易时间，企业组织形式、业种、资产等。

（2）客户特征。主要包括服务区域，销售能力，发展潜力，经营观念，经营方向，经营政策，企业规模，经营特点等。

（3）业务状况。主要包括销售实绩，经营管理者和业务人员的素质，与其他竞争者的关系，与本公司的业务关系及合作态度等。

（4）交易现状。主要包括客户的销售活动现状，存在的问题，保持的优势，未来的对策，企业的形象、声誉、信用状况、交易条件以及出现的信用问题等。

**2. 客户档案的建立**

经过对准客户资格的鉴定，就可以确定一份准客户名单，以备产品销售时使用。将通过鉴定的各类准客户名单收集起来并装订成册，建立档案，就可以做出各类分析表格供销售人员进行客户分析时使用。

通过长期的档案积累，可以将自己的客户分为现有客户、过去客户和将来客户三种类型，对其进行详尽分析，可获得许多有价值的资料。

**3. 客户资料的利用**

首先，根据客户有关资料，销售人员可以将准客户区分为不同级别，根据级别确定访问的相应时间和频度。

其次，根据客户资料，销售人员可以随时掌握客户购买本企业产品的情况、订货次数，并通过分析，掌握客户的购买进度及采购时机，发掘该客户的潜在购买能力。还可以分析与每位客户每笔交易所花费的销售费用，了解销售费用占产品总销售额的合理比例，以此衡量以后销售业务的投入水平与产出效益。

第三，销售人员利用客户资料可以定期对客户进行综合评价，及时发现销售过程中存在的问题，提出改进措施。

#### 4. 开展客户管理的原则

（1）动态管理。鉴于客户的情况处于不断变化当中的现实,我们在客户关系建立后,要对客户的资料不断加以调整,剔除过时的或已经变化了的资料,及时补充新的资料,对客户的变化要进行跟踪,使客户受理保持动态性。

（2）突出重点。要在众多的客户资料中找到重点客户。重点客户中不仅要包括现有客户,还要包括未来客户和潜在客户,这样就能为企业选择新客户、开拓新市场提供资料。

（3）灵活运用。在建立客户资料前或客户受理前后,应以灵活的方式及时全面地提供给推销人员及相关人员,使死资料得到活运用,提高客户受理效率。

（4）专人负责。客户受理资料是提供给内部使用的,因此需要指定专人负责受理,严格客户情报资料利用和借阅手续。

# 第三节　新创企业人力资源管理

## 一、企业人力资源管理概述

### （一）人力资源的含义

通俗地讲,人力资源就是指人,有时特指那些有正常潜力,能够从事生产活动的体力或脑力劳动者。"人力资源"是指将"人"看作一种"资源",与物质资源和信息资源相对应,构成企业的三大资源。

首先,人力资源是一种"活"的资源,而物质资源是一种"死"的资源,物质资源只有通过人力资源的加工和制造才会产生价值。

其次,人力资源是创造利润的主要来源,特别是在高新技术等行业,人力资源的创新能力是企业利润的源泉。

第三,人力资源是一种战略性资源,企业为了在某个领域或某个行业中占领制高点,并得到长期的发展,必须有大量的顶尖人才为企业服务。

最后,人力资源是可以无限开发的资源,人的创造力是无限的,通过对人力资源的有效管理和开发,可以极大地提高企业的生产效率,从而实现企业目标。

### （二）人力资源管理的任务

人力资源管理就是对企业组织中的"人"进行管理,通过工作分析,人力资源规划,员工招聘选拔,绩效考评,薪酬管理,员工激励,人才培训和开发等一系列手段来提高劳动生产率,最终实现企业发展目标的一种管理行为。

人力资源管理的基本任务,是根据企业发展战略的要求,通过有计划地对人力资源进行合理配置,搞好企业员工的培训和人力资源开发,采取各种措施,激发企业员工的积极性,充分发挥他们的潜能,做到人尽其才,才尽其用,更好地促进生产效率、工作效率、社会效益、经济效益的提高,进而推动整个企业各项工作的开展,以确保企业战略目标的实现。

### （三）企业人力资源管理的特点

是否拥有优秀的人才是企业能否创业成功的关键因素之一。但企业创业之初，拥有资源极为有限，工作千头万绪，经营业务不稳定，内外部环境变化较快等特点，给人力资源管理者带来极大难题。

新创企业人力资源管理有以下特点：

（1）组织层次较少。新创创业由于规模小、资金薄弱、缺乏知名度，在机构设置上要求精减人员，控制成本，反应灵活，其组织结构一般趋于扁平，决策权往往集中在创业者手中，决策与执行程序相对简单，使新创企业可以高效决策，快速执行，有利于其迅速进行调整以适应市场的变化。

（2）用人机制灵活。新创企业的业务具有短、平、快的特点，对人员的要求相对比较灵活。一方面，新创企业并不一味追求学历等硬性指标，更看重具有相似工作经历、能够迅速胜任岗位的业务熟手。另一方面，企业在创业之初分工不明确，急需一专多能的"多面手"员工，具有较高灵活性、创造性、适应性以及吃苦耐劳的员工容易在新创企业中受到重用。

（3）家族制管理占主导。新创企业由于制度不完善，创业者与员工之间多存在血缘、乡缘、学缘等关系，使企业带有浓厚的"家族"色彩，人情味较重，感情管理大于制度管理。家族制管理在企业创立初的确具有竞争优势，这是因为企业在创业初期决定成败的主要因素是创业者承担义务和风险的开拓创新精神以及面对困难和危机的反应和执行能力，家族制管理可以较好地适应此阶段的企业发展需要。

## 二、企业核心团队管理

实践给我们展示这样的事实，有多少家企业或公司的创业团队，曾几何时能够同甘共苦，不分你我，然而企业稍有起色，便有成员打起了自己的如意算盘。于是，团队分崩离析，企业也因此一蹶不振。在民营企业中间，流传着这样一句顺口溜："一年合伙，两年红火，三年散伙。"这一度是民营企业走不出的怪圈。一家研究机构对100家成长最快的小公司做的调查结果显示，其中有50%的创业团队没能在公司中共事5年。另一家机构在他们所研究的12个创业团队的个案中发现，只有两家的企业创业团队在创立的5年以后还保持着创业初期般的完整。

通常情况下，中小企业的团队分裂会使企业元气大伤甚至以破产收场。如果对创业团队进行有效管理，团队分裂的事就会大为减少。

有效的创业团队管理，可以从以下几方面入手：

#### 1. 明确共同目标

共同的目标好比共同的信仰，团队成员可以借此产生一致的凝聚力和奋发进取的动力。企业的发展愿景如何，关键是看它有什么样的发展目标。而目标一旦确定，最好不要随意更改，尽管目标的实现是一个长期而艰苦的过程。只要既定的目标与核心团队共鸣，只要团队朝着既定目标奋斗，企业就有了走向成功的基础。

#### 2. 要有一个领导核心

创业团队必须有一个领袖，有了坚强的领导，团队才有良好的管理，团队才能围绕一

个中心紧密团结,相互协同。

**3. 讲究用人方略**

有这样一句话:"短期留人靠工资,中期留人靠奖金,长期留人靠股份,永远留人靠思想。"人是企业生存之本,发展之源。创业团队要想稳固长久,靠的是思想和文化,靠良好的工作环境,无微不至的关心和爱护。这是一笔无形的财富。

当然,薪水和其他物质利益是一定要兑现的。因暂时危机、资金短缺、产品问题等原因导致的工资滞发,奖金少发或停发,一定要先做好必要的解释,避免出现误会、猜疑;对于核心团队成员,还要给予一定的股份,主要股份掌握在三人以内是合理的,因为一个人太垄断会导致决策偏颇,两个人会导致权利矛盾激化,三个人则可以和谐交流与制约。派发股份的前提是团队成员相应投入了技术、金钱或劳动,这样会使他们产生相应的工作责任。

**4. 营造积极氛围,增强团队凝聚力**

一是要与团队成员多沟通。聪明的管理者要学会放下架子,巧用时间来和员工交流,了解他们的想法、要求和心态,并及时给予疏导和解决。这样的团队就会少一些牢骚,多一些理解。

二是给予成员充分的信任。信任是团队合作的基石。低信任或无信任会导致成员之间互相猜忌,给整个企业管理带来难题。所以,在互相沟通、互相了解的基础上,管理者要给予成员充分的信任,相信他们的能力、人格和信誉。

三是适当放权。创业者可以大权在握,但不能各种权力都想自己掌握。懂得管理的人会在创业过程中主动放权。放权是团队管理之道,也是企业发展的必经之路。下放权力,看似削弱了管理者的利益,实则提升了企业管理者的核心地位。

四是营造快乐和谐的工作环境。在一个创业团队中,要让团队成员真正能体验到自身成长,如此才能塑造团队成员的向心力与归宿感。一个人在组织中如果感到不快乐、工作和人际环境压力太大,压抑太多,他就会要么得过且过,最终出局,要么常怀不满,最终走人。

五是开展批评与自我批评。这一方面一旦缺失,会导致出问题时员工相互推诿,有成绩时又争着邀功,即便有员工真心实意为企业着想,也会因担心缺乏支持而作罢。因此,有必要把开展批评与自我批评作为团队文化建设的一个组成部分。

## 三、企业员工管理

创业者在企业创设和发展过程中,要特别注意建立和保持一支高素质的员工队伍,必须考虑如何选才、用才和育才,使员工始终保持旺盛的斗志和饱满的工作热情。

**(一)人才选拔**

如何选择人才?人才能给企业带来什么?这些问题是初创企业在招聘员工时首先需要考虑的问题。创业期企业与成熟企业所需求的人才类型是不一样的,因此在用人机制上也要有所不同。

初创企业在员工选择时,应当做好以下几方面工作。

(1)定,即定位。要做好企业的人才招聘,首先要明确企业需要什么岗位的员工,这

一岗位的员工需要哪些具体条件。招聘员工应遵循"不求最优秀，只求最合适"的原则，认真做到工作分析和需求定位。

（2）吸，即吸引。通过发布招聘信息引起目标群体的注意，吸引他们投递简历并前来应聘。招聘中能吸引目标群体注意的因素包括公司文化吸引、薪资待遇吸引、职位与未来发展空间吸引等。

（3）选，即甄选。精心设计招聘人才的甄选程序，提高人才预选的信度和效度，把真正合适的人才挑选出来是关键。当然，不同岗位的人才有不同的甄选标准、要求和方法，一般的甄选程序应当包括履历筛选、初试、复试等环节。

（4）留，即留住。招聘是双向选择的行为，招聘企业可以选择自己中意的对象，应聘者有权选择自己中意的企业。如何留住企业中意的人才是个应当注重的问题。凡是能让应聘者决定留下的，一定是他们所见、所闻、所想、所感中的美好而印象深刻的东西。

**（二）人才使用**

人才的选聘只是实现人才使用的第一步，人力资源的合理利用，实现人才价值的转换才是企业的最终目的。

（1）员工使用的意义。员工使用在人力资源管理中居于核心地位，其意义表现在：员工使用是人力资源管理的中心环节；员工使用的情况决定企业人力资源管理活动的成败；员工使用对实现组织目标起着举足轻重的作用；合理使用员工，利于减少企业"内耗"；有利于推动人力资源开发工作。

（2）员工使用的方式。员工使用方式是指员工通过怎样的形式与岗位相结合，如何进入工作状态。概括起来，企业中较为普遍的员工使用方式，一是委任制，即具有任免权的上级主管直接确定其下属员工的岗位，任命员工担任相应的职务。二是选任制，即由机构中的员工通过选举的方式来确定由谁担任相应职务的员工选用制度。三是聘任制，即用人单位运用招聘的形式确定任用对象，并与之订立劳动合同的员工使用方式。四是考任制，即企业通过公开考试来评价员工的知识与才能，并依据考试成绩予以录取和任用的方式。

**（三）人才激励**

**1. 建立多项激励机制**

所谓激励，简单地说就是鼓励，调动工作积极性。不论是物质激励还是精神激励，一定要肯定员工的成就，并鼓励其赢得更大的成功。同样，激励的另一方面是要果断采取惩罚措施来处罚有过失的员工。（1）在条件允许的情况下，适当提高员工的工资、福利待遇、薪金。（2）初创企业尤其要注意采用适合自己的绩效考核制度。（3）满足精神需求。

**2. 提供适当的培训**

对于人才，企业需要精心培育，给员工创造培训机会。

**3. 进行职业生涯规划**

企业的经营目的是利润最大化，而实现的条件在于企业中每位员工工作效率的最大化。影响员工工作效率最大化的主要因素是员工的职业爱好和身体特质，而这两个因素恰恰是影响和决定员工职业生涯的两大因素。企业应当积极地协助员工，让其发现自己的爱好和特长。因为在众多条件具备的情况下，兴趣爱好以及身体特质对员工的工作效

率起着决定性作用。

### 四、企业薪酬管理

薪酬管理是人力资源中的重要内容，一方面，员工都希望自己获得企业的认可，得到较高的收入；另一方面，企业需要降低成本，追求最大的人力资源回报。如果企业在薪酬制度中能充分体现这两方面的因素，将有利于提高员工的工作积极性，促进企业进入期望发展的良性循环。

#### （一）薪酬设计

初创企业的薪酬设计可采取如下原则：（1）高工资、低福利原则；（2）简明、实用原则；（3）增加激励力度；（4）建立绩效工资制度。

企业内部可区分为技术高度密集型岗位、部门和一般经营（服务型）岗位两类。两者在工资制度上应有所区别。前者对招募的员工有比较强的依赖性，所以为了招聘到技术人才，在工薪设计上必须考虑企业的长远发展目标和相对的依赖性。为此，工薪制度应采取灵活的组合方式，如直接给股份、高薪加高福利等。对于一般经营、服务型部门和岗位，应采用岗位、级别的等级工薪制度，该项制度建立得越早越好。根据企业的岗位需求和经济能力，以及员工的实际能力和水平，有目的地定岗、定员、定级、定薪。员工进入企业有明确的个人定位及发展目标，使岗位与薪水具有必然的联系。

企业管理者要对做出杰出贡献的员工给予激励，不能采用在原岗位直接加薪的简单方法，而应采用一次性奖励或升职加薪的方法。

薪酬设计要注意两方面问题：（1）避免差距过大。差距过大是指优秀员工与普通员工之间报酬差距大于工作本身的差异，也有可能是同等工作的员工之间存在着较大差异。前者的差异过大有助于稳定优秀员工，后者的差异过大会造成员工的不满。（2）避免差距过小。差异过小指优秀员工与普通员工之间的报酬差异小于工作本身的差异，也会引起优秀员工的不满。

#### （二）薪酬管理

企业的薪酬管理一直困扰着很多企业领导，如果没有一套适合本企业的薪酬管理制度，企业领导或者人事负责人往往会遇到很多棘手问题。初创企业必须学会建立一套科学实用的薪酬管理体系。

初创企业应如何处理薪酬问题呢？

##### 1. 分析岗位价值

企业刚建立时，规模虽然较小，但也必须明确每个岗位的要求，建议首先确立岗位的要求：如胜任该岗位的基本要求——学历、工作经验、技能要求等；基本职责——工作内容、应负责任、享受的权利等；基本职位晋升途径——薪资增长、职位提升、知识培训等。

这样，每个岗位有了一个可以衡量的数据化的要素比较图，然后形成各岗位的价值比，根据价值比确定各岗位的基本薪酬，根据企业预算及对岗位的期盼值设立每个岗位的加薪频率与幅度。

##### 2. 摸清市场行情

在了解市场行情时，不仅要看薪资总额，更要看薪资的组成部分、薪资的稳定性、薪资

涵盖的岗位要求等。只有摸清了市场薪酬行情，才可以对本企业的薪酬设计提供必要参考，也才能轻松面对每一位应聘者的薪资谈判。

了解市场行情的途径有：对应聘者资料的分析；通过人才中介机构寻找相关数据；通过分析专业人才网站的薪资行情信息获取等。

### 3. 薪酬层次区分其要求

可以将员工分为投资型、契约型与利用型三种。投资型员工视为企业长期合作伙伴，可用赠予股份与让其投资少量风险金相结合的方式，以满足其薪酬要求；契约型员工主要招有能力但很"现实"的那部分员工，企业可通过合约方式确立双方权利义务、薪资标准，明确违约责任；利用型员工则根据企业现有薪酬制度来执行，根据员工的动态及企业要求灵活调整以满足企业与员工的要求。

### 4. 薪酬谈判方式

一般企业在招聘时采取"一对一"的薪资谈判方式，可参考以下方式进行：与应聘者一起探讨他进入公司后可能产生的作用、能力、业绩等，公司主动配备给他的资源，如政策、培训机会、晋升机会等。在双方相互认同的愉快氛围中再谈薪资，这样一般比较顺利。

## 第四节　新创企业的财务管理

### 一、企业财务管理概述

财务是企业运营的晴雨表，是企业盈亏的透视镜，是企业老板的眼睛。从财务中能够反映出公司的所有情况，对财务的把握就是对企业命运的把握。财务管理是企业管理的重要部分，是有关企业资金的获得和使用的管理工作。

#### （一）企业财务管理的目标和职能

##### 1. "企业价值最大化"是财务管理的目标

企业的目标是生存、发展和获利。企业的这些目标要求财务管理完成筹措资金并有效地投放和使用资金。财务管理不仅与资产的获得及合理使用的决策有关，而且与企业的生产、销售管理发生直接联系。

力求保持以收抵支和偿还到期债务的能力，减少破产的风险，使企业能够长期、稳定地生存和发展；筹集企业所需要的资金；通过合理、有效地使用资金使企业获利，是财务管理的三个基本要求。

股东财富最大化或企业价值最大化是财务管理的目标。

##### 2. 财务管理的三大职能

财务管理的职能分为财务决策、财务计划和财务控制。

财务决策包括企业投资决策、筹资决策和运营资本管理决策；财务计划主要指的是期间计划。期间计划是针对一定期间的计划，可分为长期财务计划和短期财务计划，其编制目的是落实既定决策。财务控制是执行决策和计划的过程监控，包括对比计划与执行的信息、评价下级的业绩等。期间计划和控制都是决策的执行过程。

## （二）财务管理的基本原则

综合国内外专家学者的相关论述，我们认为财务管理应遵循的基本原则主要有七点：

### 1. 货币时间价值原则

货币具有时间价值是财务管理最基本的观念。货币时间价值是指货币经历一段时间的投资和再投资所增加的价值。经济学认为，一定数量的货币资金在不同时间有不同的价值，没有风险和通货膨胀。但并非所有的货币都有价值，货币只有被当作资本投入生产流通才会具有价值。在具体的财务管理中，应付账款管理、存货周期管理、应收账款周期管理等，都是货币时间价值原则在财务管理中的具体运用。

### 2. 价值最大化原则

企业价值最大化既是财务管理的目标，也是财务管理的一项基本原则。企业财务管理的一切管理活动都要按照价值最大化这个原则来进行。在整个经营过程中，要严格控制企业的各项投入与产出、耗费与收入、盈利与亏损，努力使企业的资金在系统价值观念的指导下取得高效运行。

财务管理还应将价值最大化的基本理念，贯穿于企业财务的预测与决策、编制财务计划、进行财务控制和开展财务考核与分析等各项财务管理方法之中，自觉运用价值管理的有效手段，促使企业在整个经营与投资等资金运作过程中保持稳定和高效，确保企业价值最大化目标的实现。

### 3. 风险收益均衡原则

对投资者来说，收益与风险总是如影随形的，收益高，相应要承受较大的风险。如何做到收益风险均衡则是财务管理要予以考虑的一个原则问题。具体来说，负债资本成本低，财务风险大。反之，财务风险小。因此，企业在进行投资决策时，必须认真分析各种可能因素，对投资决策进行可行性分析，充分考虑到项目不同，风险与收益也不尽相同。

### 4. 资源合理配置原则

企业作为现代市场经济的微观组织，在财务管理方面应十分重视如何使其财力资源得到最优化的合理组合，最大限度地发挥其整体的效益功能，既要防止资源供应不足而影响企业的整体规模效益，又要避免各个环节上的资源过剩和浪费。财务管理应通过帮助企业合理配置财力资源来促进企业生产规模的合理发展、产品结构的有效调整、产品质量的不断提高、资金管理和利用效益的增长及企业员工福利待遇的改善等。

### 5. 收支积极平衡原则

收支平衡是对企业财务管理的基本要求。资金过多或不足都会给企业带来不良的影响：资金不足，企业的生产经营会出现中断；资金过多，会形成资金的闲置和浪费。为了做到收支平衡，企业既要积极经营，扩大销路，确保资金链流畅，又要节约成本，避免不必要的开支。

### 6. 利益关系协调原则

企业是一个经济实体。在这个经济实体中，会涉及企业的所有者、经营者、债权人、债务人、国家税务机关、消费者、企业内部各部门和职工等多方面的利益关系。只有将这些关系处理好，才会有一个和谐、稳定的发展环境，才能最终实现企业价值的最大化。

### 7. "成本——效益"原则

财务管理要追求价值最大化，就必须处处讲求效益和节约成本，即以最少的成本支出获取最大的收益，作为实现财务管理目标的基本手段。在企业的整个财务活动中，始终要坚持"成本——效益"原则，任何不顾成本盲目追求产值和利润最大的做法都是错误的，其结果只能是给企业造成更大的损失。

### （三）初创企业财务管理的常见问题

#### 1. 内部管理基础较弱

一方面管理人才相对短缺，管理机构简单，专业链不强，内部控制制度不完善，甚至根本没有制度。另一方面，许多中小企业处于亏损边缘，无暇全面系统地考虑内部管理问题。

#### 2. 成本费用管理水平不高

相当数量的初创企业普遍存在成本费用核算不准确、控制不严、控制体系不健全等问题。在成本费用管理过程中，往往一味追求利润，造成成本费用不实。部分初创企业会计基础工作不健全，成本核算缺乏真实、准确的数据资料，企业内部缺乏科学有效的成本费用控制体系。

#### 3. 筹资能力不强，资金严重短缺

不少初创企业经营能力低、人才缺乏、内部组织关系不稳定、规模效益差、经营风险高，致使银行等筹金机构和风险投资商考虑到自身的资金安全和利益，不愿贷款和投入资金，导致企业资金缺口无力填补，经营资金严重不足。

#### 4. 抗风险能力较弱

初创企业资本规模较小，决定其抗风险能力较弱，加上内部管理基础不厚，产品单一，技术含量不高、市场风险较大。而市场风险极易转化为企业财务风险和银行信贷风险。

## 二、财务管理基础知识

### （一）企业财务要素

#### 1. 资产

资产是指企业过去的交易或事项形成的，由企业拥有或控制的，预期会给企业带来经济利益的资源。作为企业从事生产经营活动的物质基础，资产具有以下几个特征：（1）资产必须是现实的，而不是预期的；（2）资产必须由企业拥有或控制；（3）资产必须具有交换价值和使用价值。在我国的《企业会计准则》还有进一步规定："符合资产定义和资产确认条件的项目，应当列入资产负债表；符合资产定义，但不符合资产确认条件的项目，不应列入资产负债表。"

#### 2. 负债

负债是指企业承担的，能够以货币计量的，需要以资产或劳务承付的现实义务。简单地说，负债就是所欠的钱。负债必须和特定时间点连在一起。负债大体分两类：偿债在个体以内的负债，称为流动负债；偿还期超过流动负债，通常称为长期负债。

#### 3. 所有者权益

根据《企业会计制度》的定义，所有者权益指企业投资人对企业净资产的所有权。所

有者在以其出资额的比例分享企业利润的同时,以其出资额承担企业的经营风险,所有者还具有法定的管理企业和委托他人管理企业的权利。

**4. 财务会计报告**

完整的财务会计报告由三部分组成,即会计报表、会计报表附注和财务情况说明书。

会计报表是以更集中、更概括、更深刻的方式,用表格把一定期间的经营状况记录下来编成表,报告给财务信息的使用者。会计报表主要有:资产负债表、利润分配表和现金流量表。

会计报表附注就是对报表中内容的解释。例如关于报表的数字计算方法和数字的构成内容做出详细的说明,目的是为了帮助报表阅读者进一步了解报表中没有反映清楚的一些信息。

一个完整的财务会计报告,需要对企业的财务状况,例如生产经营情况、盈利情况、资金的使用情况等有个概括性的介绍,即财务情况说明书。

财务会计报告可分为月度报告、季度报告、半年度报告和年度报告。比1年少的报告称为中期报告,一个完整年度的报告称为年报。月报通常编制资产负债表和利润表即可,半年报告通常要求编制资产负债表、利润表、现金流量表和会计报表附注,但不要求写财务情况说明书。标准的年终结算报告,应该包括会计报表、会计报表附注和财务情况说明书三个部分。

**5. 收入**

收入是指企业日常活动中形成的经济利益总流入。收入分为主营业务收入和其他业务收入。主营业务收入来自企业为完成其经营目标而从事的日常活动中的主要项目,如工商企业的销售商品,银行的贷款和办理结算等。其他业务收入来自主营业务以外的其他日常活动,如工业企业销售材料,提供非工业性劳务等。

收入具有四方面特征:(1)源自企业的日常活动,而不从偶发的交易或事项中产生;(2)与所有投入资本无关的经济利益总流入;(3)能增加企业所有者权益;(4)只包括企业经济利益的流入,不包括为第三方或客户代收的款项。

**6. 费用**

费用是指企业在生产经营过程中发生的各种消耗。费用具有三个特征:(1)费用本质上是一种资源流出企业,其目的是为了取得收入,获得更多资产;(2)费用会最终减少所有者权益,但所有者权益的减少不一定都列入费用,企业偿债性支出和向投资者分配利润就不能归入费用;(3)费用的表现有资产的减少、负债的增加,或者二者兼而有之。

**7. 利润**

利润指企业销售产品的收入扣除成本价格和税金之后的余额。

**(二)财务管理的基本内容**

财务管理的主要内容包括:(1)了解三大财务报表的结构与数据含义,能完成财务报表的编制;(2)编制财务预算与全面预算,根据企业发展制订合理的资金需求计划,保障企业各项工作的有序进行;(3)制订投资计划,评估投资回报;(4)加强应收账款管理,控制现金流;(5)掌握成本分析的基本方法,控制企业生产成本;(6)了解常用财务分析指标的含义,运用财务指标进行经营绩效分析,发现管理中的问题,改

善经营管理。

**（三）财务报表的熟悉和运用**

财务报告通常由三部分组成，俗称为三大财务报表，即资产负债表、损益表和现金流量表。财务报表反映出来的情况就好像其企业的血压、脉搏等各种与生命运行特征相关的指标。创业者完全搞懂了这三张报表，就可以轻松地知晓企业自身的健康状况和生命成长趋势。

**1. 资产负债表**

资产负债表反映某个时间点上企业的资产、负债和权益的相关概况。资产分为流动资产、固定资产、长期投资、其他投资等；负债包括流动负债、长期负债、其他负债等；权益包括股本、公积金、未分配利润等。

在一般正常运转的公司中，各种资产和相应负债的比例保持在2∶1左右。如果远远超过这个比例，那么公司应该有很多冗余的资产没有发挥应有的作用。如果远远低于这个比例，甚至资产和负债的比例达1∶1，那么这家公司就已经没有任何现金价值了。在现实中，如果公司的负债多于资产，特别是公司短时间内应该偿还的债务超过公司现有能够灵活掌握的资产，那么这家公司离倒闭已经不远了。

**2. 损益表**

损益表是反映企业在一定期间利润实现（或发生亏损）的财务报表。相对于资产负债表来说，损益表是一张动态报表。

编制损益表有助于报表使用者解释、评价和预测企业的经营成果、获利能力和偿债能力，有利于企业管理人员进行企业发展决策，并有助于考核企业管理人员的绩效。

正常情况下，企业每个经营周期的收入都应大于支出，这时候就可以知道企业是处于盈利状态。反之，企业则处于亏损状态。在这里要特别注意的是，不能把企业的应收账款情况全部列入实际收入中，有许多企业就是由于大量按照合同或者计划应该获取的资金不能够到账，最后被拖垮。

**3. 现金流量表**

现金流量表是反映企业在一定期间内现金流量信息的会计报表。现金流量表一般由两大部分组成，一是现金流量表主表，该表是用纯粹的业务语言来描述企业曾经流入和流出的现金量，以及现金流入流出的结果或增加、减少的现金量；另一部分是补充材料，补充材料是用职业会计上的专业语言来具体描述现金流量和有关指标之间的关系。

企业的现金流量由三部分构成：经营活动产生的现金流量、投资活动产生的现金流量和筹资活动的现金流量。分析现金流量及其结构，对企业至关重要，因为它关乎企业正常运转的程度和竞争力大小，是评价企业经营状况、筹资能力和资金实力的重要依据。

其中，经营活动现金流量应当反映以下信息：购买原材料、商品、接受劳务支付的现金，销售产品、商品、提供劳务收到的现金，支付的员工薪酬，支付的税费等。

投资活动现金流量应包含的项目有：收回短期投资、长期债券投资和长期股权投资收到的现金，取得投资收益收到的现金，处置固定资产和无形资产收回的现金，净额短期投资、长期债券投资和长期股权投资支付的现金，构建固定资产和无形资产支付的现金。

筹集活动现金流量应由下列项目组成：取得借款收到的现金，吸收投资者投资收到的

现金,偿还借款本息支付的现金,分配利润支付的现金。

### 三、创业企业财务管理策略

初创企业就像一个初生的婴儿,抵抗力很弱,随时都有生病的危险,这一阶段企业的首要目标是生存。因此,管理各项财务活动,处理各种财务关系应以稳健、谨慎为原则。

#### 1. 筹资管理

融资问题几乎是所有初创期和成长期企业核心的财务问题。尤其是初创企业没有知名度,底子薄,既不能获取银行的信用又无法获得足够的股权资本,那么,如何在成长过程中尽可能筹措到资金避免资金短缺便是筹资管理的关键问题。

(1)要正确预测资金需要以确保经营需要。这里有一个原则,即筹资后的经营收益一定要大于筹资时所发生的费用和成本的总和。为了确保筹资给企业带来利益,就必须对资金需求做出正确的预测。资金过少或过多都会产生一定的弊端,需要综合考虑企业的生产经营规模、投资需求、发展目标等方面来确定筹措资金的总额,以保障生产经营和投资活动的顺利进行,避免不必要的资源浪费。

(2)要合理选择筹资渠道和方式,以降低资本成本。资本成本是企业为筹集和使用资金而付出的代价。资本成本包括资金筹集费和资金占用费两部分。前者包括发行手续费、律师费、资信评价费、公证费、担保费、广告费等,资金占用费如股票的股息、银行借款和债券信息。相比较而言,资金占用费经常发生,而资金筹集费通常在筹集资金时一次性发生,因此在计算资本成本时可作为资金额的一项扣除。

企业筹资,无论采取何种渠道和方式,都会发生一定的资本成本。如发行股票和债券,除了股票和债券的发行费用外,还需支付股利和债券利息。资金来源不同,资本成本不同,企业有必要在筹款前比较各种资本成本,选择合适的筹资渠道和方式,尽可能地将筹资成本降到最低,以提高资金效益,减少企业负担。

#### 2. 投资管理

投资管理要解决做什么(投资方向)、做多少(投资金额)、何时做(投资时机)、怎么做(资金来源与应用)等问题。由于企业在初创阶段需要大量的资金,而且市场具有很大的不确定性,因此这个阶段投资要处理好投资风险和收益的关系,在充分收集信息的基础上,进行深入细致的市场调查和充分的可行性研究,科学预测企业的投资价值和可能出现的风险,将投资风险降到最低。

#### 3. 运营资金管理

所谓运营资金管理是对企业流动资产及流动负债的管理。营运资金是企业正常运转的基本保障,是企业财务管理的重要组成部分。

营运资金,从会计角度看,是指流动资产在流动负债的净额。如果流动资产等于流动负债,则占用在流动资产上的资金是流动负债融资;如果流动资产大于流动负债,则与此相对应的"净流动资产"要以长期负债或所有者权益的一定份额为其资金来源。从财务角度看,营运资金应该是流动资产与流动负债关系的总和,在这里"总和"不是数额的加总,而是关系的反映。

做好营运资金管理就是做好流动资产和流动负债的管理。流动资产管理就是加快资

金、存货和应收账款的周转速度,尽量减少资金的过分占用,最终降低资金占用成本;流动负债管理就是利用商业信用解决资金短期周转困难问题,同时适时向银行借款,利用财务杠杆提高权益资本报酬率。

### 4. 成本控制

成本控制应重视应用下列原则:

(1) 经济原则。即推行成本控制而发生的成本不应超过因缺少控制而丧失的利益。经济原则要求能降低成本,纠正偏差,具有经济实用性。

(2) 因时制宜原则。这一原则的含义是,对大型企业和小型企业,老企业和新企业,发展快和相对稳定的企业,这个行业和那个行业的企业,以及同一企业的不同发展阶段,管理重点、组织结构、管理风格、成本控制方法和奖励形式都应有所区别。

(3) 全员参与原则。对领导层的要求:重视并全力支持,具有完成成本目标的决心和信心;具备实事求是、脚踏实地的精神;以身作则,要严格控制自身的责任成本。对员工的要求:具有控制愿望和成本意识,养成节约习惯;正确理解和使用成本信息,降低成本。

### 5. 现金管理

如下步骤可改善现金流,确保初创企业的现金流健康顺畅:(1)为客户开发产品或项目时,向他们收取预付金,让他们为该项目提供资金;(2)设置一个交货后收回全部账款的期限;(3)和供应商谈判,争取获得30天或更长的付款期限;(4)预先设置一个收款的专员,如果顾客延期付款,就要不断催款;(5)银行的贷款利率通常要比供应商收取的滞纳金要少,在紧急情况下,不妨向银行贷款;(6)可以争取收账代理机构帮忙;(7)个人需要花的钱,尽量不要从公司支取。

### 6. 财务控制

要解决新创企业财务管理中存在的问题,完善内部控制成为创业期企业财务管理的基础工作。只有完善内部控制才能发挥财务受理的应有职能,实现财务受理目标。创业企业在强化财务控制过程中,应重视以下几个方面:

(1) 学习必要的财务知识,聘请专业的财务人员,加强财务部门的力量。

(2) 保持会计记录的准确完整。建立必要的会计制度,加强对员工的培训和后续教育,防止出现会计记录混乱、错误或不完整。

(3) 建立健全职务分离制度,对于记账、出纳、保管等不相容职位实行分离。应尽量由不同的人担任,避免一个人从头到尾处理一项事务,减少错误和舞弊的出现。根据分工原则,尽量使不同功能的工作由不同的人来完成。

(4) 避免任人唯亲。特定的亲属关系会弱化企业内部的互相制约关系,使内部控制的作用无法得到正常的发挥。

(5) 建立完善的资产管理制度,确保资产的安全与完整。首先,要建立健全财产物资购销的内控制度,在物资采购、领用、销售以及样品受理上建立合适的操作程序,从制度规范上堵住漏洞,维护安全。其次,做到不相容职责分离。资产管理和凭证记录一定要分开,形成有力的内部牵制。再次,要建立实物资产的盘存制度。

# 第五节　新创企业的法律管理

## 一、熟悉创业相关法律

有志于干一番事业的当代大学生,在法制比较健全的今天,不懂法律是不行的,不懂法律知识,会给生活、工作、生产、经营带来许多麻烦。国家对各个领域的管理和各个行业的发展经营,都依靠法律。在依法治国、依法生产、依法经营的当代,具备法律常识是对每个人的基本要求,也是对每个有志于创业的大学生的基本要求。

在开始创业前,需要了解我国的基本法律环境。在我国,司法均以法律、法规、规章为依据,与新创企业直接有关的基本法律有《民法通则》、《合同法》、《企业法》、《劳动法》等。

建立企业从事经营活动,必须到工商行政管理部门办理注册登记手续,领取营业执照,如果从事特定行业的经营活动,还需要先取得相关主管部门的批准文件。设立企业,还需要了解《企业登记管理条例》和《公司登记管理条例》等工商管理法规。设立特定行业的企业,在企业建立后,需要加强税务登记,有必要了解有关开发区、高科技园区、软件园区(基地)等方面的法规,有关地方的规定,这样有助于选择创业地点,以享受税收等优惠政策。

我国实行法定注册资本制,如果不是以货币资金出资,而是以实物、知识产权等无形资产或股权、债权等出资,那么还需要了解出资、资产评估等有关的法规规定。

企业建立后,需要进行税务登记,需要会计人员处理财务,这其中涉及税法和财务制度,要了解企业需要交纳的营业税、增值税、所得税等,需要了解哪些支出可以计入成本、固定资产怎么推销等,需要了解聘用员工时涉及的劳动法和社会保险问题,还需要了解劳动合同、试用期、服务期、商业秘密、行业竞争,了解工伤、养老金、住房公积金、医疗保险、失业保险等诸多规定,还需要处理知识产权问题。既不能侵犯别人的知识产权,又要建立自己的知识产权保护体系。同时需要了解著作权、商标权、域名、商号、专利、技术秘密等各自的保护方法,在业务中还要了解《担保法》、《票据法》等基本民事法律以及行业管理的法律、法规。

## 二、坚持做到守法经营

### 1. 提高法制意识,做到诚信经营,规范管理

市场经济是法制经济,只有在法制的框架下市场才能有序地运行,在法制的有效保障下企业才能安全高效发展。因此,作为新创企业的管理人员,要本着对员工负责、对企业负责、对社会负责的态度,牢固树立法制意识,带头学法、知法,特别是对与现代经营管理企业和谐发展相关的法律法规,更需要学深学透,提升企业的法律风险管理水平。主动自觉地遵守国家、政府和行业管理部门的法律法规,从容、坦然地应对企业面临的各类法律问题,使法律知识更好地服务于企业的生产经营。

### 2. 普及法律知识，做到知法懂法，守法经营

员工是企业的主体，是企业守法经营的具体实践者。企业要创新方法，加大投入，通过培训、现身说法等丰富多彩的活动和喜闻乐见的形式，大力宣传与企业经营管理、完善劳动制度等密切相关的法律知识，加强企业员工的法制教育，提高全员学法、知法、守法意识。要结合日常开展的普法教育活动，教育员工脚踏实地做人，诚实勤恳做事，不取不义之财，不贪违法之利。

### 3. 强化依法治企，做到有法必依，有章必循

企业要履行社会责任，首先要对本企业发展负责。守法经营是责任的底线，而建立依法治企长效机制则是服务社会、服务大众、推动经济社会发展的根本保障。要勇于担当，建立健全学习培训、质量监督、责任追究的常态工作机制，将普法、守法、用法纳入企业规范化、制度化管理轨道，不断提高企业和员工依法经营、依法用工、依法维权的意识和水平。

### 4. 坚持守法经营，做到依法取财，规矩兴企

守法经营是企业的无形资产，是企业的品牌形象，是企业的保护伞、守护神。只有坚持守法经营，创业企业才能做大做强，才能创造出更大的经济效益和社会价值，从而实现企业和社会的共赢。

## 三、掌握合同法律常识

### （一）订立合同基本原则

#### 1. 当事人法律地位平等原则

《合同法》第 3 条规定："合同当事人的法律地位平等，一方不得将自己的意志强加给另一方。"平等原则的基本含义是：当事人无论是何人，无论其具有何种身份，在合同法律关系中互相之间的法律地位是平等的，都是独立的、平等的合同当事人，没有高低、贵贱、从属之分，都必须遵守法律规定，都必须尊重对方及其他当事人的意志。

#### 2. 合同自愿原则

合同自愿原则在《合同法》中表现为："一是当事人之间订立合同的法律地位平等，要协商一致，一方不得将自己的意思强加给另一方；二是当事人依法享有自愿订立合同的权利，任何单位和个人不得非法干预；三是任何违背当事人意志的合同都是无效的或者是可以撤销的。"

#### 3. 公平原则

《合同法》第 5 条规定："当事人应当遵循公平原则确定各方的权利和义务。"公平是法律最基本的价值取向，法律的基本目标就是在公平与正义的基础上建立社会的秩序。公平原则要求合同当事人应当根据公平、正义的观念确定各方的权利和义务，各方当事人都应当在不侵害他人合法权益的基础上实现自己的利益，不得滥用自己的权利。

#### 4. 诚实信用原则

《合同法》第 2 条规定："当事人行使权利，履行义务应当遵循诚实信用原则。"诚实信用原则是民事法律的基本原则。在民事合同活动中，当事人应当讲诚实、守信用，以善意的方式履行自己的义务，以善意的方式行使权利，不得以损害他人为目的滥用权利，不得

规避法律和合同义务。

**5. 遵守法律和维护道德原则**

《合同法》第 7 条规定："当事人订立履行合同，应当遵守法律、行政法规，尊重社会公德，不得扰乱社会经济秩序，损害社会公共利益。"

**6. 合同对当事人具有法律约束力的原则**

《合同法》第 8 条规定："依法成立的合同，对当事人具有法律的约束力。当事人应当按照约定履行自己的义务，不得擅自变更或者解除合同。"依法成立的合同，受法律保护。

**（二）合同的主要内容**

**1. 一般条款**

《合同法》第 12 条规定："合同的内容由当事人约定，一般应包括以下条款：（1）当事人的名称或者姓名和住所；（2）标的；（3）数量；（4）质量；（5）价款或者报酬；（6）履行期限、地点和方式；（7）违约责任；（8）解决争议的方法。当事人可以参照各类合同的示范文本订立合同。"

合同生效后，当事人就质量、价款或者报酬、履行地点等内容没有约定或者约定不明确的，可以补充协议；不能达成补充协议的，按照合同有关条款或者交易习惯确定。当事人就有关合同内容约定不明确，依照前述规定不能确定的，适用下列规定：

（1）质量要求不明确的，按照国家标准、行业标准履行；没有国家标准行业标准的，按照通常标准或者符合合同目的的特定标准履行。

（2）价款或者报酬不明确的，按照订立合同的履行地的市场价格履行，依法应当执行政府定价或者政府指导价的，按照规定履行。

（3）履行地点不明确，给付货币的，在接受货币一方所在地履行；交付不动产的，在不动产所在地履行；其他标的，在履行义务一方所在地履行。

（4）履行期限不明确的，债务人可以随时要求履行，债权人也可以随时要求履行，但应当给对方必要的准备时间。

（5）履行方式不明确的，按照有利于实现合同目的的方式履行。

（6）履行费用的负担不明确的，由履行义务一方负担。

**2. 格式条款**

当事人为了重复使用而预先约定，并在订立合同时未与对方协商的条款，如《房屋购买合同》、《就业协议》等。

下列情形的格式条款无效：

（1）提供格式条款一方免除其责任，加重对方责任，排除对方主要权利的条款无效。

（2）造成对方人身伤害的，因故意或者重大过失造成对方财产损失的免责条款无效。

（3）一方以欺诈、胁迫的手段订立合同，损害国家利益，恶意串通，损害国家、集体或者第三人利益；以合同形式掩盖非法目的；损害社会公益利益；违反法律行政法规的强制规定。

### 四、注意防范合同风险

#### (一) 企业面临的合同风险

**1. 形式风险**

依据合同形式不同，有口头合同和书面合同两类。现实生活中，创业者往往由于轻信口头承诺，没有签订书面合同而带来巨大的风险。创业者在选择项目过程中，容易犯的一个常见的错误是，考察项目后，与项目方人员逐级相熟，因此在正式签订合同时，讲究义气，甚至是顾及脸面，从而轻信对方人员的口头保证和承诺，不将一些细节比如广告支持数额、产品具体质量、运输费用等书写在正式合同之内，最终导致纠纷的发生。因为口头承诺而引发的纠纷几乎占到所有项目纠纷的一半以上。

**2. 主体风险**

法律对一些商业活动主体有特殊要求，在从事这样的经济活动时，若主体不合格则可能导致合同无效或者不能产生预想的法律效果。一些商人利用这种规则，故意制造主体不合格情况进行欺骗，给当事人造成法律风险。具体表现为：

(1) 无权处分人。当交易主体无权处分合同标的时，将影响合同的效力。这种情况并非只存在于买卖合同，如技术秘密许可合同，许可方并非技术秘密的合同拥有人，甚至是许可方侵权获得的技术秘密，带来的法律风险危害不容忽视，一些市场主体无权处分，将自己能够控制的合同标的以非权力人名义签订合同的方式予以处置，一旦感觉交易对自己不利，就主张合同无效，阻止交易的进行。而根据法律规定，企业只能追究其缔约过失责任。

(2) 不具备法定的资格。法律规定一些商业活动只能由具有特定资格的民事主体进行，而普通民事主体从事这些活动将导致主体不适格。这类关于法定资格的规定，常见于一些部门法规，建筑、医药等技术要求较高的行业往往有此类限制性规定。若因不符合法定资格导致合同无效，企业面临的法律风险损害通常难以预计。

(3) 违反法律禁止性规定。法律禁止一些主体从事特定交易活动，若对方恶意利用这种禁止性规定导致合同无效，企业将面临法律风险。众所周知，在经济交往中为提高自身的履约可信度，常常采用提供担保的形式，然而法律规定的以公益为目的事业单位没有担保资格，如果是这样的主体提供担保其实是无效的。

(4) 合同义务部分为第三人才能履行。这种主体不适格更为隐蔽。合同主体符合合同所列内容，但合同中的部分内容须由特定的第三人才能完成，这样就会导致所订合同部分内容无效或者效力待定，这也会给履约带来风险。

**3. 内容风险**

由于合同条款约定不明确，双方权责不清晰，或是明显有失公平带来的风险。其中，签格式合同的风险在加盟连锁类项目中最为突出，主要原因是加盟连锁项目所采取的扩展方式就是"复制"，而各个加盟商之间的相似甚至相同操作模式，就直接导致了风险的产生。

#### (二) 合同风险出现的原因

上述所列合同风险，对制造方而言肯定是主观故意。对新创企业来说，合同风险意识不强、法律知识缺乏是主要原因。

(1) 缺乏对合同方的基本了解。企业在进行商业活动前,通常需要对交易方的经营状况进行调查,不能盲目行动。如果未查验对方营业执照或者工商登记,对交易方企业的性质、经营范围、注册资金等基本信息都不了解的情况下,匆忙签下合同,就会为以后的合作埋下隐患。

(2) 不能确定对方是否具有合同主体资格,企业中未经授权的部门,未正式取得营业执照或已经被注销、撤销的企业本身都不具备对外签订合同的主体资格,除非事先得到法人授权,事后得到法人追认或事后取得了法人资格,否则其签订的合同是无效的。

(3) 对抵押财产查验不严。有些企业为了赢得合同方的信任,将企业的某一项目财产实行多个抵押权或重复抵押。这样一来,抵押财产的价值便远远大于被担保的财产价值,在不知情的情况下,合同债权人的资产便会流失,抵押权名存实亡。还有些企业会将自身并没有所有权的财产设定抵押,或者是抵押标的物本身不符合国家法律规定,这样的抵押合同是无效的。

(4) 对合同担保人的审查。有些担保企业自身存在问题,比如企业负债,甚至已被吊销资格或面临破产。如果合同方无法履行合同内容,企业根本无法从担保人那里获得补偿。另外,根据《担保法》有关规定,行政机关及部分事业单位不具有对外担保资格,如果是这样的担保人,应不予考虑。

(5) 口头变更合同后未以书面形式确认。根据合同实际履行情况以及市场变化,合同双方会对原合同的部分内容进行变更。企业在订立合同时,会注重采用书面形式,而在对合同进行变更时却往往以口头协议代替书面协议。如果对方在合同变更后拒不承认变更内容,企业会处于尴尬境地。

(6) 合同条款不清晰。合同是确定合作双方权利与义务的最根本依据,因此在签订合同时,必须认真对待每一条款,尽量将可能出现争议的地方提前说明。

**(三) 合同管理**

**1. 熟悉合同管理的内容**

合同管理,是指对合同依法进行订立、变更、转让、履行、终止、审查监督、控制等一系列行为的总称。合同管理是一项综合性的工作,涉及企业的各个方面,能否实施有效管理把好合同关,是企业经营管理成败的主要因素。管理者应该避免法律上的风险,完善制度使企业能够依法行事,更好地促进企业健康成长。

合同管理的内容涉及五个方面:(1) 确保合同内容不超出经营范围;(2) 确保签约主体具有签约能力,《合同法》中规定的有签约能力的合同主体只能是自然人、法人或者其他组织;(3) 要做必要的资信能力审查。资信能力包括企业的注册资金、投资额、年检情况、商业信用、资产情况和审计报告等;(4) 要了解对方代表的资格,避免因对方不具备代表资格而为合同埋下隐患;(5) 要了解合同的成立与生效条件。

**2. 合同风险规避的方法**

(1) 聘请法律顾问。在企业设立阶段,最好也是最稳妥的办法就是聘请专业律师作为企业的法律顾问,帮助办理具体的法律事务,规避风险。现代企业法律顾问制度已经比较普及,一般规模较大的企业内部有公司的法务部,负责日常的法律事务,同时聘请律师

事务所的专职执业律师作为公司法律顾问。

（2）进行专业咨询。对于规模较小的企业来讲,聘请专业的法律顾问不太现实,但寻找专业人士进行咨询是必要的,这样做不会增加太多支出却可以使你了解到创业初期一些必须知道的法律知识,既经济又实惠,是创业初期资金较紧张情况下的最好办法。

（3）合法获取利益。法律风险是企业面临的最常见、最重要的风险,商业风险某种程度上讲主要是法律风险。新创企业的商业活动必须依靠法律的规范,企业寻求利益最大化的首要前提是合法经营。

（4）构建御险机制。企业领导人要努力强化法律风险意识,要建立健全企业的规章制度和业务流程,完善企业内部的管理体制、责任体制和监督体系,加强企业员工的普法教育培训,建立定期审查企业法律风险制度。以确保企业在法律框架下健康运行,茁壮成长。

## 本章小结

创业企业完成登记注册后,需要尽快转入新企业的经营管理中。其任务包括强化生产与产品管理、市场营销管理、人力资源管理、财务管理以及法律事务管理,为企业的生存和发展而努力。生产与产品管理包含生产计划管理、产品质量管理与控制等内容。营销管理以盈利为目的,实质是客户要求管理,即对需求的水平、时机和性质进行有效调节。人力资源管理就是对企业组织中的"人"进行管理,通过工作分析、人力资源规划、员工招聘选拔、绩效考评、薪酬管理、员工激励、人才培训和开发等一系列手段来提高劳动生产率,最终实现企业发展目标的一种管理行为。财务管理是企业管理的重要部分,是有关企业资金的获得和使用的管理工作。财务管理的职能分为财务决策、财务计划和财务控制。法律管理的内容包括熟悉创业相关法律,坚持做到守法经营,掌握合同法律常识,注意防范合同风险等内容。

## 复习思考题

1. 产品开发的一般流程是什么?
2. 新创企业的营销策略包含哪些内容?
3. 企业财务管理的目标和职能是什么?
4. 创业企业财务管理策略的具体内容有哪些?
5. 合同订立应遵循的基本原则有哪些?

# 第十章 阳光雨露新苗壮

## ——大学生创业企业的成长

### 学习目标

1. 了解大学生创业风险的主要来源及其表现。
2. 掌握规避创业风险的途径和方法。
3. 大学生怎样跨越创业失败的误区？
4. 促进新创企业健康成长的关键措施有哪些？

### 案例导入

#### 环宇集团持续成长的"四要素"

经过十多年的不懈努力，环宇集团由一个作坊式低压电器小厂，迅速发展成为销售收入超过 60 亿元，总资产超过 10 亿元的跨地区跨行业的大型经济联合体，并跻身全国工业企业 500 强。概括起来，以下四个要素在其持续增长过程中起到了重要的作用。

一、时刻践行企业的社会责任

建厂初期环宇集团就倡导"严质量，重信誉"的企业精神，并一直保持足额纳税，把不欠税、不偷税漏税作为必须遵守的道德底线，以追求"阳光下的利润"为荣，因而多次获得"纳税大户"、"纳税百强"、"信用 AAA 级"、"重合同守信用"等表彰。随着公司的发展壮大，环宇在献爱心、救灾区、扶贫助学及公益活动中对社会的回报也在不断增加，以多做贡献、多做善事为大德。创业以来，累计已出资 8 亿元用于各种捐赠活动，董事长王迅行荣登 2005 年"福布斯中国慈善榜"，他的颁奖感言是"通过企业回报社会，通过社会提升创造财富的价值"。

二、及时调整的企业发展战略

从创业到 20 世纪 90 年代的"以质量求发展"，从 1996 年组建集团公司到 2000 年的"以规模求发展"，从 2000 年至今的"以科学技术求发展"，环宇集团在 10 多年的发展历程中，始终坚持根据形势的变化，不失时机地进行规模扩张，对企业发展战略做合理调整，及

时充实，从而增强了企业活力。目前，环宇这艘源于"草根经济"的帆船已经由"船大抗风浪"开始向现代化的"航母"过渡了。

三、不断创新为企业注入持续发展的动力

环宇集团创业的道路，从某种意义上说，就是一部科技兴业、不断开拓创新的历史。经过 10 多年的不懈努力，到 2005 年，与世界同步的环宇电压电器系列全部研发成功。现在公司的所有利润都来自科技创新。公司先后开发了具有自主知识产权的 23 个系列，500 多种新产品，其中有省级新产品 30 多项，获得国家专利 12 项，塑壳断电路 HUM8 系列被科技部列为国家"火炬计划"项目。这些成绩充分显示科技兴业的威力，环宇构筑的"科技金字塔"起到了巨大作用。

四、文化管理开拓环宇管理新境界

长期以来，环宇集团在自己的企业管理行动中，渗透着许多文化因素，如倡导企业精神、经营理念，开展企业文化活动以及企业形象的设计与宣传，并且制定了各种行为规范条例，用以提高现代文明人的素质等。环宇强调"以人为本"，特别重视培养人才和留住人才。环宇留住人才，一靠诚心，二靠周到。早在创业初期，有位为环宇做过较大贡献的电器专家要求离职回家，公司同意了，但每个月的工资照发（寄到他家），一年下来，他被诚意感动，在家坐不住了，说让我回公司再干两年吧。2003 年环宇总部搬迁至工业区，条件改善了，公司首先想到建设上档次的员工宿舍、员工食堂，让全体员工都能分享到企业发展的成果，公司还特地开设了"夫妻房"，被誉为"温暖工程"。这一切人文关怀，使员工心里潜移默化地产生了巨大的向心力和凝聚力，也成就了今天的环宇。

# 第一节　防范风险保成长

## 一、新创企业风险探源

### （一）创业风险来源

创业环境的不确定性，创业机会与创业企业的复杂性，创业者、创业团队与创业投资人能力与实力的有限性，是创业风险的根本来源。

由于创业的过程往往是将某一构想或技术转化为具体的产品或服务的过程，在这一过程中，存在着几个基本的相互联系的缺口，它们是上述不确定性、复杂性和有限性的主要来源。也就是说，在给定宏观条件下，创业风险往往就直接来源于这些缺口。

#### 1. 创业资金缺口

创业者可以证明其构想的可行性，但往往没有足够的资金，将其项目实现商品化，从而给创业者带来一定的风险。通常，只有极少数资金愿意鼓励创业者跨越这个缺口，如富有的个人专门进行早期项目的风险投资以及政府资助计划等。

#### 2. 信息和信任缺口

在创业中，存在两种不同类型的人：一是技术专家；二是管理者（投资者）。这两种人接受不同的教育，对创业有不同的预期、信息来源和表达方式。技术专家知道哪些内容在

科学上是有趣的,哪些内容在技术层面上是可行的,哪些内容根本就是无法实现的。在失败案例中,技术专家要承担的风险一般表现在技术上,声誉受到影响以及没有金钱上的回报。管理者(投资者)通常比较了解将新产品引进市场的程序,但当涉及具体项目的技术部分时,他们不得不相信技术专家,可以说管理者(投资者)是在拿金钱冒险。如果技术专家和管理者(投资者)不能充分信任对方,或者不能进行有效的沟通交流,那么这一缺口将会日益加深,带来更大风险。

### 3. 资源需求缺口

俗话说"巧妇难为无米之炊",没有所需的资源,创业者将一筹莫展,创业理想更是难以变为现实。在大多数情况下,创业者不一定也不可能拥有所需的全部资源,这就形成资源缺口。如果创业者没有能力弥补相应的资源缺口,要么创业无法起步,要么在创业中受制于人,其风险可想而知。

### 4. 管理水平缺口

创业活动中,这一缺口表现为两种情况:一是创业者利用某一新技术进行创业,他可能是技术方面的专业人才,但却不一定具备专业领域的管理才能,从而形成管理缺口;二是创业者往往有某种"奇思妙想",可能有新的商业点子,但在企业战略设计层面上缺乏出色的才能,或不擅长管理具体的事务,从而形成管理缺口。

### (二)创业风险的分类

**1. 按风险来源的主客观性,可分为主观创业风险、客观创业风险。**

主观创业风险,是指在创业阶段,由于创业者的身体、心理素质等主观因素而导致创业失败的可能性。

客观创业风险,是指在创业阶段,由于诸多客观因素导致的创业失败的可能性,如市场的变动、政策的变化、竞争对手的出现、创业资源短缺等。

**2. 按创业过程划分,可分为机会的识别与评估风险、准备撰写创业计划风险、确定并获取创业资源风险、新创企业管理风险等。**

机会的识别与评估风险,指在机会识别与评估过程中,由于各种主客观因素,如信息获取量不足、把握不准确或推理偏误等使创业一开始就面临方向性的错误。

准备与撰写创业计划风险,是指创业计划的准备与撰写过程带来的风险。创业计划往往是创业投资者决定是否投资的依据,因此创业计划是否合适将对具体创业产生主要影响。创业计划制订过程中各种不确定因素与计划制订者自身能力的因素,也会给创业活动带来风险。

确定并获取资源风险,是指由于存在资源缺口,无法获取所需的关键资源,或即使获得,但获取成本过高,从而给创业活动带来一定风险。

新创企业管理风险,主要指管理方式、企业文化的选取与创建,发展战略的制定以及组织技术、营销等诸管理方面可能存在的风险。

**3. 按创业风险的内容划分,可分为技术风险、市场风险、政治风险、管理风险、生产风险、经济风险等。**

技术风险,是指由于技术方面的因素及其变化的不确定性而导致创业失败的可能性。

市场风险,是指由于市场情况的不确定导致创业者或创业企业损失的可能性。

政治风险，是指由于战争，国际关系变化或有关国家政权更迭、政策改变而导致创业企业蒙受损失的可能性。

管理风险，是指因创业企业管理不善产生的风险。

生产风险，是指创业企业提供的产品或服务从少量试制到批量生产的风险。

经济风险，是指由于宏观经济环境发生大幅度波动或调理而使创业者或创业投资者蒙受损失的风险。

## 二、创业风险产生原因

### 1. 缺乏规避风险的意识

市场时时处处都存在着风险，至于风险什么时候、以何种形式出现在你的面前没有人会及时提醒你，如果你不留神就会遭受巨大损失，这需要大学生自己树立起较强的风险规避意识，以减少创业道路上的坎坷与曲折。

### 2. 社会资源贫乏

由于长期身处校园，大学生在掌握社会资源方面是非常有限的，而企业创建、市场开拓、产品推介等工作都需要调动社会资源，在准备和创业过程中，大学生往往在这方面感到困难重重，力不从心。

### 3. 知识、技能缺乏

很多大学生创业热情有余，创业技能不足，表现为眼高手低，既不了解创业相关政策法规，又不知晓市场经济运行规律，更没有在相关企业的工作实践经历，缺乏能力和经验，却对创业期望值过高，急于求成。当创业计划转为实际操作时，才发现自己根本不具备创业所需的知识素质、技术和能力，这样的创业无异于纸上谈兵。

### 4. 项目选择的盲目性

目前，大学生创业的项目选择大多集中在高科技领域和智力服务领域，如软件开发、网络服务、网页制作、家教中介，设计工作室等。此外，快餐、零售等连锁加盟店也是大学生青睐的创业项目。但是，很多大学生并不了解市场，如果缺乏前期的市场调研和论证，只是凭自己的兴趣和想象来决定投资方向，甚至仅凭一时心血来潮就决定干哪一行，一定会遭受挫折甚至创业失败。

### 5. 经营运作随意性

选择创业自己当老板与选择就业给别人打工的不同之处在于，当老板较为自由，不用受他人管束，但这并不意味着可以随心所欲，毫无约束，更不可不考虑市场需求，不考虑经营规模，不考虑产品销路，不考虑市场经济的"游戏规则"。大学生应该谦虚谨慎，虚心学习，按照市场经济规律行事，只有这样，才能降低和防范创业风险发生。

### 6. 管理经验不足

长期的应试教育，使一些大学生创业者虽然在专业知识和技能方面出类拔萃，但在理财、营销、沟通、经营管理方面的知识能力普遍不足。此外，一些人还存在一定性格缺陷，自以为是，刚愎自用，这些都会对创业成功形成影响。

### 7. 融资渠道单一

资金筹集困难几乎是每一个大学生创业者都会遇到的难题，银行贷款申请难、手续复

杂、风险投资者关注少等等。如果没有更广阔的融资渠道,创业计划只能搁浅。

### 三、创业主要风险简述

#### 1. 资金风险

资金风险是指因资金不能适时地筹集和供应而导致创业失败的可能性。可以说,此项风险贯穿于创业活动的全过程,但在创业的起始阶段处在重要地位,创业启动资金的筹备直接决定了创业能否顺利进行。现代社会,"空手套白狼"的创业奇迹越来越少,如果没有足够的流动资金,很可能在创业初期就遭遇失败。通常创业者在创业阶段的资金往往都比较缺乏或十分有限,资金风险普遍是创业时期的"命门"。大学生在资金管理上更是缺乏财务分析,表现出明显的不足。从对创业失败的案例研究中可知,因为资金短缺而导致创业项目中断或者经营失败的个案,占所有失败案例的 68.6%,成为创业难以逾越的第一道难关。

#### 2. 技术风险

技术风险是指创业设计向产品转化的过程中,因技术因素导致产品转化失败的可能性。由于创业前期企业的研发工作处于概念设计阶段,技术可能性几乎无法判断和确定,所以处于该阶段的创业企业即使获得了少量的风险资金支持,也往往会因为技术问题而颗粒无收,甚至是投入的资金打了水漂。

#### 3. 市场风险

生产或生活资料由生产者向消费者转移的平台就是市场。创业要获得成功,在很大程度上依赖于市场,离开了市场,创业就无从谈起。换句话说,没有市场的产品生产是企业失败的首要原因。随着经济的发展,消费者的个性化需求日益明显,如何让消费者了解自己的产品或服务,如何赢得消费者的喜爱形成一批"回头客",这些是决定创业成败的关键。许多大学生凭着创业的冲动,没有进行市场分析,或进行一些分析但只是停留在肤浅的表层。

可见市场风险说到底是市场信息风险。许多创业者容易犯的错误就是对市场信息和周边信息缺乏必要的了解,在信息不足的前提下,盲目认为自己的产品一定不愁销路,过分乐观地估计了市场的需求,因此当产品出来以后,才发现市场上原来经营同类产品的人很多,有些甚至比自己的产品强得多。没有预见到现金流的重要性,没有精确的市场定位,结果只能是创业失利。

#### 4. 竞争风险

竞争风险是指在创业过程中由于参与市场竞争而给企业带来的不确定性或损失。在市场经济条件下,任何一个行业都存在着激烈的竞争,任何一家公司都有许多的竞争对手,任何企业都要面临市场竞争,独家垄断市场的局面已不复存在。大学生创业者创办的企业,对于创业者来说可能是第一次,但对于社会来说并非第一家,也许同类企业已有许多家,甚至不乏"老字号",竞争风险无时不在,无处不在,关键要靠强烈竞争意识的确立和核心竞争力的打造。

#### 5. 项目选择风险

当今时代,创业者的人数一直处于上涨的趋势,与此"相呼应"的是,创业失败的人数

也在不断地上涨。其中,创业失败很大的一个原因就是创业者在项目的选择上没有合理地规避风险,降低项目风险。

### 6. 团队风险

现代企业越来越重视团队的力量。创业企业在诞生和成长过程中最主要的力量来源一般都是创业团队,一个优秀的创业团队能使创业企业迅速地发展起来。但与此同时,风险也蕴含在其中,团队的力量越大,产生的风险也就越大。一旦创业团队的核心成员在某些问题上产生分歧不能达到统一时,极有可能对企业造成强烈的冲击。

### 7. 管理风险

管理风险是指由于创业者的组织、决策不到位而给企业带来的不确定性或损失。管理风险在创业中期尤为突出,因为这个阶段的企业在迅速地发展开拓,技术风险逐步消除,市场风险也在变小。但是,该阶段由于管理的幅度不断加大,人员在急剧增加,生产规模在不断扩大,市场区域在不断拓展,这些因素在迅速增加管理的难度。创业者必须考虑如何控制成本,如何保证质量,如何畅通管理渠道,如何树立品牌等诸多问题,把管理风险降到最低。

### 8. 机会风险

机会风险是在创业机会的识别与评估过程中,由于各种主客观因素,特别是创业者生理、心理等主观方面的因素,对创业的机会选择有着重大的影响,导致对机会把握不准确或推理偏误等,使创业一开始就面临方向错误。同时,也会存在由于创业而放弃了原有所面临的机会成本风险,或者选择创业而放弃了就业的选择,这些都构成了机会成本的风险。

### 9. 人力资源流失风险

大量的高素质专业人才或业务队伍是这类企业成长的重要基础。防止专业人才及业务骨干流失是创业者时刻应当注意的问题,在那些依靠某种技术或专利创业的企业中,拥有或掌握这一关键技术的业务骨干流失是创业失败的主要原因。

## 四、创业风险规避策略

### (一) 创业风险防范途径

#### 1. 创业前期的风险防范

(1) 慎重选择创业项目,避免盲目跟风。既有市场需求又适合自己的创业项目,这是大学生创业者必须好好琢磨的。一般来说,大学生创业者既要客观地分析自身的创业条件,更要冷静地分析创业环境,立足于技术项目,尽量选择技术含量高、自主知识产权明确的项目,并在技术创新的基础上做好产品市场化工作。在选择过程中切忌盲目跟风,切记选择自己较熟悉而又有兴趣的行业和项目,做熟不做生,即选择自己最熟悉、最擅长、最有经验、最感兴趣、资源最为丰富的项目来做,这样成功的把握会更大。

(2) 合理组建创业团队,避开亲朋好友。在风险投资商看来,再出色的创业计划也具有可复制性,而团队的整体实力是难以复制的。因此他们在投资时,往往更看重有合作能力的创业团队,而非那些异想天开的"独行侠"。团队对于创业是否成功至关重要,志同道合的搭档会是你事业成功的好帮手、好伙伴。因此,组建创业团队要考虑专业互补、能力

互补、性格互补，最关键的是志同道合、同舟共济。创业实践证明，亲朋好友等熟人搭伙，往往会带来许多麻烦。

（3）主动参与实践锻炼，不可仓促上阵。时间经验不足是制约大学生成功的关键因素，要成功创业，充分的准备很重要，除知识与心理准备外，最好先经历过实践的磨炼，不妨利用业余时间创立一些投资少、见效快、风险小的实体，培养自己自立自强的创业能力、适应市场经济的能力，通过实践增长创业经验。同时，要在充分调研的基础上，在深思熟虑的情况下做出创业的相关决策，避免决策的随意性。

2. 创业中期的风险防范

（1）加强创新企业管理。一个企业要想持久地保持活力，除了要有不断的创新意识、敏锐的市场观察力之外，严格的管理制度也是必不可少的。在出现问题时，都应该严格按照制度处理。创业中期是管理风险集中爆发阶段，大学生创业者对此必须有清醒的认识和充分的心理准备。

（2）做好参与竞争准备。创业过程中，创业者要积极参与竞争，逆境中要坚韧，顺境中要冷静，作为大学生创业者，必须做好与风险和困难斗争的一切准备。

创业对一名大学毕业生非同儿戏，应该克服急躁情绪，端正心态，采取稳扎稳打、步步为营的策略。任何浮躁和急功近利，对创业者只能是有害无益。

（3）加强企业内涵建设。创业中期，创业企业要适应市场变化，采用"内抓管理，外塑形象"的策略，注意强化内涵建设，挖掘内部潜力，充分调动员工的主动性，用企业文化凝聚人心、激发斗志。同时，企业需要品牌支撑成长。企业的品牌经营要以客户为中心，以不断创新为方式，以产品和服务来满足客户的需求，尤其是开发客户的潜在需求，并以优质的产品和服务满足顾客的种种需求，这样，企业发展才有后劲。

3. 创业后期的风险防范

（1）健全企业的激励机制。人力资源是企业的核心资本，人才是企业兴旺发达的关键。创业过程中，创业者与员工承担着巨大的风险，需要彼此风雨同舟、共渡难关。创业成功后，创业者关注更多的是利益回报，后来者更关注的是既得利益。随着企业的扩大，新员工的不断加入，后来者更多的是一种职业选择。有效的激励机制既能保障老员工和合伙人的既得利益，又能真正凝聚创业人才，使企业得以稳步发展。

（2）管理者恰当的授权。创业过程中，创业者主要通过集权来实施管理，事无巨细，亲力亲为，既是决策者、管理者，又是执行者、实干者。这在创业准备阶段和企业发展前期是可能的、必要的。创业初步成功后，人也多了，事也多了，这时的创业者应尝试授权。因为，一是管理问题变得又多又复杂，创业者不堪重负；二是员工渴望分享权力，希望得到更多空间与舞台来发展自己。把一些日常性的、非核心的工作授权给其他管理人员，自己就可以从繁重的事务中解脱出来，把更多的精力集中到战略性问题的思考上。

（3）建立完善的组织结构。创业成功后，企业为了更好地发展，必须建立一整套完善的组织结构来有效地执行决策，有计划地完成企业的既定目标。企业的组织架构需要根据企业的目标和发展阶段进行调整，创业者应该尝试围绕工作本身来完善组织，通过企业组织来实现自己的管理决策和管理理念。

（4）理智对待企业的扩张。大学生创业取得初步成功后，随着企业规模的扩大和实

力的增强，个人追求财富的欲望膨胀，企业行为也围绕着个人的喜好而变动，最易出现的问题是脱离实际、盲目扩张，造成企业不能与自身能力、市场需求相协调，这往往会给企业带来灾难性的后果。因此，要有计划、有步骤地合理扩张，建立相应的反馈制度与调控机制，健全各种规章制度，对权力进行必要的制衡，确保企业稳步健康地发展。

**（二）创业风险应对方法**

（1）应对技术风险的方法。要有效地应对技术风险，民营企业除了加大研发投入、缩短研发周期外，必须重视对市场的研究，尽可能准确地获得现有和潜在市场的产品信息。另外，要注意申请技术专利保护，防止技术的扩散给创业企业带来的损失。

一是采用模仿创新战略。模仿创新就是在创新者已经成功的技术创新基础上，投入不多的资金，模仿该项技术，并对其进行补充、提高、改良、完善的过程。模仿创新虽然有跟风之嫌，但却可以节省大量的开发费用，提高成功率，缩短从技术到市场的时间，从而大大降低技术风险。

二是建立新技术研发中心。企业进行技术创新，特别是自主技术创新，风险大、耗时长、复杂性高，一般企业往往难以承受。如果能组建技术开发联合体，可以在一定程度上化解技术开发风险。技术联合体是指两个以上的法人组织联合致力于某一技术或产品的研究开发，结成优势互补、风险共担、利益共享的一体化组织。建立技术联合体，可以获得符合企业需求的新技术，并能迅速将技术转化为新产品，有效避免企业与科研部门的体系脱节。从而在较低风险的条件下，获得自主创新的技术，形成企业的核心竞争力。

（2）应对市场风险的方法。新创企业要结合自身的发展战略，针对目标市场需求，根据外部环境因素，最有效地利用本身的人力、物力和财力资源，制定企业最佳的市场营销组合策略，最大限度地起到缓解市场风险的作用。

第一，树立以市场为导向的整体营销观念。创业企业要规避市场营销风险，首先应该增强现代营销观念，把市场营销工作放在重要的地位。在进行产品规划、价格制度、渠道选择、促销策略制定时都要以市场为导向，从顾客角度出发，生产研发部门应注意与营销部门配合，响应市场需求，实现技术与市场的有机结合。

第二，生产适销对路的产品。面对业内已发生的产品风险，尽快开发出符合市场需要的新产品是企业走出困境、摆脱困境的有效举措。企业应根据市场需求和企业目标，对产品组合的宽度、深度和关联度进行决策。在一般情况下，扩大产品组合的宽度，增加产品线的深度和加强产品组合的关联程度，可以使企业降低投资风险，增加产品的差异性，适应不同顾客的需求，从而提高企业在某一地区或某一行业的声誉。

（3）应对财务风险的方法。第一，根据企业的经营战略确定合理的债务结构。企业要根据自身生产经营发展状况来合理设计资本结构中的各种比例关系，如负债和总资产的比例关系，中短期负债和长期负债的比例关系。通过对不同来源、不同时期、不同层次的各种资本要素的有机协调，达到降低财务风险、促进企业发展的目的。

第二，做好现金预算，加强财务预算控制。新创企业在借款时应注意安排未来还本付息的资金，否则需要借新债还旧债。新创企业举债能力相对较弱，容易发生不能支付到期债务的现金流量风险。企业可以通过编制现金预算，合理调度资金，加快资金周转，加强收支管理，加强财务预算控制，控制未来的发展规模，在现金预算和其他财务预算的监督

下,避免发生由于盲目发展而陷入资金不足的困境。

第三,保持资金流动性。企业必须加速存货周转,缩短应收账款周期,以保持良好的资产流动性。新创企业应降低整体资产中固定资产的比重,这样就可以大大降低产品中固定成本的比重,降低企业经营风险。

(4)应对管理风险的方法。第一,建立健全现代企业制度。为减少企业管理风险,企业必须按照现代企业制度的要求,建立起真正完善的法人治理结构。经营者激励机制也是法人治理结构中不容忽视的重要问题,解决好经营者特别是中高层管理人员的利益分配问题,不仅可以引导他们致力于企业利益最大化,尽可能把决策风险和操作风险降到最低程度,减少经营者的短期行为,而且可以对企业"内部人控制"现象起到遏制作用。

第二,完善企业的内部控制制度。企业内部控制系统必须覆盖到企业的各项业务、各个部门和各级人员,并渗透到投资决策、执行、监督、反馈等各个环节。同时企业还必须建立科学的授权制度和岗位分离制度,对掌握企业内幕信息的人员实行严格的批准程序和监督处罚措施。

第三,提高决策者、管理者的自身素质。对企业中高层管理人员的使用必须坚持德才兼备的标准。在人员甄选过程中两个方面的素质都应列入考核内容,还要加强员工的职业道德教育和业务培训工作。

(5)应对项目选择风险的方法。为了使创业成功的概率增大,创业者在选择项目时该如何降低风险,保障成功呢?

首先是眼光独到。创业者选择项目时,一定要有一双敏锐的眼睛,看到别人看不到的市场。为此,一要充分做好市场调研和前期准备,调研时要注意这个项目在国际上的发展,是朝阳产业还是夕阳产业,市场空缺是否有比较好的上升空间。二要把握市场脉搏,随时进行调整。三要宏观上选定两个比较热的方向。

其次是强调务实。在选择项目和合作对象上,一定要求实,项目能赚钱才是硬道理。不要被公司玩弄项目包装所蒙骗,好产品必须靠真技术生产出来,产品必须靠本身的品质打市场,市场才决定产品的根本命运。

其三是降低价格,薄利多销。俗话说得好:"三分毛利吃饱饭,七分毛利饿死人。"利润微薄,价格降低,在竞争中以优势吸引顾客,实现"薄利——多销——赚钱"的目标。

其四是量力而行,适合自己,选择适合自己的经营项目。若创业者浑身充满创造力,内心热情如火,外表光芒万丈,可考虑经营时尚先锋店,创造流行趋势,做个时尚先驱;若创业者常常跟着感觉走,时时设身处地为他人着想,外贸服装、平价服装店会是一个不错的选择。

其五是不要时刻想着赚大钱。赚大钱是许多创业者的梦想,但大多数创业者终其一生却难以梦想成真。原因是他们赚钱的心太急切,小钱不想赚,大钱挣不来。

其六是寻找"空白区"。越空白的市场越有发展潜力。创业者可以选择投资一个比较新颖的项目做加盟店,加盟比较容易操作,而新颖独特才能吸引顾客的眼球。

(6)应对机会识别风险的方法。对于大学生创业者而言,要有敏锐的机会意识和高超的决策水平,善于发现机会、把握机会和利用机会,绝不可以根据不切实际的个人偏好或自己的喜怒哀乐,在情绪化状态下贸然决定。

### （三）创业风险控制技术

大学生创业风险控制是在风险分析的基础上，为实现创业风险管理目标，选择风险管理技术并加以实施。选择风险管理技术不但要考虑该项技术的经济效益状况，还要考虑与创业总体目标相一致，以及实施的可行性、可操作性和有效性。常见的风险控制技术如下：

**1. 风险回避**

创业企业在不能有效降低风险发生概率，也无法降低风险损失，更无法直接承担该风险时，可采取回避的策略主动放弃、中止或干脆调整创业方案，如将经营方向从高科技领域转向常规技术领域或采取迂回的策略等。

**2. 风险预防**

即事先采取相应的措施以预防和阻止风险损失的发生，防患于未然，如重视信息收集，减少信息不对称性，实现民主化决策等。

**3. 风险转移**

即创业企业将自己不能承担、不愿承担以及超过自身财务能力的风险损失或损失的经济补偿责任，以某种方式转移给其他单位或个人。其转移的途径有三种：一是以合同的形式向其他主体转移，如业务外包或工程承包等；二是以投保的形式把风险全部或部分转移给保险公司；三是利用各种风险交易工具转嫁汇率风险和利率风险等。

**4. 风险分散**

创业主体通过多元化经营，使风险在不同经营活动中分散化。其主要策略，一是多项目投资；二是产品多样化；三是策略组合，即同时采取多种创业策略，如联合投资、合资合营、兼并扩张等。

**5. 风险利用**

在风险已经出现、风险损失已经发生的情况下，积极采取措施，抑制风险的进一步扩大，变被动为主动；或者当风险后果较严重时，通过各种手段，尽量减少风险损失。

### （四）创业风险规避策略

（1）随机应变。所谓"适者生存"，强调的就是"变"字。创业者要适应外部环境条件的变化，及时调整经营方略，在随机应变中远离风险。

（2）出其不意。核心是一个"奇"字，用别人的意料不及的产品、经营理念、出奇的经营方式和服务方式战胜竞争对手，取得出其不意、攻其不备的效果。

（3）抢占先机。机不可失，时不我待，比对手快一分就多一分机会，多一分胜算。慢条斯理、四平八稳、左顾右盼必然丧失商机，必然被市场淘汰。胜券始终掌握在争分夺秒、当机立断者的手中。

（4）后发制人。从制胜策略看，后发制人比先发制人更有利，可以更多地吸取别人的经验，时机抓得更准，制胜把握更大。

（5）重点突破。这一策略尤其适用于小企业，因为小型企业人力、物力、财力比较弱，如果不把有限的资源集中起来重点突破，就很难摆脱风险、脱颖而出。

（6）趋利避害。经营什么产品，选择什么样的市场，都要自己琢磨，反复比较。发挥自己的优势，干应该干的，干可以干的，做到有所为，有所不为。

（7）穿插迂回。小企业与人竞争不能搞正面战、阵地战，而应当穿插迂回，捕捉商机，干别人不敢干、不愿干、不注意干、不屑干的。

（8）聚少成多。"聚少成多"是一种谋略，一个有眼光的创业者要用"滴水石穿"、"聚石成山"的精神去争取每一分微利，每一个胜利，须知一口是吃不成胖子的。

（9）薄利多销。这是不少经营者善于采用的被实践证明了的经营策略，其前提是虽然薄利但能够多销。薄利少销则是不可取的。

**（五）小型企业风险规避技巧**

对于大学生创业者来说，投资少、规模小的小型企业是创业之首选。小本经营虽然获得的利润较小，但是容易上手，所承担的风险相应也小得多。

小型企业虽然风险小，但并不代表没有风险。要有效地规避创业风险，小型企业的创业者需要关注以下几个问题。

**1. 要心明眼亮**

低成本、收益快的投资项目是小本创业者梦寐以求的选择，而很多招商者也抓住了小本创业者的这种心理，利用网络做大肆地虚假宣传。这就需要创业者擦亮自己的眼睛，不要被诱人的广告所迷惑。创业者需要看投资的项目是否合法，还要深入招商者下属的加盟店做实地调查，看其经营状况如何，是否值得投资。

**2. 要买份保险**

现实中，许多小本创业者都不买保险。其实，买保险是"小投入大保障"，是小企业创业者在创业时期必不可少的。这里讲的保险有员工人身险和财产保险两种。买份合适的保险，能够帮创业者有效规避员工意外伤害及突发事件造成的损失。

**3. 要做回报周期短的项目**

对于初创业者，投资回报周期不应该大于6个月，以3个月左右为宜。因为，回报周期长的项目很可能会让你掏光钱袋，然后拖得你筋疲力尽，将你的信心和自尊一点一点击溃，最后不得不以失败告终。

**4. 要正确评价自己的实力**

所谓实力，不仅指创业者的经济实力，也包括创业者的经商能力。看过、读过、学习过很多创业方面的资讯、信息、经验并不代表创业者就可以去创业了。在创业之前，要重新评估一下自己，总结一下自己的优缺点。

**5. 不做无本生意**

创业者切忌做"无成本"之类的生意。"无成本"生意也许开始不要钱，却可能在你赚不到钱想要退出的时候付出巨大代价。

**6. 要有资金安全防范意识**

这里强调的主要有两点：一是防止员工自盗营业款，二是防止业务人员挪用货款。对创业者来讲，要尽量减少岗位人员直接接触现金的机会，在金钱面前，很多人是无法抵挡诱惑的。

**7. 要谨慎选择创业方式**

对于小本创业者来说，以下两种创业方式比较容易成功：一是特许经营。即特许者将自己所拥有的商标（包括服务商标）、商号、产品、专利、专有技术、经营模式等以特许经营

合同的形式授予被特许者使用，被特许者按合同规定，在特许者统一的业务模式下从事经营活动，并向特许者支付相应的费用。二是合作创业。选择与合作伙伴共同创业已成为目前较为普遍的创业途径，关键在于合作者应是志同道合、经营理念一致之人。

# 第二节 走出误区快成长

## 一、避免创业前的失败误区

就我国而言，每年都有数十万的自营企业成立，每年也有数十万的自营企业倒闭。也就是说，在激烈的市场竞争中，能够坚持到最后的成功创业企业是不容易的。

也许你可能就经历过或看见过一些企业的失败。你家附近的一家商店或者商场倒闭了，在你上下班的路上，许多街道的门面在不断地变换，许多餐馆的招牌也在不停地更替。之所以创业者渴望成功却遭遇失败，原因很多，有的失败其实在创业前就已注定了。创业前的失败误区有以下几个：

### 1. 信心不足

相当多数的创业者承认，他们对创业感到恐惧是因为对自己产生了怀疑。顾客真会需要我的产品吗？我的公司能熬到赚钱的那一天吗？我的市场促销方式对吗？我能战胜竞争对手吗？我的创业能成功吗？

科学家曾经对一些成功人士的心理做过专门的研究，他们发现，成功者都具有以下特点：有积极的人生态度，有赚钱动机，内部冲突很少，勇于为结果承担责任，同时还具备风险控制和耐心这两个关键的因素。而失败的投资人普遍具有以下特点：有悲观主义倾向，当事情转坏时总爱责怪别人，遇到挫折容易灰心丧气。

创业的过程中，难免遇到挫折和困难，如果创业者是一个悲观主义者，碰到暂时难以解决的难题就灰心丧气，再无当初的激情和雄心壮志。要知道越是危机的时候，乐观对于创业者越显得重要。我们反对头脑发热，过于乐观，但一个过分悲观的人同样难成大事。

### 2. 计划不周

凡事预则立，不预则废，机遇从来都是垂青有准备的人，同样失败之神也很少放过那些胸无成竹的人。创业是走一条创新之路，走一条冒险之路，其间的每一步都要深谋远虑加机智灵活方能踏过。如果只是空有一番雄心，而无明确且符合实际的完美计划，那么你的创业之路很难走远。

### 3. 急于求成

创办企业从无到有，从小到大，需要一个较长的时间。在这一时期，你的公司只有投入，而不会有任何盈利。从创业过程看，一家公司在盈利之前，必须完成大量的工作：寻找厂房、装修门面、安装设备、购入存货、接待顾客。同时，还有很多事情，如办理各种证件和手续，和政府许多部门打交道。而且在创业初期，很可能没有几个顾客光顾、访问你的公司，创业者对此需要有足够的心理准备。

#### 4. 高估市场

创业之所以能够成功,在很大程度上是依赖市场。没有市场也就没有创业。如果在创业之前错误地估计市场,就会导致整个企业失败的命运。有一些产品,尽管是一种创新,而且也很管用,但可能由于人们缺乏了解或价格因素而无人问津。如果你的主要产品没有市场,创业也就注定要失败。

#### 5. 资金不够

如果没有足够的流动资金,很可能在创业初期就告失败。创业者在创业阶段资金往往都比较缺乏,如果一开始在固定资产、原始存货、办公条件等方面投入太多,就易造成资金匮乏。所以创业者务必在创办公司时充分估计到资金的需求量,尽可能更多地筹集。因为没有了资金,公司一天也无法运转。

#### 6. 选址不当

我们在办任何事情时都要讲究"天时、地利、人和"。如果把"地利"理解为选择自营企业所在地的话,那么它在你的创业中所起的作用就十分重要了。创业选址是一门学问,在选择的时候,房屋的租金、社区的环境、与目标顾客群的地理关系、与供应商的地理关系等问题都应在你的考虑范围之内。在这些问题上选择的原则是:与企业的形象、业务范围相适应。比如说,房租的价格不要选择过高的,但如果社区环境对企业特别重要,你就要考虑租用价格较高的写字楼;最好离目标顾客群较近,或者能够方便他们接近公司;如果企业离供应商特别远,就要充分考虑到运输成本。最好能通过开业前的市场调查来确定合适的营业场所的位置。

#### 7. 缺乏经验

要从零开始创建一个企业,作为一个创业者,需要去做许多不同领域的事情,比如说销售、采购、财务、设计、广告、生产、送货等,可能创业者在有些方面是有经验的,但在另一些方面却一点经验都没有,由于缺乏经验导致的创业失败也是不胜枚举的。

#### 8. 麻痹轻"敌"

在现代社会里,任何一个行业都存在着激烈的竞争。任何一家公司都有许多竞争对手存在。所以,当决定进入某个市场的时候,首先要考虑该市场的现有状况以及现有的、潜在的竞争对手的情况,知己知彼,百战不殆。

#### 9. 不熟而做

"不熟不做"是商场的法则。虽然行业之间并不是不可跨越,还是会存在一定的共通性,但是每个行业都有其独特的规则和规律,这个门槛并非想象中的那么容易进入。在任何一个行业中,内行的钱是很难赚的,基本上都是内行赚外行的钱,如果对一个行业一窍不通,只是跟着市场上的厚利行业走,就增大了创业的风险性,管理无法深入细致,这样很容易导致失败,从而成为别人的垫脚石。所以,创业一定要坚持"不熟不做"的原则,尤其对于初次创业者而言更应如此。

### 二、走出创业中的失败误区

创业中失败的原因很多,归根结底还是在于创业者自身。选项失误、管理不善或者缺乏市场意识等多种原因都会导致创业失败。

### 1. 用心不专

其表现有三：一是"移情别恋"。当企业有了一定实力，就不再专情于主业，想再找点能挣钱的项目干干。愿望很好，但发展思路超越了企业经营能力和企业的人力、物力、财力。二是"灵活善变"。这山望着那山高，在经营方向和产品上缺乏准心，变来变去，变没了企业形象、品牌形象，从而失去了最重要的竞争力。三是"多种经营"。同时涉足多个行业多种产品，形成多业并举，主业辅业不分，结果是亏的多，赚的少，拆了东墙补西墙，企业岂有不败之理。

### 2. 怕苦畏难

创业成功靠的是创业精神，不怕苦、不怕累，勇往直前，不达目的决不罢休。创业过程中，困难和挫折时刻存在，诸如销路问题、质量问题、管理问题、资金问题、人员问题等。离开坚韧不拔、一往无前的精神，畏首畏尾，停滞不前，怕苦畏难，甚至悲观失望是无法取得成功的。

### 3. 孤军奋战

现代社会，人与人之间的联系越来越紧密，谁也不可能不和别人发生联系。作为创业者，我们需要同客户打交道，需要同政府部门打交道，需要同合作伙伴打交道，许多事情根本不是凭一个人单独努力就可以完成的。因此，我们需要一个良好的社会网络。成功培训大师戴尔·卡耐基说："一个人的成功，只有15％来自于专业上的技能，另外的85％则来自于人际关系上的成功。"这种来自于同事、团队、合作伙伴等方面的支持与互动，对我们的成功起着非常关键的作用。孤军奋战，只会令我们疲于应付，根本不可能取得创业的成功。

### 4. 急功近利

成功是要讲究储备的，仓库里的东西越充足，成功的机会就越大，也才可能走得更远。成功的路是那样的遥远与艰辛，路边倒毙的每一具"尸体"都曾是一个在起点上充满信心、跃跃欲试的创业先锋，对创业前程充满着幻想和憧憬。创业的成功之路更像一场马拉松赛跑而不是100米冲刺，前100米领先者不一定就能成为全程的优秀者，甚至都不可能跑完全程。在这遥远的征途上，基础的积累将会起到决定性的作用，如果你自觉先天不足而又踏上了创业的征程，那就更应该格外注意随时给自己补充营养。

## 三、创业后的失败误区

现实中我们发现，有不少项目选择不错，经营管理也不错，一开始发展势头不错，的确也红火过一阵子的企业，竟然会在一夜之间垮掉，如巨人集团、亚细亚、红高粱、盛兴超市、家世界等。究其原因主要有以下几条：

### 1. 管理不善

许多快速发展中的企业之所以失败，是因为管理者缺乏管理方面的知识与技能。企业规模比较小时，他们还可以管理得过来。随着企业经营规模的扩大，业务范围扩大，经营地点变多，人员大幅扩增，使得管理跨度变大，管理层次加深，管理结构复杂，管理难度大大增加。如此一来，原来的管理力度被大大地削弱，直到最后可能无法控制企业。企业管理一旦出了问题，员工工作涣散，效率低下，竞争力减弱成为必然。

### 2. 人才匮乏

随着企业的发展，人才短缺问题日益突出。主要表现在严重缺乏受过本企业文化熏陶的各类人才，尤其是高、中级管理人才。因为在企业初创之时，无法储备大量高素质的管理人才，企业吸引力和现有财力都不允许。当企业发展迫切需要人才时，去企业外招聘和培养需要一定周期，不少企业只能从企业现有人员中"矮子里面拔将军"，这就很容易使企业整体管理水平下降。如果从企业外部大量引进"空降部队"，又必然面临企业文化和管理方式的巨大冲突。

### 3. 财务失控

经营企业有一个很大的误区，就是老板常常搞不清手上的资金，究竟是自己的、银行的，还是供应商的。只要看到钱就认为是自己的，径自拿去投资，忘了它们其实是应付账款或是短期负债。企业能借到钱或融到资，就会扩大投资。发展顺利，就再扩张，造成信用过度膨胀。只要有一个回合遭遇不顺，如现金流出问题，企业就会像多米诺骨牌效应一样整个垮掉。

财务失控的另一个表现是账目管理混乱。一些创业者有一种错误的观念，认为既然是自己的公司，就没有必要天天记账，因为这是一件很麻烦的事情，甚至认为这是一种毫无意义的形式主义。这种想法是极端错误的。对于创业者来说，没有比这个错误更要命的了。很多企业就是因为账目管理混乱，甚至没有记账的习惯，导致创业者对于自己公司的经营状况一点也不了解，最终走向失败。

### 4. 忽视创新

利润是创业者毕生都在追求的，然而许多人认为创新要冒很大风险，为了保持现有的利润，忽视创新甚至不敢创新。事实上，企业在市场上所处的位置，就如同斜坡上的一个球体，由于受到市场竞争和内部员工惰性的影响形成的制约力，有向下滑落的倾向，如果没有止动力，就会下滑。为了在斜坡（市场）上的位置保持不下滑，并使其往上移动，需要两个向上的动力：强化内部基础管理的止退力和企业创新能力的向上拉动力。同样，一个企业不发展、不创新、不进步，就必然面临着向下滑和被市场淘汰的危机。须知，企业在商海里就如逆水行舟，不进则退。

### 5. 自满自足

对创业者来说，当拥有1 000万资产的时候，就容易产生惰性：一是坐享财富，二是自满自足，不思进取。而这种自满不仅一个人会产生，企业的许多人都会以不同的形式产生，于是导致贪图安逸、计较名利得失、妄自尊大、奋斗精神减弱等，失去了前进的动力，也就失去了开拓精神。

在创业初期，大多数创业者都能做到开源节流、艰苦勤俭，因为当时根本就没有东西供他们浪费，手里的钱省着花还不够用。可是当成功创业后，企业有了资源，有了资金，对有些方面多花一些和少花一些并不在意，而且有些创业者以为苦尽甘来，放松了过苦日子的意识，甚至认为"不花白不花"。因此，花得安心、花得坦然、花得肆无忌惮。

"成由勤俭败由奢"，"奢"实在是败业败家的罪魁祸首。创业成功了，生活水平应当随着提高，这是正常的。但是反对的是脱离企业实际发展水平的过高消费，反对的是奢侈消费。但凡成功的企业家，成就大事业者，绝不会挥霍浪费。

### 6. 依赖经验

人都喜欢总结成功的经验。多次成功会使成功者形成固定的思维方式,当他碰到类似或表面类似的情况,会习惯使用过去已经成功的方式。企业都有自己的成文和不成文的规矩,而这些规矩因为过去使用成功而在企业内部有着稳固的基础。但当外界环境条件发生变化时,它的惯性就有可能成为一种新的障碍。

### 7. 缺乏诚信

成功靠什么? 是运气,是技巧,还是丰厚的投资知识……每个人都有可能列出自己创业成功的理由。在迈向成功的征途中,所有这些因素或多或少会指引你前进的方向,但诚信和崇高的商业道德是创业者必须具备的基本素质。

人无信不立,创业如果缺乏诚信和商业道德,就无法取得发展和成功。通过投机和欺骗也许在短时间内能得些好处,但绝不可能长久地存在下去并获得真正成功。诚信的成本很高,但不诚信的成本会更巨大,诸如克斤扣两、以次充好、偷税漏税、言而无信等有悖商业道德的行为一旦败露,将会给企业带来沉重的打击。那些靠搞欺诈、欺骗等手段赚取不义之财的人,虽然会得到眼前的小利益,但是长远看会因失信于人而付出沉重的代价。

诚信是创业成功之道的通行证,良好的信誉对创业者来说,是一种无形资产,是一块金字招牌,是促进创业企业快速成长的原动力,是滚滚财源的守护神。

# 第三节 抓住关键促成长

## 一、打造核心竞争力

### 1. 坚持突出核心业务

企业发展战略中,有一个词叫"核心竞争力"。在创业初期,创业者就应该给自己提出一个问题:"我公司未来的核心竞争力在哪里?"对于这个问题所做的回答,将决定着企业的发展方向。

综观世界 500 强企业,除个别投资型企业之外,绝大多数企业都是依靠其强大的核心业务起家、发展,取得辉煌业绩,直至领导整个行业。如沃尔玛连锁超市、通用汽车、英特尔芯片、微软操作系统等。立足核心业务进行发展,是企业成功的秘诀。

曾经有人质疑戴尔公司的巨大成功,认为它们在技术方面贡献不多。戴尔确实不是技术先锋,和微软、苹果、IBM 等以技术见长的大公司不同,戴尔不开发也不生产电脑零件,而只是负责改装和销售电脑。但它们发挥了自己在直销方面的优势,并建立起核心竞争力,从而赢得了广阔的市场。从实践的角度来分析,在明确界定的核心业务上积累市场力量,其核心竞争力不仅成为企业竞争优势的重要来源,而且是企业成功扩张最可行的基础。

### 2. 精确把握客户需求

企业的创业者在开拓市场时,除了要时时保持商业的敏感外,还要对市场进行充分调研,紧紧抓住客户的需求,用一双慧眼和一颗智慧的头脑,挖掘"柳暗花明"的机遇。

那么,怎样提高企业准确把握顾客需求的能力呢?

首先,要贴近客户,深入实际。创业者最好把贴近客户作为一种制度,在企业内部流程化,派专门人员定期对顾客做一些调查。任何一个部门,如果业务不能直接接触顾客,就要创造让他们接触顾客的机会和方式,并建立"下一个工序就是顾客"的服务意识。

其次,创业者要建立以顾客为导向的组织,打通从顾客到顾客的端到端的流程。近年来国外企业中流行的集成产品开发 IPD 管理、产品经理制、客户经理制和专职的市场营销职能,都是贴近客户的有效手段。

再次,拜访客户,了解市场。创办企业,思考问题,一定要结合初创企业的实际情况和所处的大环境。拜访客户,了解市场,始终应排在创业者日程的最重要位置。深入理解顾客需求,随时把握市场变化,是创业者最重要的责任。

总之,为了提高企业的竞争力,完善企业的竞争策略,促进企业持续、高速、稳定、健康发展,最基本的一点就是精确把握客户需求。只有敏锐地把握住目标客户的需求,比对手更快捷地反应和行动,才能提供更专业化的服务和管理,从而赢得客户。

## 二、掌握企业制胜战略

创业实践中,越来越多的创业者已经意识到,创业先要创势,要形成创业的良好开局。一个屡战屡败的人,也许终有一天能够看到成功的希望,但相对而言,他的历程会更坎坷,创业过程会有很多磨难。同时,失败的经历会磨损一个人的意志,消耗一个人的斗志,也会一而再、再而三地误导一个创业者的决策力和判断力。更重要的是,在屡战屡败的过程中,创业者也极易产生赌博心理,以至于在失败的道路上越走越远。

创业之初,创业者拿出最大的勇气去开创事业,同样期望自己的努力可以迅速得到回报。那么,怎样才能实现创业的"开门红"呢?通过对大量创业案例的深入研究后发现,创业实现良好开局并非高不可攀,以下制胜战略可以帮助你实现创业成功的梦想。

### (一)标新立异——创意制胜战略

强手过招,靠什么取胜?靠创意。研究发现,对于绝大多数在激烈竞争中的初创企业来说,通过精巧构思推出的新招数、新想法,不仅可以使自己的企业之路展开一线生机,而且可以在短时间内见到利润。

首先,创业要以企业实际为基础,要适合企业自身的发展要求,有了新的创业项目应冷静思考,放在市场的基础上,审视它的可行性、科学性。

其次,创意要运用到创业实践之中,就一定要解决 3 个问题。第一,靠创意形成的新招数、新想法是否与自己的特长、经历有着巧妙的契合,是否可以利用自己的特长将这个"新"从简单的想法转变为现实中的产品;第二,新招数、新想法、新产品是否可以生存下去,是否有市场需求,是否有人愿意掏腰包购买;第三,真正可以利用新招数、新想法使自己取得创业"开门红"的,除了项目与产品外,消费心理也极为关键。

再次,新的创意如何获得?可以尝试以下几种方式:(1)经由分析特殊事件发掘;(2)经由分析矛盾现象发掘;(3)经由分析作业程序发掘;(4)经由分析人口统计资料的变化趋势发掘;(5)经由价值观与认知变化发掘;(6)经由新知识的产生发掘。

## （二）无中生有——渠道制胜战略

销售渠道是小企业创业的命门，对创业企业来说，由于产品和企业的知名度低，很难进入其他企业已经稳定的销售渠道中去。因此，很多企业都不得不暂时采取高成本、低效益的营销战略，如上门推销、大打商品广告、向批发商和零售商让利或交给任何愿意经销的企业销售。这种渠道开拓的方式通常是慢功夫，很难在较短时间内使企业实现"开门红"。下列"无中生有"的策略运用可以作为新创企业开拓销售渠道时的参考：

一是公关策略。对创业企业来说，获得客户是最难跨出的一步。可以利用"无中生有"将原本不存在的销售渠道借助造势呈现出来，将原本不属于自己的客户借助造势吸引过来，变被动寻找经销商、代理商为经销商、代理商自己找上门来。这并非是简单的谋略，它需要对市场有着深入的了解，有着深刻的体会，并且抓住关键环节。

二是广告策略。经过深入研究可以发现，"无中生有"的关键就是给自己的产品加以明确的定位，并从定位中找到渠道开拓的突破口。在广告媒体选择、广告内容设计、广告语言编撰、广告投放安排等方面独树一帜、不落俗套、大胆创新、出其不意，取得超乎寻常的宣传和推介效果。

三是系统推广策略。在红桃 K 鼎盛时期，其在全国 2 000 多个县均设有 100 名员工建制。数万名员工走向农村天地，见人发报纸，见墙刷墙标，使红桃 K 的业绩发生核裂式的飞跃，成为保健品市场老大。红桃 K 的意图非常简单，渠道即血管，抢在别人前面把血运送到需求者的眼前就是胜利。渠道同样是一个重要的传播过程，永远不能责怪消费者不懂、无知、不靠近，而应主动靠近消费者告诉他，你为他准备了什么产品和价值。当然，在你准备利用"无中生有"使自己的企业迎来"开门红"之前，一定要先做好市场调查。

## （三）依附成长——借势制胜战略

企业初创时，力量微弱，势单力薄，仅靠自己单枪匹马奋战，且不说看不到"开门红"的局面，很多企业会一直生活在"巨人"的阴影中难以长足发展，甚至会因为互相撞车而自取灭亡。硬拼不行，只有以巧取胜，凭借自身优势取长补短，依附大企业成长，充分利用大型企业的资源发展自己。

我国沿海的许多中小企业，在短时间内迅速崛起，采取的就是依附成长的制胜战略。通过为大企业的出口产品生产相关的配套产品，达到出口的目的，赢得较为丰厚的利润。对大企业来讲，出口产品有小企业的附加产品，在国际市场上的竞争力更强；对小企业来说，在大企业产品出口的同时，自己的产品也随之出口国外，双方均有利可图。

此外，还可以通过代工生产的方式，借助大公司的强大销售网进入国际市场。或者是与外商合作，借用外商的资金、技术、渠道和管理，搭乘"顺风车"，通过借势来提升品牌，把前期开拓给别人去做，而自己依靠个体优势去借别人的成果。这就是依附成长、借船出海、借梯登高、借势制胜战略。

## （四）先人一步——产品领先战略

新创企业千万不要想着做大池塘里的小鱼，一定要做小池塘中的大鱼，因为大企业看不上的小池塘正好可以成为让你成功获得"开门红"的巨大空间。对于小企业来说，如果那些大企业认为这个市场前景很大，那么你正确的办法是绕着走，避开它。因为一旦被大企业盯上的市场，你又怎么能血拼得了呢？唯一的生存之道是"另辟蹊径"，开创自己的独

有市场。

在现实生活中,常有一些只得到局部满足、根本未得到满足或正在孕育之中的社会需求。这些需求盲点构成了潜在的市场空间。大学生创业者一旦发现前景良好的潜在市场空间,就应着手开发、生产、销售、管理工作,迅速扩大自己的优势,加固经营壁垒,提高后来者进入的障碍,延长垄断这一市场区域的时间。

一是资源独享,就是要占有稀缺资源或开发独家产品,把竞争对手排除在外,建立起买方的独家市场,有了偷不去、买不来、拆不开、带不走、溜不掉的独家资源,谁还能在该市场上胜过你呢?

二是独家市场,就是利用资源独占的优势,开发出自己的独家产品,把竞争对手排除在外,构建自己的独家市场。

三是独创产品,就是既有非同一般的生产工艺、配方、原料、核心技术,又有市场长期需求的产品。鉴于该产品的独占性原则,掌握它的企业将获得相当高的利润,如家传秘方、进入难度很大的产品等。独创产品模式是产品领先战略的具体再现,是创业企业在创业之初大力借助的模式。

**(五) 超值利润——服务制胜战略**

说来令人难以置信,一种名叫比萨饼的意大利快餐在必胜客被卖到 60 元一块,再大一点的 120 元一块。这些比萨饼不过是九寸餐盘大小的大饼,加上鱼、菜、肉沫烤制而成的。如此昂贵的饼却依然要天天排长队等座位,为什么?

在必胜客享受比萨饼处处体现一种温馨的异域情调。选择比萨饼,无论中号或小号,可以一张饼要两种口味。买了饼,你可以在那里泡上半天,体味居家休闲的气氛。若是打包,一个纸盒中间还有一个托架,不仅保温使饼不致与盒子粘到一块,而且外表像一个精致的装饰品。美国必胜客在中国的总代理称这是"一本万利"的赚钱秘诀。所谓"本"不是做生意的"本钱","利"也不是利润的"利",而是一个以顾客为上帝的"基本"的服务模式被一万次地"利用"。

上述案例揭示了一个企业的经营制胜理念,即服务制胜战略。所谓服务制胜,说白了就是一种感动消费者的服务。以商品为道具,围绕着顾客,创造出值得顾客回味的活动,通过触及顾客的心灵共鸣来实现。这其中,商品是有形的,服务是无形的,新创造出的服务过程体验是顾客难忘的。当顾客的体验超过顾客的期望时,顾客才会感动,顾客感动了就会心甘情愿地购买你的产品,还可以使企业利用这种超值服务突破微利的包围。超值(感动)服务可以从三个方面考虑:(1) 顾客没想到的,企业为顾客想到、做到了;(2) 顾客认为企业做不到的,企业却为顾客做到了;(3) 顾客认为企业已经做得很好了,企业要做得更好。

**三、重视实施品牌策略**

品牌是一种名称、标记、符号、设计或是它们的组合运用,其目的是辨认某个(或某群)销售者的产品或服务,并使之与竞争对手的产品或服务区分开来。许多著名企业对品牌的设计和管理是极为重视的,他们往往不惜重金请语言、艺术专家对产品品牌进行精心设计包装,以求品牌在顾客心中留下深刻印象。作为大学生创业者,从企业的生存和发展考

虑，也应高度重视自己企业的品牌建设。

### （一）企业产品命名策略

市场上各类品牌竞争激烈，如何使自己的品牌在竞争中脱颖而出？一个不同凡响、创意独到的品牌名称经常能带来十分突出的效果，而一个用字生涩、名不副实的品牌名字往往会招致消费者反感，给企业形象带来不良影响。

品牌的名称也同样会对创业成功与否产生较大影响，尤其是其音、形、义给消费者的第一印象更显重要，优美的名称很容易带给人良好的印象。

一个好的企业及其品牌命名通常音韵和谐、字义文雅、取字恰当，仅听其名就能使人产生亲切、美好的感受。

品牌名称只有易读、易写、易记才能高效地发挥它的识别功能和传播功能，这就要求企业为品牌命名时做到简洁、新颖、响亮、独特、大气等。所谓简洁，就是名字单纯、简洁明快，字数不能太多，要易于传播；新颖就是品牌名要有新鲜感，要与时俱进，有时尚感，创造新概念；响亮，就是品牌名称要朗朗上口、发音响亮，避免出现难发音或音韵不好的字；独特，就是品牌名要彰显出独特个性，并与其他品牌名有明显的区分或表达独特的品牌内涵；大气，就是品牌名要有气魄，起点高，具有冲击力及浓厚的感情色彩，给人以震撼感等。

### （二）产品名称定位策略

一个准确的定位可以改变一个人的一生，同样，也可以改变一个企业的兴衰。因此，准确的定位是创业者创建品牌的开端。

创业企业产品名称定位可以从四个方面入手。

#### 1. 目标消费者定位策略

以目标消费者为对象，通过产品名称将这一目标顾客形象化，并将其形象内涵转化为一种形象价值，从而使产品与目标消费者在心理上、情感上相互沟通，产生一种特殊的营销亲和力。如"太太口服液"，"太太"这一名称就直接表明了这种口服液的消费者是那些"太太"们，一改其他保健品那种男女老少均可用的目标诉求方式。同时，使"太太"品牌无形中具备了一种文化分量，并因此能与消费者产生亲和感。

#### 2. 功能定位策略

产品的功能是消费者关心的一个重点。在名称中，强调以功能定位，强调产品不一般的功能和感受，使其与其他同类产品拉开距离，让消费者在消费这种商品时能获得一种生理和心理的满足。如"999胃泰"，它暗示该产品在医治胃病上的专长；"感冒通"暗示产品治疗伤风感冒的作用等。

#### 3. 情感定位策略

作为一种定位方式和诉求渠道，情感形象被许多产品作为市场定位的重点。配合这一诉求内容的产品名称，也同样不遗余力地在消费者心中营造一种情感氛围，直接或间接地冲击着消费者心智的闸门。"娃哈哈"是一个非常成功的品牌名称，这一名称除了通俗、准确地反映了一个产品的消费对象外，最关键的是将一种祝愿、一种希望、一种消费的情感效应结合儿童的天性作为名称的核心。

### 4. 对外定位策略

消费者在追求产品使用价值的同时，也很注重对环境的美化作用，因而在产品的内在特性日益接近的今天，产品的外观形式本身也成了一种定位优势。如"白加黑"感冒药的色彩分为白、黑两种形式，并以此外在形象为基础改革了传统感冒药的服用方法。这两种全新的形式就是该产品的一种定位策略，同时将其命名为"白加黑"，这一名称本身就能表述品牌的外观特征及诉求点。

### (三) 创业企业的品牌策略

#### 1. 借用品牌策略

借用品牌又称为商标许可，是指生产者经特许或被要求使用销售商或同类产品制造商的品牌。对于大学生新创企业来说，借用品牌不失为一种好的策略。因为小企业产品往往没有自己的品牌，且不足以承担建设品牌要付出的成本——包装费、标签费和法律保护费等费用。为了使本企业的产品能较快地打开市场，企业可以"借鸡生蛋"，借用具有较高声誉的中间商或者生产同类产品的其他制造商的品牌。

#### 2. 自创品牌策略

创业企业自创品牌有很多好处：可以使销售者比较容易处理订单并能够及时发现问题；品牌名字或商标可以受到法律保护，减少被竞争者仿制的风险；可以为企业吸引更多忠实的顾客，便于顾客辨认和选购商品，有助于顾客建立品牌偏好；有助于本企业细分市场；卓越品牌还有助于建立良好的企业形象。

#### 3. 无品牌策略

无品牌就无法取得品牌效益，但无品牌也就可以节省大量的品牌创立费用，从而使产品以价格低廉取胜，并能获得满意的利润。对创业刚刚起步的大学生来说，无品牌也不失为一种经营选择。而且，对有些中间产品和简易产品而言，创业企业可以采取无品牌策略。

不需要品牌的产品一般有：大多数未经加工的原料产品，如棉花、石油、大豆、矿石等；产品生产商不同而未形成明显差异的产品，如钢材、煤炭等；消费者已习惯不同品牌的商品；企业规模无力支付因创立品牌而花费的大笔营销费用，因而在短期内以给销售商制造产品为主，不考虑建立品牌；生产简单、包装简易、不太昂贵的商品，如纸巾、信封等；临时性或一次性出售的商品，往往因时间短而不需要有品牌，等等。

实施无品牌策略必须牢记的一点是，无品牌并不意味着无质量、无信誉。产品质量能让消费者接受，创业企业在市场上要讲究信誉，否则只能是一锤子买卖。

### (四) 品牌规划策略

品牌也是一个管理的问题，既与企业的短期盈利行为有关，同时也与企业长远的发展、企业的战略、企业的产品战略有关。

品牌规划要基于将来的趋势，要着眼未来，要具有前瞻性，品牌战略的决策主要由高层做出并且向下传递，品牌战略的规划要结合现在的情况、企业的实力做出系统分析，为组织提供清晰、完整的发展方向，保证品牌的培育和使用效益最大化。

做好品牌的长远规划，要做到以下三点：

### 1. 耐心

在一项对世界 100 个最著名品牌的研究中发现，其中有 84 个是花了超过 50 年时间才创造成功的。可见创立品牌是一项长期的战略任务，创业者对此需要有足够的耐心和长期的精神准备。

### 2. 信誉

20 世纪 90 年代之前，"海尔"品牌在世界市场上名气并不大，但是，"海尔"掌门人张瑞敏一直孜孜不倦地努力将"海尔"建为世界性品牌。为此，"海尔"坚持以产品的高质量在国际市场上树立信誉，经过多年坚持不懈的努力，"海尔"终于获得了成功。

### 3. 推广

建立品牌形象不是仅仅通过某个具体赛事，通过某个具体的活动来做的。对于初创企业，由于是年轻化的品牌形象，创业者必须通过战略规划进行长期的品牌推广，让消费者对你的品牌逐渐产生认同感、信任感和喜好感，从而带动企业的进一步发展。

## 四、建立长效激励机制

### （一）员工与企业共成长

创业过程中，创业者与员工承担着巨大的风险，需要彼此风雨同舟，共渡难关。创业成功后，创业者关注的是未来的更大回报，而员工更关注现在的既得利益。如果处理不当，创业者会受到"同患难易，同富贵难"的指责，创业者自己也会有"没钱容易，有钱难"的感慨。如果企业是几个人共同创立的，有时难免会因为利益分配而导致离心离德甚至企业裂变，如果合伙关系属于家庭或家庭内部，亲情关系更是难以逾越的障碍。

另外，随着企业扩大、新员工的不断增加，他们更多的是一种职业选择，创业者需要考虑建立有效的机制来吸引企业所需要的更多优秀员工。因此，创业者要尽快建立一套有效的激励机制，既能使老员工或合伙人的既得利益得到保障，又能凝聚更多的员工继续前进。设计激励机制时要照顾各方人员的利益，广泛听取各类人员的意见。有了激励机制就要严格执行，确保制度规定的严肃性。

与此同时，创业者要十分关注和努力提升企业的经营业绩，规划好企业的未来发展，不断提高自身素质和管理水平，用发展的实绩和美好的愿景招揽人才、激发斗志。

### （二）坚持员工激励原则

一是机会均等原则，即激励员工要从结果均等转向机会均等，努力为员工营造公平竞争的环境。二是时机恰当原则，即激励要掌握好时机，该激励的时候及时激励，过期的激励就失去了意义和效果。三是足够力度原则，即对突出贡献者要重奖，对造成重大损失者也要重罚。重奖是正激励，而重罚就是负激励。四是务求民主原则，即要健全绩效考核制度，做到考核尺度相宜、公平合理，要克服有亲有疏的人情风，在提薪、晋级、评奖、评优等涉及员工切身利益的热点问题上务求民主。五是物质精神激励并举原则，即既要坚持物质激励，又要重视精神激励。六是合理落差原则，即要构建员工分配的合理落差，鼓励拉大收入差距。

### (三) 掌握员工激励方法

#### 1. 薪酬激励

人要生存、要发展,精神是支撑,物质是保障,所以薪酬对于员工极为重要。它不仅是员工的一种谋生手段,而且能满足员工的价值感。事实证明:当一个员工处于一个较低的岗位时,他会表现积极、工作努力,一方面提高自己的岗位绩效,另一方面争取更高的岗位级别。在这个过程中,他会体会到由晋升和加薪带来的价值和被尊重的喜悦,从而更加努力工作。

#### 2. 晋升激励

创业者在人员使用方面,常常会为如何令精英人才最大限度地发挥作用而烦恼。解决它的最好办法就是将表现优异的精英人才提拔上来,把他安排到重要的工作岗位上,这不仅使员工的自尊心得到满足,最大限度地调动他的工作积极性,企业也会因为人才的合理安置而获得更大的收益。

#### 3. 快乐工作激励

一位失败的创业者在总结失败教训时这样写道:"员工是公司的命脉,不注重这个命脉,不使员工因为工作而感到快乐,员工就会使企业因为失败而感到不快乐。"

如果一个组织内的多数员工长期处于不快乐的状态,那么他们的工作主动性,即创造力和吃苦精神都会丧失掉。员工没有活力给企业带来的直接影响就是企业整个的创造力、提升能力都受到损害。

#### 4. 工作热情激励

当员工长期从事一项具体工作、在工作中一直没有进展或者组织出现了某种危机,都会影响员工的工作热情。如果长期没有工作热情,就会出现工作效率降低、员工流失率上升等严重后果。作为创业者,首先要弄清楚出现这些现象的原因,然后多方面地调动员工的工作积极性,激发员工的工作热情。具体做法:一是保持工作气氛的和谐愉快;二是肯定和信任;三是给予足够的空间;四是给予培训的机会;五是组织员工培训;六是岗位轮换。

#### 5. 目标激励

帮助下属确立目标是激励下属积极性的一个重要方法。确立目标有令人意想不到的奇效,它会引导下属走向他们既定的目标。如果人没有目标,就时时需要别人的激励,一旦有了目标,便会激励自己,自动自发地去做应该做的事。

#### 6. 荣誉激励

荣誉就是战斗力,对于一个团队来说,荣誉感是团队的支柱和灵魂,一支有荣誉感的团队是有希望的团队。也许每个人都体会过集体荣誉感的神奇力量,它是集体凝聚力的来源。

## 五、构建和谐双赢的人脉关系

### (一) 人脉就是财脉

一个人能否成功,不在于你知道什么,而在于你认识谁。初次创业的人,资金技术方面的不足是肯定的,但是如果拥有良好的人脉基础,那么将会有很多人可以提供帮助,成

功的可能性和速度都会大大增加。相反，如果没有良好的人脉，创业的时候就会走很多弯路，付出比别人更多的劳动。所以说，人脉是最大的资源，不管做什么事情，都有人的因素参与。很多时候成功靠别人而不是靠自己，这个观点乍听起来是有点不可思议，但是仔细琢磨，其实是非常有道理的。因此，明智的创业者，都会尽最大的努力去结识那些成功人士，向他们学习经验，也将他们作为自己重要的人脉资源。

生意场上会遇到形形色色的人，不可能所有人都是你的朋友，创业者应该做到的是尽可能多地结交朋友，尽可能少地树立敌人，多一个朋友就多了一个援手；少一个敌人，就少了一个成功路上的绊脚石。创业者不要认为有才华就能成功，没有人脉资源的从旁协助，光有才华也是不能发财的。要想财源广进，就要广结人脉。

**（二）重视处理好几种关系**

**1. 企业与政府机关的关系**

企业与政府有关部门打交道，是一件很复杂、很微妙的事情，必须讲究艺术、切忌死板。大学生创业企业更应处理好这种关系，以便使企业顺利发展。

（1）摆正位置。企业和国家是一种依属与被依属的关系。创业企业要明确自己的位置，摆正与国家的关系，说话办事要依据实际情况而行，切记"越位"。应有一种全局观念，设身处地为政府着想，要考虑到政府的危难之处。

（2）要求适中。政府许许多多的政策法规都为企业的经营活动指明了方向，但是也常常会出现覆盖不到的地方，如果此类细枝末节影响到企业的合理利益，企业可以向政府提出，相信政府部门定能予以解决。

（3）"维权"合理。企业要服从政府，但并非绝对。当企业的合法权益与政府某些规定发生冲撞时，企业要争取主动甚至主导地位。企业的"维权"方式要有理有节，使政府感觉到很正确而且很应该。因为政府与企业的根本利益是一致的，正确的意见、合理的意见政府是能够并愿意接受的。

（4）"等距离外交"。政府有不同的机关、单位、部门，各个部门的职能都不一样，许多部门与企业都会有直接或间接的联系。如果创业企业与政府各职能部门交往时不一视同仁或是厚此薄被，就难免产生顾此失彼的结局。

（5）富有耐心，以理服人，以情动人。

**2. 企业与社区的关系**

中国有句古话，叫"远亲不如近邻"。很多创业企业都建在街道里面，周围邻里之间，无论是员工、老板、街坊、群众的人际关系，还是社区内各种组织（如居委会、派出所等）关系，大家彼此经常见面，有事相互关照、相互谅解。相反，如果企业与当地社区关系紧张，稍有不慎就会引发企业与社区之间的冲突或矛盾，影响创业企业的发展。

**3. 企业与同行的关系**

"同行是冤家"的观念已经过时，新创企业在日益激烈的商业竞争中，只有与同行业同仁交上朋友，进行合作，才能增强其实力，从而保持住自己拥有的市场份额。

（1）借助同行朋友力量弥补自己的不足。在创业企业经营管理中，随时会遇到这样的情况：好不容易联系到一宗很大的业务，客户却要求在某一期限内完成，而仅凭自身的力量在此期限内又难以完成，此时此刻最好的办法是借助同行朋友的力量来共同完成。

（2）必要时联合对付别的竞争对手。在中国，由于市场经济处于初期发展阶段，很多人为因素会影响到企业之间的公平竞争。为此，企业之间相互联合，一起对付竞争对手，争取自己的合法权益。

（3）互通信息，抵制关联行业的欺压。一个行业中的各个企业在激烈的竞争中不应该搞信息封锁，而应不断加强彼此的信息交流，以使企业现有资源最大限度地被利用。

（4）相互借鉴成功经验。同行业间由于有着类似的业务，可借鉴的好的有效的管理经验很多，也许同行之间的成功之道正是你的企业创业所需要的，可能会帮助你的企业走出困境。

### 4. 企业与金融界的关系

外部资金是创业企业维持和扩大再生产不可缺少的条件，而通过银行获得信贷资金是一个企业获得外部资金的主要渠道，这就不可避免地要与金融界打交道，想办法取得金融界的支持。

与金融界打交道必须注意以下几个方面：

（1）重诺守信。因为金融界清楚自己只有把钱贷出去才能获取利润，当然前提是确保把钱贷放到安全可靠的地方。如果面对的是一个恪守信誉的企业，那么该企业是很容易获得所需资金的，而且还能够享受到种种优惠。因此，创业企业在向银行贷款时，一定要对自己的按期偿还能力以及容易出现的变化因素充分估计，以便使自己更好地做到"重诺守信"。

（2）让金融单位有安全感。金融界也是经济实体，它是很讲实惠的。当创业企业向银行提出有关贷款申请时，一定要讲清楚这笔钱用于何处，将会产生怎样的经济效益等，让银行切实认识到你的投入定能得到很好的回报，由此认为偿还贷款是绝对没有问题的。

（3）经常保持联系。当创业企业得到了金融界的贷款之后，应该经常及时地向金融界有关方面通报信息，定期向他们汇报产业项目的进展情况，当他们来企业检查时，要热情接待、主动呈报、公布有关资料，积极配合他们完成检查。创业企业只有这样做，才能长期与金融界保持联系，而金融界也会更有兴趣与信心同企业合作。

### 5. 企业与媒体的关系

在这个媒体无所不在、无孔不入的时代，每个企业都有可能为媒体所需要，每个企业都有可能需要媒体。有了媒体的理解和支持，企业和个人的品牌形象将扶摇直上，而一旦成为媒体的攻击对象，他们所有的努力和希望就可能在一夜之间被粉碎。因此，新创企业要注意与媒体搞好关系。

（1）不要敌视媒体。敌视媒体不是赢家的策略，因为媒体掌握着最终的话语权。

（2）创造有噱头的新闻。媒体因新闻而生，为新闻所活。企业如果希望引起媒体的关注，可以制造一些有噱头的新闻。当然，对于一家小企业，新闻必须是正确的、有积极影响的。

（3）回答媒体要简短。遇到难回答的问题，你的答案越简短越好，这是首要的规则。

（4）从公众利益的角度出发。比如说，在提到你的新产品的时候，不要重点讨论投资回报，而要从媒体角度来说，新产品会节省消费者很多时间、很多钱，而且能提高他们的生活质量等。

商场上"没有永远的敌人，也没有永远的朋友"，所以创业者不可与媒体交恶，而是要与媒体搞好关系，实现双方共赢。

## 六、建设提升企业文化

一个企业刚起步时，靠的是资金、人脉、经验。当企业发展到一定阶段、一定规模，除了上述的硬实力外，还需要企业愿景、发展战略、企业精神、价值观等软实力，就是我们通常讲的企业文化。大学生创业必须重视企业文化对于企业成长的作用。

企业小的时候，不可能一上来就搞出系统的企业文化。这不是说小企业就没有企业文化，而是说你很难有一个非常清晰的宏伟目标，也不具备这样的实力，包括人力、物力和财力。

然而，如果企业发展到一定的规模，却还没有一个鼓舞人心的明确目标和系统的企业文化，企业就会迷失方向。因此要适时总结升华企业文化，提出可以激励人的远景规划和神圣使命，建立和弘扬企业精神和价值观等。企业文化是企业向心力与凝聚力的核心来源，是使企业员工行为与方向趋同一致的规范，也是激励员工永葆创业精神、不断创新、开拓进取的动力。企业要有一个符合时代潮流的具有前瞻性的发展战略目标。企业的发展除了需要一个好的领导人和正确的决策外，还需要人气，人气对企业很重要，而企业文化是凝心聚气的有力武器。企业文化的提炼总结要把"自上而下"和"自下而上"结合起来，领导和群众动员起来，并且要把企业文化贯彻落实到每一个员工的实际行动中，而不是只停留在口头上、文字上，应使企业文化在企业的成长发展中起到巨大的引领和促进作用。

**结束语**：年轻的大学生朋友们，创业的号角已经吹响，创业的蓝图已经展开，创业的时代已经到来，现在是我们投入创业行动的时候了。我们坚信，有党和政府提供的春风化雨，有老师和同学的殷切期望，有家人朋友的鼓励支持，有你们自身的创业理想、雄心壮志、知识技能，通过不懈努力，团结合作，大胆实践，你们的创业梦想一定能够变成现实，你们的创业企业一定能够成长壮大，走向辉煌。

## 本章小结

新创企业就像一棵弱小的幼苗，只有得到充足的阳光雨露才能茁壮成长，只有防范来自各方面的风险才不会夭折。新创企业面临的风险主要有机会识别与评估风险、准备撰写创业计划风险、确定并获取创业资源风险，以及管理风险、技术风险、市场风险、政治风险、生产风险、经济风险等。就创业者自身而言，在企业创业前、创业中和创立后都需要避免和克服一些认识和行为误区，以科学的进取精神促进企业的发展。而要确保创业成功，关键在于打造核心竞争力，掌握企业制胜战略，重视实施品牌策略，建立长效激励机制，构建和谐双赢的人脉关系和建设提升企业文化。

**复习思考题**

1. 大学生创业风险的主要来源及其表现是什么？
2. 规避创业风险的途径和方法有哪些？
3. 大学生怎样跨越创业失败的误区？
4. 促进新创企业健康成长的关键措施有哪些？

# 参考文献

董青春,孙亚卿. 大学生创业基础. 北京:经济管理出版社,2012.

李肖鸣,朱建新,郑捷. 大学生创业基础. 北京:清华大学出版社,2009.

李家华,郑旭红,张志宏. 创业有道:大学生创业指导. 北京:高等教育出版社,2011.

刘平. 大学生创业教程——理论与实践. 北京:清华大学出版社,2009.

贺俊英. 大学生创业基础与实训教程. 北京:高等教育出版社,2010.

李学东,潘玉香. 大学生创业实务教程. 北京:经济科学出版社,2006.

嵇建珍. 实用管理学. 南京:南京大学出版社,2012.

张静. 大学生创业实战指导. 北京:对外经济贸易大学出版社,2012.

叶虹. 大学生创业法律实务. 北京:清华大学出版社,2009.

王少豪. 企业价值评估:观点、方法与实务. 北京:中国水利水电出版社,2005.

夏庭松. 民间组织管理概论. 北京:中国社会出版社,2001.

胡宝林. 细节决定成败大全集. 北京:华文出版社,2010.

田野. 成功学全书. 北京:经济日报出版社,2000.

张梦欣. 创业咨询师. 北京:中国劳动社会保障出版社,2008.

刘志阳. 创业管理. 上海:上海人民出版社,2008.

缪家文. 创业融资实战. 北京:经济科学出版社,2004.

创业精神. 北京:中国人民大学出版社,2004.

彼得·F.德鲁克. 创新与创业精神. 上海:上海人民出版社,2002.

杨湘洪. 大学生就业与创业指导. 南京:南京大学出版社,2010.

朱益新. 创业实务. 北京:中国人民大学出版社,2013.

杨晓慧. 中国大学生就业创业发展报告. 北京:人民出版社,2013.

胡海波. 创业计划. 厦门:厦门大学出版社,2011.

阳飞扬. 从零开始学创业大全集. 北京:中国华侨出版社,2011.

张振刚. "挑战杯"中国大学生创业计划竞赛指南. 广州:华南理工大学出版社,2012.

MBA 智库百科网:《创业机会》.

百度文库:《闪电亿万富翁创富教程》、《商业模式探索》.

道客巴巴网:《创业机会评估》、《商业模式创新的合理性检验》.

阿里巴巴创业资讯网:《创业者如何识别与把握创业机会》.